中国机遇　中国经验　闽台共享

2013:
Mintai Wenhua Fazhan Baogao
闽台文化发展报告

柏定国／主编

中国出版集团
世界图书出版公司
广州·上海·西安·北京

图书在版编目（CIP）数据

2013：闽台文化发展报告 / 柏定国主编 . —广州：世界图书出版广东有限公司，2014.1
ISBN 978-7-5100-5576-8

Ⅰ . ① 2… Ⅱ . ①柏… Ⅲ . ①文化史—研究报告—福建省—2013 ②文化史—研究报告—台湾省—2013 Ⅳ . ① K295.7 ② K295.8

中国版本图书馆 CIP 数据核字（2014）第 004844 号

2013：闽台文化发展报告

策划编辑	刘婕妤
责任编辑	孔令钢
出版发行	世界图书出版广东有限公司
地　　址	广州市新港西路大江冲 25 号
	http:// www.gdst.com.cn
印　　刷	广东信源彩色印务有限公司
规　　格	787mm×1092mm　1/16
印　　张	19.5
字　　数	350 千
版　　次	2014 年 1 月第 1 版　2014 年 6 月第 2 次印刷
ISBN	978-7-5100-5576-8/G・1555
定　　价	58.00 元

版权所有，翻版必究

指导单位：
中共福建省委宣传部
中共厦门市委宣传部
中国国民党文化传播委员会

编撰单位：

 厦门理工学院文化发展研究院
INSTITUTE FOR CULTURAL DEVELOPMENT,XIAMEN UNIVERSITY OF TECHNOLOGY.

顾　问：
吴国胜　花　建　陈少峰　林炎旦

编委会主任委员：
黄红武　林朝晖

编委会副主任委员：
林志成　赵振祥　罗昌智　赖朝晖　戴志望

主　编：
柏定国

副主编：
罗昌智　苏晓芳　蔡清毅

编　委：
孔　雁　王悦佳　叶玉婷　叶艳青　刘冠彬　刘　枭　李艳波　李曼婷　李冰洁
邱　静　何　鹏　陈秋英　连晶晶　张娟娟　林江珠　林朝霞　林晓红　周志火
周若璘　胡　丹　郭玉琼　黄玉妹　覃庆辉　曾丽莉

目 录

年度总报告

零 互为镜像 共同传承 共谋发展——闽台文化发展总报告

柏定国 苏晓芳 蔡清毅 /001

问题与反思

壹 "古村维新"与文化时空再造　　　　　　　　　　　　柏定国项目组 /021
贰 创意部落联盟——以厦门市集美区为例　　　　　　　　孔雁项目组 /031
叁 原乡博物馆群——以厦门市集美区为例　　　　　　　刘冠彬项目组 /045
肆 爱堤—东海岸——以厦门市集美区为例　　　　　　　覃庆辉项目组 /056

台湾地区经验

伍 台湾地区"社区总体营造"的理念与实施　　　　　　　　　苏晓芳 /066
陆 基于人的成长的"社区总体营造"计划　　　　　　　　　　林晓红 /086
柒 立足乡土文化的台湾地区文化创意产业　　　　　　　　　　胡 丹 /095
捌 台湾地区文化行销概念的提出与实施　　　　　　　　　　　郭玉琼 /104
玖 透过台北市文化局看台湾地区文化行政　　　　　　王悦佳 李曼婷 /114

闽台比较

拾　闽台文化人才培养模式比较　　　　　　　　　　　　　　刘　泉 /122
拾壹　闽台文化产业投融资比较　　　　　　　　　　　　　　李艳波 /129
拾贰　闽台文化创意产业竞争优势比较　　　　　　　　　　　李艳波 /134

四都寻案

【福州案例】拾叁　三坊七巷　　　　　　　　　　　　　　　林朝霞 /142
【福州案例】拾肆　"榕都318"　　　　　　　　　　　　　　黄玉妹 /158
【福州案例】拾伍　寿山石雕　　　　　　　　　　　　　　　黄玉妹 /169
【福州案例】拾陆　"福百祥1958"　　　　　　　　　　　　　邱　静 /182
【厦漳泉案例】拾柒　海峡两岸（厦门）文博会　　　　　　　陈秋英 /191
【厦漳泉案例】拾捌　游家网络　　　　　　　　　　　　　　陈秋英 /201
【厦漳泉案例】拾玖　漳州片仔癀　　　　　　　　　　　　　何　鹏 /211
【厦漳泉案例】贰拾　合道设计　　　　　　　　　　　　　　叶玉婷 /222
【厦漳泉案例】贰拾壹　鼎立雕刻　　　　　　　　　　　　　张娟娟 /226
【台北案例】贰拾贰　"华山1914"　　　　　　　　　　　　　曾丽莉 /231
【台北案例】贰拾叁　台北之家　　　　　　　　　　　　　　连晶晶 /242
【台北案例】贰拾肆　中华网龙　　　　　　　　　　　　　　周志火 /249
【台北案例】贰拾伍　台湾地区艺术文化环境改造协会　　　　李冰洁 /256
【高雄案例】贰拾陆　爱河夜市　　　　　　　　　　　　　　周若璘 /266
【高雄案例】贰拾柒　高雄办桌　　　　　　　　　　　　　　林江珠 /277
【高雄案例】贰拾捌　城市光廊　　　　　　　　　　　　　　叶艳青 /285
【高雄案例】贰拾玖　美浓镇　　　　　　　　　　　　　　　胡　丹 /293

后　记

年度总报告

零 ▶

互为镜像　共同传承　共谋发展
——闽台文化发展总报告

柏定国　苏晓芳　蔡清毅

　　台湾地区提出并实施"社区总体营造"、文化行销等概念近20年，在塑造地区形象、促进地区发展上成就卓著，并仍然具有强劲的潜力。中国大陆和台湾地区同根同源，共享博大精深的中华传统文化，也共同面临着地区发展的任务，承担着中华传统文化复兴的责任。中国大陆在2011年10月召开的十七届六中全会上通过《中共中央关于深化文化体制改革推动社会主义文化大发展大繁荣若干重大问题的决定》，强调"文化是民族的血脉，是人民的精神家园"，提出文化改革发展目标包括："适应人民需要的文化产品更加丰富"、"文化事业全面繁荣"、"文化产业成为国民经济支柱性产业，整体实力和国际竞争力显著增强"等。中国大陆各地区在厘清地方优势、以地区特有文化为基础谋求地区文化发展的过程中，积极主动地参考和借鉴台湾地区文化发展的宝贵经验，乃至牵手台湾地区，共同行销中华文化。就此议程，福建省理当率先有所作为。

一、闽台研究的内在逻辑及主要议程

（一）闽台文化研究的内在逻辑

　　福建省与台湾地区一水之隔，两者地相邻、人同祖、神同缘、俗相近、言相通。学术界一致认为：闽台一水相连，源出一家，文化亲缘体征明显，闽台文化是同质文化，属于同一个经济文化区域即闽台文化区。从产业外生态环境而言，闽台文化产业具备了合作发展的环境优势。然而，两者在内生态因子中，人力、市场、政策、发展路径等又呈现出不同的特征，存在产业的优势互补。因此，闽台文化研究应该遵循这样的原则和主旨：互为镜像、共同传承、共谋发展。

闽台文化研究我方行为逻辑是：为了研究台湾地区文化，因此设置闽台文化研究议程；之所以研究台湾地区文化，为的是更好地提炼并借鉴台湾地区经验，以用于福建省文化建构与发展。同理，对于台湾地区方面而言，其行为逻辑也是如此。

厦门理工学院文化发展研究院以中国文化发展研究为己任，坚持厦门理工学院"亲产业"的办学理念，以"立足厦门、服务海西、影响全国"为基本诉求，发挥海峡两岸融合发展与海西经济区地缘优势，扶持和推动海西地区传统优势产业向文化创意产业转型升级。文化发展研究院的行为逻辑是：透过闽台文化研究议程设置，介入研究前沿，形成影响力以达成学术目标。

（二）闽台文化发展研究的主要议程

闽台文化发展研究，应当注重历史文化资源，面向现实中人的文化消费需求和自我发展需求，重视闽台共同面临的社会发展问题，在文化创意产业等领域谋求突破。作为一个偏重实践的应用型研究领域，更应当正视闽台各自的文化发展实际，寻找共同关心的研究项目，以期形成合力，于事有益。

当前看来，主要研究议程有如下三个方面：

1. 闽台文化渊源研究

包括：①闽南文化研究，主要涉及地理、历史、血缘、信俗、节庆、语言、宗教、经济、建筑、饮食、服饰、民间组织、耕作及工具等方面的研究；②客家文化研究，主要涉及地理、历史、血缘、信俗、节庆、语言、宗教、经济、建筑、饮食、服饰、民间组织、耕作及工具等方面的研究；③民国文化研究，主要涉及党派、民族、革命、法统、人物、口述史等方面的研究；④海洋文化研究，主要涉及地理、历史、考古、资源、渔获等方面的研究。此外，还有关键人物研究、宗姓文化研究、垃圾文化研究等研究议程。

2. 闽台文化建构研究

包括：①文化发展经验研究，包括在地文化发展、"社区总体营造"、新型城镇化（新农村建设）、文化创意产业等方面的经验研究；②文化市场研究，包括闽台文化消费特点、闽台文化产品及服务的内（外）部市场、区域文化习俗与市场壁垒等方面的研究。此外，还有文化学科与人才培养研究、文化创意产业研究、文化制度研究、手工文化与产品创新研究等研究议程。

3. 闽台文化传播研究

包括：①闽台文化品牌研究，包括品牌价值评估、品牌影响力、品牌战略与管理等方面的研究；②两岸制度与政策研究，包括公共文化服务体系、文化创意产业引导、文化金融支持、文化与科技融合等方面的制度与政策研究。此外，还有一些共同涉外议题研究，如对日研究、对南洋研究、对东盟研究等。

因此，闽台文化发展研究是一个有着广泛的研究议程的领域，可以深入进去做大学问。同时，闽台文化发展研究还是一个存在许多现实热点的话题领域，可以学以致用、一酬书生纵论天下之宏图伟志。

二、闽台文化创意产业比较

台湾地区对于文化产业的概念，最早是在1995年由文化建设委员会（简称"文建会"）所举办的"文化の产业研讨会"中，以"文化产业化，产业文化化"这样的构想被提出来，虽然这一概念在台湾地区提出得比较晚，但台湾地区文化产业的发展速度却走在亚洲的前列，综合实力也相当强。尤其是，2002年5月台湾地区提出以"文化创意产业发展计划"为依据以来，台湾地区的文化产业特别是文化娱乐业开始渐渐进入发展的高潮阶段。

面对文化产业在综合国力竞争中日益突显的战略地位，中共中央高度重视发展文化产业，2009年国务院出台的《文化产业振兴规划》，将文化产业作为战略性、先导性产业提升到国家层面。福建省全面推动完成既定文化体制改革任务，推动实施文化产业"310行动计划"，重点文化产业加快集聚，重大建设项目有序推进，骨干文化企业辐射作用增强。2012年全省文化产业实现增加值突破1 000亿元，GDP占比为5%左右，增速为24%，比同期现价GDP增速高12个百分点。以演艺娱乐业、广告业和动漫游戏业为代表的新兴文化服务业持续保持较快发展，以惠安石雕、德化陶瓷、莆田木雕为龙头的工艺美术产业完成工业产值543亿元，比2011年增长29.6%。福州市、厦门市、泉州市3个设区市文化产业增加值均突破200亿元。

闽台文化创意产业是在各自的理念和逻辑的指引下，快速而有韵致地发展着。

（一）发展渊源和着眼点不同

台湾地区的文化创意产业营造起源于"文建会"的社区营造。1994年"文建会"引进日本造村运动的经验，从重建人民关怀乡土的生活价值观着手，进一步借由小区艺文活动的推展，凝聚小区意识、改造小区环境，提升地方文化产业、建立小区文化特色，大力推动小区总体营造。而1995年的台湾地区"文化の产业研讨会"则是将文化创意产业的营造意识扩展至台湾地区全岛，台湾地区的文化产业步入发展初期，大力发展文化产业成为台湾地区"社区总体营造"、提升台湾地区竞争力的重要内容。因此，台湾地区发展文化创意产业很重要的一点是强调文化和艺术作为核心的重要性，考虑提高民众美学素养，从而扩大市场；而文化创意产业的发展，不能违背或伤害核心的文化与艺术。

福建省文化创意产业发展则是在文化体制改革和文化事业发展双重任务中提出来的。与大陆其他区域一样，发展文化产业的着眼点是建立文化市场，有几条线：①国有文化单位改革；②民间文化企业的兴起。凡是市场化程度高的文化领域，民间资本都已经成为文化生产的主力，比如演艺、电影、动漫、网络游戏、互联网等。还有一条线索也很重要，就是随着旅游业的繁荣，地方文化产业日益受到关注，如节庆活动、民族歌舞、工艺美术品，物质和非物质文化遗产的保护和开发等。近些年，在转变经济发展方式诉求的驱动下，人们发现，文化产业在刺激消费、扩大内需，在提供创业和就业机会上，创意和设计在提升产业、产品文化内涵方面，都有不可替代的作用。2009年，文化产业发展成为国家战略。在这样的背景下，福建省文化产业发展强调文化产业创造的经济产值，强调文化产业在GDP中所占比重。

同时，文化产业也体现了一种新的发展理念，或者一种新的经济发展方式；未来的经济发展将是以各种方式，特别是以科技与文化创意相融合的发展模式推进。基于区域特性营造各自的竞争优势，促成区域品牌的经营和广泛传播，是当今区域发展题中应有之义。而以区域文化存量为基础，充分调动和组织文化创意人才的创意理念与高科技手段相结合，进而促进外地人员进入本区域旅游、休闲、会议、投资、就业与定居，提升区域文化附加值。这就是城市文化营销理念和模式，将是未来中国区域品牌的重中之重。这将是中国继政策营销和土地营销之后，城市和区域发展的另一种选项。在这一点上，闽台之间显然又形成了理念的合流，尤其是台湾地区文化营销的一些典型案例，在大陆早就拥有众多的拥趸。譬如，美浓镇等个案研究，便是为大陆所熟知的样本和实证。

（二）推进主体及文化架构不同

台湾地区文化创意产业主要由"经济部"、"新闻局"、"文建会"、"内政部"等"部会"营造与推动，各"部会"分工十分明确。"经济部"主要负责广告产业、设计产业、数字休闲娱乐产业、设计品牌时尚产业、创意生活产业等相关产业的培育与发展；"新闻局"则主管电影产业、广播电视产业、出版产业；"文建会"的文化创意产业的推动范围主要是视觉艺术产业、音乐与表演艺术产业、文化表演设施产业、工艺产业；"内政部"只负责建筑设计产业的推动。各政府部门之间的分工明确是营造一项新兴产业的必要前提。

然而，如果仅有分工而没有合作并不能实现该新兴产业的繁荣。在文化创意产业发展初期，由于文化创意产业概念具有超前性，台湾地区岛内大多数人都并未将"文化创意"视为一个产业，各行政部门之间的沟通与协作不是十分流畅，台湾地区"行政院"很难掌握文化创意产业发展状况的基本数据和资料。这使得政府往往难以从宏观层面上做出一项合理的推动政策。为了改变这种局面，台湾地区政府部门采取了三大措施：①将"行政院""文化创意产业发展咨询委员会"修正为"文化创意产业发展指导委员会","行政院"政务委员陈其南出任总召集人;②"经济部"、"文建会"、"新闻局"及"教育部"共同组成一个跨部会的文化创意产业推动小组,由四个部会的副首长担任召集人,主要负责协调各部会推动文化创意产业的各项执行工作;③在"经济部"成立文化创意产业推动办公室,负责指导委员会和推动小组及幕僚作业,并协调各部执行相关合作事项,其工作人员由财团法人台湾地区文化创意中心派驻。2002—2008 年,台湾地区一直在制定《文化创意产业发展法》,2010 年 7 月,《文化创意产业发展法》通过,它的主管部门是台湾地区"行政院"的"文建会",也就是将来的台湾地区"文化部"。

台湾地区整个文化架构包括三个部分:①政府绝对责无旁贷的部分,即文化资产保存;②文化艺术创作的补助,政府也绝对不能收手;③利用产业和市场机制去发展的,即文化创意产业。这三者必须是并行的。通过这样的架构检查政府的资源分配,无论如何,政府对文化资产和艺术创作的支持,不能因为有了文化创意产业政策而松手。

在大陆的文化发展转型过程中,出台了大量发展文化产业的优惠政策,大大促进了文化产业的发展。但由于曾经长期处于计划经济中,政府在发展文化产业的过程中难免参与过多,"办文化"的色彩依然比较浓重。按照文化产业建设"服务型政府"的要求,政府对文化工作的管理职能主要是:认真组织制定、实施文化产业发展规划,并切实做好协调、指导、服务和监督工作。面向市场,重塑文化产业发展的主体;面向社会,壮大文化产业发展的力量;面向新技术,提升文化产业发展的层次。要改变管办不分、政事不分、政企不分的现象,充分发挥市场机制的作用,合理配置各种文化资源,提高文化企业自我发展、自我完善的能力,促进文化产业持续发展。文化产业发达国家的经验表明,政府在推动文化产业发展中的作用是全方位的,但主要是在战略层面上的领导,政府只是在为产业和企业的发展提供服务,政府不是也不应当是产业发展的主体,也不是产业发展的最终决定者,而仅仅是产业和企业发展的服务提供者。换句话说,政府的角色是"场地维护员",而不是"运动员"或"裁判员"。

关于推动文化产业发展过程中的政府定位,可以用七句话来概括:

1. 加强社会舆论引导,培养公众文化消费

加强社会舆论引导,培养公众文化消费,使全社会都能重视文化产业的发展,取得社会各界的支持,形成大力发展文化产业的舆论氛围和社会环境。政府应以"需求的生产"而非"供给的生产"形塑出文化产业新的基本面貌,把"制造消费者"确立为整个文化产业的生产重心和核心功能。

2. 实施产业宏观调控,实现资源有效整合

现行的所谓"演出业"、"文化娱乐业"、"新闻出版业"、"广播电影电视业"这

样一种文化产业结构成分的划分标准,实际上是政府根据文化意识形态在产业形态上的不同表现方式所做的划分,所反映的是政府文化行政管理权限分工的一种行业范围。这种条块分割的管理模式导致了行业壁垒的形成,从而使我国文化产业存在着低水平供求关系与非对称性结构矛盾。再加上文化产品的资源配置实质上是一个矢量,不仅存在数量大小关系,还存在着方向的问题。文化产业市场的自发性,虽然能有效提高资源配置的效率,但却解决不好配置方向的问题,很可能导致产业发展的盲目性,急需政府制定出可行的有效的发展战略规划,实施宏观调控,使各类文化产业资源有效整合、协调发展。

3. 加快文化产业体制改革,健全文化产业法律体系

文化单位早几年已经有一部分实行事业单位企业化管理改革,但由于政府行政体制改革的滞后和文化经济政策的不配套,政府对文化单位的责任无法摆脱,文化单位也没有足够能力同政府分离,独立走向市场。所以,政府仍然在许多文化领域不得不充当着"办"、"管"兼顾的双重角色。同时,文化产业法律制度还是一种"稀缺资源",其市场供给明显不足。立法滞后、数量不足、涵盖面窄、位阶较低、缺乏可操作性、缺乏与国际规则的衔接性等,均是文化产业立法活动中存在的现实问题,也是目前政府管理文化产业主要靠政策而不是依据法律的主要原因。

4. 加快文化市场体系建设,优化文化市场环境

在改革搞活国有文化企事业单位的同时,打破市场垄断,取消对非国有经济成分投入文化产业的不必要限制,鼓励各种社会资金投入文化产业,大力发展民营文化产业。个人、企业、社会团体兴办国家政策许可的各种文化产业,在市场准入、规划建设、土地征用、税收、信贷、上市融资等方面,与国办文化产业享有同等待遇。发掘文化资源和各地民间传统工艺美术资源,发展门类齐全、结构合理的文化市场体系,重点建设图书、音像、娱乐、影视、演出、文物、艺术品等专业文化市场,重视开发网络内容产品、新媒体等新兴文化市场,积极拓展国内外两个市场,构建辐射面广、交易方便、成本低廉、品种丰富的文化产品交易流通平台。

5. 拓宽投融资渠道,提供政策税收支持

文化产业的核心是知识产权的交易和运营,而知识产权价值不易评定,同时由于其特殊的文化及意识形态属性,资本的准入问题使得文化资本市场较之一般的资本市场更为复杂。现有的投融资体系,很难支持文化创意产业的发展。由于投资匮乏,文化产业在整体上缺乏规模效应,资本投入不足已经成为制约文化产业发展的"瓶颈"。制定扶持文化产业投融资的财政税收政策:①降低税率; ②完善文化产业投融资中的差别税率政策;③通过优惠的税收政策加大鼓励企业和个人赞助或捐赠行为。

6. 推动文化产业科技进步，注重文化产业人才培养

政府一边鼓励文化产业领域的科技创新，加强文化科技的研究和开发，提高文化产品生产和文化服务手段的装备水平和技术含量；一边加快培育现代文化科技创新体系。同时，建立科技与文化的沟通机制，建立扶持文化与科技融合发展的行政议程。政府通过拨专用经费，委托、定向培养、双向交流、联合办学、集中短期培训和举办文化产业论坛等多种途径和方式，造就文化人才队伍，为文化事业发展提供组织保证、人才保证和智力支持。

7. 开发保护文化资源，实现文化产业可持续发展

根据政府的文化职能特点，各级地方政府既要制定科学、合理的民族文化传承保护的中长期发展规划，使文化保护有目标、有原则、有计划、有步骤、有措施地实实在在推进；同时还要科学构建文化保护机制与体系，用机制促进民族文化的保护工作。文化产业发展的源泉在于文化本身，政府在鼓励文化产业发展的过程中，不仅要充分挖掘和利用特色文化资源，发挥比较优势，还肩负保护特色文化资源的历史性重任。文化可持续发展的第一要义是保护和鼓励创造精神。不仅要鼓励群体的创造性，而且要鼓励个体的创造性；不仅要鼓励专业文学艺术家的艺术创造，更要使创造成为每个人日常生活的重要组成部分。

（三）发展禀赋不同

台湾地区文化产业起步于1999年，通过建构"社区文化，形象风貌，乡土特产，文化品牌"，以创新文化产业资源与行销机会，促进地方文化产业发展，其基础是"乡土文化"。尽管学界一直认可台湾地区文化源于闽南文化，不过台湾地区是一个由多元民族构成的社会，大致经历清代的移垦时期、日本殖民时期和台湾地区现代化构成后，逐步在不知不觉中形成了已经有别于大陆的自身文化特质。文化产业发展政策随着地方发展的需要，在文化类型上渐趋多元且更注重地方特色，在推动上则各有结构与功能的改变或调整，是文化产业政策凑效的根本所在。这更值得当前大陆政府高度关注。

两岸制度上的差异正是隔阂和发展方法不同的根本所在，这点是不言而喻的。因此如何解决双方在制度上的差异和障碍，是闽台未来进一步协商探讨的重点之一。

文化交流市场化程度较低，缺乏统一的组织和有效的管理。从福建省来看，没有统一的交流管理机构，也没有专项的交流基金会，文化"市场化"意识较淡。精致需求并未培育，对文化消费和信息消费等未成熟；同时缺乏有效的桥接中介和整合平台发展各类所需资源整合的工作。知识产权是创意产业的根本所在。文化创意商业化的基础条件就是智慧财产的保障，否则资源拥有者难以持续的诱因持续投入文化创作活动。因此完善知识产权制度是创意产业发展务必率先解决的核心问题。从实际效果来看，台湾地区对于知识产权的保护已经初步达到世界的先进水平，大陆则还处于起步阶段。

（四）依赖路径不同

一个产业能否真正确立和成熟起来，关键要建立一个产业链条，即"创意——产权化——商品化——企业化"，直至形成独有的商业模式。这对于台湾地区文化创意产业而言，是不言而喻的依赖路径。"细节决定成败"的管理理念在台湾地区文化产业领域应得到格外关注，因为文化产业的核心思想在于创意，一个创意能否成功转化为产品，关键就在于对细节的雕琢。而这一点先行一步的台湾地区，在发展文化产业和创意经济中，就以高端美感产品为优先步骤。高端美感产品都具有如下特征：①不易被模仿、被复制、被取代，因为这类产品大都是原创的且非常精致，其价格和竞争力具有优势。②从价值链的角度看，这类产品又可以通过版权转让或授权的形式进行衍生开发，不断拉长产业链。

在研究中，我们特意关注了台湾地区的创意生活产业的几个典型的个案。这是台湾地区文化创意产业分类中独有的产业类别，近年来在台湾地区发展很快，成为一个具有新兴产业特征和实体经济类别的文化产业新业态。台湾地区学术界将创意生活产业定义为："以创意整合生活产业之核心知识，提供具有深度体验及高质美感之产业。"它扩展和延伸了台湾地区岛内文化创意的产业领域，用新颖的思路，开辟出产业发展的新方向。台湾地区创意生活产业在产业领域内，不仅纵向延伸，而且产业间横向整合，其鲜明特点是跨界经营和多元发展。根据产业核心经营内容的不同，一般可划分为自然生态体验、特定文物体验、家饰时尚体验、餐饮文化体验、工艺文化体验、生活教育体验细化类别。这六大类别5年中创造的营业额高达234.5亿台币，其产业潜质令人瞩目。创意生活产业依然围绕衣、食、住、行等内容，但其生产理念及产品已非传统的经营观念和模式，更不是简单的买卖衣服、餐饮、住宿、观光等无目的活动，而是围绕一定的主题，将相关的不同产业尽数囊括进创意生活产业领域，通过产业的提升与形象的重塑，使旧有产业"脱胎换骨"，而以实现消费者的深度体验与高质美感为产业界的追求目标，既推进了传统产业的文化转型，又传播了美的生活理念。

而大陆更多地把文化产业发展作为"转方式、调结构"的经济手段加以应用，"注重把文化元素、创意想法当作产业来做，按照产业化、集群化的模式，着力打造一批高度集群、特色鲜明、效应突出的文化创意产业集中区，增强文化创意产业的发展活力和实力"，各地基本是"大项目——园区化——集群式——城市性"的发展路径，强调在短期内"做大"文化产业，这对于规模而言，显然是幸事。不过，从文化产业自身属性而言则不然。从我们研究的案例中不难看出，我们文化品牌的产品距离精致化、高端美感产品有着较大的距离。其实2002年台湾地区将文化创意产业正式纳入，但方向主要是产业政策，政府一度要把文化创意产业的主导权放在经济部门；而文化界认为如果政府把文化创意产业变为一个经济政策，文化就变成一个被利用的对象，就失去了其核心意义。当时，林怀民提出："先谈文化，后谈产业"，产生了很大影响。

随着改革开放成长起来的网络一代（80后、90后）成为消费主体，全球化视野造就他们精致化的需求需要精致化的产品和产业来满足，这对我们偏重传统的文化产品品牌提出了全新的挑战。文化品牌塑造尤其要强调互动体验的文化生活形态的营造，即必须具备高度参与与高度体验的可能，要让产品的消费形式或产品形态具有速度、节奏等元素，内容得到严格的健康评估。文化品牌需要依靠产品创新来赢得竞争力。要突出特色和实现专业化，要体现行业的特性和美德，要选择产业链型产品并对产品相关要素进行创新，要有面向未来的设计，要借助最新的技术表现，要体现人性的主题，要不断地改进产品。为此，每个地区应该把文化资源，如传说、山歌、祭典等，与当地产品进行结合，邀请专业人员参与，设计开发独一无二的创意文化产品，这会成为将来竞争的焦点。

三、台湾地区经验值得重视

（一）基于人的成长的"社区总体营造"计划

"社区总体营造"始于1993年12月，当时台湾地区的"文建会"向"立法院"提出施政报告时提出"社区总体营造"之名词，该词以建立社区文化、凝聚社区共识、建构社区生命共同体的概念，作为一类文化行政的新思维与政策。持论者认为，居住在同一地理范围内的居民，持续以集体的行动来处理其共同面对社区的生活议题，解决问题同时也创造共同的生活福祉，逐渐的，居民彼此之间以及居民与社区环境之间建立起紧密的社会联系，此过程即称为"社区营造"。

台湾地区"社区总体营造"最可贵之处在其理念与实践，其精髓体现在如下九个方面：

1. 立足社区公共空间的形塑

"社区总体营造"的理念和政策提出之后，普遍受到朝野社会的支持，许多民间和地方的社区工作者也都分别自主地推动此种故乡重建的运动。社区发展当然不只是实质空间的问题，但是在台湾地区居住环境极度恶化的条件下，许多社区营造工作的介入却是以空间规划专业者居多，而且常是主动地协助，这些专业者不只关心实质环境的改善问题，也扮演着组织动员与资源争取的催化角色。在此形势下，原本分处各地的空间规划专业者在许多真实的规划场域中逐渐认识到社会的结构性问题，感受到社会环境变动下的社会力及实践的可能性，因此社区设计像一面镜子一样，牵引着一般市民的想象，培养参与公共事务的热情与习惯。譬如社区建筑，从规划设计到施工维护，全过程中都特别强调草根参与。这里的"社区建筑"，不同于以往由政府、建设公司或菁英设计师由上而下的工作方式，而是真正让使用者能够在营建过程中表达他的需要和感情。因此，社区建筑所要完成的不只是一个实质的空间造物而已，而是要创造出一个能够容纳居住者感情和认同感的地方。

2. 着力推动地方文化产业发展

在"社区总体营造"政策提出的第二年（1995），"文建会"与台湾地区手工业研究所联合举办"文化の产业研讨会"，将产业的讨论带入到文化的视野，对地方产业做适时的文化包装，地方产业活动便可以精致、品味、具有生产力，成为促使地方重新发展的活力泉源。1995年的全国文艺季中也出现了"社区造街"（嘉义桃城美街活动、大溪老街的牌楼保存）、"产业文化"（高雄的桥头糖厂、新竹市的玻璃艺术等）与地方经济振兴有密切关系的活动系列。此后，"文化产业"概念与"文化工业"有了区别，前者特别依赖创意、个别性，也就是产品的个性、地方的传统性、地方特殊性，甚至是工匠或艺术家的独创性，强调产品的生活性与精神价值内涵，这正是被"文化工业"所摧毁的质素。也就是说，台湾地区"文化产业"的概念及其相关的地方产业，是以地方本身作为思考的出发点，基于地方特色、地方条件、地方人才，甚至是地方的福祉优先考虑来发展的，也就是把过去对地方发展不见得有帮助的大型开发计划，以在地化的发展策略取而代之，把发展条件与立足点拉回地方，以地方自发的或内在的动力潜力来思考地方未来的发展方向。

3. 终身学习体系的建立

当一个国家和地区迈入后发展阶段时，教育就不应该再只是由上而下的"教"和"育"，而必须是以"学习者"和"学习过程"为主体的设计。学习的对象也不再限于学龄学生为主，社区中每一个人一生中的不同阶段，包括在职、退休、老人和妇女等，不同年龄不同阶层的学习过程，都应该得到国家和社会同等的重视和资源分配。倡导者认识到，在有限的资源下，台湾地区的全民学习应该往社区和地方扎根的方向努力，要整合学校资源、社区社会、文化生活与产业活动，来振兴地方的生机与活力，而这一切都需要社区性和地方性的终生学习体系来支持。甚至，整个教育改革工作的落实，也有必要从地方和社区做起，中小学校、文化活动中心、社区的环境空间及这些地方的社群成员，彼此之间形成一个互相开放、交流、整合的体系。于是，学校，应该是社区社会的学校；社区，应该是学校的社区。也就是说，地方社会应该建立"学习社区"的观念和体系，而且是"终生学习"的社区。很显然，这个"终生学习"不同于过去的普及教育、推广教育、补习教育、成人教育等。

4. 各级地方政府的宣导与扶助

社区营造的主要对象虽然是规模和层级较小的社区，例如村庄、部落、住宅区或街区，但是有些工作仍必须统筹在个别的县市层级中，像资讯的搜集和提供、理念的宣导、人才的培育、专家的派遣、资源中心的设立、社区与社区之间的交流整合，这些都需要有公共部门尤其是县市层级政府的支援。因此，台湾地区"文建会"把地方的操作机制几乎完全交给地方文化中心来执行。1994年，"文建会"推出"社区总体营造"政策，初期除了办理理念宣导及人才培育外，并在不同地区依照不同的属性，选择了数个地点进行"社区总体营造"的试点,并由地方文化中心协助督导乡镇公所执行。除个别的社区之外,台湾地区"文建会"在1996年度委托新竹市立文化中心及宜兰县政府比照"文建会"模式办理该县市的"社区总体营造"工作,并在1997年度将此模式推展至其他各县市。这种由县市行政机关进行主导,于地方县市进行理念宣导、人才培育、试点营造等工作,称为"以县市层级推动社区总体营造"。这个计划经过各地文化中心和教育局等相关单位协助,激发社区民众自主参与社区公共事务的各项议题,促使"社区总体营造"的理念普遍化。几年下来,在地方政府、社区组织及专家学者的协力推动下,在理念宣导及人才培育方面奠定了厚实发展的基础,许多社区民众自发性的营造工作也陆续地得以展开。

5. 企业的参与

"社区总体营造"的社会改造需要长期的投资与付出,在一些小小的公共议题或运动中呈现人民的成熟智慧,为社会文化的发展奠定良性基础。近几年,因为社区营造的机缘,让许多来自不同领域背景的人士因为议题涉入,成为志同道合的伙伴;也因为这些人的热情,在不同角落的付出,使得社区营造这种原具有强烈在地性的工作蔚然成风而成为全国性的运动,民间社会的其他部门也开始涉入,为这个观念与政策的深化和扩散再推进一步。原本以营利为目的的企业财团,因为"社区总体营造"观念的影响,也开始对社区事务产生关怀和用心,体认到对社会回馈的新趋势。企业的管理、公关、创意人才,具有组织、沟通、创造的能力和丰富的经验,是社区营造初始最不可或缺的要素,也是社区启动的催化剂。而社区与企业的结合,不纯然只有社区受益,因为二者之间有地域的连带关系,如果企业所在的社区环境品质恶劣、邻里关系疏离,必然会对企业及其员工有所影响。同样的,有些社区因企业制造污染,常导致对立冲突的紧张局面,甚至影响企业的运营。和谐之道,是让企业明白自己也是社区的一分子,为社区营造扮演应该扮演的角色。

6. 媒体的关注

传播界对于社区议题的关心,也伴随着"社区总体营造"在各地的开展,纷纷给予正面的评价,从相关有线电视节目的制播,文字印刷的出版品如报纸杂志,广播节目到网络媒体上的热烈讨论。这些传播媒体都适时地把社区营造运动的观念与讯息带给各地的阅听人,使民众可以透过这些他山之石的报道,即时掌握到相关资讯与动态,更进一步互相仿效、学习、交流与支援。透过媒体的传播,让我们知道这块土地上有那么多热心参与的社群,虽然他们认为自己也不过是平凡地在自己的家园上,为该做的事尽一份心力,但相信对于广大读者也会产生潜移默化的鼓励作用。认同社会改造必须从在地的社区里得到实践,期望以刊物永续性的经营方式联结全台湾地区个别社区努力的光与热,从而可以使这样的想象与实践成为可能。

7. 社区学习资源的扩散

"社区总体营造"观念的启动,在台湾地区的特殊环境中也许必须先由公共部门进行理念的宣导,并运用资源诱导,让社区民众共同参与,但是对于一项着眼于长期改造的社会工程而言,外来资源一时注入,并不能保证这份计划的长远落实。更重要的,要在这个过程中,培养民众对于处理公众事务的技巧及理念。针对"社区总体营造"过程中相当广泛与复杂的社会性,不论习惯于细密分工的现代专业者,或是一般社区居民,以及推动社区营造的进步的行政人员,都必须透过许多学习才能充分掌握这项工作的本质及过程。也就是说,社区营造与社区学习有不可分离的关系。只有透过社区学习体系的建立,才能让所有居民准备好再投入地方和社区的发展事务,使得社区人力可以再开发,居民活力可以再运用。地方和社区是学习资源的宝库,地方的产业振兴和居民生活环境品质的提升,都需要依赖学习体系的建立。透过地方"学习共同体"观念和体系的建立,让每一个成员学会珍惜自己的社区资源,而且愿意参与地方建设,营造自己的新社区和新社会。

8. 民间第三部门的崛起

在"社区总体营造"领域拥有专业知识背景或实际运作经验的团体及个人,如文史工作者、建筑师、都市设计师、环境设计者、社会工作者、社会学者、人类学者等,都在社区营造的实践过程中,以其专业技术提供了实质的支持。譬如长于空间议题处理的台湾大学城乡规划基金会、淡水工作室、云林技术学院、宜兰邵祥巷工作室等等,其中都是兼具理论与实务的专业工作者,这些团体或组织的重要目标之一就是协助社区进行社区营造工作。宜兰县仰山文教基金会、花莲新象社区交流协会、台北社区资源交流中心、云林社区希望联盟、台南永续台湾基金会和乡城基金会、高雄长谷基金会、台北县文化环境基金会、新竹市文化协会等民间组织在各地都分别扮演了重要的角色,形作第三部门的阵营。行政工作者、专业者和资源提供者,在"社区总体营造"中扮演着不同的角色、有着不同的定位,这些人都站在适当的位置来协助"社区总体营造"工作的推动。社区里的专业从业人员,像医师、社工师、建筑师、景观设计师、环境规划师、律师、心理师、社会人类学者、行政学者、艺文工作者等,因其在社区中多具有一定的社会定位,且亦为民众尊敬与信任,都可以其具备的专业素养,帮助社区突破专业上的困难。有些"社区总体营造"的先行者,他们的产生并非基于公共部门政策的推动,而是居民自发性的组织行动,这些组织往往对"社区总体营造"的理想、方式、效果等有较深刻的思考,其关怀的层面也较广。

9. 宗教团体的社区定位

孝庙与教会为地方祭祀、信仰中心,更因为相关祭祀、庆典、传统民俗活动而与社区居民间形成密切的互动关系,所以宗教团体有很高的动员力、活动力、影响力,以及吸收民间资源的能力。但由于一些庙口活动和孝庙文化因逐渐庸俗化而被诟病。若是能寻求宗教团体对社区营造理念的认同与支持,结合社区营造的参与精神,加入文化的视野与角度来提升寺庙活动的文化内涵、深度与影响力,社区营造工作也可以得到顺利地推动。在庙宇之外,许多基督教、天主教团体、医院和基金会所推动的工作,常与社区议题有关,例如基督教门诺医院的原住民老人医疗服务和埔里基督教医院的社区医疗服务,在社区医疗的看护上与其他医疗资源结合形成社区照顾体系,让社区中需要被照顾的幼儿、老人、长期病患、残障人士和智障人士,依凭社区力量来分担社区内的照顾工作。另一方面也透过保健知识的传播,如学校卫生教育、医疗讲座、健康保育讲座,让居民知道卫生保健的重要性,以积极地阻止社区居民因不当的观念和疏忽所造成的不幸病害。

总之,"社区总体营造"之所以能够持续到今天,本身就证明了它不单纯是一种政府政策,实际上它是一种思想,一种做事情的方法和理念。"总体营造"的思想或模式,最核心的部分在于有关社区的各种公共事务,都应该由社区居民来共同参与和关心。如果一切事情都由政府部门主导,而居民只是被动地接受援助和建设,那就不能叫"社区总体营造"了。不论是垃圾问题、孩子上学的问题、活动中心的经营管理、文化产业和社区形象的营造,以及自然灾害之后的重建,都需要社区居民一起来想象,提出看法,贡献智慧与服务,协助解决问题,学习产生共识的方法,最后才能使地方建设与发展成为居民自身的认同和骄傲,并且自发地可持续经营下去。

社区营造在实践的层面,不能只看到活动、产品、建设,却忽略了社区共同体意识,社区成员公民意识或社区自治民主政治理念的落实。台湾地区的社区营造与日本的造街和地域振兴最大的不同就在这里。在社会重建的过程中,不论是由政府启动或民间自主的社区营造案例,在台湾地区各地此起彼伏,从中不难看到这里的人民和地方知识分子投入的热忱,以及彼此互相学习成长的经验。这是台湾地区"社区总体营造"最可宝贵的精神。

(二)立足乡土文化的台湾地区文化创意产业

台湾地区文化创意产业,是以"社区总体营造"为契机,立足乡土文化,着眼"人、文、地、产、景"融合发展,提倡"文化产业化"和"产业文化化"。

2002年,台湾地区借鉴英国创意产业发展的经验,明确提出发展文化创意产业的方略。当时,台湾地区"文建会"将"文化创意产业"定义为源自创意或文化积累,透过智慧财产的形式与运用,具有创造财富与就业机会的潜力,并促进整体生活提升的行业。台湾地区的文化创意产业包括13个产业:视觉艺术产业、音乐与表演艺术产业、文化展演设施产业、工艺产业、电影产业、广播电视产业、出版产业、广告产业、设计产业、数字休闲娱乐产业、设计品牌时尚产业、创意生活产业、建筑设计产业。10年来,台湾地区文化创意产业在政策扶持、产业运作及创意设计领域等方面形成了富有特色的发展模式,并积累了一系列可圈可点的经验,其中"由故乡泥土发声"、"从泥土原生"之类特点最为显著。

台湾地区自20世纪50年代中期经济发展政策的实行，20世纪60年代中期基本实现了由农业社会向现代工商社会的过渡，乡村在现代化进程中扮演的经济角色日渐式微，然而乡村在中国传统中从来同时还扮演着文化角色，是中国人的精神家园。早在"文化创意产业"的概念被强调之前，在人们对工业化浪潮反思的过程中，大量象征着"乡土"的传统得以保留，例如民间信仰、古街旧宅及各种民俗事象等。介于城市和乡村的小镇鹿港的人们依旧生活在古迹建筑中，民俗仪式是当地人们日常生活的重要组成部分，林林总总的乡土留存，不是为了表演为了给观光的外乡人展示而存在的，而是真实的生活，譬如现今故市街道内虽有住户改装大厅，结合当地观光业，贩卖民俗艺品，但是仍有不少仍是单纯住家；巷道狭窄，左邻右舍经常仍坐在门前纳凉聊天，保存传统村落紧密人际互动的生活形态。

20世纪后半叶以来台湾地区的第一次经济奇迹，经济成长主要条件在于"制造优势"，拼的是低成本生产物美价廉的产品，由于在竞争过程中，因为不具产品异化的特色而逐渐失去原本的竞争优势。因此，利润不断受到压缩，制造业的地位也被其他新兴发展中国家取而代之。同时，随着科技化、全球化的风起云涌，全球新经济形态已转变为以创新为主的知识经济形态，在知识经济形态下，台湾地区不得不谨慎思考产业转型的问题。

台湾地区开始思考文化与产业的结合始自1991年台湾地区政府从日本请来千业大学教授宫崎清指导小区发展传统工艺结合观光事业，期望藉此振兴小区。1995年，"文建会"举办"文化の产业研讨会"，进一步宣示将"文化产业"作为文化政策的项目之一；2002年，又鉴于英国及其他国家发展创意产业的成功经验，引入英国、联合国教科文组织等对创意产业的定义与内容，行政院所提出的《挑战2008：台湾发展重点计划》正式将文化创意产业视为重点产业，明确指引出台湾地区未来经济形态发展的重要走向。

台湾地区学者黄世辉指出"文化创意产业可分为两种，一种是与地方传统、在地生活息息相关的，可以称为小区型文化创意产业；而另外一种则是含括了传播媒体（文化工业）与设计产业等，具有大量生产、传播特质的通用型文化创意产业。小区型文化产业原本就是小区营造的目标之一，而通用型文化创意产业则是服务业活化的另类思考"。台湾地区的文化创意产业，可以说，正是在小区型文化产业的基础上发展起来的。与都市社区相比，乡村社区更能体现传统社会中人与人之间的关系，有历史感和传统性，其建设与发展成就在小区型文化创意产业中尤显突出。

台湾地区的地方型文化创意产业强调地方特色，以"一乡、一文化、一特色"为基础，利用文化创意的理念，由当地居民发掘原有的地方资源，结合地方地理环境、历史沿革、民俗节庆、民俗文物、名胜古迹、休闲景点等，并运用创意的思维与自发性的由下而上推动小区营造，找出属于在地的生命力，同时也激发产业创意思考的可能性，启动双向接轨的机制，使地方产业与文化结合，成为文化消费和文化产品加工的基地，同时配合地方行销的策略，活化地方经济的繁荣发展，发展经济的同时也维持当地的生态环境和人文传统，也避免工业化带来的环境破坏等问题。

台湾地区的小区营造中振兴小区产业以工艺作为起点，工艺同时也是文化创意产业的产业重点，发展至今台湾地区的工艺产业颇具成效，琉园、琉璃工房、法兰瓷等工艺品牌从地区走向了世界，小区工艺也成为地方的重要经济产业，比如南投县草屯镇的稻草工艺、竹山镇的竹艺和三义的木雕、美浓镇的纸扇、苏澳白米社区木屐等，其基本模式都是利用乡土特色物产资源进行产业化开发。

这样的方式同样还存在于地方节庆活动中，如台南县白河镇是全台最负盛名的莲花产地，融入创意的思维，传统的莲花产业日趋形成今日融观光旅游于一体的莲乡文化产业。一年一度的台南白河莲花季，是当地在莲花盛开时节以莲花为主题开展的系列活动的统称，赏莲、品莲、鉴莲、赛莲……莲花，这个当地的物产资源被开发成富有文化气息的休闲农业资本，吸引了台湾地区内外的各地观光客驻留的脚步。

将"创意生活产业"纳入文化创意产业中的范畴是台湾地区独有的做法，它打破了原有产业的划分方式，将文化主题作为顺应历史潮流的产物，但不将其限制在某一领域，而着眼于生活，自然而不生硬地传播生活认识理念，将美的观念商品化，让其走入民间，让更多的人更加便利地享受到这种时代进步所带来的精神文化产品，让人们能在身边感受融入生活的文化创意，从而提高整个社会的美育水准和生活质量。

创意生活产业包括"源自创意或文化积累，以创新的经营方式提供食、衣、住、行、育、乐各领域有用的商品或服务"或"运用复合式经营，具创意再生能力并提供学习体验活动"的行业，这一概念外延涵盖甚广，上文提及的"地方性节庆"可谓是"乐"的领域。初春去平溪参加天灯节，去乌来参加樱花季；夏季除了可去"南白河、北观音"赏莲，还可参加鲤鱼潭萤火虫季、宜兰兰雨节；秋天则有太麻里金针山忘忧季；冬天则有台南北门乡平安盐祭，体验台湾地区西南滨海地带独有的盐业历史。这些节庆一方面紧密结合了当地的自然条件、地理特点；另一方面区域独特的人文风土，以及当地人们虔诚怀恩、慎终追远的情怀，使得参与者深度体验，满足心理和情感的需求。

"乐"之外，衣可着美浓镇客家蓝衫，食有郭元益糕饼、进益贡丸，饮可享九份茶坊，住可居熏衣草森林、休闲农庄，育有胜洋水草、七星柴鱼博物馆……台湾地区各地依据各自乡土文化的特点和资源打造了独特的创意生活产业内容，丰富了消费的内涵、提高生活的品味。风格独特、具有差异化的各地乡土文化是台湾地区文化创意产业发展最宝贵的资源，经由开发利用，成为文化创意产品中最引人瞩目的因子，通过社会的交易、流通、服务等领域满足和引导了人们的需求，从而产生价值增量效应，文化资源转化为文化资本，台湾地区由此发展了独具特色的文化创意产业。

台湾地区特别将文化产业称为"文化创意产业"，突显了"创意"在挖掘文化内涵、提升文化创意产品附加值中的重要性，体现了创意之于文化产业竞争力的作用。文化创意产品要能使消费者发生兴趣，与消费者产生共鸣，是需要投入创意与研发的，"产业"语境中的创意不是纯艺术的，是带着枷锁跳舞的，在进行元素组合时，也要考量市场的需求、消费者的心境。

以乡村物产资源为基础通过创意加工为文化创意产品是当前台湾地区乡村文化创意产业中的主要内涵，传统竹艺结合现代巧思成就了大禾竹艺工坊，休闲、文化与科技的融合打造了青竹竹艺园区，结合当地人情味的力量则塑造了"白米心、木屐情"闻名遐迩的白米木屐村，灌注传统工艺制作的顶真精神再造了原住民织物……这些创意产品满足了现代人高质美感生活的追求。

创意是生动的主意，把活的观念注入产品和服务，可以建立活的事业。以知识经济为基础的创意乡村生活创意产业提供的是体验式的创意产品，如"休闲农场"、"乡村民宿"等生态村的乡土生活契合人们"回归自然"的心态。

文化创意产业一般都与人们日常生活的各个层面有直接的联系，当物质发展到一定阶段时，人们就不再仅仅满足于享受科技带来的物质生活，而要追求生活的文化品质。消费者对于生活对象的重视，已不再只是实用功能和造型上的美感，而是深入到设计主题的文化内涵，并期待内涵丰富的设计对象，能够为生活带来更多的创意巧思、灵感启发与文化氛围。这时，文化创意就附着于产业而又为产业带来更多利润附加值。在这个过程中，创作者成为最重要的因素。

文化创意产品以差异化为灵魂，产品的差异化凝聚着创作者的心血和智慧。对于创意，"大禾竹艺工坊"刘文煌认为创意来源都是来自于日常生活经验与自我摸索，加上耐心与智慧，"创作是一条很孤单、无聊的路"。这也许是一个创作者"应有"的态度，是一种根植于日常生活，然后不断接受外来刺激的生活状态，或者说是生存状态。

台湾地区由于历史与地理上的独特性，拥有丰富的生活形态与创新环境，为创作提供了许多素材，加上创作者根植于日常超越生活的态度，形塑着"一乡、一文化、一特色"的台湾地区文化创意产业。以社区在地的创意生活达人为制作人，以社区历史人文为布景，以在地山川城乡街廊为舞台，以社区创意工艺和商品设计为道具，以所有参与体验过程的居民与旅客为演员，在可居可游的城乡社区，通过它生活（演）出一场创意生活的大戏。这就是台湾地区文化创意产业。

（三）文化行销概念的提出与实施

"Marketing"一词，中国大陆多翻译为"营销"，台湾地区和香港地区则主要使用行销。文化行销（Cultural Marketing）作为一种行销新思路、新方式是行销学理论在20世纪下半叶快速发展的产物，它的理论内涵在世界范围内正得到越来越普遍的关注，并产生日益深广的影响和作用。

台湾地区学者阐述文化行销多层次的含义，认为文化行销就是一种充分考虑和运用文化力的行销过程，或者说是文化因素渗透到行销整个过程的行销思路和方式。与一般行销相比，文化行销突显出以下四种特征：①文化行销考虑到消费者的文化背景和文化需求，更注重消费者在行销的整个过程中的中心地位；②由于文化具有明显的地域特征等，辨识度高，文化行销更容易实现产品、品牌、行销主体的个性化表达，从而实现差异化行销的市场格局；③文化的成本优势为文化行销带来巨大的附加值空间；④文化长期积淀、世代相传的特征更有利于文化行销主体的永续营利和发展。

1995年，台湾地区"文建会"在"文化の产业研讨会"上提出"文化产业化、产业文化化"的构想。这是台湾地区政府部门执政方向中文化行销思想的最初体现。"文化产业化、产业文化化"的构想是台湾地区面临经济转型和经济升级挑战时基于台湾地区资源优势积极思考、努力探索的结果，是后工业化时期台湾地区谋求借由文化重塑产业体系、推动台湾地区继续发展的结果。

2002年，台湾地区"经济建设委员会"将"文化创意产业发展"列为十大重点投资计划之一。这是台湾地区首次将抽象的文化软件正式列入总体建设，其希望人文与经济产业结合，增加就业人口，提升人民的生活质量，进而创造高附加值收益。

到2007年底《文化创意产业发展计划》执行完毕，一系列数据显示台湾地区文化创意产业取得了巨大成绩：2007年，文化创意产业经济组织总数增至50 667家，较2002年增长了13.32%；文化创意产业营业额由2002年的4 352.6亿新台币增至2007年的6 329.4亿新台币。乘着文化创意产业发展的强劲势头，2008—2011年，"文建会"、新闻主管部门、经济主管部门等联手共同实施《文化创意产业发展计划》后续推动措施，执行包括《文化创意产业发展第二期计划》、《振兴流行文化产业方案》、《设计产业翱翔计划》在内的多种政策规划。这些后续措施推动了台湾地区流行文化、设计品牌等全球行销的步伐。

2008年3月22日，马英九当选台湾地区领导人，文化在台湾地区21世纪全球竞争中作为总体竞争力的核心元素的性质和地位进一步明确和强化。基于台湾地区的教育水平、公民素质及公民社会条件，马英九提出"以文化领政，推动以文化为核心的全球布局的系列文化发展政策规划"。"以文化领政"的理念包括："唯有将文化提升汇聚成整体力量，台湾才能以小博大，才能永续经营"；"文化是台湾的关键实力。尽管全球竞争激烈，加以全球处境艰难，但台湾的教育水平、人民素质、公民社会、艺文创新是台湾最大的资产"；"以文化为主,对内可以激发创意,厚培产业,对外可以开启对话交流,创造台湾新形象"；"利用台湾已有的整体素质优势，把文化提升到总体发展战略最高地位，以文化思维浸润并整合经济、产业、环保、教育等，将传统的全球经济竞争态势转变为文化总体竞争。同时以文化为价值核心推动自然旅游及人文观光，使台湾成为亚洲观光重镇"；"以文化作为21

世纪的策略领航,以文化的软力量深耕台湾,使其走入全球"。"以文化为核心的全球布局"具体政策规划又分为:"以文化作为21世纪首要发展战略"、"以观光作为领航旗舰产业"、"发展文化产业,开启全球市场"、"以文化创造'和平红利'"等。

由此可见,马英九构造出文化推动台湾地区发展的全新格局,文化成为引领台湾地区面向全球的关键力量。对于中国大陆闽南地区来说,尤其需要关注的是,基于闽南语的文化行销是马英九勾描出来的台湾地区发展蓝图中重要而独特的组成部分。马英九提出利用闽南语的独特性发展出台湾地区的全球竞争优势,台湾地区要借鉴中国香港作为粤语文化输出地的思路和实践,针对全球4 900万闽南语人口行销闽南语影音节目等基于闽南语的文化产品,"建立起台湾全球品牌,加强全球性与区域发展竞争力,进而促成台湾发展为全球优质闽南语文化的输出中心"。马英九基于闽南语的台湾地区文化行销的构想特别值得中国大陆闽南地区反思和借鉴。中国大陆闽南地区唯有提高文化自觉、增强文化自信,在保护闽南方言的基础上保护和发展闽南文化,发掘和发展闽南语文化产业,才能促成两岸更深更广的交流沟通,进而促进两岸统一的大事业。

可以看到,自1995年台湾地区"文建会"提出"文化产业化、产业文化化"口号至今,文化行销理念在台湾地区深入人心,文化力渗透到台湾地区多种产业领域,发挥核心作用,在产业发展的同时,台湾地区已经呈现出多元文化发展的独特魅力。今天,无论是台湾地区"整合美食、艺术、人文的精致文化,揉合传统、国际与自我的现代文化"为行销素材走上世界舞台,还是台湾地区博物馆行销"文化风景",探索、践行出一条特别值得中国大陆博物馆借鉴的道路,抑或是台湾地区奶茶的文化创造和行销,或者2012年夏天康师傅推出的"玩转台湾——10 000人大搜茶"大型文化旅游行销活动,都可以看出台湾地区文化行销影响所及。

四、闽台文化发展耦合之道

闽台文化发展具有很强的耦合性,即两个区域之间资源相互补偿,各种配置相互优化。

就文化产业而言,闽台之间的差异体现在资源、劳力、技术、资金、市场、生产、管理和经营理念等方面,这种差异性的存在便构成了互补性关系。这种互补性是以资源要素的丰缺为基础,由此形成闽台文化产业交流与合作的前提。作为闽台产业对接的一个重要组成部分,闽台文化产业因其直接涉及两地悠久的历史文化渊源,在产业对接的各项规划中具有更强的互补性与合作基础;同时文化产业的互补性还能借助以往闽台经济各自的优势而得以强化。比如,海峡东岸经济发展水平较高,拥有资金雄厚、科技产业基础好、市场营销及管理经验丰富等优势,但市场狭小、资源有限、劳动力成本高;而海峡西岸资源相对丰富、劳动力充足、市场广阔,但资金不足、技术水平相对较低、缺乏管理经验。

值得特别注意的是如下三点，可以成为闽台文化创意产业走向耦合的切口：

1. 文化资源与产业基础的耦合性

台湾地区在文化资源上的优势主要表现在少数民族文化与现代文化方面；在产业基础方面，台湾地区的文化产业发展较早；在文化资源的市场化方面，在出版发行、版权服务、影视、网络信息、休闲娱乐以及文化中介服务等领域都具有明显的优势，特别是在高新文化产业发展上水平高于福建省。

2. 市场运作与行销经验的耦合性

福建省文化产业有资源上的优势，但由于还处于起步阶段，在如何利用这些资源进行市场开发上，还不具备成熟的市场运作机制，文化产业的市场培育也未能满足现实需要。相比较而言，台湾地区在文化产业的经营方面有一套比较完善的运作方式，特别是在文化资源的利用开发上，善于结合市场需要，将民间与现代的各种文化元素融入市场化的运作与开发中，使文化的传播与产业的发展密切结合。这方面对福建省有许多可资借鉴的经验。但近年来随着台湾地区文化创意产业的快速发展，无论从业企业数、产业的营业额、产值等都有所增长。这些企业虽有灵活的创意，但受限于规模，往往在短期内就遇到发展瓶颈，欠缺进一步投资与创新、开发的能力，无法发挥"规模经济"与"范畴经济"的作用。同时，随着台湾地区文化产业的从业人数下降，不少企业面临专业经营管理人员严重短缺的问题。因此，人力资源作为第一资源将成为闽台文化产业相互竞争并相互协作的重要方面。

3. 地方文化的产业化机制的耦合性

在推动与探讨地方文化延续与地方发展的过程中，除强调物质文化资源与非物质文化资源的建构之外，更需要进一步探讨地方成员的互动情形，促使其社会的互动调节机制形成，依次作为地方文化与地方发展的内生基础。这是地方文化产业的地方文化资产与观光旅游发展直接串联成为地方文化产业的主要发展形式。台湾地区在地方文化产业化机制建设和架构上积累了大量的经验，显然是大陆实施"美丽中国"战略的重要借鉴。如果透过地方文化产业化及运作制度建构的过程，促进地方生活的魅力与地方文化延续，使得有形的地方文化活动与资产和无形的文化创意与精神积极地互动内生，并使地方发展与文化共生共荣。

总之，闽台文化产业有很强的互补性，但必须意识到这种互补性目前在许多方面还仅仅是一种客观的存在，尚未进入现实的运作层面。要切实推动闽台文化产业共同发展，关键有三：

1. 资源整合是基础

资源整合是两岸业者公认的趋势与共赢的发展模式，目前仍存在一定的风险和矛盾。

由于缺乏科学的整体思路和强有力的组织协调，两岸文化资源未能形成规模，文化产业发展未能形成合力，有时甚至相互竞争和掣肘。"豪客来"和"豪享来"双双为中国驰名商标，是厦门市创意饮食的标志，不过"豪佳香"就没有那么幸运，尽管这原本是两岸资源整合、共创品牌的典范，但最终分道扬镳的结局，却给两岸文化创意合作留下了隐患。烘焙行业是厦门市的骄傲之一，但是比起牛排来说，当红本土品牌的缺失恰恰是后劲不足的重大表现。此外，两岸的文字、语言方式也要整合，避免两岸文字方面的差异对文化合作产生的不良影响。

与此同时，文化产品都是承载特定内容的，文化产业传播什么内容大有讲究，这关系到文化资源的选择。文化机构传播什么，一定各有自身的利益逻辑和心理逻辑。这背后实质就是文化资源的选择问题。建立行之有效的资源遴选机制显然是摆在两岸产业决策者面前的重大课题。

2. 利益耦合是动力

产业竞争力是区域产业协同发展的出发点和归宿。从产业发展与区域分工的视角来看，区域内产业耦合和区域间产业耦合这两种机制是相互联系、相互作用的。区域内产业耦合机制是区域优势产业培育与发展壮大的基础。区域间产业耦合机制是区域主导产业做大做强的推动力。区域间产业的竞争与合作所获取的专业化经济利益，是决定地区产业协调发展的重要因素。我们认为，地方合作的互利模式是一个循序渐进的政治（行政）耦合过程，其实现关键在于地方政府之间的合作能够实现。这对于文化产业而言，概莫能外。

3. 产业融合是保障

传统文化资源和文化遗产大规模的数字化成为世界各国文化产业竞争的基础性工程，而生产性文化服务业的发展则成为推动文化产业与国民经济融合发展最重要的力量，"文化经济"、"创意经济"等概念皆因此而生。文化与科技融合、文化与旅游融合、金融支持文化产业发展、文化产业对外开放等不同业态的共生共长，文化带动"文化工业"的嬗变保障着文化产业作为"数字文化"正在引领人类文明走向明天。产业融合不仅是作为一种发展趋势来进行讨论，当前产业融合已是产业发展的现实选择。产业融合打破了传统产业的技术边界、业务边界、市场边界、运作边界，同时也会打破区域边界，这对促进区域经济一体化起到重要作用。

（作者单位：厦门理工学院文化发展研究院）

问题与反思

壹 ▶

"古村维新"与文化时空再造

柏定国项目组

本题之下,包含三个层面的问题:

(1)村落文化是一种可贵的文化资源,蕴含着当下生活中稀缺的价值理念和生活智慧,今天我们突然发现这些东西正在迅速地走向灭失。

经济快速发展,物质生活极大地丰富,从而使人们基本摆脱饥饿与贫困,过上小康与富裕的生活,造就这些变化者,工业文化与商业文化居功至伟。基于此,无论如何来夸赞推动和造就这些文化形态、价值观念、行为方式、民风民俗的人和行为,都是当之无愧的题中应有之义。尤其是在工业文化、商业文化集大成的大都会,那纵横的路网使交通极其便捷,众多的公司造就商机无限,发达的通讯使信息畅通,完善的设施使效率大增——大都会到处是金融中心、商贸中心、物流中心、制造中心、游乐中心、资讯中心,生活在其中的人们,曾经是多么地满足和幸福。

然而,富裕了的人们在享受大都会的一切同时,又开始回忆山清水秀、风光旖旎的自然风景,粗茶淡饭的乡村往事,甚至大漠荒原的粗犷单一;他们似乎厌倦了车水马龙的喧嚣绚丽、五星酒店的富丽奢华、西式餐饮的高档佳肴、高端酒吧的异域情调、音乐晚会的天籁之音,开始追慕古村小镇独特的风情和韵味。

对于这种回归,我的理解是一个正在形成的社会阶层对涉农(村落)文化的回归。这个特殊的阶层所喜好的,是古村小镇不同于大都会的独特历史文化,具体由独特的山川环境、建筑形制、生活习俗、价值理念所构成。他们追慕的是有小桥流水、白墙素瓦的江南水乡;有砖雕木刻、幽深庭院的山乡古镇;有风火高墙、雕梁画栋的徽派民居。同样的,正是因为有就地取材、自给自足的生活习俗、生存智慧和价值理念弥漫期间，在这个于高度发达的都市文化中游刃有余的特殊阶层的眼中，古村小镇才具有了独特的魅力。

促使这个特殊阶层对古村小镇回归的，不仅仅是其自身的文化自觉，还有对稀缺资源的追慕与占有本能。据媒体报道，2000—2010 年，中国的村落数量由 360 万锐减至 270 万，即平均每一天消失 80—100 个村落。这个事实引发了社会各界对传统村落的关注。还有一组数据同样值得关注，2000—2010 年，中国的城市人口占比由 36% 上升到 49.68%，城市对国土资源的占有量也相应地增加了，由 2000 年的不足 10%，提升到 2010 年的 20% 左右。世界著名的管理咨询公司麦肯锡发布的中国城市化研究报告称，到 2030 年，中国城市人口将突破 10 亿。这意味着中国的城市人口占比将超过 70%，城市对国土资源的占有量也必然会快速增加。届时，中国的村落数量可能减少到不足 100 万个。也就是说，在中国未来的社会聚落格局中，村落数量锐减的基本面貌不会改变。上述特殊阶层是我们社会中的先富阶层，其中绝大多数是改革开放 30 年的先行者和拥趸，旺盛的占有欲和善于捕捉先机是其成功的最大法宝。这个相关社会聚落变化的趋势，直接将村落演变成为稀缺资源。特殊阶层毫无悬念、敏锐地捕捉到了这一趋势并开始做出相应行动。

（2）"古村维新"遵循文化建设时空一体观，即不能只重视文化的空间维度而无视时间维度。

所谓"古村维新"，其实不是狭隘地将古村博物馆化，更不是对其外观予以翻新，而是试图将村落文化活态化的一种文化产业投资项目或行为。在这里，村落是一个偏重时间性的文化概念，其基本的价值理念是独立的、自成一体的，也是发展的。这与现行的"新农村"运动中视村落为落后、低贱的理念及行为有别。"古村维新"的基本诉求，是基于村落文化可持续发展理念，把村落建设成为一个文化综合体，从而使其各种文化因素能够自洽自适地生长，不做博物馆，不做单纯景区，不做都市郊区。

可以预见的是，未来 20 年里，随着大量农民进城，一些村庄消失是不可逆转的进程。这种情况下需要注意两种思想和行为倾向：①借保护村落之名，使其不致消亡，继续将农民禁锢在土地和乡村之中；②借口城镇化，借口促进农民进城，积极与政府合谋"殴民入城"，放弃对于农民和农村本来已经严重不足的公共服务，放弃对于尚留守农村的农民的扶持和帮助，使农村更为衰败，使留守农民陷入绝境。显然，在农民大量进城的情况下，政府尤其应该坚持以均等化财政服务为目标，努力改善农民生产生活条件，缩小城乡差别，促进农村的发展。正是由于传统村落已经大大地落后于中国城镇发展的整体水平，农民自己不满意自己的处境，于是纷纷离开村落进城定居；传统村落正处于变动期，从青壮年劳动力的出走，到耕地抛荒，到老宅年久失修，直至村落拆迁，种种变化皆有必然性和必要性等等。关键的问题是要解决传统村落"向何处去"。很显然，这是一个极具挑战性并存在多种可能性的社会发展问题。

关于传统村落的发展问题，过去更多地放在"三农问题"中讨论。中国共产党第十六次代表大会（简称"十六大"）后，有一系列高层会议和政策举措涉及"三农问题"，社会各界也极为关注"三农问题"。但是，古村落的问题不能纳入到"三农问题"中来讨论和解决。十六大以来的"三农问题"的提出，直接引发了"新农村建设"的热潮。可是，最终的形式还是单一的"城镇化"，甚至是"郊区化"。在这个过程中，我们没能清晰地看到一种属于传统村落现代化发展的思路和成果。

对于村落发展，今天的确存在简单处置的倾向，这与30年来社会快速变化伴生的时代焦虑相关——整个社会都陷于一种"速度焦虑"之中。无论是东部发达地区，还是中部地区或欠发达的西部地区，城市化进程在不断加快，一片片现代化新城区以崭新的面貌拔地而起，由此也成为后来者效仿的对象。然而，千城一面的问题也随之而来。尤其是中小城镇建设中，这个问题更加突出。缺乏城市个性和断裂历史文脉，使绝大多数新城区失去了应有的文化魅力。不是因为缺乏对文化建设的重视和投入，而是未遵循文化建设时空一体观。在新城区和中小城镇的建设中，那些为数可观的文化建设项目和巨量的资金投入，更多地简单化地体现在文化空间维度的建设上。譬如，山西某城市的城区人口不足50万，却投资12亿元建设"五馆一院"（科技馆、图书馆、艺术馆、博物馆、体育馆、大剧院）文化工程，总建筑面积为19.68万平方米，建设总用地674亩。其中，体育馆拥有3.5万个固定座位，需要出动城区1/14的人口才能坐满。而且，这些文化工程连片集中布局在城市的新区，与人口相对密集的老城区甚至隔着大片农田和菜地。城区建设尚且如此，农村城镇化建设就更不待说。

英美国家几十年前也面临与我们今天相似的问题，即村落何去何从的问题。事实上，在英格兰，农民现在已经不再是乡村的人口主体了，只有很少的人从事农业活动。因此，他们在做小城镇和村落规划时，特别注意到了小城镇和村落周围的环境和资源，如何保存那些肥沃的农田，保存那些河流、湖泊、小溪、沼泽、山坡、林木等等。直到现在，英格兰还在推行一个称为"集镇"（Market Town）的政策，它鼓励发展集镇，以便为离开土地的农民提供就业机会。每个集镇有2 000—20 000人。当选择一个村落，把它规划为一个集镇时，它是不是一个"集"并不重要，重要的是这个村落是否具有支持乡村腹地的潜力。对于建设者而言，真正核心的考虑是，村落与常住人口的关系，它是否能够成为地方服务中心，它是否能够推进就业增长。另一方面，它是否有水源，是否有便捷的公路，是否是它周围村落的公共交通枢纽，在那里人是否可以得到基本的社会服务，如商业、卫生、教育、污水处理工厂等。同时，要充分考虑村落中多数为单层建筑的事实造就的邻里与邻里间的关系、住宅与周围环境的关系等等。

我们今天推进"古村维新"计划，除了在建设规划上需要借鉴英美国家的经验之外，还需要解决一个特殊的问题，一个文化问题，即"贱农文化"问题。农业文明是中华文明的重要组成部分和主要传承形式,曾经有过辉煌的成就和他国无法企及的高度。村落是农业文明的发生地、聚集区和传习所。"贵农意识"曾经是中国社会的主流意识,"耕读传家"也是最经典的文明传承模式。但是,随着工业文明和商业文明的兴起,城市逐渐取代村落,成为社会文明的主要聚集区和传习地,农业文明和村落由此走向衰落。尤其是20世纪以来,村落、农民、农业逐渐成为落后、低效、愚昧、保守、无望的代名词,甚至凡是与"农"字沾边的都被低看三分,社会各阶层包括农民自己都厌弃之。于是,"贱农意识"成为一种社会的普遍意识,进而衍生为一种社会亚文化。在此影响下,村落成为时代的弃儿。现在提出这个问题,是想说明一个事实,就是村落因长期缺乏社会投入而走向落后与停滞,最终彻底失去了自我发展的活力。

(3)"古村维新"计划既是文化时空再造的一种行为,也是文化营销理念下的一种涉农区域发展模式,但归根结底,这个计划要通过村落文化投资项目才能落地。很显然,这不同于一般的文化保护项目,"古村维新"计划建立在清晰的经营模式和可期红利基础之上。

基于区域特性,营造自己的竞争优势,促成区域品牌的经营和广泛传播,是涉农区域发展题中应有之义。我们知道,在城市发展规划中,发展文化旅游、休闲娱乐、会展、招商引资、扩大就业机会以及增加城市高素质人口比例,是最受重视的发展策略。涉农区域的发展可否借鉴其一二,以利于形成独立的发展模式呢?回答是肯定的。同时,涉农区域发展模式,必须以村落文化存量为基础,充分调动和组织文化创意人才的创意理念与高科技手段相结合,打造涉农区域文化品牌,进而促进外地人员进入本区域旅游、休闲、会议、投资、就业与定居,提升涉农区域文化附加值。这种区域发展策略,也可以称为村落文化转型升级,即文化、创意与村落的融合发展,更可视为一种凭借文化发展实现涉农区域文化营销的运作理念和模式。

此外,"古村维新"计划作为涉农区域文化营销模式,不仅要强调村落经营的企业性策略,更要强调村落文化投资与建设对于促进公共价值创造的规范性和可持续性策略。"古村维新"特别倚重村落文化发展环境的资源支持,这要求涉农区域各级党委、政府和市场主体不仅关注和重视村落文化投资目标的实现,而且要更加重视由此行动所引发的区域文化资源和文化资本的价值转型,以及大量外来文化人才进入之后对原有居民文化习俗的影响和改变。正是基于这种考虑,"古村维新"计划自觉地与景区化模式划清界线。

必须强调的是,推动实施"古村维新"计划的关键是经营(盈利)模式创新。参与计划的投资者若无法实现资本增值,"古村维新"必定走投无路。村落文化投资一定要超越公益性(有所兼顾而不受其约束),逐步成为具有完善的盈利模式的商业行为。村落文化投资项目,只有具备了良好的成长性,才可以被社会资本认可和接纳。政府和相关文化保护基金,除了继续加大引导资金的投入力度之外,应更侧重在土地、规划、金融等方面予以政策配套，在行业规范和文化传播上予以支持。

值得高兴的是，当前尽管尚未找到或成功打造一个"古村维新"的典型案例，但在相近理念下成功运营的村落文化投资项目却有许多。譬如，浙江湖州的裸心谷。该项目位于浙江省风景秀丽的田园胜地莫干山，距离上海两个半小时的车程。这个强调可持续理念的度假村占地 360 亩，四周环绕着大型水库、翠竹、茶林以及一些小村庄。其各式建筑及设施、设备、用具的设计，着重于和周围的自然环境融为一体，使人能无拘无束地接近大自然，整体上追求一种平和、静谧及家居情怀。在经营方面，案例凭借提供个人化又极具专业的服务品质，致力打造"返璞归真"的整体氛围，从而形成一种独特的度假产品和服务。他们雇用本地人、利用当地资源、使用当地物产，提倡节约，却保证能提供最舒适的享受。这个案例最能打动人的地方是其对一种生活态度的坚持。很显然，项目的投资者围绕这种生活态度，成功地为消费者提供了适当的产品和服务。

村落文化作为一种稀缺资源，或许可能成为推动文化产业进入文化投资 2030 时代的一大契机。

（作者单位：厦门理工学院文化发展研究院项目组）

【附】

品牌文化杂志社对柏定国访谈录
——为村落文化发展探寻新模式

核心观点： "古村维新"，不仅要修葺即将垮塌的旧宅子和遭遇空置的村落，也要构建邻里关系、在地故事和故乡想象。我们不再只是追求现代性与进步性，更重要的是本身的内发性和在地性。同时，各界需要在政府的支持下，形成一个类似民间文化建设的同盟，就近打造一个个村落共同体。我们需要与年轻人一道身体力行，带着理念下乡，扎根社区，推动文化改革工作。

记者： 我们关注到，最近您在微博等新媒体上倡导村落文化、"古村维新"等概念，并在产业开发层面上积极推进"古村维新"计划。请问何谓"古村维新"？

柏定国： 2012年10月20日，中国文联副主席、中国民间文艺家协会主席冯骥才在天津表示，中国每天消失80—100个村落，速度之快令人咂舌。这些消失的村落中有多少具有文化保护价值的传统村落，则无人知晓。冯骥才说，"传统村落中蕴藏着丰富的历史信息和文化景观，是中国农耕文明留下的最大遗产。保护中国传统村落已经迫在眉睫"。冯骥才的发言，引发了社会各界对传统村落的关注。

在随后的各种言论中，除了"保护"与"惋惜"之外，还有一种观点认同者众多。持论者认为，我们今天的发展模式在中国历史上是一次巨大的进步。这种进步可能带来乡村的衰落、村庄的消失。但是，对此不必过于惋惜。对于众多诸如处于环境险恶、交通闭塞，公共服务无法到位的村落而言，那里并无什么田园牧歌！这等不宜于人居的村落的消失，有什么可惋惜的呢？

参与讨论的各方观点各有分歧，但大家都看到了传统村落已经大大地落后于中国城镇发展的整体水平，农民自己不满意自己的处境，于是纷纷离开村落进城定居；传统村落正处于变动期，从青壮年劳动力的出走，到耕地抛荒，到老宅年久失修，直至村落拆迁，种种变化皆有必然性和必要性。他们主要的分歧是传统村落"向何处去"。很显然，这是一个极具挑战性并存在多种可能性的社会发展问题，我们也可以参与进来，既可以开展课题研究，也可以发起试点，为传统村落探索一种发展新模式。

"古村维新"遵循文化建设时空一体观，即不能只重视文化的空间维度而无视时间维度。所谓"古村维新"，其实不是狭隘地将古村博物馆化，更不是对其外观予以翻新，而是试图将村落文化活态化的一种文化产业投资项目或行为。在这里，村落是一个偏重时间性的文化概念，其基本的价值理念是独立的、自成一体的，也是发展的。"古村维新"的基本诉求，是基于村落文化可持续发展理念，把村落建设成为一个文化综合体，从而使其各种文化因素能够自洽自适地生长，不做博物馆，不做单纯景区，不做都市郊区。

记者： 近些年来，人们在安排自己的节假日出游时，对目的地的选择似乎发生了某些变化，人们开始钟情山清水秀、风光旖旎的自然风景，粗茶淡饭的乡村往事，甚至大漠荒原的粗犷单一；他们似乎厌倦了车水马龙的喧嚣绚丽、五星酒店的富丽奢华、西式餐饮的高档佳肴、高端酒吧的异域情调、音乐晚会的天籁之音，开始追慕古村小镇独特的风情和韵味。有人把这种变化称为"文化回归"。您所提倡的"古村维新"是否也可以归并其中？

柏定国： 村落文化是一种可贵的文化资源，蕴含着当下生活中稀缺的价值理念和生活智慧，今天我们突然发现这些东西正在迅速地走向灭失。经济快速发展，物质生活极大地丰富，从而使人们基本摆脱饥饿与贫困，过上小康与富裕的生活，造就这些变化者，工业文化与商业文化居功至伟。基于此，无论如何来夸赞推动和造就这些文化形态、价值观念、行为方式、人风民俗的人和行为，都是当之无愧的题中应有之义。尤其是在工业文化、商业文化集大成的大都会，那纵横的路网使交通极其便捷，众多的公司造就商机无限，发达的通讯使信息畅通，完善的设施使效率大增——大都会到处是金融中心、商贸中心、物流中心、制造中心、游乐中心、资讯中心，生活在其中的人们，曾经是多么地满足和幸福。

对于"文化回归"，我的理解是一个正在形成的社会阶层对涉农（村落）文化的回归。这个特殊的阶层所喜好的，是古村小镇不同于大都会的独特历史文化，具体体现在独特的山川环境、建筑形制、生活习俗、价值理念上。他们追慕的是有小桥流水、白墙素瓦的江南水乡；有砖雕木刻、幽深庭院的山乡古镇；有风火高墙、雕梁画栋的徽派民居。同样的，正是因为有就地取材、自给自足的生活习俗、生存智慧和价值理念弥漫期间，在这个于高度发达的都市文化中游刃有余的特殊阶层的眼中，古村小镇才具有了独特的魅力。

促使这个特殊阶层对村落文化回归的，不仅仅是其自身的文化自觉，还有对稀缺资源的追慕与占有本能。我们注意到，2000—2010年，中国的城市人口占比由36%上升到49.68%，城市对国土资源的占有量也相应地增加了，由2000年的不足10%，提升到2010年的20%左右。世界著名的管理咨询公司麦肯锡发布的中国城市化研究报告称，到2030年，中国城市人口将突破10亿。这意味着中国的城市人口占比将超过70%，城市对国土资源的占有量也必然会快速增加。届时，中国的村落数量可能减少到不足100万个。也就是说，在中国未来的社会聚落格局中，村落数量锐减的基本面貌不会改变。上述特殊阶层是我们社会中的先富阶层，其中绝大多数是改革开放30年的先行者和拥趸，旺盛的占有欲和善于捕捉先机是其成功的最大法宝。这个相关社会聚落变化的趋势，直接将村落演变成为稀缺资源。特殊阶层毫无悬念、敏锐地捕捉到了这一趋势并开始做出相应行动。

记者： 关于传统村落的发展问题，过去更多地放在"三农问题"中讨论。十六大后，有一系列高层会议和政策举措涉及"三农问题",社会各界也极为关注"三农问题"。您这时提出要为传统村落编制可持续发展方案,是对"三农问题"的回应还是另有针对呢?

柏定国:传统村落的种种问题,其实不好简单地纳入到"三农问题"中来一并讨论和解决。十六大以来的"三农问题"的提出,直接引发了"新农村建设"的热潮。可是,最终的形式还是单一的"城镇化"。在这个过程中,我们没能清晰地看到一种属于传统村落现代化发展的思路和成果。

村落肯定是要发展的,即现代化。围绕村落的发展,现有三种主要模式:①由政府主导的新农村建设,主要的推进路径是修路和拆迁,终极格局是农村城镇化;②由资本与政府合谋的景区化建设,把各种资源聚集度较高的古村打造成景区,终极格局是西塘型(原住民不迁)、周庄型(原住民全迁)和丽江型(旧区成为景区,另建新区作为配套)三种;③由民俗专业机构把持的标本化认证,按照部分专家的意见,把古村落定格在某个历史时期的某种表象形态,即把村落当博物馆,终极案例是山西后沟古村。最后一种模式其实无法持续,等着它的还是前两条路,要么城镇化,要么景区化。我想问的是,除了以上二三种模式之外,村落文化是否还有别样的选择?

记者:关于村落文化发展,当前还可以纳入到非物质文化遗产保护和历史名村名镇保护政策中,有必要再推出一个"古村维新"计划吗?尽管由于对"文化空间"概念和涵义缺乏深刻认识和理解,造成保护行为同传承主体之认同的偏差或冲突,但是,文化建设的成就是有目共睹的。

柏定国:我们对于村落文化问题,过去的确存在简单处置的倾向,这与30年来社会快速变化伴生的时代焦虑相关——整个社会都陷于一种"速度焦虑"中。无论是东部发达地区,还是中部地区或欠发达的西部地区,城市化进程在不断加快,一片片现代化新城区以崭新的面貌拔地而起。然而,千城一面的问题也随之而来。尤其是在中小城镇建设中,这个问题更加突出。缺乏城市个性和断裂历史文脉,使绝大多数新城区失去了应有的文化魅力,不是因为缺乏对文化建设的重视和投入,而是未遵循文化建设时空一体观。在新城区和中小城镇的建设中,那些为数可观的文化建设项目和巨量的资金投入,更多地简单化地体现在文化空间维度的建设上。譬如,某地级城市的城区人口不足50万,却投资12亿元建设"五馆一院"(科技馆、图书馆、艺术馆、博物馆、体育馆、大剧院)文化工程,总建筑面积为19.68万平方米,建设总用地674亩。其中,体育馆拥有3.5万个固定座位,需要出动城区1/14的人口才能坐满。而且,这些文化工程连片集中布局在城市的新区,与人口相对密集的老城区甚至隔着大片农田和菜地。城区建设尚且如此,农村城镇化建设就更不待说。

英美国家几十年前也面临与我们今天相似的问题,即村落何去何从的问题。事实上,在英格兰,农民现在已经不再是乡村的人口主体了,只有很少的人从事农业活动。因此,他们在做小城镇和村落规划时，特别注意到了小城镇和村落周围的环境和资源，如何保存那些肥沃的农田，保存那些河流、湖泊、小溪、沼泽、山坡、林木等等。直到现在，英格兰还在推行一个称为"集镇"（Market Town）的政策，它鼓励发展集镇，以便为离开土地的农民提供就业机会。每个集镇有2 000—20 000人。当选择一个村落，把它规划为一个集镇时，它是不是一个"集"并不重要，重要的是这个村落是否具有支持乡村腹地的潜力。对于建设者而言，真正核心的考虑是，村落与常住人口的关系，它是否能够成为地方服务的中心，它是否能够推进就业增长。另一方面，它是否有水源，是否有便捷的公路，是否是它周围村落的公共交通枢纽，在那里的人是否可以得到基本的社会服务，如商业、卫生、教育、污水处理工厂等。同时，要充分考虑村落中多数为单层建筑的事实造就的邻里与邻里间的关系、住宅与周围环境的关系等等。

我们今天推进"古村维新"计划，除了在建设规划上需要借鉴英美国家的经验外，还需要解决一个特殊的问题，一个文化问题，即"贱农文化"问题。农业文明是中华文明的重要组成部分和主要传承形式，曾经有过辉煌的成就和他国无法企及的高度。村落是农业文明的发生地、聚集区和传习所。"贵农意识"曾经是中国社会的主流意识，"耕读传家"也是最经典的文明传承模式。但是，随着工业文明和商业文明的兴起，城市逐渐取代村落，成为社会文明的主要聚集区和传习地，农业文明和村落由此走向衰落。尤其是20世纪以来，村落、农民、农业逐渐成为落后、低效、愚昧、保守、无望的代名词，甚至凡是与"农"字沾边的都被低看三分，社会各阶层包括农民自己都厌弃之。于是，"贱农意识"成为一种社会的普遍意识，进而衍生为一种社会亚文化。在此影响下，村落成为时代的弃儿。现在提出这个问题，是想说明一个事实，就是村落因长期缺乏社会投入而走向落后与停滞，最终彻底失去了自我发展的活力。

记者：关于村落文化的发展，"古村维新"与已有的模式比较，最大的不同在哪里？有否成功的案例？

柏定国："古村维新"计划既是文化时空再造的一种行为，也是文化营销理念下的一种涉农区域发展模式，但归根结底，这个计划要通过村落文化投资项目才能落地。很显然，这不同于一般的文化保护项目，"古村维新"计划建立在清晰的经营模式和可期红利的基础之上。

基于区域特性，营造自己的竞争优势，促成区域品牌的经营和广泛传播，是涉农区域发展题中应有之义。我们知道，在城市发展规划中，发展文化旅游、休闲娱乐、会展，招商引资、扩大就业机会以及增加城市高素质人口比例，是最受重视的发展策略。涉农区域的发展可否借鉴其一二，以利于形成独立的发展模式呢？回答是肯定的。同时，涉农区域发展模式，必须以村落文化存量为基础，充分调动和组织文化创意人才的创意理念与高科技手段相结合，打造涉农区域文化品牌，进而促进外地人员进入本区域旅游、休闲、会议、投资、就业与定居，提升涉农区域文化附加值。这种区域发展策略，也可以称为村落文化转型升级，即文化、创意与村落的融合发展，更可视为一种凭借文化发展实现涉农区域文化营销的运作理念和模式。

此外，"古村维新"计划作为涉农区域文化营销模式，不仅要强调村落经营的企业性策略，更要强调村落文化投资与建设对于促进公共价值创造的规范性和可持续性策略。"古村维新"特别倚重村落文化发展环境的资源支持，这要求涉农区域各级党委、政府和市场主体不仅关注和重视村落文化投资目标的实现，而且要更加重视由此行动所引发的区域文化资源和文化资本的价值转型，以及大量外来文化人才进入之后对原有居民文化习俗的影响和改变。正是基于这种考虑，"古村维新"计划自觉地与景区化模式划清界线。

必须强调的是，推动实施"古村维新"计划的关键是经营（盈利）模式创新。参与计划的投资者若无法实现资本增值，"古村维新"必定走投无路。村落文化投资一定要超越公益性（有所兼顾而不受其约束），逐步成为具有完善的盈利模式的商业行为。村落文化投资项目，只有具备了良好的成长性，才可以被社会资本认可和接纳。政府和相关文化保护基金，除了继续加大引导资金的投入力度之外，应更侧重在土地、规划、金融等方面予以政策配套，在行业规范和文化传播上予以支持。

值得高兴的是，当前尽管尚未找到或成功打造一个"古村维新"典型案例，但在相近理念下成功运营的村落文化投资项目却有许多。譬如，浙江湖州的裸心谷。该项目位于浙江省风景秀丽的田园胜地莫干山，距离上海两个半小时的车程。这个强调可持续理念的度假村占地360亩，四周环绕着大型水库、翠竹、茶林以及一些小村庄。其各式建筑及设施、设备、用具的设计，着重于和周围的自然环境融为一体，使人能无拘无束地接近大自然，整体上追求一种平和、静谧及家居情怀。在经营方面，案例凭借提供个人化又极具专业的服务品质，致力打造"返璞归真"的整体氛围，从而形成一种独特的度假产品和服务。他们雇用本地人，利用当地资源，使用当地物产，提倡节约，却保证能提供最舒适的享受。这个案例最能打动人的地方，是其对一种生活态度的坚持。很显然，项目的投资者围绕这种生活态度，成功地为消费者提供了适当的产品和服务。

村落文化作为一种稀缺资源，或许可能成为推动文化产业进入文化投资2030时代的一大契机。

（访谈录文字稿由厦门理工学院文化发展研究院办公室提供）

贰 ▶

创意部落联盟
——以厦门市集美区为例

孔雁项目组

在全球化知识经济突飞猛进的时代，以文化城市、教育兴业、重视人才、社区共建为理念，传承"集美学村"的文化精神，吸引世界各地创意游牧人来集美区创业和定居，云集成天下集美的"创意部落"；以文化创意活化城中村建设，促进区域内传统产业的升级转型，繁荣厦门的文化生态，从而立足城中村，来发展具有集美城市特色的、文化与科技相融合的支柱型文化产业。

创意部落是指通过"总部"的运营，毗邻区域内各个核心业态集聚区进行选址，化零为整地挖掘城市空间资源，走城中村社区与文化产业空间融合发展的道路，开发核心业态衍生品，形成产业链的优势互补，从而激活老城区和传统产业的升级转型。

一、项目构想

1. 运营方式

创意部落的构想是通过"总部"的运营，有计划地开发建设核心文化产业集群的"创意部落"，化零为整地挖掘城市空间资源，充分发挥区域内文化与科技相融合的优势，进行城中村社区与文化产业空间的融合，激活老城区和传统产业的升级转型；并以"部落联盟"的聚合概念和组织运营方式，开发文化创意的生产力，引进英国第二经济支柱产业——文化创意产业的发展模式，促进本土化核心产业以及新兴文化产业综合项目的孵化和落地，为打造一个集人才、市场、资本、技术、旅游为一体的天下集美品牌城提供优质的产业资源。

2. 空间布局

计划在集美全区内选址，整合集美、侨英、杏林、杏滨、后溪和灌口等街道镇的高校和科技园区周边村落社区空置房屋、废旧楼宇厂房和未开发地块，以集美大社浔江社区、兑山村、西亭村、天马山、灌口镇、台商投资工业区和软件园三期周边为初期的部落选址，培育孵化相关旅游衍生产品、食茶饮宿等品牌营销策划、工艺品设计、软件配套产品、数字媒体和音乐工程、数字内容制作、工业产品设计、电子商务策划、手机网络产品设计和时尚健身禅修等文化创意项目，组成十大文化创意核心产业的部落群，以联盟形式进行整体布局。

3. 业态培育

项目总收储面积20万—50万平方米，依托天下集美总部区、营销区和城市文化综合体的整体辐射力，吸引文化艺术、影视传媒、电子商务、设计服务、时尚消费、咨询策划、管理培训、旅游服务等10万文化创意人才以及500—1 000家企业和工作室进驻；通过天下集美文化营销中心（城市文化综合体）的运作，致力打造厦门市最有活力的青年创意社区。

二、项目的战略目标

（一）基本诉求

（1）打造特色鲜明的"城中村"模式，立足城中村发展文化创意产业，为我国城市文明与村落文明的共存提供一种范式。

（2）每一个核心业态的集聚都有相应的创意部落为其提供配套服务及衍生产品开发。

（3）面向大学生、创意游牧群体，为其可市场化创意提供孵化资源，降低创业成本。

（4）通过大学城高校的学科联动、人才共享和成果扩展，走出校园，与台湾地区及海外人才交流，与周边村落社区共建创业基地，并进而建设以培育新兴文化创意核心产业为出发点的品牌孵化器和产业联盟。

（二）分期目标

（1）短期目标：设立"天下集美创意部落联盟总部"。立足城中村，发展文化创意产业，促进原始村落和传统产业升级转型。

（2）中期目标：建立文化创意与传统产业相结合的创业基地，即"创意部落"。着眼于提高文化产业经营管理人才和准就业者、准创业者的综合素质，通过工作坊的市场研发、样板创意制作和专家点评等遴选流程，为来自世界各地的创意游牧人提供创业条件，从而为天下集美文化创意产业品牌提供可行性孵化项目。

（3）远期目标：打造有国际影响的文化产业孵化平台。通过大学城高校的学科联动、人才共享和成果扩展，走出校园，与台湾地区及海外人才交流，与周边村落社区共建创业基地，并进而建设以培育新兴文化创意核心产业为出发点的品牌孵化器和产业联盟。

三、总体规划

（一）规划范围

以集美大社浔江社区、兑山南尾井村、西亭村、后溪村、灌口古镇和天马山周边村落社区空置房屋、废旧楼宇厂房和未开发地块为核心选址，优化周边配套支撑条件，营造良好的文化生态环境，待条件成熟的情况下，有计划地分期实施文化创意与传统产业相融合的业态布局，采取分散投入、滚动开发的方式，循序渐进地建设若干个创意部落，分别以地点命名，规划为：

（1）主营文化休闲旅游衍生产业、民间饮食茶俗品牌营销和策划设计等浔江—乐海部落；

（2）主营工艺品设计和及品牌包装、会展服务业的英村—兑山部落；

（3）主营现代传媒、数字城市建筑设计、景观设计、数字媒体和音乐影视工程、数字内容制作、数字出版、动漫游戏和手机网络产品设计的西亭—崎沟部落；

（4）主营工业产品设计及工业电子软件配套产品、电子商务策划服务业的浒井—叶厝部落；

（5）禅修文化、中华医药文化、武术、健身康体文化和主题公园衍生产品、数字影像产品设计制作的天马山部落。

（二）规划内容

创意部落由文化产业的品牌孵化器和新兴文化创意产业培育基地两个板块组成，称为"部落工坊"和"部落基地"，在网络型的游击生态和学村型的部落群聚中互为依托。以新兴文化产业孵化器为核心，定位于文化服务，以建造一个集人才、市场、资本、技术、资源为一体的专业服务平台为战略定位，经过2—3年建设，分步实现以下目标：

（1）设立"天下集美创意部落联盟总部"，立足城中村，发展文化创意产业，促进原始村落和传统产业升级转型。

（2）建立文化创意与传统产业相结合的创业基地——"创意部落"，着眼于提高文化产业经营管理人才和准就业者、准创业者的综合素质，通过工作坊的市场研发、样板创意制作和专家点评等遴选流程，为来自世界各地的创意游牧人提供创业条件，从而为天下集美文化创意产业品牌提供可行性孵化项目，见图1。

（3）打造世界级文化产业孵化平台，通过大学城高校的学科联动、人才共享和成果扩展，走出校园，与台湾地区及海外人才交流，与周边村落社区共建创业基地，并进而建设以培育新兴文化创意核心产业为出发点的品牌孵化器和产业联盟。

图1　创意工坊写意

（4）一总部五部落。一总部：选址在集美总部区，建筑面积约3 000平方米；五部落：采取分散投入、滚动开发的方式，循序渐进地建设若干个创意部落，分别以地点命名：①浔江—乐海部落：侧重旅游衍生品的创意、设计、开发和运营，讲究与集美学村—厦门记忆、爱堤东海岸等项目配套互动。②英村—兑山部落：侧重工艺美术品的创意、设计、开发和运营，讲究与天下集美城市文化综合体项目配套互动。③西亭—崎沟部落：侧重动漫、音乐工程、手机自媒体等数字创意技术与艺术的创意、设计、开发和运营，讲究与软件园三期内在相关项目配套互动。④浒井—叶厝部落：侧重工业设计、包装设计、广告设计、品牌管理等业态的开发运营，讲究与台商工业区工厂的业务对接，走文化与科技协同创新之路。⑤天马山部落：侧重禅修、健身、心理咨询等业态衍生品的创意、设计、开发和运营，讲究与生命公园、城市文化综合体、天下集美文化品牌城总部区等项目配套互动。

（三）功能区间及空间规划

功能区间及空间规划，见表1。

表1 功能区间及空间规划

序号	投资项目	功能项目	主要项目名称
1	创意部落	创意工坊	1. 浔江—乐海部落； 2. 英村—兑山部落； 3. 西亭—崎沟部落； 4. 浒井—叶厝部落； 5. 天马山部落
		公共服务	
		物业管理	
2	部落联盟总部	空间开发中心	天下集美创意部落联盟 （入驻天下集美文化品牌城总部区）
		网络运营中心	
		文化交流中心	
		孵化平台	

四、业态定位与培育

从业态定位的策略考虑，由原有的或即将落户大学城高教区和软件园区的动漫和中国移动等项目做引导，建立新兴文化产业人才创业平台和品牌孵化产业联盟将具有区位的绝对优势。通过"创意部落"和文化产业基金的运作，开放民间投融资渠道，可以推动新兴文化产业迅速辐射集美其他区域，并在集美大区阶梯式向前发展。

（一）总体原则

新兴文化业态是利用各种数字技术和软硬件载体，将图像、文字、影像、语音等内容进行整合，通过数字化创作、编辑、生产制作及传递，向消费者提供多层次、多类型的文化内容产品。可分为综合类、视听类、文本类和功能类四大门类，涵盖20个细分领域，例如基于互联网和无线网络上的"软件开发"、"数字内容服务"、"其他电信服务"；基于广电网络的新媒体；还有网络游戏、线上动漫、网络期刊杂志、手机报、微博、微信和网络远程教育等。

（二）网点分布

从业态定位的策略考虑，由原有的或即将落户大学城高教区和软件园区的动漫和中国移动等项目做引导，建立新兴文化产业人才创业平台和品牌孵化产业联盟将具有区位的绝对优势。

（1）浔江—乐海部落：主导新兴文化休闲旅游衍生产业、民间饮食茶俗品牌营销和策划设计等文化创意业态；

（2）英村—兑山部落：主导工艺品设计和及品牌包装、会展服务业等文化创意业态；

（3）西亭—崎沟部落：主导现代传媒、数字城市建筑设计、景观设计、数字媒体和音乐影视工程、数字内容制作、数字出版、动漫游戏和手机网络产品设计等文化创意业态；

（4）浒井—叶厝部落：主导工业产品设计、工业电子软件配套产品、电子商务策划服务业、创意运动产业、数字交通设计制造业、数字雕刻设计制作、大型户外装置和电子广告工程等文化创意业态；

（5）天马山部落：主导禅修文化、中华医药文化、武术、健身康体、主题公园衍生品、数字影像产品设计制作、心理咨询衍生品等文化创意业态。

五、项目运营

（1）部落联盟总部从空间使用、产业性质和专业市场需求出发，在集美全区范围内收储空置的民居、厂房等空间资源，整理、开发创意部落，引进创意工坊，主导性地培育文化创意业态。

（2）创意部落所需空间，其改造、投资主体可以是村集体（或者独立业主）或工厂，也可以是地产商或核心产业的龙头企业；运营主体是由投资主体和专业项目运营商（或与集美区文旅投公司合作）组建的"天下集美部落联盟集团股份公司"（暂名），执行部落开发服务、文化交流与创意工坊、产业联盟和品牌孵化运营平台四大职能，作为整个部落联盟的建设、经营、管理和服务的综合运营主体，并由天下集美总部区的行业专家委员会做指导，为产业孵化和园区发展出谋划策。在前期资金不足和机制不完善的情况下，可以采用分散投入、滚动开发的运营方式。

（3）来自世界各地的文化创意游牧人和企业群体，都可以自由地成为部落联盟的投资者，参与相关创意工坊的投资、开发和运营。

（4）由于空间资源开发上除已开发的软件园区和工业区外，还存在城中村改造和旧厂房更新的问题，在机制创新上可以参考"村企共建"的模式，即政府主导，村集体为改造主体，借力房地产开发商，采用创新的土地利用方式，通过土地产权置换获取改造资金，采取局部调整和重点控制相结合的改造方案，实施多方利益捆绑、连带投资开发的策略。

（5）政府应把优惠政策转向技术支持和产业支持，围绕产业龙头企业、核心企业，推动配套服务体系的建立和完善，打造完整的产业链和产业集群。鼓励各类非公有资本、境外资本投资"创意部落"的新兴业态。政府相关部门要在法律法规许可范围内，减少审批环节、简化审批手续、优化审批服务，对非公有制文化创意企业在投资核准、土地使用、财税政策、融资服务、对外贸易等方面，给予优惠待遇。

六、收益与投资

（一）运营服务商的利益

主要来源于房屋空间管理租赁和产业孵化，其中包括物业的经营收益；课室、工作室、研习所、实验室、创意工房、样品陈列馆、产品制作车间、仓储空间等租赁空间的租金和物业费等地产收益；综合商铺、创业基地和人才住房等房地产营销收益；人才引进和输出的经纪收益；品牌孵化的风投收益；政策对青年就业、创业，文化产业台海关系的补贴，企业合作方及关联者的收益分成等；

（二）政府的福利

政府是此项目最大的收益方。来源主要是出售土地产权收益、文化创意服务业和产业相关工商税收。项目的成功运行不仅对传统文化的传承做出贡献，促进了文化产业的发展，而且对城中村和旧型工业区进行系统化、市场化、规模化的改造更新，大大提升了城市面貌，提高了政府对城市的管理水平。从此收获辐射全区全厦门市全福建省乃至全国的城市品牌形象和社会效益。

（三）空间资源提供者福利（产业园区和村集体）

来源有房产收益、土地流转收益、配套服务（食宿等）收益、区域文化营销收益。

（四）投资策略

由于空间资源开发上除已开发的软件园区和工业区外，还存在城中村改造和旧厂房更新的问题，在机制创新上可以参考"村企共建"的模式，即政府主导，村集体为改造主体，借力房地产开发商，采用创新的土地利用方式，通过土地产权置换获取改造资金，采取局部调整和重点控制相结合的改造方案，实施多方利益捆绑、连带投资开发的策略。

政府应把优惠政策转向技术支持和产业支持，围绕产业龙头企业、核心企业，推动配套服务体系的建立和完善，打造完整的产业链和产业集群。鼓励各类非公有资本、境外资本投资"创意部落"的新兴文化产业，政府相关部门要在法律法规许可范围内，减少审批环节、简化审批手续、优化审批服务，对非公有制文化创意企业在投资核准、土地使用、财税政策、融资服务、对外贸易等方面，给予优惠待遇。

（五）合作模式

（1）"部落联盟"同时是文化与科技相融合的文化创意业态联盟。在文化与高科技融合层面鼓励部落企业组建新兴文化产业联盟,并在动漫、网络游戏、影视、工业设计、出版等文化创意产业领域建立一批基于标准的行业联盟,加强行业技术标准的研发,完善文化创意产业标准体系和规范体系,进一步加强知识产权保护,规范市场秩序,优化产业发展环境建设。

(2)企业联合集群模式。以大带小加强企业研发合作,通过孵化新兴文化科技项目,引导大企业与中小企业按照产业链和技术链进行产业合作和技术创新合作,形成文化创意产业集群。

(3)网络平台模式。建立集成化网络平台,将星罗棋布在各学村的部落人群和产品信息整合到一起,利用交互式的网络推广手段和技术,开展联合品牌的电子商务。

七、项目规划条件

(一)在地资源条件优势

1. 人才资源

在重点调查片区概况、片区主要空间资源分布、片区传播资源分布的基础上,根据后溪片区、软件园三期与周边区域的关联性分析,集美区在新兴文化产业从业人群上具有潜在优势。尤其是随着大学城校园专业人才经过各大院校历届培养走向社会,院校科研项目与产业结合的成果不断涌现,新兴文化产业从业人才将成为后溪片区乃至整个集美文化业态布局的重点资源。

2. 文教区组团资源

集美文教区原规划范围主要在后溪片区,2007年被修编扩充为杏林湾片区规划,东至天马山、高速公路连接线,西至三南路,北至沈海高速公路,南至集杏海堤,总用地面积为3 160公顷,总人口规模为28万人,片区规划是在未来将把后溪区建设成为集商务中心区、文教科研区及休闲旅游区为一体的多功能、生态化的城市综合体,也将形成多元文化产业有机融合的格局。目前历经了前几年的规划建设,集美人文新城已初具规模,高等院校、科研机构相继落成办学和开展科研,集美文教区轮廓基本成型,形成了12所高校集聚的三大文教板块,主要是分布在杏林湾园博园畔的集美大学、诚毅学院、华大厦门校区、中科院城市环境研究所、集美轻工业学校、福建化工学校和海翔大道东宅段的厦门软件职业技术学院、华大厦门工学院以及天马路英村段的厦门理工学院、华夏职业技术学院、厦门工商旅游学校、福州大学厦门工艺美术学院。

可以说已初步形成了具有一定规模、人才培养体系完善的高校群,这些高等院校与辖区内的中小学和中专院校一起，构成后溪镇完善的教育网络，在提升后溪镇城市品味的同时，为镇域文化经济的发展提供了高素质的人才，奠定了文化创意产业学术和科研相结合、相促进的良好基础。

3. 文化资源和产业优势

目前，厦门市岛内的文化创意产业与旅游、休闲、制造、电信、交通、房地产等社会经济产业正在发生普遍的渗透和融合，正在逐步形成以文化内容为纽带、关联度日益密切的庞大产业链和产业集群。社会对新兴文化产品和文化消费品的需求日益加强。随着集美新城区建设，重大文化项目落户集美，集美区将拥有强大的交通和人才优势，特别是在现代物流、科技研发、技术培训和亲产业教育方面。

（二）在地性布局条件分析

1. 浔江—乐海部落

主导新兴文化休闲旅游衍生产业、民间饮食茶俗品牌营销和策划设计等文化产业布局。集美大社浔江社区地处浔江之畔，辖区面积0.71平方千米，总户数1 407户，总人口6 803人。浔江社区是陈嘉庚老先生的故里，是嘉庚精神的发祥地，具有得天的地理优势和独厚的人文优势，辖区内物宝天华、人杰地灵。集美街道已经开始基础性的改造整理，如果同时进行以"文化"为品牌的社区管理，因地制宜，结合地区历史文化和非物质文化遗产培育社区特色文化，重点发展龙舟赛、芗剧团、南音社、祖厝等富有地方特色的闽南文化活动，特别是结合天下集美的文化创意项目如杏林湾的"欢乐海湾"、集美东岸的"爱的长堤"和孙厝或乐海"美食街"的打造和运营，将提升社区文化品位和社区居民的生活品质。

因此在浔江社区、孙厝或乐海培育孵化文化休闲旅游业相关旅游纪念产品、饮食文化、茶文化和民宿等营销品牌策划设计的新兴文化休闲旅游衍生产业，将具有得天独厚的条件和基础。

2. 英村—兑山部落

主导工艺品设计和及品牌包装、会展服务业等文化产业布局。英村和兑山南围井村都是大学城的城中村，后溪街道英村社区位于后溪镇东部，倚傍厦门理工学院。总人口数约2 800人，分成六个村民小组，有何山埔社、英村社、顶新厝社、英埭头社四个自然村。侨英街道兑山社区位于天马山山麓西侧、英雄纪念碑周边，西面紧靠华侨大学厦门校区。这几个自然村自1992年起，耕地陆续被征用，至2007年已征用了绝大部分。社区已成为了城中村，居民收入主要来源于房屋出租和外出务工，许多村民已搬迁到政府建设的安置房居住，房屋院落空置，而临时工棚和违搭建现象严重。

同时福州大学厦门工艺美术学院也在附近，新校区的工艺美术学院现有设计学、美术学、工业设计工程等学科，为社会培养工业造型设计、环境艺术设计、视觉传达设计、服装设计、陶瓷艺术设计、数字艺术设计、漆画、中国画、油画、雕塑与公共空间艺术及艺术史论等研究方向的硕士研究生以及工业设计、艺术设计、绘画、雕塑专业的本科生。

因此从空间使用和专业市场的角度看，在兑山社区和英村进行工艺品设计和及品牌包装、会展服务业等产业布局，十分适合该区文化业态的发展，同时此布局可以为天下集美文化综合体项目打通上下游的产业渠道。

3. 西亭—崎沟部落

主导现代传媒、数字城市建筑设计、景观设计、数字媒体和音乐影视工程、数字内容制作、数字出版、动漫游戏和手机网络产品设计等文化产业布局。软件园三期位于厦门集美新城核心区以北，总规划面积12平方千米，比软件园二期大了10倍。其中，动漫教育基地占地4.5平方千米，已经有中国移动动漫基地、中国电信海峡通信枢纽中心、中国数码海西运营中心、软件职业技术学院、兴才职业技术学院等重要项目落地。软件研发基地由厦门信息集团承建，占地7.5平方千米，总建筑面积800多万平方米，计划总投资360亿，可容纳20万人就业。

根据产业性质，并结合利用原有的地势，在软件园区的周边村落配套建设适合小规模运作的工坊空间，如杏林的西亭村、后溪的崎沟村、白石村、东宅村等，可以分为几个不同聚落，以软件园的几大功能园区——电子商务区、IC产业区、物联网产业区、诚毅大街综合配套区、嵌入式产业区、文化创意动漫游区和两岸产业对接示范区为依托，配套相关的数字城市建筑设计、景观设计、现代传媒业、软件配套、数字媒体和音乐影视工程、数字内容制作、手机网络产品设计等文化产业是此区最合适的核心产业布局。

在此区域内布局电子广告工程、数字雕刻设计制作和户外装置等大型文化产业，例如LED灯光设计和电子屏幕广告、石雕、玉雕、城市家具、公共艺术设计制造等，可以优化传统机械产业结构，增强厦门市对泉州市、漳州市和福建省区域经济的辐射和带动作用、强化厦门市对台交流平台，具有极其重要的战略意义。

4. 浒井—叶厝部落

侧重工业设计、包装设计、广告设计、品牌管理等业态的开发运营，讲究与台商工业区工厂的业务对接，走文化与科技协同创新之路。

集美台商投资区于1992年12月经国务院批准设立，是全国四个国家级台商投资区之一，位于侨英街道、泉厦高速东侧，已开发建设8.84平方千米，区内基础设施完善，消防、公交、邮政、电信、环卫等市政服务配套一应俱全。园区内现有企业400多家，包括TDK电子、林德气体、虹鹭钨钼、钛积光电等重点企业，主要以电子、机械、服装、食品、家具等轻型、无污染产业为主。此区域的文化产业布局以工业产品设计、电子软件配套产品及电子商务策划服务业为主。

新拓展的后溪工业组团台商投资区，以先进装备制造业为主，被授予第二批国家新型工业化产业示范基地，重点发展科技含量高、经济效益好、低能耗、低污染的机械、轻工产业，投资区逐步发展成为高新技术和新兴产业聚集区。与后溪工业组团毗邻的新村社区经济繁荣，商贸、餐饮、私房出租业、工业经济发达，辖内现有外资企业7家、内资企业3家，居民收入以第三产业为主，是后溪镇的富裕文明社区。

后溪台商投资区和新村社区邻近福建省最大的公路、铁路货物集散地——前场物流园区和厦门市北站客运交通枢纽，交通运输十分便利：距东渡、海沧码头20千米，319国道、324国道、厦漳泉高速路、鹰厦铁路、福厦和厦深高速铁路均从区域内穿过，与高崎国际机场、厦门市本岛以及岛外各片区中心区均有城市快速路和城市轨道线路相通。

5.天马山部落

侧重禅修、健身、心理咨询等业态衍生品的创意、设计、开发和运营；讲究与生命公园、城市文化综合体、天下集美文化品牌城总部区等项目配套互动。

此布局可在本规划中天下集美天马山国际生命公园项目中实施，天马山生命公园项目是天下集美城市文化品牌共享区的子项目之一，以天马山天然山林区块为在地依托，贯注关于生命科学与文化的创新理念，把自然生态与都市人文需求融合一体，将天马山林地建成一个全国首创以"生命与科学"为文化主题的新型体验式国际山林公园。因此可以结合生命公园的养生、禅修、瑜伽、健身、武术、山地运动和生命心理辅导的培训服务等产业链，进行禅修文化、中医文化和主题公园衍生产品，数字影像产品设计制作等文化产业的业态布局。

八、经营思路和运营模式

（一）经营思路

1.新兴文化创意产业与传统产业相融合的创业基地

随着集美城市建设的快速发展，特别是新区、软件园区、厦门北站等大型项目的建设，集美区内城中村也随之形成。如果没有好的规划、控制和治理，城中村的数量将继续增加，伴随而来的问题也将越来越多。而城中村改造最大的难题是利益冲突的问题，在这个过程中，政府拥有制度安排的最终决定权。政府的科学民主决策、政治智慧和发展远见显得非常重要，同时另外一个重要目标是不能割断村落的历史。

一些村落都有几百年的历史，留下了众多闽南特色的古建筑和民间文化，是现代社会精神和社会财富的一部分。保护好村落有特色的建筑和民间文化，不仅是对村民的尊重，更体现了一个具有现代执政理念政府的人文关怀。

将城中村转型为文化产业的创业基地，这是文化产业介入城中村升级转型的最佳时机，也是"改善人居环境，建设宜居城市，贯彻中调战略，打造首善之区"最优化的解决方案。

2. 引进世界各地文化创意人才和项目，打造文化产业与传统产业相融合的创意工坊群

由于地域和政治原因，以前大家都把目光聚焦在台湾地区，也的确有一些台湾地区业界人士到大陆寻找发展空间，但市场及资源发展到今天，也同样面临各种传统产业的局限和问题。虽然台湾地区文化创意产业起步较早，已经成为一个具有新型产业特征和实体经济类型的新业态，他们积累了丰富的实践经验，值得内地学习、借鉴。

内地文化创意产业也经历了长足发展，尤其在2008年奥运会、2010年世博会之后，也涌现出诸多具有技术、专业优势的优秀企业和人才，而且体现出多元发展和跨越地区经营的鲜明特点。未来的发展需要不断扩大眼界、提升水平，因此"天下集美创意部落"在引进人才和文化创意项目时，需要站在具有侨乡优势的集美，放眼世界、从长计议。

由于现代新技术革命为文化功能的扩展提供了新的手段，从而催生出一系列新兴的文化业态，如网络服务、动漫游戏、数字媒体、手机视频、无线互联网等，同时科技对文化创意成果产业化的支撑作用也更加明显，特别是云计算、物联网、三网融合及信息智能终端等新一代信息技术和产品在文化领域应用的深入，有效扩展了文化产业增长的空间，加快了文化产业发展的速度。例如，"三网融合"将不断丰富基于手机、电视和电脑等终端业务，催生出更多的业务形态，推动资源整合和行业兼并重组，引发了文化产业链条向上端和下端不断延伸，从而促进新兴文化产业与传统产业相融合的道路。

集美、侨英和后溪等街道的高校和软件园区周边的一些原始村落和社区内空置房屋利用率很小，旧工业区中也有一些废旧楼宇厂房和闲置用地。例如集美大社浔江社区、兑山村、侨英村和台商工业区，非常适合与在地资源相结合，发展与本地区传统产业相融合的新兴文化产业，吸引文化艺术、影视传媒、电子商务、设计服务、时尚消费、咨询策划、管理培训、旅游服务等文化创意人才留在集美创业，建立工作室和制作工场，立足城中村，打造一个厦门市最有活力的青年创意工坊群。

3. 孵化器作用的核心产业聚集区

以华侨大学、集美大学、厦门理工学院为例，集美文教区中的大部分院校偏理工学科，拥有高新技术这一新兴文化产业的主力资源，然而，由于行业内的院校和企业差异较大，专业性、技术性有待进一步提高，特别是文科方面，在技术与文化创意的有机结合上表现较弱。那么，如何发挥教育事业的公信力，支持和培育新兴文化产业在集美区落脚？

政府要制定高瞻远瞩的文化政策进行布局引导。集美区拥有强大的交通和人才优势，特别是现代物流、科技研发、技术培训和亲产业教育方面，从城市管理和产业发展角度，整合高校及周边资源，建立以核心文化产业为导向的人才集聚基地（部落），以新兴文化创意项目和产业孵化为主导的文化产业布局，进而建设以文化创意品牌孵化为功能的创业园区。

建立"新兴文化创意部落联盟"进行行业扶持，联合高等院校、社会企业和投资者，为积极从事新兴文化产业的毕业生和来自内地、港台、亚洲及世界各地的创意游牧人提供天使创业基金。业态的初建期对新兴的各项文化产业，并对基地落户在天下集美城市文化共享区的创业者进行扶持；通过"创意工作坊"等各种文化交流项目的再生和孵化功能，在传统学科和传统产业的发展上融合新兴文化的创新内容、表现形式和传播途径，为社会输送更多更好的文化创意产品，使他们成为真正的文化创意人，设计创造符合市场需求的新兴文化产品。

（二）项目运营模式

项目在实际运营中，从空间资源、工作坊到孵化运营的不同层次中可以采用不同的运营模式，以推进项目的进展。

1. "部落联盟"实现空间资源和产业链的集约整合

"部落联盟"是将城市区域中分散的空间资源进行集约整合，按照统一的模式进行整体营销的运营思路。"村企共建"是其中的一种整合办法，对城中村和旧型工业区进行局部调整和重点控制型的改造更新，以改善市民与村落居民的关系和现状，以购买、租赁、置换和共享等"村落维新"的方式，化零为整地重新整合土地和空间资源，再按股份形式加入运营公司。

局部调整型的改造方式是指在保持城中村整体格局的情况下，对局部区域、关键要素进行重点改造，调整中的局部重点改造可能是全部重新建设的。这种模式一般适用于处在城市建成区，但是布局较为合理、建筑景观较好的城中村地块，通过适当改善城市基础设施，增加社区配套服务建设，实施社区统一管理，作为外来文化创意产业游牧人口、院校毕业生和创业群体的居住和工作的场所。其改造原则可总结为：控制旧村、改造旧村、建设新村、置换旧村。

城中村改造和旧型工业区更新过程中要处理好政府、城市发展产业布局与村民三方利益的平衡，制定让利于民、改善群众生活环境质量和改善城市环境面貌的工作思路。包括：土地拍卖所得全部用于城中村改造；对各项税费，市政府权限范围内的均按"拆一免一"

的原则给予减免；市政道路建设、河涌整治工程结合集美新城整体改造同步进行，所需资金由市政府投入；同时，整体改造工程纳入市政府重点建设项目和绿色通道。另外，高容积率也是项目能够顺利完成的原因。通过这些政府主导的措施调控政府与开发商、政府与村集体和开发商与村民之间的利益冲突，最终实现村民得到实惠、村集体经济得到壮大、开发商得到利益、城市面貌得到改善的目的。

2. 文化创意工作坊的运营方式

如何吸引世界各地创意游牧人来到集美区创业和定居？除了人才政策、生态环境和市场需求三大要素外，催生产业的润滑剂更为重要，需要政府的引导和调控，建立文化产业创业机制。

"创意部落"文化创意工作坊是进行机制运作中的一个环节和解决方案，这是介于大学教育与企业之间的产业孵化平台，即通过短期集训式工作坊的形式，将企业、投资者、经营者整合进来，把大陆和台湾地区的文化创意产业专家请过来，在发挥本地新兴科技专业师资力量的同时充分挖掘、利用两岸在人文、社会科学方面的高端师资，以及国际文化产业领先企业的高级经理人、首席执行官以及国际管理学大师多年的管理知识积淀，以文化产业促进传统产业转型为目的，与本地产业管理者、经营者和文化创意人员一起研究转型方案，共同策划新兴文化创业项目和产品。

一方面切实提高本地文化产业经营管理人才和准创业者的综合素质，另一方面通过工作坊的市场研发、样板创意制作和专家点评等遴选流程，为天下集美文化创意产业品牌提供可行性孵化项目。培育成熟的产品和营销市场，通过"创意部落"的集聚效应，形成区域核心产业链，从而推动天下集美城市文化共享区的繁荣发展。

3. 产业孵化管理平台

在"创意部落"提供的空间上整合建设良好的公共服务、新兴文化投资和产业平台，使"部落工坊"引进的人才和项目落地，并在"天下集美品牌城"的专业指导和平台运营下，遴选优秀工作室、引进创意产品和创意项目，以优惠条件吸引其入驻"创意部落"，对其进行创业扶持和品牌孵化。

运用"城市综合体"对产品进行品牌包装和展示推广，帮助基地入驻企业走差异化、专业化道路，以推动新兴文化产业集群；并结合天下集美文化品牌城整合资源要素的能力及其协同效应，开拓"创意总部"的文化贸易网络和渠道，建立电子商务运营平台。

（作者单位：厦门理工学院文化发展研究院项目组）

叁 ▶

原乡博物馆群
——以厦门市集美区为例

刘冠彬项目组

原乡,即追思、怀念或想象故乡。人皆有故乡;人皆追思和怀想故乡;人皆生活在想象的故乡里,模仿故乡、靠近故乡。博物馆是征集、典藏、陈列和研究代表自然和人类文化遗产的实物的场所,并对那些有科学性、历史性或者艺术价值的物品进行分类,为公众提供知识、教育和欣赏的文化教育的机构、建筑物、地点或者社会公共机构。

一、原乡博物馆群的主要内涵

《荀子·礼论》:"过故乡,则必徘徊焉,鸣号焉,踯躅焉,踟蹰焉,然后能去之。"是为最本真的原乡。原乡博物馆群作为集美区文化创意业态独特形式存在,以"原乡"为主线,在全区范围内选址,以政府投资、委托民营的形式,按照区域文化类型进行主题创意布局;遵循小体量、象征化、功能化的建筑限制,讲究与周边建筑、环境、人文的协调布局,强调功能配套、产业链上下游互动;按照形、声、色、味、触五感去整合,遴选有关工业、饮食、新市民、民俗、建筑、侨乡、宗族、工具、技艺等资源,打造对应视觉、听觉、嗅觉、味觉、触觉的体验博物馆群落,带动相关产品的销售和文化品牌的传播。在这里,故乡是具体的形象、声音、色彩、味道和触动,可以收藏、便于携带、适合传习。原乡,是对故乡的最佳传承和发展,见图1。

图1 故乡是一种想象。回去的念头，才下眉头又上心头

二、项目定位和目标

（一）基本理念

以文化为核心确定主题体系，以故乡概念化为主线、以博物馆之间文化关联性为纽带，形成主题化、立体型、多元化博物馆群，遵循小体量、低成本运营、博物馆营销为核心的实体体验博物馆。

（二）基本目标

文化是一个城市的根和灵魂。对一个城市来说，城市文化包括城市的历史文化、文化产品、精神风貌，还有市民的思维方式、生活方式、价值准则、消费心理、饮食习惯等等。原乡博物馆群正是为了凝聚塑造城市品牌的文化资源和发挥资源的价值。原乡博物馆的这种特殊文化载体是通过深入研究城市的历史、文化、人文、自然和地理资源，准确提炼集美区特殊的文化精华。基于乡情独特的人文情感文化和城市文化营销系统理念，以集美区特殊的宗祠文化、侨乡文化、新市民文化、工业文化、传统民俗、闽南饮食文化等文化资源，将城市文化内涵注入天下集美城市品牌中，可以提高市民对城市的归属感、自豪感，可以提高城市的社会知名度、美誉度和城市的核心竞争力。

以主题式、系列化、分区域的统筹规划、实施的技术方法，用模式的思维实行整体布局，分时段、按步骤建立博物馆群，把原乡文化转化为人们生活的物资文化和精神文化的重要载体，以期实现汇集文化展示、文化体验、文化商品于一馆的文化创意业态布局意图。

（1）为集美籍海外侨胞及宗亲，建立侨胞宗族文化体验博物馆，展示、体验、交流、恳亲等诉求的功能性空间；

（2）为集美区内的工业集群，建立工业文化体验博物馆，展示、体验工业文化等诉求的功能性空间；

（3）为游客、居民提供闽南特色饮食、闽南民俗和非物质文化遗产体验空间，建立相应的体验博物馆群，汇集产品销售和文化体验等诉求的功能性空间；

（4）为新市民，建立作为"外来者"对安身立命的城市文化实施体验和文化传承的场景，汇集展示、培训、交流、拓展、归属等诉求的功能性空间。

（三）产品及业态

多元化的博物馆是采取博物馆营销的基础，是采取差异化、小体量模式化经营的保证。比如牌匾博物馆、消防博物馆、葡萄酒博物馆等，体现了在现代背景下，博物馆营销思维的文化满足不同市场的需求，同时带动相关产业的发展。与传统博物馆相比，这种差异化和多元化的博物馆形式，更能把文化物化成商品化的产品，更能体现专注和专一。与传统博物馆的差异在于：比如，原乡博物馆现在收藏了上百件过去老华侨家里的生活用品，用文物的标准来衡量可能算不上什么，可是这些东西现在大多已经失传，非常有收藏和保存价值。因此，原乡博物馆不用都办得像故宫或者国家博物馆一样，对原乡博物馆藏品的考量，也不应该用一把尺子衡量，应该允许百花齐放。而是采取博物馆营销的技术和手段来给每一个群体明确定位，突显文化产品化、特色差异化明显，并能小体量经营。

原乡博物馆是以"文化＋科技"、"文化＋创意"、"文化＋旅游"、"文化＋商品"四位一体的立体化构成模式，以"高、新、软、优"为特征的现代文化产业样本形式。以发展新兴文化业态为目标是原乡博物馆发展的必由之路，通过发展新兴文化业态，能为集美打造出新的行业标杆、民俗指向，拓展了厦门市集美文化产业的发展空间和争取更多的竞争主动权。因此，集美要把一切可以转化为文化产业资源的文化资源引进来，包括国内和国外的，只有这样，才能锻造出更多其他地区无法比拟的优势，才能真正向全国全世界传播集美文化。

（四）消费者

项目建成后，形成客流量日均3万人的规模。

（1）消费群体——经常性消费圈，以集美大学城的学生客流为主；基本性消费圈，以周边居民和新市民的在地性消费为主；旅游性、商务型消费圈，即依托集美区的旅游商务商圈。

（2）消费心理——怀旧休闲客群；精品消费客群；都市年轻人客群。

（五）项目形象

（1）理念形象：突出故乡为主线的博物馆群的概念。

（2）环境形象：绿色环保、舒适简约、生态自然。

（3）社会形象：文化载体、服务社群、倡导公益。
（4）视觉形象：VI标识系统应体现文化魅力、群体思维。用手绘地图模式展现原乡博物馆群凝聚文化的力量。

（六）符号识别

（1）运用系统的、统一的视觉符号系统，把集美每一个博物馆进行符号化图形设计，对外传达每一个博物馆文化形象信息。

（2）把集美博物馆群的分布区域用设计手绘地图的形式、借用可识别性强的手绘图形符号连接与游客之间的互动管道，实现信息传递效应的最大化。

（3）与旅游相关管理部门合作，将地图摆放在游客集中区。

（七）口号传播

（1）天下集美，原乡集美。
（2）原乡博物馆，收藏故乡的味道。
（3）把故乡的一轮明月，变成一道菜。
（4）原乡的念头，才下眉头又上心头。

三、建设规划

（一）整体布局

（1）以集美学村、侨英浒井及叶厝为节点，构建特色突出的侨乡、民俗文苑博物馆群。
（2）以深青古驿、后溪闽台古镇、杏林西亭村等处为节点，构建传统文化与技艺博物馆群。
（3）以集北工业区、后溪工业区等台商投资区为节点，构建工业文化博物馆群。
（4）以孙厝里、乐海里、灌口镇、集美新城等处为节点，构建饮食文化博物馆群。

（二）项目构成体系

项目构成体系，见表1。

表 1　项目构成体系

主题	分布	故乡博物馆举例
侨乡文苑博物馆群	以集美学村、侨英浒井及叶厝为节点	华侨蜡像馆
		华侨恩亲馆
		侨英史志馆
		华侨家谱馆
		花灯博物馆
		龙舟博物馆
		婚庆习俗博物馆
		贝壳博物馆
传统文化与技艺博物馆群	以深青古驿、后溪闽台古镇、杏林西亭村等处为节点	深青邮驿博物馆
		漆线雕博物馆
		厦门珠绣博物馆
		嘉庚瓦博物馆
		药酒博物馆
		手工蜡染、扎染博物馆
		石雕摆件博物馆
		香堂博物馆
		珐琅瓷博物馆
		木偶头博物馆
		渔具博物馆
		木模型博物馆
工业文化博物馆群	以集北工业区、后溪工业区等台商投资区为节点	客车模型博物馆
		刀具工具博物馆
		纺织布料博物馆
		纪念章币博物馆
饮食文化博物馆群	以孙厝里、乐海里、灌口镇、集美新城等处为节点	鱼丸博物馆
		汤品博物馆
		茶点博物馆
		茶具博物馆

（三）具体目标

（1）2013—2015 年，重点规划、打造以集美街道、侨英街道为主的侨乡文苑博物馆群，同时配合天下集美美食街项目，启动饮食文化博物馆群。

（2）2016—2018年，重点规划、打造以灌口镇、后溪镇等为主的传统文化与技艺博物馆群。

（3）2019—2020年，重点规划、打造以各工业园区所在城区为主的工业文化博物馆群。

（四）概念传播

原乡博物馆群作为集美城市文化共享区独特文化业态形式存在，基于乡情独特的人文情感文化和城市文化营销系统理念，以集美区独特的宗祠文化、侨乡文化、新市民文化等文化资源，打造以原乡为主线的博物馆群文化体验创意项目，从整体上增强天下集美的文化品牌美誉度，进而促进集美区的旅游、休闲、会议、投资、就业、生活与定居，提升整个城市的文化价值。

原乡博物馆群以"原乡"为基本概念，以整合集美的饮食文化、民俗文化、侨胞文化、宗祠文化、工业文化，构建"点"散而以"原乡"为情结的"神不散"的布局。

遵循小体量、低成本的运营原则，鼓励青年人投资创业，凝聚集美人集天下之美的原乡情感，让城市人想象故乡、追寻故乡，创造梦想，见图2。

项目选址在集美区主要旅游街区，分散在街区的不同位置，策划相应的手绘地图和运营方案，增加游客探访原乡博物馆的兴致；让原乡成为一种时尚、一种念想、一场消费。

图2　策划，就是让故乡的一轮明月，变成一道菜

（五）模式规划

1.陈列展览

陈列展览是原乡博物馆提供的最基本的内涵形式。展览的内容根据每个区域所定义的主题以及博物馆的切入点的差异，例如：集美区以民俗文化、饮食文化、侨胞文化为主题，表现内容可以是其中的某一部分，如民俗文化中的赛龙舟，博物馆就以展示全国各地龙舟赛的相关展品为主题，以简而精的手法物化各项文化中的精髓。另外，适当配合声、光、电甚至3D、4D等科技效果的运用，突出博物馆所承载的文化是其真正的魅力所在。

2. 文化体验

博物馆的参与性、娱乐性项目是使游客提高对文物的兴趣和"体验"文化的手段，是将文化主题通过创意性设计与喜闻乐见的娱乐方式相结合。一方面，在博物馆的整体策划中以按图索骥的方式引导游客探访，让游客在寻找不同博物馆的过程中体验到探索的乐趣；另一方面，博物馆内可适当运用数字化手段，使展品及相关技艺以数字化的形式呈现。现代的博物馆通常综合了餐饮、购物、文化演艺等多种功能于一体，休闲活动不仅仅是博物馆的服务配套设施，是在历史和艺术氛围的烘托下，具有独特魅力的旅游产品。

3. 文化商品

文化商品作为一个景点的特色，越来越受到旅游界的重视，所见到的博物馆纪念品往往缺少特色、没有新意。博物馆依托自身的文物和文化，还应该在旅游商品的开发和经营上面多下功夫，把文化物化成为精致的商品，以文化包装的商品满足游客购物的欲望，以最终达到文化传递的目的。

四、运营分析

（一）业态分析及定位

原乡博物馆群的构思是建立博物馆文化营销模式的基础，构建以原乡博物馆为名片的城市文化营销体系，推动天下集美的文化品牌发展。

1. 集美区一般博物馆的特点

（1）以嘉庚公园博物馆、集美学村为核心的嘉庚华侨文化，主要以旅游观光为主，而没有从多方面、多层面让游客领悟和体验华侨文化和嘉庚精神，所以在时空上没有办法留住游客。故乡博物馆的侨乡文苑博物馆群弥补了侨乡文化深层次的解译，同时为深度旅游、文化体验提供了场所。

（2）"闽台民俗文化古镇"目前是厦门市最大的博物馆群落。"闽台民俗文化古镇"拥有海峡两岸博物馆、闽台官用品博物馆、闽台匾额博物馆、闽台老电影博物馆、闽台茶叶博物馆、闽台爱情博物馆、闽台华侨文化博物馆等不同主题的民俗文化博物馆。由于没有基于博物馆和文化营销的理念，"闽台民俗文化古镇"仍停留在旅游的概念上运行，系统上很难打造博物馆文化营销体系。

（3）其他。由于零散分布导致档次偏低，规模较小，无科学的业态规划，业态不全，缺少特色，发展滞后，没有主题，没有概念，更谈不上文化营销。

2. 原乡博物馆群的相对优势

（1）以原乡为概念，整合集美的饮食文化、民俗文化、侨胞文化、宗祠文化、工业文化、构建四大主题文化概念，突显"群"的优势。

（2）遵循小体量、低成本运营实体馆原则，鼓励青年人投资创业。项目选址在集美区主要旅游街区，分散在街区的不同位置，策划相应的手绘地图和运营方案，增强游客对探访原乡博物馆的兴致，见图3，从而使凝聚的原乡情感，转变成为一种创新业态，让原乡成为一种消费。

图3 特色卓著的"凡俗"博物馆

（3）原乡博物馆群展示的是平常生活中精致的物品、精巧的技艺、精细的手法、精确的工具乃至精诚的态度，目的在于弘扬一种"行行出状元"的信仰和精神。这在一定程度上改变了过去博物馆陈列的陈规，从此让凡俗的物事一登大雅之堂。把鱼丸做到足够好、掌握足够多的做法，就能够建一个鱼丸博物馆，就有机会凭借这个平台开创一份属于自己的事业。因此，原乡博物馆群中的每一个馆，都意味着一个梦想的实现。

（二）业态选择与培育

以遵循文化主题为基础，以遵循小体量、低成本运营实体馆为原则，以遵循博物馆营销为理念，选择和培育业态，见表2。

表2 业态选择与培育

文化概念	博物馆群主题	选择与培育原则
侨乡文化	侨乡文苑博物馆	特色突出，能形成陈列、体验商品系统模式的侨乡，民俗文苑能物化的文化；同时能满足低成本运行的需求
传统文化	传统文化与技艺博物馆	特色突出，能形成陈列、体验商品系统模式的传统文化与技艺能物化的文化；同时能满足低成本运行的需求
工业文化	工业文化博物馆	特色突出，能形成陈列、体验商品系统模式的工业文化物化的文化；同时能满足低成本运行的需求
饮食文化	饮食文化博物馆	特色突出，能形成陈列、体验商品系统模式的饮食文化物化的文化；同时能满足低成本运行的需求

（三）经营管理主体

（1）由投资公司（或投资公司与集美区文旅投公司合作）出资组建"原乡博物馆投资管理有限公司"（暂名），作为建设、经营主体，集美区政府任命组建"原乡博物馆指导委员会"，提供行政等服务，指导委员会主任由区委宣传部副部长（或文管新局副局长）兼任，副主任由博物馆落地社区街道办主任兼任。

（2）原乡博物馆投资管理有限公司在集美区政府的指导下编制博物馆选址、建设方案，获得批准之后负责具体实施。

（3）原乡博物馆投资管理有限公司收储合适的民居、旧厂房或者新建场馆，对场地进行整饬和文化改造，对外定向招纳经营商，并为其经营提供业务指导和部分资金。

（4）政府对已经批复立项的原乡博物馆，以定向服务采购的方式予以支持；所付经费，一部分直接给经营商，一部分给投资商。对于博物馆的服务质量，政府予以评价，并作为来年是否继续实行定向服务采购的重要依据。

（5）原乡博物馆投资管理有限公司是原乡博物馆群的发展商，也是第一责任主体。

五、项目规划条件

原乡博物馆群作为集美区文化业态天下集美城市文化共享区独特文化业态形式存在，基于乡情独特的人文情感文化和城市文化营销系统理念，以集美区独特的宗祠文化、侨乡文化、新市民文化等文化资源，打造以故乡为主线的博物馆群文化体验创意项目，从整体上增强天下集美的文化品牌的美誉度，进而促进集美区的旅游、休闲、会议、投资、就业、生活与定居，提升整个城市的文化价值。

（一）现有资源

1. 人人皆有的原乡情感

（1）原乡，即追思、怀念或想象故乡。人皆有故乡；人皆追思和怀想故乡。

（2）人皆生活在想象的故乡里，模仿故乡，靠近故乡。

（3）博物馆是征集、典藏、陈列和研究代表自然和人类文化遗产的实物的场所，并对那些有科学性、历史性或者艺术价值的物品进行分类，为公众提供知识、教育和欣赏的文化教育的机构、建筑物、地点或者社会公共机构。

（4）原乡，是对故乡的最佳传承和发展。

2. 集美是一个原乡资源荟萃之地

（1）集美是著名的侨乡，陈嘉庚故里。旅居海外的侨胞有6万多人，自古便是华侨"原乡故事的多发地。

（2）集美是新兴工业城区，现有常住人口18万多人，流动人口15万多人，是新市民（进城务工人员）原乡故事多发地。

（3）集美是海西区域的中心城市，是对台交流的桥头堡，是近现代以来最动人肺腑的原乡人群最近的登陆点。

（4）依托厦门市旅游平台，集美也是海内外旅游者非常喜欢到达的区域，每年5 000余万人次的外来游客量，是最鲜活的原乡故事发生者和原乡情感携带者，是最大的增量资源。

（二）必要性

（1）以博物馆营销理念，深度挖掘集美的文化资源。尤其整合嘉庚、集美学村等华侨文化资源，助推天下集美的文化理念融入整体集美城市营销体系中去。

（2）助推集美旅游产业转型和升级，从旅游观光到文化旅游本质核心的转变。

（3）助推工业等相关产业的转型和升级，把博物馆营销理念延伸到工业以及其他产业销售模式的变革。

（4）提供了投资吸引和产业升级的可能性。

（三）可行性

原乡博物馆在天下集美文化业态布局规划项目所处的核心地位，博物馆营销策略是该项目成功的关键。博物馆营销取决于多种因素，所以有时也被称作"综合营销"(Marketing mix)，即从四个方面来分析博物馆营销的策略，即产品（Product）、价格（Price）、位置（Place）与促销（Promotion）。由于它们均以英文字母"P"开头，简称为"4P"策略。成功地进行博物馆营销，需要在上述四个方面中寻求平衡。一方面，博物馆要积极开发新的产品或服务，力求符合市场需求、满足市场利益。另一方面，博物馆还要保证其产品的实用性，且价格合理，能够激发公共需求。对新馆来说，博物馆要将新馆的周边市场考虑在内。此外，博物馆还要在市场中积极宣传和推广本馆的服务项目。

1. 时　机

厦门市是福建省的区域性旅游中心城市，也是全国著名的旅游城市。2006年以来，厦门市连续获得"中国最具竞争力旅游城市"、"中国最令人向往的旅游胜地"、"中国最具国际竞争力旅游城市"等项殊荣，城市旅游吸引力显著增强。

集美也是著名的风景旅游区，这里环境恬静幽雅、风光旖旎，独具闽南风韵的人文景观。在厦门市大力推进"岛内外一体化"进程的背景下，在集美区的综合区位条件和城市发展速度得到快速提升的机遇下，开发范围内所拥有的资源优势、产业优势、城市发展优势、服务配套优势等众多优势条件都将进一步突显，旅游产业角色也逐渐由"城郊旅游"转变为"城市旅游"。为迎接这一发展趋势，必须重点发展城市旅游品牌，转变景区发展理念，积极迎接集美旅游由"依附厦门"到"融入厦门"的新时代。为了提升旅游品质的需要和顺应新时期游客体验的需要，我们构想并提出"原乡博物馆群"项目。

2. 区位

集美区位于福建省东南沿海，居闽南金山角中心地段，是厦门市6个行政区之一，西北与漳州长泰县交界，东北与同安区接壤，西南与海沧区毗邻，东南由厦门大桥、集美大桥、杏林大桥及高集海堤连接厦门岛，是进出厦门市经济特区的重要门户，区位优势独特。集美的铁路交通密集度居全省第一，鹰厦铁路与福厦、厦深、龙厦、福厦城际铁路四条铁路汇于坐落在集美后溪的厦门北站。厦门市北站是国家"四纵四横"沿海铁路快速通道上的一个重要节点。集美的公路四通八达，海空交通非常便捷，距厦门高崎国际机场5千米，距东渡港6千米，距海沧港12千米。2012年刚确定的厦门市轨道交通建设，首先启动的1号线就在集美片区，同时集美也是1号线、2号线的主要途经区。

3. 技术路径

以主题式、系列化、分区域的统筹规划实施的技术方法，用模式的思维整体布局，分时段按步骤建立博物馆群体。模式是规划的灵魂，项目落地的核心。采取差异化的技术手段、利用体验的技术方法，构建以"博物馆营销策略"营造模式的体系；构建原乡博物馆模式成为把故乡文化转化为人们生活的物资文化和精神文化的重要载体。这主要体现在文化展示、文化体验、文化商品的不同区域的整体布局。

4. 核心竞争力

文化是一个城市的根和灵魂。对一个城市来说，城市文化包括城市的历史文化、文化产品、精神风貌，还有市民的思维方式、生活方式、价值准则、消费心理、饮食习惯等等。原乡博物馆群正是凝聚塑造城市品牌的文化资源和发挥资源的价值。原乡博物馆的这种特殊文化载体是通过深入研究城市的历史、文化、人文、自然和地理资源，准确提炼集美区特殊的文化精华实现的。基于乡情独特的人文情感文化和城市文化营销系统理念，以集美区特殊的宗祠文化、侨乡文化、新市民文化、工业文化、传统民俗、闽南饮食文化等文化资源，将城市文化内涵注入天下集美城市品牌中，可以提高市民对城市的归属感、自豪感，可以提高城市的社会知名度、美誉度和城市的核心竞争力。

（作者单位：厦门理工学院文化发展研究院项目组）

肆 ▶

爱堤—东海岸
——以厦门市集美区为例

覃庆辉项目组

集美东海岸地区，从集美旧城区东南向龙舟池南侧厦门大桥东侧经集美大桥至天马路口一线约7千米海岸线，是集美现有旅游资源的集中分布区，也是多数游客到集美的必游之地，具有较为丰富的旅游资源。从南到北依次有集美学村、南顺鳄鱼园、鳌园、嘉庚公园、红树林、滨海西大道等人文、自然景观，是一个难得的集人文、历史与自然风光为一体的滨海旅游胜地。由于目前各个景点各自为政，没有形成有影响力的整体品牌。同时，东海岸从嘉庚公园到集美大桥下的海堤还比较单调，有些地方年久失修，需要维护，从龙舟池畔南堤公园到嘉庚公园的海堤由于景点分割等原因而不太延续，服务的硬件和软件都有待提高。这些问题，影响了集美旅游整体品牌的价值，制约了集美的旅游发展。目前游客到集美主要游览的目的地是嘉庚公园、鳌园等景点，逗留时间较短，消费较少，特别是散客的来访没有形成规模。

针对现状，我们提出集美东海岸"爱的故事"长堤的项目构想，规划把海岸线布置成宽窄不一、错落有致的以"爱"为线索，用护堤景观石长墙、防腐悬空木质步栈道、连片的"爱之累积"的细石粒滩涂、沙雕群、石雕技艺群串联成集爱之美公共景观圈；采用大爱、小爱与经典之爱的新城市人自我绘制、书写自己的故事的创造手法，用相遇感动的事、人和过程等方式来营造集爱之美，留住感动的氛围，将7千米海岸线打造成集爱之美文化景观，包括在地嘉庚之爱体验、爱创意、婚庆摄影作品等。

一、愿景与目标

（一）项目愿景

本项目作为天下集美文化共享区内嵌入式健康旅游项目，即"爱的故事"长廊与双跨海大桥共同围合，打造成一个人文工程与自然生态组合的空间景观圈项目，配合杏林欢乐湾项目开发节奏进行设计规划，实现集美文化共享区的立体型文化旅游服务发展模式，体现开放参与与共享城市品牌营销的主旨。

（1）结合侨英新市民文化和情爱文化等多元文化打造出极富人情味的文化长廊，从而柔化冷冰冰的工业文化，赋予这片海域生命和亲近感，打造成天下有爱人向往的或参与性较强的爱圣地和最浪漫、最多情的旅游休闲度假中心。

（2）利用黄金沙滩和海洋资源，把人类的爱文化和滨海大道自然景观资源紧密结合起来，在规划设计上将中国和世界美丽的爱的故事和传说转化为实景实物的艺术表现形式，以直观的形式表现爱主题，将滨海大道打造融参与性、观赏性、娱乐性、趣味性、民族性和世界性于一体的最有魅力、最具体验价值的爱主题5A旅游度假区。

（3）依附于东海岸稀缺滨海资源，延海岸线按照分散布置、统一规划的原则，点线面相结合，使得整个东海岸，处处充满别样的文化景致，成为集美城区面向岛内或其他城区的一条魅力风景线，使之与同安后田村的高星休闲度假酒店群交相辉映，将成为继厦门市环岛路之后又一个黄金海岸新景观。

（二）战略目标

1. 短期目标

通过统一规划、拆建与铺设等建设手段，为东海岸片区打造一条全新的、完整的、风景与主题文化完美融合的海岸线。

（1）赋予集美区东海岸文化内涵，提升景观品质，提升城市文化附加值，促进集美城区的旅游、居住、会议、会展等业态。

（2）通过海滨文化长廊维系集美学村、南顺鳄鱼园、鳌园、嘉庚公园、红树林、滨海西大道等已有的人文、自然景观，使之成为一个有机整体。

（3）为游客、居民提供滨海休闲、在地体验、主题创作、旅游、运动场所。

（4）打造婚纱摄影圣地，为主题创意、主题展览提供场所。

2. 长期目标

（1）全面规划景区建设，用5年左右的时间，将景区创建成为厦门市最佳旅游目的地。

（2）力争申请国家级景区景观评定，形成集爱的故事创作、生产、展示、旅游、康健休闲、教育、商务于一体的精神文化长廊展示区。

（3）发展康健休闲旅游、新城商务会展旅游、沿海风光游、爱的文化体验旅游和爱国主义教育游。

二、基本构想

该片区现有旅游文化与浓郁的集美学村文化特征明显，具有红树林和沙滩等丰富景观资源，是集美现有旅游资源的集中分布区，也是多数游客到集美的必游之地，具有较为丰富的旅游资源，是一个难得的集人文、历史与自然风光为一体的滨海旅游胜地。不过存在以下问题：

（1）没有形成突显的文化品牌效应，甚至出现文化资源散点与断链现象，影响力甚微，因此在文化布置原则上，结合侨英新市民文化和情爱文化等多元文化打造出极富人情味的文化长廊，从而柔化冷冰冰的工业文化，赋予这片海域生命和亲近感。

（2）现有海岸线景点分散，文化外显不足，海岸线沿岸破损比较严重。利用黄金沙滩和海洋资源，把人类的爱文化和滨海大道自然景观资源紧密结合起来，在规划设计上将中国和世界美丽的爱的故事和传说转化为实景实物的艺术表现形式，以直观的形式表现爱主题。

（3）依附于东海岸稀缺滨海资源，延海岸线按照分散布置、统一规划的原则，点线面相结合，使得整个东海岸，处处充满别样的文化景致，成为集美城区面向岛内或其他城区的一条魅力风景线，使之与同安后田村的高星休闲度假酒店群交相辉映，将成为继厦门市环岛路之后又一个黄金海岸新景观。

（一）项目定位

（1）充分利用海堤、滩涂、沿路边角地等空间资源，以石墙、石雕、铜铁雕、木栈道、跨海大桥等为载体，结合最新科技方法，打造一条以书写爱的故事为主题内容的长堤。只要是爱的经典故事，则不论古今中外皆可在此呈现。同时，还将以多种方式评选当下故事，收藏于长堤，以传递人间温暖。一条长堤，可以赋予集美区东海岸一种有温度的文化内涵，从而提升景观品质和城市文化附加值。

（2）集美爱堤东海岸项目旨在要赋予集美区东海岸全新的文化内涵，以创新的文化整合爱的故事资源。

（3）转换观念全新阐释"嘉庚精神"，用爱的行动表述陈嘉庚旅游资源在地化特征和爱国、爱乡、挚爱家人和真爱生命的完整人生历程，用集美海滨爱的文化长廊将集美学村、南顺鳄鱼园、鳌园、嘉庚公园、红树林、滨海西大道等已有的人文、自然景观，融合成为一个有机整体。

（4）用"缘"来一起规划，将婚纱摄影拍摄场景、影棚圣地、婚庆节事用品展示区、形象设计体验区打造成独特的婚纱摄影和婚庆圣地。

（二）规划范围

集美东海岸地区，从集美旧城区东南向龙舟池南侧厦门大桥东侧经集美大桥至天马路口一线约7千米海岸线，见图1。

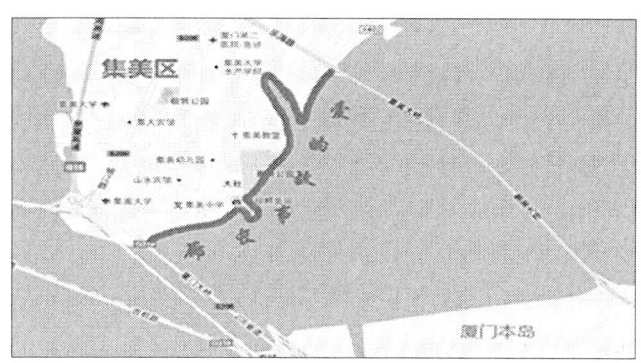

图1 爱堤东海岸区位图

（三）资源整合思路

（1）爱堤东海岸是一个以公益文化、环境改善投资为主，收费旅游体验项目为辅的项目，为了确保项目的文化内涵和品质，公益投资应该以政府为主体。

（2）充分利用海堤、滩涂、沿路边角地等空间资源，以石墙、石雕、铜铁雕、木栈道、跨海大桥等为载体，结合最新科技方法，打造一条以书写爱的故事为主题内容的长堤。只要是爱的经典故事，则不论古今中外皆可在此呈现。同时，还将以多种方式评选当下故事，收藏于长堤，以传递人间温暖。一条长堤，可以赋予集美区东海岸一种有温度的文化内涵，从而提升景观品质和城市文化附加值。

（四）公共艺术计划

（1）公共景观空间的艺术化塑造。

（2）长堤建筑标识，依照舒适、亲切、顺眼的方式呈现。

（3）沙雕群制作体验。

（4）"爱的故事"承载性建筑设计，构建近景体验区、中景两桥空间与远景厦门市本岛景观共享整合。

（5）分区建筑"爱"的仪式广场。

（6）建造爱的纪念道。

（五）功能建设要点

功能建设要点见表1。

表1 爱堤东海岸功能建设要点

序号	功能区	功能细分	基本构想	主要内容
1	爱的故事互动体验区	爱的愿望	以"爱"为线索，用护堤景观石长墙、防腐悬空木质步栈道、连片的"爱之累积"的细石粒滩涂、沙雕群、浮雕技艺群串联成集爱之美，即挚爱、感恩、正义、正气等爱符号群系列	景观石长墙；沙雕景观带；石雕景观带；休闲步道；观海平台
		爱互动长堤	从京闽北海湾酒店起经新城住建区至集美大桥在温馨浪漫海堤上言情说爱	
		爱的行动园	用"嘉庚之爱"为线索串联集美学村、龙舟池、嘉庚公园、嘉庚故居和纪念馆成为爱的行动园区	
2	爱的故事产生区	"缘"来一起	婚纱摄影场景区、影棚圣地、婚庆节事用品展示区、形象设计体验区	婚纱摄影广场；大型沙池；风雨广场
		"秀"自我	徒手制作沙画和沙雕区、个人作品主题展览区、广场书法或音乐演艺区、作品竞拍系统、个人作品制作工厂	
		爱"讲"故事	环绕广场视听和营销系统，公共安全设施人员导览区	
3	商务休闲区	新城商务休闲	京闽北海湾酒店项目、龙船路餐饮区	龙船路餐饮区改造；滨海游泳池
		海滨运动公园	新建居住房地产鹅美苑、红树康桥、碧海蓝天、古龙明珠、国建·东海岸、悦海园的外围沿海长堤	
		标准海水游泳池	原址位于鳌园路南熏楼	
4	节庆体验区	国际龙舟赛	围绕龙舟池区域，龙舟博物馆、创意龙舟制作坊、扒龙舟训练场所设计龙舟纪念品	龙舟池周边改造
		端午文化	孝爱与爱国	

三、项目条件

规划区位于厦门大桥和集美大桥之间的集美东海岸区域即涵盖了历史悠久的嘉庚建筑群，又包括了北部的新兴商住区，与厦门岛北端隔海相望，与高崎机场最短直线距离仅为4.5千米，地理位置独特。

厦门市作为国家级物流中心，拥有保税区的港口、沿海开放的经济特区、海西经济区的核心城市，具有国际知名度的旅游城市、宜居城市和文化城市，与此多重身份相关的现代城市资源。

作为厦门城市十大名片之一的陈嘉庚，也是集美街道的标志。集美街道，集美区人民政府所在地，是集美区的政治、经济、文化中心，由于位于厦门岛通往内陆的北通道，扼守厦、漳、泉和鹰厦铁路的交通要冲，海陆空交通十分便捷，亚热带海滨风光的幽雅自然的地理风貌，更因著名的侨乡、学村人文环境，使其连同陈嘉庚先生的美名享誉海内外，成为知名度极高的名镇、学村、侨乡。

将集美街道放在全区、全市乃至全国的宏观背景下考量，它最大的特色，莫过于以"嘉庚精神"为中心的人文环境优势。集美是著名爱国华侨领袖陈嘉庚先生的故乡，"集美"这个金字招牌，以及集美学村90多年的办学历史，学村建设几十年来逐步形成的独具特色的嘉庚建筑，使其具有相当大的影响力。学村的建筑集中西风格于一体，成了集美的象征。尤其是集美中学的道南楼、南熏楼、集美侨校的南侨楼群，或巍峨挺拔，或凌空欲飞，建筑极富个性。后来的集美大学新校区及集美新建的其他建筑也都传承了嘉庚建筑风格，成为集美的一道独特的风景线。

集美东海岸地区是集美现有旅游资源的集中分布区，也是多数游客到集美的必游之地，具有较为丰富的旅游资源。然而目前游客到集美主要游览陈嘉庚旅游胜地，逗留时间较短，为了进一步提升集美的吸引力，需要完善旧景点、创造新景点。东海岸由于其所依附的旅游资源和潜在的大量游客，具有创造新景点的发展空间。东海岸长堤的改造一方面可以将原有的几个包括龙舟池、嘉庚公园、嘉庚纪念馆在内的滨海景点更好地串联起来，同时还可以通过文化创意的方式对该海堤赋予一定的涵义，吸引游客进一步探索集美之美。

这一地区聚集了集美行政中心城区的新旧人口，主要的社区包括集美大社社区，东海岸沿岸的系列住宅区。可以说集美中心城区大部分的居民都集中在东海岸沿线的区域，对该区域的改造有助于提升集美城区的居住环境和生活品质，综合提高集美城区的文化内涵。

集美东海岸与目前市政府规划的环东海域滨海新城建设项目相毗邻。环东海域新城建设是厦门市岛内外一体化的重点项目之一，该海域南起集美区乐海路，北至同安区西柯镇，东达翔安区东坑湾，涉及岛外3个行政区，陆域规划面积114平方千米，海域面积91平方千米，滨海海岸线长60千米，约占厦门市生活总岸线的30%，未来将建设为环境优美、配套完善、功能齐全的滨海新城。而清淤后的环东海域，也将更为美观。集美东海岸与该海域相接，可有效地利用资源和政策的优势，在该区域打造特色旅游带，形成嘉庚旅游资源之外的休闲观光胜地，不仅可作为附近居民闲暇时休憩放松的场所，同时吸引远道而来的游客。

四、项目投资模式选择

爱堤东海岸项目，主要部分都将作为公共旅游休闲场所，是提升集美人文环境、旅游环境的重要配套，大部分设施建成运营后都将作为旅游生活配套供居民、游客免费使用。创意体验区有一定的品牌价值溢出和盈利的空间。同时，如果政府能够整合鳌园、嘉庚公园、大社等原有的资源，将会构成一个体量十分巨大的，集文化创意、历史、休闲为一体的体验式文化旅游项目，为保证项目持续的品质与丰富的内涵，必须在统一开发的原则下，择优选取项目的投资模式。

本项目投资模式有以下四种备选模式：①政府国资机构投资；②国资机构与民营机构联合投资；③BOT模式；④BT模式。

以下对四种投资模式的利弊进行分析。

1.政府国资机构投资

政府国资机构投资的优势在于容易充分利用政府政策资源，但是缺点在于不能敏感地对市场变化做出反应，同时也为政府制造了一个签字的"包袱"。

2.国资机构与民营机构联合投资

这种模式的好处在于既能够利用政府政策资源，又能够充分发挥民间资本灵活运作的优势，能够充分吸纳民间资金参与重大民生项目。缺点在于这种模式需要在股权设计、双方的权利与义务等方面做诸多的平衡。另外一个很重要的问题是，如何吸引到有分量、有责任感的民间资本参与项目运作。

3.BOT模式

BOT模式实质上是基础设施投资、建设和经营的一种方式，以政府和私人机构之间达成协议为前提，由政府向私人机构颁布特许，允许其在一定时期内筹集资金建设某一基础设施并管理和经营该设施及其相应的产品与服务。

政府对该机构提供的公共产品或服务的数量和价格可以有所限制，但保证私人资本具有获取利润的机会。整个过程中的风险由政府和私人机构分担。当特许期限结束时，私人机构按约定将该设施移交给政府部门，转由政府指定部门经营和管理。

一方面，BOT模式能够保持市场机制发挥作用。BOT项目的大部分经济行为都在市场上进行，政府以招标方式确定项目公司的做法本身也包含了竞争机制。作为可靠的市场主体的私人机构是BOT模式的行为主体,在特许期内对所建工程项目具有完备的产权。这样,承担BOT项目的私人机构在BOT项目的实施过程中的行为完全符合经济人假设。

另一方面,BOT模式为政府干预提供了有效的途径,这就是和私人机构达成的有关BOT协议。尽管BOT协议的执行全部由项目公司负责,但政府自始至终都拥有对该项目的控制权。在立项、招标、谈判三个阶段,政府的意愿起着决定性的作用。在履约阶段,政府又具有监督检查的权力,项目经营中价格的制定也受到政府的约束,政府还可以通过通用的BOT法来约束BOT项目公司的行为。

4.BT模式

BT模式是BOT模式的一种变换形式,指一个项目的运作通过项目公司总承包,融资、建设验收合格后移交给业主,业主向投资方支付项目总投资加上合理回报的过程。目前采用BT模式筹集建设资金成了项目融资的一种新模式。随着我国经济建设的高速发展及国家宏观调控政策的实施,基础设施投资的银根压缩受到前所未有的冲击,如何筹集建设资金成了制约基础设施建设的关键。原有的投资融资格局存在重大的缺陷,金融资本、产业资本、建设企业及其关联市场在很大程度上被人为阻隔,资金缺乏有效的封闭管理,风险和收益分担不对称,金融机构、开发商、建设企业不能形成以项目为核心的有机循环闭合体,优势不能相补,资源没有得到合理流动与运用。目前,大多采用BT模式。

政府根据当地社会和经济发展需要对项目进行立项,完成项目建议书、可行性研究、筹划报批等前期工作,将项目融资和建设的特许权转让给投资方(依法注册成立的国有或私有建筑企业),银行或其他金融机构根据项目未来的收益情况、投资方的经济等实力情况为项目提供融资贷款,政府与投资方签订BT投资合同,投资方组建BT项目公司。投资方在建设期间行使业主职能,对项目进行融资、建设并承担建设期间的风险。

项目竣工后,按BT合同,投资方将完工验收合格的项目移交给政府,政府根据约定总价(或计量总价加上合理回报)按比例分期偿还投资方的融资和建设费用。政府在BT投资全过程中行使监管,保证BT投资项目的顺利融资、建设、移交。投资方是否具有与项目规模相适应的实力,是BT项目能否顺利建设和移交的关键。

BT模式仅适用于政府基础设施非经营性项目建设。政府利用的资金是非政府资金,是通过投资方融资的资金。融资的资金可以是银行的,也可以是其他金融机构或私有的;可以是外资的,也可以是国内的。BT模式仅是一种新的投资融资模式,BT模式的重点是B阶段;投资方在移交时不存在投资方在建成后进行经营,获取经营收入。政府按比例分期向投资方支付合同的约定总价。

除了完善BT运行机制、强化政府对BT项目的监督之外,建立BT应对风险机制、确定风险种类、拟定相应的风险回避对策，也显得非常重要。

（1）风险较大，例如政治风险、自然风险、社会风险、技术风险。需增强风险管理的能力，最大的风险还是政府的债务偿还是否按合同约定。

（2）安全合理利润及约定总价的确定比较困难。

（3）做好项目法人责任制，对项目资金筹措、建设实施、资产保值增值实行全过程负责的制度。加强项目的建设管理，合理降低工程造价，降低工程成本，降低融资成本，获取较大的利息差收入。

（4）适当的利润率水平（大于资金的综合水平）和资金的有限监管投入与增值退出，便是合理令人满意的水平，最大的安全保障就是最大的效率。

五、项目预期评估

1. 将赋予集美区东海岸文化内涵，提升景观品质

集美本来就是一个难得的集历史人文景观与滨海风光为一体的优质旅游资源，"集美东海岸爱的故事长堤"项目将进一步强化集美文化、历史、人文的特征，提升城市文化附加值，极大促进集美城区的旅游、居住、会议、会展等业态。

2. 将极大推动集美文化产业的良性发展

通过海滨文化长廊维系集美学村、南顺鳄鱼园、鳌园、嘉庚公园、红树林、滨海西大道等已有的人文、自然景观，使之成为一个有机整体，从而使集美东海岸原有的旅游资源形成一个有力量的拳头产品，成为厦门市旅游不可或缺的旅游目的地之一。

3. 项目有风险

集美爱堤东海岸项目主体是公益性投资，但其运作的成功与否对于提升集美的整体文化氛围有至关重要的作用，与其相邻的大社、鳌园、集美中学、龙舟池、红树林等景观能否构成一个完整的旅游带决定于该项目的建设效果。该项目最大的风险就是质量。在这里质量既是指产品的质量、建筑的质量，更重要的是题材的选择、表现的形式、文化内涵的深度的艺术水准。低劣的艺术水准、粗糙的模仿不仅不会起到提升沿岸文化品质的作用，反而会破坏原有的景观。如何保证投资到位遴选有良好资质的设计，建设单位是该项目的重中之重。

因此对每一个子项目应从建设质量、艺术水准、文化内涵与原景观的协调性等角度去做具体评估。所涉评估项目有：

（1）公共空间建设——主要有堤岸、广场、步道等；

（2）景观建设——主要包括灯光工程、石雕、沙雕、墙雕、绿化等；

（3）公共服务设施建设——主要包括停车场、公厕、路灯、凉亭、凳椅、监控系统等；

（4）龙船路改造——主要包括墙体、装修、设备、服务人员等；

（5）游泳池改造——主要包括墙体、水道、灯光、安全、服务人员等。

（作者单位：厦门理工学院文化发展研究院项目组）

台湾地区经验

伍 ▶

台湾地区"社区总体营造"的理念与实施

苏晓芳

台湾地区社区整体营造,在实践的层面,不仅落实在活动、产品、建设上,更重视社区共同体意识、社区成员公民意识或社区自治民主政治理念的落实。台湾地区的社区营造与日本的造街和地域振兴最大的不同就在这里。在社会重建的过程中,不论是由政府启动或民间自主的社区营造案例,在台湾地区各地此起彼伏,从中不难看到这里的人民和地方知识分子投入的热忱以及彼此互相学习成长的经验。这是台湾地区"社区总体营造"最可宝贵的精神。

一、"社区总体营造"概念的提出

"社区总体营造"起始于1993年12月,当时台湾地区的"文建会"向"立法院"提出施政报告时提出"社区总体营造"之名词,该词以"建立社区文化、凝聚社区共识、建构社区生命共同体的概念,来作为一类文化行政的新思维与政策"。持论者认为,居住在同一地理范围内的居民,持续以集体的行动来处理其共同面对社区的生活议题,解决问题的同时也创造共同的生活福祉,逐渐的,居民彼此之间以及居民与社区环境之间建立起紧密的社会联系,此一过程即"社区营造"。在世界各地都有此类经验,在日本称为"まちづくり",在英语世界称为"community building"、"community development"等。在台湾地区，1960年代有"社区发展"的政策推动，自1994年陈其南[1]在"文建会"上提倡"社区总体营造"的新概念之后，逐渐地才改用"社区营造"一词。

一般而言，社区营造是针对不同种类的社区议题而行动，这些议题区分为"人"、"文"、"地"、"产"、"景"五大类。"人"指的是社区居民的需求的满足、人际关系的经营和生活福祉的创造；"文"指的是社区共同历史文化的延续，艺文活动的经营以及终身学习等；"地"指的是地理环境的保育与特色发扬，在地性的延续；"产"指的是在地产业与经济活动的集体经营，地产的创发与行销等；"景"指的是"社区公共空间"的营造、生活环境的永续经营、独特景观的创造、居民自力营造等。

社区营造基本上是社区自发的行动，但多数公共议题的处理必须运用公权力或者需要公共部门的参与，因此政府为了支持社区营造往往制定有特定的政策，其执行方式与一般政策不同，通常以"社区协力政策"来加以区别。自1994年"文建会"提出"社区总体营造"的概念并推动数项补助计划以来，台湾地区的社区协力政策逐步由"文建会"扩展到其他中央部会，如环保署的"生活环境改造计划"、"经济部"的"创造形象商圈计划"；2002年甚至整合提升为"新故乡营造计划"。

二、缘起："返乡"与"重回部落"运动

1990年代初期，一群年轻人有感于以台北为中心的政治改革运动迅速发展成为体制内的代议民主，大部分民众无法参与直接民主，于是一股"南下"、"返乡"、"重回部落"等行动在台湾地区各地涌现。这些年轻的行动者多半在1980年代末参与过以台北为核心的自主性学生社团、学生运动、原住民运动、客家运动和其他工运、农运等社会活动。

"南下"运动的倡议者曾提出"南工北学"的概念，他们以高雄工业都市作为实践的基地，以工人社区的教育、维权与鼓励学生参与工人事务为重点。"南下"运动直接产生

[1] 陈其南（1947— ），台湾地区民进党人，著名人类学家；曾任台湾地区国立台北艺术大学传统艺术研究所教授、台湾地区国立交通大学人文社会学院教授兼院长、国立台北艺术大学传统艺术研究所教授、台湾"行政院文化建设委员会"主任委员。1976年提出有关清代台湾地区汉人移民社会的"土著化"理论，开启台湾史研究的新典范；1981年以人类学的观点提出长久以来被过度宣扬的"吴凤神话"之质疑和批判，影响了后来的原住民觉醒运动；1984年提出汉人传统家族制度的"房系"模式，建立本土人类学研究的基础理念；1989年前后专注东西方社会形态的比较研究，提出传统中国的"家国"观念逻辑，并针对当代台湾地区社会政治的发展提出"公民社会"与"公民国家"理念；1990年代初期即以"行政院""文建会"为中心提出影响深远的"社区总体营造"理念与政策，并积极参与地方政府和民间团体的文化与社区社会重建工作，后来这项社区运动在台湾地区蔚为风潮，成为近代台湾地区社会政治与文化环境运动的一项特色；2002年在"行政院"政务委员任内，为"国家发展重点计划"首次提出"文化创意产业"的观念，并规划艺术、设计与媒体产业等新经济部门的发展策略。同时也专注于新的"社区营造条例"、"原住民自治法"、"语言发展法"和"文化资产保存法"等文化与族群法案的制定和修订；2004年在"文建会"主委任内积极推动"文化公民权"、"公民美学"和地方生活学习中心的设立。

了工会干部参与劳工管理的行列与产生议会代表。另外,高雄工人博物馆的催生,创造了以工人为主体的文化展现。

"返乡"与"重回部落"运动的参与者,以启蒙知识分子姿态,揭露台湾地区资本主义发展造成城乡差距、文化与生态危机、农村衰败等现象,他(她)们通过组织动员和出版刊物,创造了例如北埔经验、美浓镇经验、三地门经验等,这些返乡的知识分子坚持在地方经营,启动世代传承,又有国际观,能够与外界联结,在全球发声,并且有能力组织大规模的群众运动(譬如反美浓镇水库运动)。

此外,另一种乡村治理的模式也在兴起,例如历史悠久的宜兰、淡水、三峡、大溪、鹿港、西螺、新港、台南等地方文史工作者,带动与整合散落在社会各个角落的地方文史调查工作(包括乡村教师、民间学者、作家、医生等),以无比的耐心投入村镇改革的行列,参与古迹保存、生态保育、社区重建等工作。

然而,这三种力量不管是激进的或是折衷的乡村治理工作,随后被整合于以民众参与为名,由台湾地区政府部门下放资源的"社区总体营造"的政策中。如清华大学社会系教授李丁赞所言:到1994年以后,陈其南(当时为"行政院""文建会"主委)正式在"文建会"推动"社区总体营造"计划,一股民间与官方结合的社会重建力量于是展开。几年下来,"社区热"吹遍了整个台湾地区。

李登辉所推动的"社区总体营造"成为1994年之后的乡村建设的发展方向。"社区总体营造"标榜的"由下而上"、"民众参与"、"凝聚社区意识"、"发掘地方文化特色"等等观念,源于日本的"造町运动"(老街保存计划)。日本在第二次世界大战之后,经济受创严重,把主要的资本集中在东京、大阪、神户等大都市,导致巨大的城乡差距;农村因为青壮人口大量外流到城市,面临社区瓦解的危机。1960年,美日签订《美日安保条约》,日本大学生担心军国主义再起,因而发起学生运动。学生运动沉寂之后,学生们毕业返乡,将这股热情转化为深耕故乡的运动,希望借此来改变"日本精神"。自此,以活化地域、重新振作农渔山村等"过疏地域"为目标的造町运动,便在各町村自发性地展开。

"社区总体营造"从2000年陈水扁上台后,基本上延续了下来,台湾地区修法制定"社区营造条例",继续以国家资源挹注社区与乡村治理。除了"文建会"大量推动各乡镇村里社区成为社区营造点之外,政府各部会也纷纷推出各式各样的"营造"计划:譬如,卫生署的"社区健康营造"、农委会水保局的"富丽农村"、经济部中小企业处扶植的"社区产业"、青辅会的各式各样的"青年参与NGO计划",再加上社区大学,与各式各样的地方小型工程,无不依奉"社区总体营造"之名进行各项计划与活动。

三、理念与实践一:社区公共空间的形塑

"社区总体营造"的理念和政策提出之后,普遍受到朝野社会的支持,许多民间和地

方的社区工作者也都分别自主地在推动此种故乡重建的运动。

社区发展当然不只是实质空间的问题，但是在台湾地区居住环境极度恶化的条件下，许多社区营造工作的介入却是以空间规划专业者居多，而且常是主动地协助，这些专业者不只关心实质环境的改善问题，也扮演着组织动员与资源争取的催化角色。在此形势下，原本分处各地的空间规划专业者在许多真实的规划场域中逐渐认识到社会的结构性问题，感受到社会环境变动下的社会力及实践的可能性，因此社区设计像一面镜子一样，牵引着一般市民的想象，培养参与公共事务的热情与习惯。譬如社区建筑，从规划设计到施工维护，全过程中都特别强调草根参与。这里的"社区建筑"，不同于以往由政府、建设公司或菁英设计师由上而下的工作方式，而是要真正让使用者能够在营建过程中表达他的需要和感情。因此，社区建筑所要完成的不只是一个实质的空间造物而已，而是要创造出一个能够容纳居住者感情和认同感的地方。

在"文建会"提出的《充实乡镇展演设施示范计划》中，罗东、新港、美浓镇等地即被选为示范点，展开实务工作。这些个案的操作均强调民众的参与度、地方展演活动的多样性、地方元素的结合、建筑格局的保留、设施的有机组合、亲切空间尺度的考虑、区位的串联与周边环境的整体考量、居民长期参与营运管理计划等理念。这些具体工作实例，对台湾地区的"社区总体营造"工作，产生了相当大的示范与带头作用。

宜兰县二结的王公庙，已经有200多年的历史，庙宇本身建筑美学上的教化功能，以及庙埕老树与二结居民相联结的生活记忆，已经成为周边社区社会生活功能的整合中心，也是旅外二结游子的精神地标。1993年传来二结王公庙因位于都市计划道路上，可能要被迫拆移重建时，这消息震撼了二结社区每个人的心。二结社区居民不愿自己的王公庙被粗暴地拆除，庙方管理委员会，多次表达保留老庙的心愿，地方人士也发起成立了"大二结文教促进会"，社区意识便在这种过程中被激发、凝聚起来。在二结人不断努力及各方协助下，"文建会"于是通过《辅导美化地方传统文化建筑空间计划》特别给予支持，使这座兼有艺术价值与村民情感的老庙能够保存下来。

二结王公庙的经验令人感受到社区的潜力与各种可能性。参与者把各种记录做了完整保存，包括历次讨论争执、参与社区博览会的经验与专业者和公共部门之间的互动等等。在这一连串跨越五六年的发展过程中，特别得到全台湾地区关注的一次活动是1997年9月的"千人移庙二结埕"。在仰山基金会和文化环境基金会的协助下，来自台湾地区各地的社区工作者与大二结的居民，同心齐力地用6条大绳索把旧王公庙象征性地从原址向东推移了五六尺[1]，再用机械动力继续未完成的工作，最后将旧庙移到原址之外160米远的地方，再转个朝向，与计划中的新庙，隔着庙埕相对。二结人不认为移庙只是工人和师傅的事，而是全村头等大事，大家都愿意出一份力。透过"千人移庙"这样一个仪式，社区

---

[1] 1公尺 ≈ 33.3厘米。

的共同体精神被激发，以及居民对公共事务的参与和投入被强化。

四、理念与实践二：地方文化产业发展

在"社区总体营造"政策提出的第二年（1995），"文建会"与台湾地区手工业研究所联合举办"文化の产业研讨会"。会议邀请台湾地区及日本学者专家、各级政府相关代表、文史工作者及产业界代表600人，对"文化の产业"与"社区总体营造"进行多场研讨及经验交流。会议结束后，由手工业研究所整理出版了《"社区总体营造"日本案例一百选》、《"社区总体营造"理念与实例专辑》、《文化の产业研讨会论文集及会议记录集》。日本学者介绍了日本进行的日本造町经验——为能持续的落实，必须让社区内的居民有确定的工作和收入，所以其工作不仅在于实质的空间改善，而且还要透过发掘地方特有的资源，改善经营方式，获得充裕的资金等，来确保并发展地方产业，提供更多的就业，以带动地方自足性的可持续发展。于是，产业的讨论进入了文化的视野，对地方产业做适时地文化包装，地方产业活动便可以精致、品味，具有生产力，成为促使地方重新发展的活力泉源。

1995年的文艺季中也出现了"社区造街"（嘉义桃城美街活动、大溪老街的牌楼保存）、"产业文化"（高雄的桥头糖厂、新竹市的玻璃艺术等）与地方经济振兴有密切关系的活动系列。透过对地方特色的重新检视，并加以利用转换为地方发展的资产，协助地方发展文化产业，以转型成"内发性的地域振兴"。此后，"文化产业"概念与"文化工业"有了区别，前者特别依赖创意、个别性，也就是产品的个性、地方传统性、地方特殊性，甚至工匠或艺术家的独创性，强调产品的生活性与精神价值内涵，这正是被"文化工业"所摧毁的质素。

也就是说，台湾地区"文化产业"的概念及其相关的地方产业，是以地方本身作为思考的出发点，基于地方特色、地方条件、地方人才，甚至是地方的福祉优先考虑发展的，也就是把过去对地方发展不见得有帮助的大型开发计划，以在地化的发展策略取而代之，把发展条件与立足点拉回地方，以地方自发的或内在的动力潜力来思考地方未来的发展方向。

还有两个概念与此相关，即"文化产业化"和"产业文化化"。前者是将在旧传统资本主义利益导向的发展模式下，被忽略或甚至被牺牲的地方环境、传统、特色等文化资源，重新赋予生命力，并借创意、想象力与科技之助予以恢复、重建或再造，并加以适度包装成为文化产品，而发展成兼具文化价值与经济效益的"文化产业"。后者则是将原来工商导向掠夺式、入侵式、剥削式的产业形态，以及失去竞争力与经济价值的传统农渔牧林矿、手工艺的初级产业形态，转型为内发性、建设性与创造性的产业形态，除了部分产业必须舍弃之外，原本的许多产业均可以因注入丰富的文化内涵而提升附加值。借着文化与产业截长补短式结合，不但可以使文化与产业俱兴、振兴地方经济、带动地方自足性的可持续

发展，为生活带来丰富的滋润，同时也可以塑造出更优质的生活条件与环境。

台湾地区地方文化产业的推动者认为，传统的经济生产结构是以家庭单位为主，进入工业化或资本主义阶段后，生产形态以工厂或公司作为主要的生产企业组织。而内发性文化性的产业开发与区域发展，其形态往往是以社区、地方、区域的生产组织与分工作为主导。因为这样的产业形态不是以量产，而是以传统、创意、个性与魅力来取胜，要使少量而多元的地方产业能够发挥其经济效益，其社区与区域性的整合度必须相当高才行。所以，文化与生活的产业也必然是社区化的与地方化的产业。

所谓"社区共同体化"的生产模式，即透过空间与产业的多样性、联结性、整合性，形成一套结构性的生产模式。例如，透过产业的多样性（如有人卖成品，有人卖材料，甚至有人卖生产的过程等等）衍生出提供参观活动的其他必须设施，如食堂、民宿等，整合起来，发展成一套共同体化的生产模式。而这样垂直分工整合的社区共同体化生产模式，必须更进一步提升为区域性、支援性产业，即乡镇间、村落间互相支援并有不同分工。并且必须去除同质化的经济发展模式，强调内需机制及区域性的发展，借由村落与村落间的结合、支援，形成地缘性的产业。不能以降低成本、大量开发的经济模式，从事地方产业的发展，特别要避免让地方人士完全成为生产的工人，从而使其丧失生活自主性，进而导致产业与地方脱节。

产业文化化与内发型产业为地方产业振兴创造了种种可能。例如，有一些产业博物馆，其实是不需要多大的展示馆，而是和一些当地的老房子，或将废弃的空间整修结合变成具有特色的地方性博物馆，并且将产品的特色结合文化（细致、手工、生产过程的展示、包装等），提高其附加值。其实地方产业发展，不管是学习性产业或者是文化性产业、自然性产业，最重要的是将产业振兴的基础放在创造力与想象力上面，旨在拓展产业形态的各种可能性，开拓想象的空间。

1950年代以来，台湾地区地方传统工艺产业基本上以外销导向为主，着重代工和加工的程序，因而缺乏本土特色和工艺文化，难以建立台湾地区特有的产品形象，于是在工资高涨之后，自然而然就失去了国际竞争力，加上传统工艺技术难学，出路狭窄，几乎濒于后继无人的窘境。附属于台湾地区政府建设厅的手工业研究所，多年来一直以研究、开发、推广具有民族地方特色工艺品为目标，但由于社会对传统工艺产业在地方发展和文化生活上的意义缺乏深切体认，因此着力不多。1991年，手工业研究所邀请了长年在日本山林渔村过疏地区从事社区传统产业研究的宫崎清教授，到台湾地区传授地方产业振兴及地域活化的观念和技术，开始着手推进"日月潭风景区观光纪念品设计开发"、"水沙连地区观光资源暨印象调查"等项目，并在1994年3月向台湾地区"经济部"提出"中日技术合作计划——地域性活化与设计"，并选择在埔里及鹿港两地实施相关地域振兴计划，推动地方产业振兴实践。宫崎清引进台湾地区的理念不只是地方产业发展，而是一种内发性的地域振兴经验。这样的经验对手工业研究所（后经改制直属"文建会"，称"国立工艺研究所"）的工作方向带来相当大的影响和转型，开始从文化和社区营造的观点入手进行地方产业振兴计划，结合地域振兴与社区意识，让地方居民自己去发掘传统工艺技术文化的根，加以发扬和实践，让传统工艺产业更具地方文化特色，让地方文化活动带动地方产业发展。地方行政部门则要了解如何掌握地方拥有的资源及特色，以崭新的行政理念，建设地方可持续发展的根基，迎接地方新时代的来临。

"产业文化化"、"文化产业化由地方做起"，形成风气，由小区域而大区域，由点而面，融合发展出全台湾地区地方产业的文化特色。手工业研究所的此种转向，终于通过与"文建会"的"社区总体营造"理念汇流成更大的地方振兴力量。

宜兰县苏澳白米社区位于台湾地区最大碳酸钙石化基础原料的生产地，社区环境笼罩在工业污染的阴影下。居民在历经长期的环保抗争后认识到这激烈的行动并不足以改变厂方的污染，自1995年开始接受"社区总体营造"的观念，决定以"传统木屐产业"作为切入点，营造"白米响屐村"。1996年，在欢乐宜兰年系列活动的"社区总体营造阶段成果展"中，白米社区就已推出了"木屐彩绘DIY"等活动，召集社区学童为木屐彩绘上新装，"木屐艺术彩绘礼盒"更获得宜兰县政府的青睐，成为赠送与会国际贵宾的纪念品。1997年"全国社区总体营造博览会"中，以木屐产业为参展主轴，建立社区学习型产业特色。1998年又陆续完成了木屐工作室、木屐展示馆、木屐街坊的设置，同年11月更进一步成立了社区合作社。几年下来在白米居民、社区木屐师傅共同努力下，社区中擅长手工制作木屐的老者，加上社区青年的创意，各种彩绘木屐、小木屐等产品，陆续被开发出来。在此基础上，白米社区"传统木屐产业"入选1998年度台湾地区"经济部""产业文化推展辅导计划"及1999年度"地方特色产业辅导计划"。在此专项经费和专家的支持下，白米社区举办木屐传习班、皮雕研习班、企业经营管理研习班各种研习，紧密与居民沟通建立共识，终于重新生产出符合现代需求的新时代彩绘木屐，成为地方引以为傲的特色。

在发展木屐产业的同时，白米进行社区整体环境的改善提升，1998年获得"文建会""美化公共环境种子计划——公共环境营造计划"资助，在文化环境基金会的协助下，将产业文化融入公共环境营造中，企图塑造出具有地方产业文化风格的社区公共环境艺术。白米社区正以地方特有的人文、空间、产业等资源为基础，旨在建立一个自主的、可持续的、富有地方特色及生命力的地方文化环境，以提升整体空间的环境品质，进而促进地方的繁荣与发展。

五、理念与实践三：终身学习体系的建立

发展中国家和地区，因为全民教育尚未普及，学校教育体制的建立和强化显得特别重

要。可是，随着经济社会的快速发展，新科技、新环境、新观念、新资讯和新的生活形态，都不断推陈出新，令人目不暇接。每一个人都需要通过不断地学习，才能具备新的生活价值观、新的知识技能，以适应纷至沓来的各种新挑战。同时，居民所得水准提升，大家的休闲时间迅速增加，学习机会和意愿越来越高，也越来越多样。因此，当一个国家和地区迈入后发展阶段时，教育就不应该再只是由上而下的"教"和"育"，而必须是以"学习者"和"学习过程"为主体的设计。学习的对象也不再限于学龄学生为主，社区中每一个人一生中的不同阶段，包括在职的、退休的、老人和妇女等，不同年龄不同阶层的学习过程，都应该得到国家和社会同等的重视和资源分配。面对这些学习对象，学习的项目则应涵盖人格发展、健康休闲、文化艺术、生活价值等内容，避免偏重知识记忆和学历文凭。学习的场所也不限于正规学校，而应整合家庭和社区，成为一个连贯性的学习空间体系。"终生学习体制"的建立，就是要因应这些时代性的需求。

台湾地区已经走过经济发展和民主宪政改革的高峰期，社会形态在过去的四五十年中，从一个成长型的社会，蜕化为成熟型的社会，即从物质的富裕转化为生活的舒坦。同时，因为现代科技和资讯的进步，往往使得一个人一旦离开校门，他所学的知识就立刻落伍了。因此，不断地求知和学习乃是必要的。然而，学制化的学校教育和成人教育都已经无法满足这种需求。即使是退了休的人，也需要适应退休后的新生活，也需要有人来提供资讯和指导，包括医疗卫生、休闲运动、社会福利、文化艺术、创作欣赏等知识，社会不同年龄阶层的人都有需要，但是都得通过正式的学习过程才能获得完整的知识。即使像健康教育、环境教育、消费者保护，以及宪政改革、国际和两岸关系的知识和政策等，政府也有义务让都市和乡村中的所有居民，有平等的机会去学习和讨论。唯如此，这个社会体制才会强壮起来。那么教育的理想就不得不走向人性化、多元化和开放性。

倡导者认识到，在有限的资源下，台湾地区的全民学习应该往社区和地方扎根的方向来努力，要整合学校资源、社区社会、文化生活与产业活动，来振兴地方的生机与活力，而这一切都需要社区性和地方性的终生学习体系来支持。甚至，整个教育改革工作的落实，也有必要从地方和社区做起，中小学校、文化活动中心和社区的环境空间及这些地方的社群成员，彼此之间形成一个互相开放、交流、整合的体系。学校学生可以在文化设施和社区环境中，享受其成长和发现之旅，而社区老人、退休者、妇女、儿童，也都能充分利用学校和公共设施，得到各种软硬件资源，充实自己的学习内容和环境。

于是，学校，应该是社区社会的学校；社区，更应该是学校的社区。也就是说，地方社会应该建立"学习社区"的观念和体系，而且是"终生学习"的社区。如果有这样的环境，每一个成员必然会珍惜自己的社区资源，会愿意而且有能力参与地方的建设，营造自己的新社区和新社会。很显然，这个"终生学习"不同于过去的普及教育、推广教育、补习教育、成人教育等。

在实务操作中，每个人的日常社区生活都不免会面临环境景观保育、乡土教育、青少年活动、老人照顾、地方振兴等社区营造的课题，这些都需要全体社区居民的参与。尤其是当有很多专业人士退休时各方面的条件都很好，许多在职者的闲暇时间也日益增加，如果他们能够经由终生学习，再投入地方和社区发展事务，甚至协助建立各地的终生学习体制，那么人力的再开发、民间活力的再运用，以及地方社区的振兴就指日可待了。这也说明建立地方社区终生学习体系的必要性和迫切性。地方和社区可以说是终生学习资源的宝库。

"社区总体营造"是要建立乡土的关心与情怀，为台湾地区未来的发展寻找新的方向、新的环境和新社会的运作机制。"社区总体营造"不是单纯地把建筑美化空间呈现出来，或办好一个活动，造几个硬件文化设施或建筑而已。如何让区域居民在对社区的议题上也有参与的热诚和关怀，即要找出居民愿意学习的课题，进入学习的情境，激发出深植于底层的潜力与创意，让好的价值观、生命观展现在生活与人际互动中。台湾地区在经济奇迹和政治改革之后，要提升国民的生活文化，建立现代国家和地区的公民伦理，恐怕也唯有通过普遍的、全民的和地方性的终生学习体制的建立，才不致流于空谈。

1998年初，一群关心台湾地区教育与社会民主重建的热心人士成立了"社区大学筹备委员会"，并在同年的5月4日发表了一篇《人民要有自己的大学——社会重建起点与未来》的社区大学"五四"新社会宣言，积极推动社区大学的理念，协助地方政府设立社区大学，让社区大学成为成人教育终身学习的一环。第一所社区大学于1998年9月28日在台北市木栅国中开办。社区大学提供社区居民终生学习的机会，借由讨论知识、经营社团及技艺交流，活化社区的生命力。

社区大学的课程设计，主要包括学术课程、社团活动课程与生活艺能课程。社团活动的学分目的即在于发展人的公共认知领域，借由公共事务的参与，去面对当前的社会问题，引发社会关怀，也提供进一步思考与讨论的具体素材。学术课程所研讨的理论，通过社团活动的操作，让实务与理论结合起来，学员可以得到较扎实的自我成长机会，增进对周遭世界的认识。

社区大学的开办，并不单只是提供给民众收费合理的才艺、技能、知识的"补习班"而已，而是希望借由社区大学的设立，让知识不再只是菁英独享，让过去处在象牙塔里的学院知识分子也能走进社区。将学员（社区民众）与教师互动的过程建立为一个成人学习的典范，也让社区大学作为社区公共领域的一环，来活化社区网络。而社区内组织与社团的草根活力才是社会重建的根本，从关心、参与、学习中，培育公民参与公共事务的能力，让台湾地区稳健迈向公民社会。

由于第一所社区大学的反响非常热烈，也得到地方县市政府的正面支持，新竹市、台中县、台北县随后也陆续开办"社区大学"，通过课程的设计，提升民众对于公共事务参与讨论行动的能力，从而成为"社区总体营造"的另一种有效的切入方式。

六、理念与实践四：各级地方政府的宣导与扶助

社区营造的主要对象虽然是规模和层级较小的社区，例如村庄、部落、住宅区或街区，但是有些工作仍必需统筹在个别的县市层级中，像资讯的搜集和提供、理念的宣导、人才的培育、专家的派遣、资源中心的设立、社区与社区之间的交流整合，这些都需要有公共部门，尤其是县市层级政府的支援。因此，台湾"文建会"把地方的操作机制几乎完全交给地方文化中心来执行。

1994年"文建会"推出"社区总体营造"政策，初期除了办理理念宣导及人才培育外，并在不同地区依照不同的属性，选择了数个地点进行"社区总体营造"的试点，并由地方文化中心协助督导乡镇公所执行。除个别的社区之外，台湾地区"文建会"在1996年度委托新竹市立文化中心及宜兰县政府比照"文建会"模式办理该县市的"社区总体营造"工作，并在1997年度将此模式推展至其他各县市。这种由县市行政机关进行主导，于地方县市进行理念宣导、人才培育、试点营造等工作，称为"以县市层级推动社区总体营造"，这个计划经过各地文化中心和教育局等相关单位协助，激发社区民众自主参与社区公共事务的各项议题，促使"社区总体营造"的理念普遍化。几年下来，在地方政府、社区组织及专家学者的协力推动下，在理念宣导及人才培育方面奠定了厚实发展的基础，许多社区民众自发性的营造工作也陆续地得以展开。以下是几个典型的案例。

（一）案例一：新竹市的都市住宅社区

新竹市立文化中心自1995年3月开始在新竹市推动"社区总体营造"，同年6月办理三场社区文化（分区）座谈会，进行初步的理念宣导工作。8月筹备会讨论推动方式及办法，而后逐步修订实施策略。1996年展开社区营造理念宣导研习及社区艺文人才培育研习营，进一步邀集在地专家学者参与讨论并负责部分工作项目的规划执行，逐步形成推动核心。同时选定浦雅旧社、虎林、国家大第三个社区为试点。1997年增加金山面、大湖社区两个新试点，1998年增加北门大街、古贤社区两个新试点。针对非试点社区也给予相应扶持，配合"工作坊"方式办理研习，进行"社区白皮书调查出版计划"，并开始推动资源中心的运作。1999年除增加新试点之外并筹办"社区总体营造"博览会——社区百宝箱活动。从这些年度工作重点可以看出，新竹市立文化中心推动"社区总体营造"工作，非常热衷于试点社区的逐步扩散，在做法上也借助了民间团体活力，组成社区工作团队，进行社区营造工作的规划与辅导。许多在地性的文史工作室与社区组织都在这个过程中扮演了重要的角色，如新竹市文化协会、种子文化工作室、蒲公英工作室、中华大学建筑系等。

而社区本身也开始改变以往沉默的面貌，开始发声。

新竹市立文化中心自1997年8月起，将"社区总体营造"计划系列实质性的活化行动带进北门大街，社区居民对北门大街再造的共识得以初步凝聚，同时社区的组织动员也因"竹堑北门大街文化促进会"的成立而展现出初步的成果。1998年2月，北门大街举办第1届竹堑灯会——新赏灯主义，获得新竹市民极大反响。1999年3月，大街文化促进会继续举办第2届竹堑灯会并获得成功，北门大街因此入选台湾地区"文建会""美化地方传统文化空间"计划。在原有的"社区总体营造"基础上展开街道美化的规划工作，为这条新竹的第一大街带来新的生命与希望。

离北门大街不远的仁德街上，也有另一群人在为他们这一条街投入心血。仁德街位于新民里，是台湾地区新兴的街道，拥有许多历史的记忆。新竹最早的"新竹写真馆"，已故著名书画家陈心授40余幅现存国画作品，日据时代叱咤一时的新世界戏院与新舞台戏院，以及棺材店、青草店、童装街、纸糊厝等传统行业，都是仁德居民引以为傲的"社区之宝"。它自从1998年成为"社区总体营造"示范点后，仁德街就期盼建构成一个具有人文内涵的社区。社区组成"仁德街造街委员会"，经过民众广泛讨论规划出图书馆、儿童文教中心、老人休闲中心、"无障碍空间景观"、电缆地下化、铺面彩绘化、路灯艺术化、立面特色化、环境自然绿美化等等营造项目，并准备打通仁德街至城隍庙路口，开发新竹幼稚园现址成为文化、景观与商业并重的家园。

（二）案例二：花莲县的自然资源和族群文化营造

在花莲，由一群知识分子和专业人士所组成的"新象社区交流协会"扮演了最关键的角色。他们把第一阶段定位为理念宣导准备期，成立社区宣导服务工作组，以电话专线、巡回县内山线海线社区、观摩互访的方式，培训全县社区营造种子成员。

光复乡地处花东纵谷中段，地势平坦、土质肥沃且水源充沛，在汉人未进入开垦前，即有马太鞍与太巴塱两大阿美族部落在此孕育。目前太巴塱约400户，3 000多人；马太鞍约1 200户，4 000多人。两大部落也是花莲县阿美族社会制度、传统文化与历史典故保存最完整且具民族特色的地方。两个部落居民都意识到了自己文化消失的危机。马太鞍社区发展协会，在1996年发起成立邦查文史工作室，以营造属于部落特色的生活环境为目标，同时也希望改善族人生活品质，并借以吸引观光客，达到传承与发扬文化的目的。而太巴塱则有一群原住民部落青年，决定留在自己的家乡，组成了太巴塱青年读书会，和族人共同思索部落的未来。他们运用东华大学、花莲师院、慈济花莲文化中心、乡公所图书馆等外力咨询资源，举办讲座研习和才艺班，如木雕、编织、彩陶、版画等技艺，促使这些技艺文化可以走向产业化。训练文史工作人员从事田野调查、整理文史资料、操作摄影机采集保存文化资产，举办母语训练、翻译文章、母语写作，成立社团研究传统舞蹈歌谣，发扬优良文化，出版社区报报道社区动态。

太巴塱的青年读书会中有人想借由文学创作传承文化，有人则已经开始采集部落的传说和历史，成立了木雕工作室。太巴塱小学的小朋友和老师一起以木雕记录了生活和部落传说。年轻人的热忱和活力也感染其他人，一股新兴的力量在族中开始行动起来。同样的，在马太鞍，经过族人的努力，他们记录、翻译老头目口述的神话，采集歌谣，学习领唱、编织和木雕。如今美丽的神话传说、传统的技艺与歌舞，逐渐回到居民的生活中，木雕班和活动都获得热烈反响，并在台湾地区原住民木雕比赛中获奖。阿美族人的生态环保观念也融入到社区营造过程中，使得消失在这个地区的动植物能逐渐复生，充分显现阿美族人重建故乡的决心。

（三）案例三：文艺季的地方社区舞台

除了由县市文化中心在其业务范围内直接推动社区营造工作之外，自1994年起也在台湾地区各地举行"文艺季活动"。一些具有长远意义的看法和做法在这一时期逐渐形成。文艺季改以各县市文化中心为主体，根据各地特殊人文社会状况，运用地方资源，做系统化地整合与长期性地规划，分年分阶段发掘地方资源，结合地方人才，借由地方上每年度不同的主题、项目或举办地点，完整而细致地呈现不同的地方艺文特色。许多地方居民的社区意识也在这些外部的刺激下发酵。

台湾地区的文化发展在时空的转变中，已由台湾地区强力主导的艺文资源和活动分配，逐渐深化扩散到地方基层。借由综合性艺文活动的举办，居民和族群在集体热闹的活动中，寻得自我文化的了解和认同、自我生存的价值与意义、集体意识的激发和凝聚。同时也是在一种自由、轻松的情境下，凝聚族群与居民的共同生命意识，把独立的自我和社会、族群、产业、民俗等联系起来。这对艺文活动的理念、地方艺文资源的发掘和整合，以及各文化中心体质的强化皆有正面功效。第一年从1993年12月至1994年4月在台湾地区各地全面展开的文艺季，各地活动内容除"全国文化中心博览会"和四场大型研讨会外，共分为原住民、客家、孝庙、金马、怀古、乡情、艺术七大系列，总共有300多项活动。活动的内容不局限于音乐、舞蹈、戏剧等表演艺术，也触及文史、文物、民俗工艺、古迹、影像、艺术研讨会、祭仪等项目，而活动的范围更广及台澎金马等25县市，这也是文艺季的活动第一次伸展远及外岛等地。活动范围从台北一直到穷乡僻壤的离岛小村庄。参与的对象包括了地方孝庙、文史工作室、文教基金会、有关学术与族群的团体等。这样一个文艺季转型，文化行政体系获得重新定位、建构的契机。

（四）行政资源的整合

从以上所提的新竹市、花莲县与文艺季的案例中，我们可以了解到，"社区总体营造"

使县市文化中心与地方社区产生前所未有的密切联系，民众的期待增高，工作的挑战升高，县市文化中心受到前所未有的瞩目。在民间社区与政府机关的合作下，地方的文化生命、社区生活的内涵，一点一滴、一尺一寸地滋长茁壮。或许"社区总体营造"的方法会带来许多工作上的额外负担，但长期来看，却会为工作带来更好的成果、更多的意义。

然而"社区总体营造"并非文化行政部门或特定部门的专属业务，更不是县市文化中心推广组的专属业务。比如社区公共空间的绿化计划，就要与建设、工务、环保、交通、文化、水利等行政部门息息相关，需经各相关单位相互协调，共同规划执行，否则将因欠缺整体性的考量，造成行政程序的繁复费时，或因经费短缺而粗制滥造，甚至因单位之间立场对立而无法实施。而社区在从事总体营造工作时，也常需从不同的部门寻找资源，交错运用这些计划来支持社区活动的推展。例如大溪老街的保存与活化工作，需要"文建会"、"经济部"和地方政府搭配运作。行政部门的整合，是县市政府在推动"社区总体营造"时必然会面对的课题。因此行政部门的整合也成了推动"社区总体营造"政策的一项自我要求。

七、理念与实践五：企业的参与

"社区总体营造"的社会改造效果需要长期的投资与付出，在一些小小的公共议题或运动中呈现人民的成熟智慧，为社会文化的发展奠定良性基础。近几年，因为社区营造的机缘，让许多来自不同领域背景的人士因为议题涉入，成为志同道合的伙伴；也因为这些人的热情，在不同角落的付出，使得社区营造这种原具有强烈在地性的工作蔚然而成风，民间社会的其他部门也开始涉入，为这个观念与政策的深化和扩散再推进一步。

原本以营利为目的的企业财团，因为"社区总体营造"观念的影响，也开始对社区事务产生关怀和用心，体认到对社会回馈的新趋势。企业的管理、公关、创意人才，具有组织、沟通、创造的能力和丰富的经验，是社区营造初始最不可或缺的要素，也是社区启动的催化剂。而社区与企业的结合，不纯然只有社区受益，因为二者之间有地域的联带关系，如果企业所在的社区环境品质恶劣、邻里关系疏离，必然会对企业及其员工有所影响。同样的，有些社区因企业制造污染，常导致对立冲突的紧张局面，甚至影响企业的运营。和谐之道，是让企业明白自己也是社区的一分子，为社区营造扮演应该扮演的角色。

例如，在全台湾地区有超过2 000家门市部的7-ELEVEN便利商店，自1995年起随着"文建会"社区营造在全台湾地区所产生的影响，也加入到家园重建的行列，主动赞助有关"延续地方文化"和"改善社区生活"两大主题的企划案。在这些计划中，社区自己可以提企划书，通过审查给予经费补助，并通过他们的行销网提供活动宣传，在随后的四年中赞助了30个社区及地方。台中丰隆社区即借着这个计划兴建公园，同时凝聚了邻里情感。台北市的温州街社区则建立了自然生态步道，社区花和社区树让社区人得以进一步认识到每天生活周遭出现的一草一木，交织成独特的社区文化。临溪社区举办净溪活动，让干净的外双溪重现。布农族的青少年重拾布农文化及母语之美。杨梅人也从这个协助中留住了百年老树，重温生活回忆。像这样，企业通过一些点状的项目扶持，增加了许多令人感动的记忆和故事，重新建构了现代社会邻里原本疏离冷漠的关系，也让逐渐消失的传统杂货店的人情味再次浮现。

近几年，在台湾地区"文建会"的大力倡导下，许多民间企业纷纷从不同的领域热情地响应，投入"社区总体营造"这波风潮中，鼓动了台湾地区许多社区自省自觉地更新运动，充分代表一种新的"企业公民"观念的形成。

八、理念与实践六：媒体的关注

一般地方性的有线电视大多制作与播放地方性的新闻与节目，像"社区活动实况转播"、"社区活动看版"、"社区论坛"等，或播放社区自制的节目，一方面让有线电视业者能够回馈社区，另一方面则通过民间有线电视强而有力的传播方式，将社区资讯有效且便捷地传递出去。

将社区营造经验汇整成书出版，如远流公司出版的新家园行动系列《老镇新生》（新港的新故乡运动）、《故乡魅力俱乐部》（西村幸夫日本17个社区营造故事）、《社区动力游戏》（工作坊使社区活起来）、《造坊有理——社区设计的梦想与实验》；"文建会"自1995年起出版《"社区总体营造"的一步一脚印》，通过对云林大社区、高雄县桥头、嘉义桥仔头、台北市福林社区等17个社区营造的案例进行描述，让更多的读者了解"社区总体营造"，对观念的扩散有推波助澜的效果，也带动了传媒对于社区运动的认同与支持。

发行量广大的全台湾地区报纸亦不吝惜对于"社区总体营造"相关事件的报道，这对于社区营造工作的士气乃至于整个台湾地区社会风气的提升，都有积极正面的效果。如《中国时报》和《联合报》等都陆续推出"宝岛"和"乡情"等专版，报道台湾各地从都会到乡村令人感动的社区故事，呈现一群无名英雄散布在全台湾地区各角落中所推动的家园工作。

媒体的传播，让我们知道这块土地上有那么多热心参与的社群，虽然他们认为自己也不过是平凡的在自己的家园上，为该做的事尽一分心力，但对于广大读者也会产生潜移默化的鼓励作用。1999年3月底，一群关心台湾地区社会发展的专家学者、社区工作者、社区团体发行《新故乡杂志》季刊，靠的就是一群对台湾地区土地不愿放弃梦想的朋们共同出钱出力来支持的媒体。认同社会改造必须从在地的社区里得到实践，期望以刊物永续性的经营方式联结全台湾地区个别社区努力的光与热，从而可以使这样的想象与实践成为可能。

网络新媒体在"社区总体营造"工作上的应用也不容忽视。20世纪末，网络的快速发展，已经为下一个世纪中媒体角色重新做了一番快速的转变。网络媒体操作简易、人性化、互动性，迅速且便宜，无远弗届特别引起大家的注目与讨论。网络新媒体能够有效降低时空阻隔，使基层社区可以迅速地将自己的讯息传出去，也可以方便取得其他社区的资讯或政府的相关讯息，因此网络可作为社区营造的有力工具。

在新世纪的网络科技冲击下，社区网络与网络社区的形成，也正在实验着某种"社区"操作的潜能，如在宜兰罗东的北成社区，是台湾地区第一个启用光纤网络的社区，由社区内从事资讯行业的专家所组成的资讯小组，正利用以北成小学的资讯站为中心，社区内每邻近10户住家为一单位，架设光纤网络，进而推动一般居民可以参与"资讯化社区"的计划，提供居民不用出门的终身学习、远距教学及迅速的资讯交流。电脑网络的教学应用与社区营造、终身学习等形式结合，以资讯化社区为方向，促使居民通晓电脑及网络相关知识，建立社区资讯站或社区电子布告栏。社区网络的运用，使居民能利用电脑促进生活，参与社区的联系沟通及享受远距教学的方便性。

设立于1994年底的全景电台，延续着"全景映像工作室"的一贯风格，将自己定位为"社区电台"，来为弱势团体发声。电台的节目题材，都取自社区居民朴质而又活生生的生活点滴、社区资讯以及真实故事。早在电台设立前，全景电台的工作伙伴们便进入这个大台北社区做深度的访问与调查，在设立电台后，他们更是多方邀约社区居民担任电台义工，实际地参与节目的企划与制作。除此之外，全景电台工作人员不时地走出电台，举办活动，让原本陌生的社区居民，通过电台的活动而逐渐熟悉起来。致力于纪录片的拍摄与推广的全景映像工作室，于1993年起，以社区文化工作为目标，陆续地在北、中、南各地展开纪录片人才培育事宜。在纪录片拍摄的课程设计上，除了基本的操作训练外，全景映像工作室让学员们扛起简便的摄影机，回到自己的社区、重新认识自己的家乡，同时也寻找属于社区性、文化性的议题作为拍摄的内容，让学员在实际的拍摄过程中，学习如何借用影像来记录社区，进而对社区议题有深一层的了解。

拍摄社区文化纪录片并不只是拍摄者的事。拍摄过程中，拍摄者与被拍摄的社区居民们产生了一连串的互动，而在互动中，社区的点点滴滴逐渐地成为大家茶余饭后的话题，社区意识开始一点一滴地被凝聚起来。纪录片在完成之后，全景映像工作室还陆陆续续地举办"纪录片下乡"的活动，把这些影像带入社区中播放，让永康社区的居民可以在影像中观看永康社区的种种风貌，让大学社区的居民们也能分享到大溪老街的万种风情以及推动社区工作的经验。通过纪录片的放映，社区工作的芬芳逐渐地向四处扩散。更重要的是将拍好的影片再拿回社区里放给居民们看，共同回味、省思、反刍，即创建了一个学习的机制给社区居民，让他们再去思索"下一步呢"、"我们可以怎样让它发展得更好"等问题，从而成为激发居民思考、学习、创造的一个动力。

九、理念与实践七：社区学习资源的扩散

"社区总体营造"观念的启动，在台湾地区的特殊环境中也许必须先由公共部门进行理念的宣导，并运用资源诱导，让社区民众共同参与，但是对于一项着眼于长期改造的社会工程而言，外来资源一时地注入，并不能保证这份计划的长远落实。更重要的，还是要在这个过程中，培养民众对于处理公众事务的技巧及理念。针对"社区总体营造"过程中相当广泛与复杂的社会性，不论习惯于细密分工的现代专业者，或是一般社区居民，以及推动社区营造的进步的行政人员，都必须通过许多的学习才能充分掌握这项工作的本质及过程。也就是说，社区营造与社区学习有不可分离的关系。只有社区学习体系的建立，才能让所有居民准备好再投入地方和社区的发展事务，使得社区人力可以再开发，居民活力可以再运用。地方和社区是学习资源的宝库，地方的产业振兴和居民生活环境品质的提升，都需要依赖学习体系的建立。地方"学习共同体"观念和体系的建立，让每一个成员学会珍惜自己的社区资源，而且愿意参与地方建设，营造自己的新社区和新社会。

社区是一个生活环境，因此社区学习不能脱离现实的生活与真实的社区，其内容可以针对社区居民所共同关心的公共事务议题，社区的文史或传统技艺，所在地区的生态环境，产业发展，社区居民或特定族群（如老人）的社会福利等等课题，分别进行调查、分析或研习。社区学习并非限于课堂的上课，通过实践的过程来达到学习的目的可能更为有效。社区学习所追求的不仅在于个人的成长，更重要的是与社区共同成长。社区学习重视反省检讨，也期待能够培育具有独立思考、批判能力的居民。因此社区人力的培育，不仅是对一般民众普遍意识的启发，也必须进行专门社区工作人才的培训，才能让社区营造有着可持续的经验承接和生生不息的活力。

嘉义市1998年的"社区总体营造"实施计划，便从推动社区环境教育切入，委托台湾地区中正大学成人及继续教育研究所负责规划执行。首先借由社区访谈与培训人才，辅导社区成立社区学习团体，研讨环境保护工作的内容，以及行动方案的设计实施等问题，希望由学习团体进一步发展成自发性社区团体，开始进行环境保护工作，进而结合社区各种资源，获取民众认同。以环境保护为切入点，以终身学习为手段。嘉义市的社区营造推展策略，是根据分析在地问题与研拟解决方法而产生的推动策略。

宜兰县自1997年起，社区营造工作内容，也重点放在"社区学习"上。通过与在地民间社团——仰山文教基金会的合作，宜兰县立文化中心在社区中辅导了许多社区学习班、读书会，更进一步思考如何利用这样的机会场合真正地让民众学习到有关社区公共事务的投入与个人生活领域的成长。接着又继续委托由文化环境基金会编辑一套简易社区读本，

内容围绕着"社区营造"的相关课题,如环境空间的改善维护、社区资源的调查、传统古迹活化利用、宜兰新建筑运动等示范性教材。即使这些未曾上过高中、大学的草根民众,也能够从中学习,启发开展他们参与社区事务的能力。

激发与深化民众意识的教育学习过程,正是长期实践"社区总体营造"理念最重要的方式和手段。社区终生学习的提出,就是要让社区中多元的居民形成组织,经由不断地学习,投入社区事务。而地方学校更可以扮演关键性的角色。各地学校拥有最多的社会公共资源,包括人才、经费和空间,如果可以根据各自的条件,设计出一套机制,对其所在的社区社会做更进一步的开放,让学校能够成为社区社会所拥有的学校,成为带动文化和社会学习的中心,提升地方的形象与实质的建设,使整个社区校园化,那么学校不再只是社区中的租借区,学校就能与社区密切互动,营造出属于居民的社区学校。

台北县三峡柑园中学在校长与一群老师们的努力下,成功地实践了社区营造学校的理念。柑园中学凭借"社区资源调查活动"、"柑园地标发现之旅",引领学生重新挖掘、认识社区的个性与历史,并让年轻人一起见证社区的改变。他们的"学校之光、班级之华——班级总体营造计划"把学校模拟为镇公所,班级模拟为社区,引入"社区总体营造"操作模式,让学生自己营造出一个有魅力的班级。学生首先描绘班级的梦想,接着展开资源调查(包括学校与社区的资源),然后制订出社区营造的中心理念与行动方案,再建立班级识别系统、设计班级活动,寻找每个班级的特色等等。凭借活动的设计,让学生感受参与营造的精神,这对学生而言,是很实际的生活教育,而回到社区中,每一个学生都可以是社区营造的参与者或义工。柑园中学经营观念的调整,把单调的"知识传授"学校发展为"生活化"的学校,教导课程中融入地方资料案例,并设计地缘实习和体验过程,使学校成为社区的学校,也使社区成为校园的一部分。这就是闭锁在围墙内的集中教育环境,开始通过社区学习计划和外界社会产生交流互动,为学校本身带来活力和生机。

十、理念与实践八:民间第三部门的崛起

在"社区总体营造"领域拥有专业知识背景或实际运作经验的团体及个人,如文史工作者、建筑师、都市设计师、环境设计者、社会工作者、社会学者、人类学者等,都在社区营造的实践过程中,以其专业技术提供了实质的支持。譬如长于空间议题处理的台湾大学城乡规划基金会、淡水工作室、云林技术学院、宜兰卯祥巷工作室等等,其中都是兼具理论与实务的专业工作者,这些团体或组织的重要目标之一就是要协助社区进行社区营造工作。宜兰县仰山文教基金会、花莲新象社区交流协会、台北社区资源交流中心、云林社区希望联盟、台南永续台湾基金会和乡城基金会、高雄长谷基金会、台北县文化环境基金会、新竹市文化协会等民间组织在各地都分别扮演了重要的角色,形成第三部门的阵营。

1992年，高雄美浓镇引发水库兴建争议，促成了美浓镇爱乡协进会来主导"反水库运动"。在反水库运动的过程中，爱乡协进会成员一方面开启了他们对于美浓镇社区其他事务的关心与学习，例如对美浓镇烟业未来的思考，渐次踏出黄蝶翠谷保育、永孜街聚落保存、镇志编纂等等，一路下去步步都是踏实的脚印。在关怀面向扩大之后，美浓镇爱乡协进会了解到在现在的社会经济环境下，社区运动要成功，除了本身的努力耕耘外，也需要联合其他社区组织、环保团体、公益基金会等等，才有可能在彼此的支援中有效扭转当前的环境，形成一种新的可改变众人生活方式的价值观。因此爱乡协进会的成员更积极地投入南台因长期工业污染所酝酿出的"绿色革命"中，热心地将本身的社区营造经验与其他的朋友分享。如屏东县的蓝色东港溪协会、高雄市的绿色协会等地方性民间环保社团，并协助其中部分社区进行组织工作。为了宣导社区理念，美浓镇爱乡协进会还在高雄县立文化中心的支持下，于1996年、1997年分别承办了"全国社区组织交流工作坊"、"社区总体营造"与"社会发展青年营"等活动。

行政工作者、专业者和资源提供者，在"社区总体营造"中扮演着不同的角色、有着不同的定位，这些人都站在适当的位置来协助"社区总体营造"工作的推动。"社区总体营造"的开始，通常是由一群关心社区问题，愿意为自己的家园奉献的人打开这扇门。像大花鼓文化促进会的几位旅外子弟，嘉义新港文教基金会伙伴和"别墅联谊会"会友们，创建宜兰大二结文教促进会的学进小学家长会的家长们，他们的热心终于写下了台湾地区新故乡运动的历史新篇章。

有许多文史工作团体从软性的文化、文史议题的切入，酝酿成为乡土社区的关怀，如沪尾文史工作室、三角涌文史工作室、桃园观音文化工作室、牛骂头文化协会、台南赤崁文史工作室、高雄爱河文化协会、桥头文史工作室、九份文史工作室等等，一群群有心人的投入，使台湾地区某些地区率先呈现出生机活泼的文化景观。虽然，整体而言，文史工作者的著述仍然良莠不齐，可是透过浅显的文字、动人的视觉图像、不拘一格的行文方式显现了其旺盛的生命力。从这些文史工作的累积中，我们不只是在重温复古甜美的乡愁，更是在积极地辨识着未来愿景的图像。

专业性民间团体，因为他们在相关领域长期的经验，形成累积了有关社区营造概念与操作技术的智慧。如主妇联盟的共同采购观念，透过集体购买、参与生产过程、建立消费者与生产者间的直接对话，创造出健康的新生活模式。以家庭主妇为主体所发起的各种行动相当蓬勃，譬如高雄的环保妈妈服务队、台北的主妇联盟环境保护基金会、台中的主妇联盟工作室等，参与的会员依住家地理性社区，或办公室、社团之机能性社区，他们也组成一个个共同购买的单位，在一定的时间内固定订购。品项主要为讲求齐全、健康、环保、乡土的生活必需品，由所参加的会员轮流制作订购表、收齐钱，汇整到共同购买中心，再统一向生产者订购。东西自产地送来，亦先送到共同购买中心汇整，再配送到各个分散的参加单位。从这样的运作方式与过程中,我们也似乎看到了如何使得邻里、人际关系的互动、关怀成为可能,并创造一个女性可以充分发挥的合作事业,凝聚民间的社会力,将关心面由家庭、社区,再扩及生活的各个层面。

社区里的专业从业人员,像医师、社工师、建筑师、景观设计师、环境规划师、律师、心理师、社会人类学者、行政学者、艺文工作者等,因其在社区中多具有一定的社会定位,且亦为民众尊敬与信任,都可以其具备的专业素养,帮助社区突破专业上的困难。有些"社区总体营造"的先行者,他们的产生并非基于公共部门政策的推动,而是居民自发性的组织行动,这些组织往往对"社区总体营造"的理想、方式、效果等有较深刻的思考,其关怀的层面也较广。

十一、理念与实践九:宗教团体的社区定位

孝庙与教会为地方祭祀、信仰中心,更因为相关祭祀、庆典、传统民俗活动而与社区居民间形成密切的互动关系,所以宗教团体有很高的动员力、活动力、影响力,以及吸收民间资源的能力。但由于一些庙口活动和孝庙文化因逐渐庸俗化而被诟病,若是能寻求宗教团体对社区营造理念的认同与支持,结合社区营造的参与精神,加入文化的视野与角度来提升孝庙活动的文化内涵、深度与影响力,社区营造工作也可以得到顺利推动。例如新港文教基金会即在孝庙庆典中加入环保的概念,在祭典之后发动乡民扫街净港,并让民众重新思考燃放鞭炮、燃烧银纸的风俗意义。新港文教基金会积极借庙口办活动,曾经邀请亚洲联合剧团在庙口表演,让乡亲认识到庙口文化不只是电子琴表演,也会有精致的演出。

在庙宇之外,许多基督教、天主教团体、医院和基金会所推动的工作,常与社区议题有关,例如基督教门诺医院的原住民老人医疗服务和埔里基督教医院的社区医疗服务,在社区医疗的看护上与其他医疗资源结合形成社区照顾体系,让社区中需要被照顾的幼儿、老人、长期病患、残障人士和智障人士,依凭社区力量来分担社区内的照顾工作。另一方面也透过保健知识的传播,如学校卫生教育、医疗讲座、健康保育讲座,让居民知道卫生保健的重要性,以积极地阻止社区居民因不当的观念和疏忽所造成的不幸病害。

基督教体系的2000年福音运动联络中心与妇女事工组织所联合成立的"台湾展望会",不久前开始发动教会参与"社区总体营造"的运动,促成县市内的分支教会共同来参与。譬如在台北、宜兰、新竹、高雄等地举办了一连串名为"建立社区福音化工程——教会参与社区营造"的研讨会。除了观摩访问各个社区发展协会外,他们还实地参观社区,并且举办小型座谈会,吸收、交换各个社区的营造经验。为了有效推动工作,展望会出版了《教会参与社区营造手册》一书,结合教会宣教策略与社区营造,进一步阐述宗教关怀与社区行动的紧密关联。展望会也透过社区工作坊等相关课程,促成一些有心参与社区事工的教

会，和2000年福音运动与台湾世界展望会分享及学习相关的"社区总体营造"工作经验与技巧，帮助教会能事半功倍地推动福音传播与社区营造双赢的效果。

十二、结语：从政府到民间

"社区总体营造"，一开始只是一个从专业的角度开创出来的术语，不只是拗口而且一下子也难懂，但是今天在台湾地区它已经是各种媒体经常出现的用语，从官方到民间，从学术会议到社会实践活动，在台湾地区的公共领域，几乎每天都会有大量的有关"社区总体营造"的讯息出现。"社区总体营造"之所以能够持续到今天，本身就证明了它不单纯是一种政府政策，实际上它是一种思想，一种做事情的方法和理念。不论有没有政府的推动或补助，地方社区为了自己的将来，都应该自动自发地从事"社区总体营造"工作。不论工作本身的属性是文化活动、地方产业、环保生态、社会福利或空间景观的改善，都可以用"社区总体营造"的方式操作。社区营造也不是台湾地区"文建会"或文化部门的专利，理念从文化开始启动，只不过由历史的因素促成。在日本，同样的思想和政策，反而会从都市计划或产业发展部门开始。

所谓"总体营造"的思想或模式，最核心的部分在于有关社区的各种公共事务，都应该由社区居民来共同参与和关心。如果一切事情都由政府部门主导，而居民只是被动地接受援助和建设，那就不能叫做"社区总体营造"了。不论是垃圾问题、孩子上学的问题、活动中心的经营管理或是文化产业和社区形象的营造，以及自然灾害之后的重建，都需要社区居民一起来想象，提出看法，贡献智慧与服务，协助解决问题，学习产生共识的方法，最后才能使地方建设与发展成为居民自身的认同和骄傲，并且自发地可持续经营下去。

如何设计出一种机制，让地方社区居民能够自主地达到这个目标，这就是社区营造专业者及行政部门设计者的责任。从行政和专业的角度来看，就在于如何整合与提供资源和资讯，激发社区的自主性和动力，去营造他们自己的地方和社区。因此社区营造可以由上而下、由外而内，可是它的终极目标是产生由下而上、由内而外的社区营造过程。这种过程当然是一种社会工程，在这个工程中，只有当社区和居民本身改变了，社区营造才有可能实现。表面看起来，社区营造好像是在举办一种活动，或增加一种空间设施，或是共同开发一个地方，可是它的最终效果应该是建立了一种新的人际关系，新的人和新的社区社会。所以说社区营造是一种造人的过程，这是"社区总体营造"跟所有过去社区政策最主要的差别所在。

（作者单位：厦门理工学院文化发展研究院）

陆 ▶

基于人的成长的"社区总体营造"计划

林晓红

社区营造,可以用一句话来说,就是思考留给下一代一个什么样的环境,并为之付诸行动。打造"一小区一故事"的特色社区,主张回到土地、回到社区、回到生活,文化人、大学教授、返乡大学生、中产阶级等精英分子在试验并创造一种以知识经济为基础的乡村生活创意产业,即生态、悠闲、慢拍的生活方式。

一、"社区总体营造"操作模式与类别

"社区总体营造"统合文化政策的理念及操作方式,以"人"、"文"、"地"、"产"、"景"等面向切入文化发展及再生策略,从生活问题的解决、社区环境的改善、古迹及地方文史保存整理、社区文艺活动、终身学习等较容易进入民众的日常生活领域切入,激发社区意识,作为社区改造及文化再生的触媒,并通过社区居民的讨论、组织、行动,由外部政策带动"由下而上"、"社区自主"、"自动自发"、"居民参与"、"资源共享"、"整体规划"、"永续发展"的运作原则与方式,同时结合建立社区组织、调查社区资源、寻求专业支持、沟通学习、建立共识、开发人力资源、社区观摩交流、设计与执行、永续经营等操作模式,使地方和社区重新恢复活力与生机,并将其转化为社会的公民意识与社区意识的凝聚作用。所以"社区总体营造"的目标,不仅在于营造一切实质的环境,最重要的在于建立社区成员对于社区事务的参与意识,以及提升社区居民在生活情境中的美学层次。

在遵循上述原则和操作的模式下,"文建会"将"社区总体营造"的类别和元素大致分为:①空间范围。譬如村落、街道、聚落、乡镇、城市等。②社区生活的解决。譬如垃圾处理、公园设施、社区停车、工厂噪音与废水、住民制约等。③社区形象与识别系统的营造。譬

如社区之歌、社区之花、社区之树、社区代表精神、社区代表物、社区代表景观等。④社区环境景观改善。譬如环境清洁、绿化美化、亲水空间、无障碍空间等。⑤社区生活空间的创造。譬如运用现有的活动中心、庙宇、空地等闲置空间,营造出社区居民所需休闲空间、运动空间、聚会场所、图书阅览空间等。⑥古迹、建筑、聚落与生活空间的保存。譬如竹围、水圳、古井、老树、老街、遗址等。⑦户内外休闲空间。譬如艺廊、画廊、沙龙、广场、阅览空间、活动中心、儿童及青少年育乐设施、长青会馆、会堂、公园、庙埕、建筑物开放空间、行人徒步区、街廊、街道景观、凉亭等。⑧生活空间。譬如邻里公园、社区入口意象、社区标志、围墙、社区广场、社区步道、自行车路网、低利用空间等。⑨生活商店街的营造。譬如人文解说、休憩空间、商店招牌美化等。此外,还有护河自清、植栽绿化、厨余堆肥、生态复育及亲水性河流、小溪、河边空地等。

二、台湾地区"社区总体营造"相关部门

"文建会"推出的"社区总体营造"计划在台湾地区得到积极响应,其他政府部门也随后推出了各种社区化的政策计划,包括"内政部"、"经济部"、"教育部"、"交通部","卫生署"、"环保署","文建会"、"农委会"、"劳委会"、"原民会"、"客委会"、"青辅会"、"体委会等"。[1] 相关计划,见表1。

表1 台湾地区"社区总体营造"相关部门与计划内容

台湾公部门		社区总体营造相关计划	计划内容
内政部	营建署	创造台湾城乡风貌示范计划	(1)整合各部会既定计划,补助办理七大类型城乡景观风貌重点改造计划 (2)结合社区规划师,社区居民自己规划,施作地点具特色、小而美之景观工程,非传统大型主体工程或邻里基础工程
	社会司	推动福利社区化计划	(1)社区老人生活照顾(营养餐饮、日间照顾服务、居家服务、设置居家服务中心、失踪老人协寻中心) (2)办理中低收入老人特别照顾津贴 (3)促进老人社会参与
教育部	社教司	教育部补助社区大学及其相关团体要点	为加强推广社区大学功能,提供国民终身学习课程,提升国民人文素养与生活知能,培育社区人才及现代化公民
		推展学习型家庭教育,建立祥和社会计划	提供适性的家庭教育服务,结合终身学习的理念,以单亲、身心障碍者、原住民、隔代教养、双薪、受刑人等家庭为优先对象,由各县市家庭教育中心结合学校、财团法人、社教机构、民间团体等单位,协助民众建立其学习型家庭

---

[1] 陈济民:《社区营造与地方发展》,载《行政院文化建设委员会报告》2006年。

续表1

台湾公部门		社区总体营造相关计划	计划内容
经济部	中小企业处	社区小企业辅导计划	协助社区小企业群体发展共同经济利益,塑造高质量社区消费环境,以辅导建立具特色风格的社区
		地方特色产业辅导计划	协助地方具历史性或独特性的产业,发展共同经济利益,塑造高质量产品形象,以辅导建立具特色风格的地区集结性产业
	商业司	改善商业环境五年计划	以商圈主街为范围进行商圈更新再造工作,集结街区店家建立共识,辅导中小零售业者自主性改善商业经营环境,建立共同经营、共同参与的理念,以共同力量发展特色,重新创造消费吸引力
其他部门	环保署	生活环境改造计划	鼓励社区民众自发地参与环境保护工作,养成合作处理环境事务的能力,营造健康、安全、舒适的生活环境,落实环保理念与政策,达成社区的永续发展
	卫生署	推动社区健康营造计划	补助社区机关团体,结合社区资源,推动社区健康营造工作,引发社区民众对自我及社区健康的醒觉及共识,进而促进民众执行健康行为
	农委会	农村新风貌计划	农村新生活圈规划及建设;发展休闲农业;农村聚落重建规划及建设;造渔村新风貌;住民地区农业发展与农村建设;村社区更新规划及建设;一乡一休闲浓渔园区计划
	青辅会	推动成立区域性青年志工中心及办理"社区总体营造"志工培训计划	(1)分区成立志工中心:包括召开联系会报,出版志工刊物,建置志工中心网站,筹设"志工学苑",办理志工训练及服务活动等 (2)补助团体办理推动"社区总体营造"志工培训活动

在台湾地区"社区总体营造"的实践过程中,也逐渐形成了专业设计人员参与社区营造的社区规划师制度。比如在目前台湾地区都发局推动的"社区规划师制度实施计划"项目下,在社区规划师制度方面主要建置有"社区规划支持中心"、"社区规划工作站"、"社区规划工作室"等分级配套服务体系,以协助社区形成由下而上的社区空间营造计划,整合各界资源,进而使各方达成共识。

三、台湾地区"社区总体营造"典型案例

台湾地区"社区总体营造"在一部分地区已有实际的行动并取得成果,阶段代表性成果有:展演设施、县市主题展示馆、传统文化建筑空间美化案、各地文史工作室及社区组织纷纷成立并蓬勃运作,辅导500个以上社区营造点,培育"社区总体营造"相关人才总

计逾 21 000 人次，雇工购料、生态工法的推广等。下面就以南投县桃米社区、新港板头社区——交趾陶、剪黏艺术村为案例对"社区总体营造"的内涵要素和成功之处进行分析。

（一）案例一：南投县桃米社区——生态农业观光村

1. 背景回溯

桃米社区原名叫"桃米里"，一个乡土气息浓郁的村落名字。桃米社区海拔高度420—800米，面积18平方千米，具有多彩多姿的森林、河川、湿地及农园，野生动植物资源丰沛。但10年前，这个拥有1 200人的村落，却是埔里镇最贫穷的里之一，加之镇垃圾掩埋场在村落附近，居民自嘲为"垃圾里"。尽管桃米里有一个大邻——暨南国际大学，距离只有1千米，但知识分子和农民各占一端，我做我的学问，你过你的日子。桃米里还是往日月潭的必经之地，车程数分钟，但观光经济从未辐射至桃米里。台湾地区的工业化和城市化把桃米里的青壮年一批批地吸走，使它变成一个人口结构老化、农业经济衰退的老旧社区。1999年，"9·21"地震，距震中央20多千米的桃米里被震出一个"桃米坑"，成为明星灾区。桃米里369户人家，有168户全倒，60户半倒。"明星灾区"的身份一下子将桃米里长久以来的传统农村产业走向没落、人口外流等尴尬暴露出来，引起全社会的关注和反思。

2. 营造计划

（1）以"生态社区营造"为方向，从一个传统农村向结合有机农业、生态保育和休闲体验的教育基地转型。

（2）成立了"绿色梦想军团"，普及推广生态教育与培训。对桃米原生植物进行人工栽培繁殖，并在社区、机关、学校、道路的绿化设计中加以运用，在村民中进行了原生植物绿化的推广教育。此外，还开设一系列教育培训课程，包括乡土餐饮训练班、导游及解说训练班、民宿经营与管理班、生态调查班、生态解说班。这些课程使社区居民重新认识自己和身边的环境，唤醒了社区居民对桃米生态、环保、天然的文化自觉，了解了社区价值、掌握了职业技能，使居民积极主动地为家园建设贡献自己的力量。

（3）提炼桃米生态村的新文化符号是"青蛙共和国"，第二支被"新故乡"邀请来桃米的专家团队是农委会特有生物研究保育中心（以下简称"特生中心"），协助桃米里做生态调查及规划。低度开发的桃米，蕴藏着丰富的生态资源，台湾地区种蛙29类，桃米就拥有23种；台湾地区143种蜻蜓，在桃米就发现49种。在桃米里，处处可以看到青蛙雕塑和图案，还有湿地公园，以及一家家民宿院落里的生态池——为青蛙营造生态家园。你甚至可以看到，男女卫生间也命名为"公蛙"和"母蛙"。

（4）纸教堂，在桃米生态村新故乡见学园区安家落户，是一座独特的纸管建筑，由钢、木、纸三种材料构筑，外部是玻璃和铝合金搭建的支架，见图1；内部的座椅、装饰，均由纸制成，里面并无圣母像，见图2。它已经成为台湾地区众多青年举办婚礼的场所，也是台湾地区知名的旅游景点，见图3、图4。

图1　纸教堂外部构筑

图2　纸教堂内部构筑

图3　纸教堂旅游景点

图4　纸教堂外景

（5）经营民宿作为起点和切入点。桃米里的26家民宿，价位自定，各有特色，但又有"把资源留在桃米社区"的共识，见图5。每一家民宿都是所有民宿的服务窗口，"我客满了，我分享出去，我替其他人做客服"。桃米里变成了游客青睐的"世外桃源"，教育团、亲子团、学术研讨团和社区参访团成了桃米社区的四大客户群。

图5　桃米社区

（6）打造社区生活共同体，共生共繁荣。大学对社区的经济辐射亦让民宿经营者摆脱经营压力。社区内部也追求利益均沾的共生价值，设立了公积金制度。民宿经营者和美食经营者上交10%的收入，生态解说员上交20%的收入，作为公共支出及社区弱势照顾之用。人与土地、人与自然，亦在追求共生，生态为体、产业为用。[1]

3. 营造经验

（1）外界力量的引导和支援。新故乡文教基金会以做社会企业的方法助力桃米生态村，一方面它做社区培力，帮社区人成长；另一方面，它导入外界的人力、物力、财力等资源，支持社区发展；再者，它办社区见习园区，吸引其他做生态村的社区代表和官方考察团前来交流。大型企业的赞助也给灾后重建提供了资金，企业员工参与共建使社会力量能参与到灾后重建的过程中。新居民在桃米生态村起步阶段有发动机的作用，至今仍是支持桃米里转型的中坚力量。

（2）居民参与规划建设、旅游营运的全过程。居民自发进行生态绿化建设、河流及湿地保护、生态资源调查监测。发动全体村民自己针对社区的环境做创意规划，设计环保天然的社区标志（如"蜻亭"及"鸟亭"），由营运中心统一协调营建，然后由营运中心支付设计薪水，让每个居民都有创意施展的空间。旅游接待采用企业经营模式，也主要依靠居民自身，从导游到餐饮到食宿，让人尽其才、利益共享。

（3）社区活动推广和营销。2002年，建设了社区象征凉亭——"蜻亭"及"鸟亭"，推广环保自然的理念；2003年成立桃米纪念馆，将地震的遗迹留下作为警惕及教育，也成为一种地方特征；2004年，宣传桃米大饼节，把桃米大饼这个土特产进行文化推广，为社区创造新的旅游价值。媒体的宣传使桃米里的知名度很快得到提升。

（4）桃米里已成为台湾地区第一个生态农业观光村。现在桃米里在经济稳步发展的同时，原生态保持得很好，每年都有新增物种，而且都是原生种。原来桃米里蚊虫肆虐，但随着生态环境的改善，生物链达到平衡，蚊虫也很少。由于有许多的青蛙、蜻蜓、鸟类及原生种植物，桃米里已成为台湾地区自然教学的基地。

（二）案例二：新港板头社区——交趾陶、剪黏艺术村

1. 背景回溯

板头村是嘉义县新港乡西北方的一个小农村，位处嘉南平原北方。新港乡板头村有一条百年糖厂五分仔车铁道，它横跨北港溪上的复兴铁桥与北港通。早期公路尚未发达，板头人南来北往都要靠这条五分仔车铁道。尤其每年妈祖圣诞前后，前来朝拜妈祖的香客，到北港朝天宫或新港奉天宫都需要靠这条五分仔车铁道来运输。五分仔车铁道成了台糖最赚钱的客运路线，所以又被称为黄金铁道。随着公路交通日渐发达，坐五分仔火车的人越

---

[1] 陈统奎：《再看桃米：台湾社区营造的草根实践》，载《南风窗》2011年第17期。

来越少,台糖于1982年停驶客运五分仔车,仅保留货运列车营运。后来台糖没落转型,1998年台糖铁道全面停驶。在居民自发设立板头厝车站公园后,诱发板头人更多的期待和愿景,也启动板头校区再生和活化小区改造的念头。思想化为行动,村民有志一同要将板头村彻底改造,同时也在小区加入在地特色——交趾陶与"板头窑"的剪黏,让农村充满浓厚的人文与艺术气息。新港乡板头村在2008年"农村再生培根计划"中,获得水保局中二区第一名的殊荣,2009年台湾地区农村再生培根成果发表会当天,板头村全员出动,将板头村的特色搬上舞台,包括小区小火车、高大的阿树兄与阿树嫂以及交趾陶等传统工艺的摆摊,荣获全国12个绩优小区金种子奖之一。

2. 营造计划

(1)以艺术小区、历史记忆重现,全民参与小区的观光事业。

(2)建设车站公园。板头窑交趾陶厂老板陈忠正先生是土生土长的板头村人,他每天都会经过铁道旁的路,看到这条充满回忆的五分仔铁路如今是荒烟蔓草,心中甚觉不舍。2004年底,村长杜徐洒及前村干事许文石,想在铁道旁做一个角落花园,正好陈忠正经过遇见。陈忠正对这条铁路本就有浓浓的感情,当场允诺将角落花园构想扩大为"车站公园",见图6。自己出钱出力,结合小区志工,完成了板头车站公园的辟建,见图7。从2008年参与水土保持局的培根计划开始,即发动小区志工,结合小区居民的力量,将板头车站依原样重建。

图6　板头厝车站　　　　　　　　　图7　车站公园一隅

(3)交趾陶、剪黏艺术。交趾陶是台湾地区传统中式建筑(如庙宇)的装饰,源自唐三彩,是一种低温彩釉软陶,主要在民间默默发展与延续,早期最常见于庙宇。交趾陶的称呼来自日本,日本称这门技艺为"交趾烧",而台湾地区的艺师称其为南烫(或淋汤)。交趾陶工艺也是新港的一大特色,板头村的板陶窑和古笨港陶华园,是台湾地区交趾陶灿烂之地。新港目前约有60名剪黏、交趾陶艺师,入门年资平均20年以上,居全台湾地区之首,有"新港剪黏交趾巢"之说。

在板头社区由交趾与剪黏所编织的"一家一故事",看图样就知道这户人家的行业属性,例如有羊与孩童的围墙,这户人家是养羊的;有牛交趾的人家当然是养牛户。剪黏作品中最大幅、最叫小区引以为傲的就是大苦楝树。在复兴铁桥旁的越堤墙面则点缀着台湾地区原生种"苦楝树"的剪黏工艺图，这也是全台湾地区最大幅的剪黏壁画，透过剪黏的手法，将四季之美如实呈现，不仅柔和了单调的堤防，也丰富了当地的色彩，见图8。

图8　嘉义县板头村是交趾陶及其剪黏工艺

（4）顶菜园乡土文物馆。板头社区，其实是以板头村为主，另外结合了共和村、南港村一起营造的一个跨越小区的农村再生促进会。位于嘉北公路上的顶菜园乡土馆，逐一打造一处世外桃源，尽力呈现农业时代的景观，见图9。为了保留一个让现在及以后的人去体会台湾地区早期文化的空间，园区内到处可见废物利用的情形：老旧的猪舍经过改造后变成了"猪舍客栈"，见图10；木制的电线杆被拿来当作小木屋的建材，里面放的尽是早期的农村文物；而粮食局存放粮食的仓库则摇身一变，成为可以泡茶聊天的包厢；还有一个相当引人注意的"县宝级"文物，就是嘉义客运早期的售票亭，仿佛进入时光隧道一样，带领游客进入台湾地区1950年代的农村生活。

3. 营造经验

（1）板头村是一个以产业带动小区改造的实例。以产业带动文化的手工艺的发展，活用陶艺这项地方文化资源,让具有文化特色的地方工艺产业振兴,在板头"社区总体营造"的实践中成为重要的项目。

图9　顶菜园乡土馆　　　　　　　图10　猪舍客栈

（2）从空间视觉切入,唤起居民的关心达到社区的活性化,引领大家走进另一个艺术与历史空间,透过独特的交趾陶壁画,走上了台湾地区的观光舞台,让所有的游客感受板头村朴实又有童趣的陶艺世界。

（3）居民参与塑造艺术村。板头社区营造的发起人为板陶窑文化发展协会理事长陈忠正,为了让这个农村小区再造生命力,他与村中几位核心人物共同商讨如何以艺术再造整个小区,并提供拼贴、剪黏工艺以及交趾陶的材料来装点小区,而为凝聚小区民众的向心力以及培养小区居民的参与感,则让整个小区的居民自己去设计自家的围墙,以每户小故事为主轴设计,让整个小区充满活泼的气息。小区居民共同参与制作的动物拼贴,而最特别的是居民们以自家的围墙作图将其设计成属于自己的故事,真正打造一户一特色。

（4）积极展示社区文化。参加赛事,提升社区知名度,进而引入外界的关注,为社区营造增添力量。

四、结　　语

台湾地区的社区营造案例,是以社区居民为主体,多方力量共同参与、发挥作用,旨在建立社区文化、凝聚社区共识、建构社区生命共同体。台湾地区"社区总体营造"取得了一定的成果和经验,值得推广与借鉴。在未来的发展中,应加强社区营造人才培育及理念倡导,充分将资源进行整合与运用,建立社区的文化产业特色与魅力,落实消费在地化、共同活化、改造社区。同时,调动居民的参与性,发挥创意与想象,凝聚居民共同意识,使居民自发性地投入社区营造工作。在参与过程中,除了社区环境得到改善外,居民自身也获得了学习与成长,达到社区利益共享与永续经营的效果。

（作者单位：厦门理工学院文化产业学院）

柒 ▶

立足乡土文化的台湾地区文化创意产业

胡 丹

2012年,第3届台湾地区国际文化产业创意博览会在对其主题进行诠释时有这么一段话:

以"交响"为年度主题,展现台湾文创产业推动十年有成,由故乡泥土发声,与各地人文物产共鸣,跨领域产业和声,进而连联结全球,合奏出激昂澎湃的交响乐章;其另隐含"交、乡、音"的概念,进而发展成"交会故乡地方文化的声音",为台湾文创产业从泥土原生,回荡出福尔摩沙多样面貌的乐章。

可以说,这不仅是对博览会预设主题的诠释,也是对台湾地区文化创意产业特色的概况——以"社区整体营造"为契机,立足乡土文化,着眼"人、文、地、产、景"融合发展,提倡"文化产业化"和"产业文化化",是台湾地区文化创意产业迄今之所以能够蔚为壮观的恰当解释。

2002年,台湾地区借鉴英国创意产业发展经验,明确提出发展文化创意产业的方略。当时,台湾地区"文建会"将"文化创意产业"定义为:源自创意或文化积累,透过智慧财产的形式与运用,具有创造财富与就业机会潜力,并促进整体生活提升的行业。台湾地区的文化创意产业包括13个产业:视觉艺术产业、音乐与表演艺术产业、文化展演设施产业、工艺产业、电影产业、广播电视产业、出版产业、广告产业、设计产业、数字休闲娱乐产业、设计品牌时尚产业、创意生活产业、建筑设计产业。10年来,台湾地区文化创意产业在政策扶持、产业运作及创意设计领域等方面形成了富有特色的发展模式,并积累了一系列可圈可点的经验,其中"由故乡泥土发声"、"从泥土原生"之类特点最为显著。

一、泥土原色：杂色宝岛台湾地区本色

台湾地区，这个位于东亚环太平洋区，东西交通、南北交会的美丽岛屿，拥有美丽的自然景观和丰富的物产资源，被誉为"宝岛"，也被西方人惊叹为"福尔摩沙"，该词来自拉丁文及葡萄牙文的"Formosa"，均为"美丽"之意。

早期的台湾地区居民多是明清年间为躲避灾难而迁居台湾地区的大陆人，近代百余年来，20世纪前半段为日治时期，这一时期是台湾地区"现代化"的关键时期，但同时留下殖民的伤痕。20世纪后半段，积极发展经济，台湾地区开始繁荣，并跃上"亚洲四小龙"的行列。

台湾地区自20世纪50年代中期经济发展政策的实行，20世纪60年代中期基本实现了由农业社会向现代工商社会的过渡，乡村在现代化进程中扮演的经济角色日渐式微，然而乡村在中国传统中从来同时还扮演着文化角色，是中国人的精神家园。

> 假如你先生来自鹿港小镇
> 请问你是否看见我的爹娘
> 我家就住在妈祖庙的后面
> 卖着香火的那家小杂货店
> ……
> 台北不是我的家
> 我的家乡没有霓虹灯
> 鹿港的街道鹿港的渔村
> 妈祖庙里烧香的人们
> ……

收录于1982年罗大佑专辑《之乎者也》的《鹿港小镇》，歌词探讨台湾地区经济起飞后的社会剧烈变迁问题，"小镇"、"妈祖庙"、"香火"、"小杂货店"，歌词里各种文化意象中弥漫着对乡土台湾的伤怜与依恋。早在"文化创意产业"的概念被强调之前，在人们对工业化浪潮反思的过程中，大量象征着"乡土"的传统得以保留，例如民间信仰、古街旧宅及各种民俗事象等。介乎于城市和乡村的小镇鹿港的人们依旧生活在古迹建筑中，民俗仪式是当地人们日常生活的重要组成部分，林林总总的乡土留存，不是为了表演、为了给观光的外乡人展示而存在的，而是真实的生活。譬如"现今故市街道内虽有住户改装大厅，结合当地观光业，贩卖民俗艺品，但是仍有不少仍是单纯住家；巷道狭窄；左邻右舍经常仍坐在门前纳凉聊天，保存传统村落紧密人际互动的生活形态。传统生活脉动与现代资本主义并存于这些古迹的空间；换言之，在鹿港，'传统'并不臣服在'现代'的逻辑之下，而是与之并行"。在地小人稠的台湾地区，乡村与都市交错并存、现代与传统同

在，鹿港小镇，不过是台湾地区千千万万乡村社区的一个缩影和典型代表。

受东洋风洗礼、西洋风沐浴，历经了不同历史因缘的台湾地区，各种文化杂糅一起发展出独特的人文风范。同时历经经济腾飞，在传统向现代转型的进程中，宝岛虽也映照出霓虹灯的五彩斑斓，然而正如乡土是中国文化的本源，泥土原色是台湾地区的底色，在人们有意识的保护下并未因此褪色。

二、乡土文化：差异性的文化资源

（一）台湾地区产业转型的背景

20世纪后半叶以来台湾地区的第一次经济奇迹，经济成长主要条件在于"制造优势"，拼的是低成本生产物美价廉的产品，由于在竞争过程中，因为不具产品异化的特色而逐渐失去原本的竞争优势，因此，利润不断受到压缩，制造业的地位也被其他新兴发展中国家取而代之。同时，随着科技化、全球化的风起云涌，全球新经济形态已转变为以创新为主的知识经济形态，在知识经济形态下，台湾地区不得不谨慎思考产业转型的问题。

文化创意产业发轫于1997年的英国，由英国布莱尔工党内阁所推动。这是一种以结合在地文化并以全新全球营销的手法将知识经济向外输出的载体，并且它可以说是一项极高知识经济附加值产业，它与传统经济已经有显然的差异了。因为文化创意产业已是一种结合在地文化与经济的新型产业，它具备了在地人文、历史、艺术，甚至该国的意识形态及国家立场。鉴于文化产业为总体经济与地区发展带来的正面效益，台湾地区在2002年正式将文化创意产业列为《挑战2008：台湾发展重点计划》中，这是台湾地区首次将看不见、摸不着的文化视为发展与建设的重大工程。

（二）小区型文化创意产业

观察台湾地区文化创意产业政策与产业发展的历程，同样都是将文化与产业相结合，源自于振兴小区与英国以知识为基础的产业在本质上有极大的差异。

台湾地区开始思考文化与产业的结合始自1991年台湾地区政府从日本请来千业大学教授宫崎清指导小区发展传统工艺结合观光事业，期望借此振兴小区。1995年"文建会"举办"文化の产业研讨会"，进一步宣示将"文化产业"作为文化政策的项目之一；2002年又鉴于英国及其他国家发展创意产业的成功，引入英国、联合国教科文组织等对创意产业的定义与内容，2002正式将文化创意产业视为重点产业，明确指引出台湾地区未来经济形态发展的重要走向。

台湾地区学者黄世辉指出"文化创意产业可分为两种，一种是与地方传统、在地生活息息相关的，可以称为小区型文化创意产业；而另外一种则是含括了传播媒体（文化工业）与设计产业等，具有大量生产、传播特质的通用型文化创意产业。小区型文化产业原本就是小区营造的目标之一，而通用型的文化创意产业则是服务业活化的另类思考"。台湾地区的文化创意产业，可以说，正是在小区型文化产业的基础上发展起来的，"有些人称它为'地方文化产业'，这些地方文化产业是我国发展通用型文化创意产业的重要基础，可以称之为'小区型文化创意产业'。同时，我认为地方文化创意产业是共享的，地方产地方用，是小而美，虽不大亦不绝"。与都市社区相比，乡村社区更能体现传统社会中人与人之间的关系，有历史感和传统性，其建设与发展成就在小区型文化创意产业中尤显突出。

（三）独特的乡土文化

文化创意产业的来源具有很强的"原创性"，虽然来源依据各国的定义有所不同，但可以归纳为两大来源：①源自当地的传统文化与核心艺术；②源自个人的创造力与才能知识，这是与一般产业最大的差别，也是定义中辨别文化创意产业与分类的依据之一。乡村社区型文化创意产业的源头正是各地具有差异性的乡土文化资源，这是因为文化创意产业首先是文化、是文化形态，其次才属于经济。

1. 迥异于都市文化

以知识为基础的英国文化产业，由于城市在生态特质上已失去了展演传统产业、传统生活、传统建筑与自然科学的环境基础，只能倚靠展览场馆来陈列这些"与时空脱轨的文化"，而乡村文化恰恰保留了都市文化中缺失的这一部分。

当乡村的文化主体性与独特性逐渐浮现之后，它的文化个性与文化创意内涵便可与城市文化有所区别，甚至竞争，进而独立发展成为某种具有乡村文化特性的创意产业。从实际发展来看，具有地方特性的文化产业已成为当代人们寻求心灵慰藉的重要来源。透过特殊的创意设计，地方文化尽管走入人们经济行为当中，它依然可以存在于地方特定的时间与空间当中；它还可以透过地方人们的日常生活展演，跳出来与阅听人或者观光客进行对话、交流，与他们分享地方的历史传统等知识。

2. 各乡差异化

云谲波诡的历史造就了台湾地区多族群聚集、多元文化荟萃，若依据移居来台的时间先后，台湾地区人口可以大致分为台湾地区原住民族、闽南人、客家人及战后来台的外省人。

原住民是最早居住在台湾地区的居民，共有十三族及汉化较深的平埔族。移居到台湾地区的汉人，又可分为三支：①本地台湾人，也就是明朝末年从大陆沿海各省移民而来的福佬人，来台湾地区已有300多年的历史，是台湾地区最大的族群。②客家人，是台湾地区第二大族群，清朝时移居而来的，多居住在苗栗、新竹、桃园、屏东、高雄等地，有极大的向心力。③外省人,指1949年以后随国民政府撤退到台湾地区的人,是台湾地区第三大族群,成员包括大陆各个省份。而每一个族群也因其居住地的自然地理环境、人文素养和历史发展进程形成了各自不同的特色。以台湾地区客家族群为例,台湾地区客家先民因地制宜的生存智慧,渐渐发展出来台先祖未曾想象的客家新风貌。例如,新竹县的关西客家文化,就是融合了四县、海陆、饶平等地区的客家先移民与道卡斯族原住民、泉州福佬等多元文化而成。中台湾大甲溪流域的客家文化,融合了大埔、饶平、泰雅族原住民与福佬风味。台东县客家文化,则是从西台湾东迁的客家二次移民,融合了北台桃竹苗、南台六堆客家、平埔原住民文化,并与在地的阿美族、卑南族之间密切互动。文化是个别独特的,及其多样且在地化的,所以文化之所以吸引人在于"独特性"、"多样性",而地方产业糅合文化素材之后,正可显现出有别于他者的"区域的差异性",这正是产业的利基(niche)所在。台湾地区的地方层次,许多具有文化特色的小区或产业纷纷出现,这类产业的特质在于其多样性、小型化、分布式,但其就业人口和产值一直保持增长,对于环境和生活质量的提升均有所帮助。在台湾地区文化创意产业的发展过程中,地方性乡土文化资源成为无可替代的重要资源。

三、地方产业:资源到资本的转化

台湾地区的地方型文化创意产业强调地方特色,以"一乡、一文化、一特色"为基础,利用文化创意的理念,由当地居民发掘原有的地方资源,结合地方地理环境、历史沿革、民俗节庆、民俗文物、名胜古迹、休闲景点等,并运用创意的思维与自发性的由下而上推动小区营造,发掘属于在地的生命力,同时也激发产业创意思考的可能性,启动双向接轨的机制,使地方产业与文化相结合,成为文化消费和文化产品加工的基地,同时配合地方行销的策略,活化地方经济的繁荣发展,发展经济的同时也维持当地的生态环境和人文传统,也避免工业化带来的环境破坏等问题。

(一)小区工艺

台湾地区的小区在营造中振兴小区产业以工艺作为起点,工艺同时也是文化创意产业的产业重点,发展至今台湾地区的工艺产业颇具成效,琉园、琉璃工房、法兰瓷等工艺品牌从地区走向了世界,小区工艺也成为地方的重要经济产业。比如南投县草屯镇的稻草工艺、竹山镇的竹艺和三义的木雕、美浓镇的纸扇、苏澳白米社区木屐等,其基本模式都是利用乡土特色物产资源进行产业化开发。

以草屯镇为例,富有强烈草根气息的乡土地名体现了该镇独特的过往。草屯旧名"草鞋墩",关于名字的由来有个有趣的传说,该地为连接山区海边的交通要道,早期往来商贾过路休息之余，顺便在此丢弃旧草鞋换上新鞋，天长地久大家就将之称为"草鞋墩"，由此带动当地草鞋编织的盛行，草鞋墩的草鞋工艺盛名不胫。现今草鞋墩稻草文化创意产业的发展正是奠基于当地独特的乡土文化中，以富有特色和凝聚力的地方工艺汇聚当地各方人士，并通过层次丰富、多元化的活动推进稻草文化产业的深入发展。"草鞋墩工艺工坊就稻草制品的种类做创新与产品开发，如：草编童玩、稻草手抄纸、传统草鞋制、草阜景观设置、亲子农村体验营、稻草创意比赛、台湾地区文化节的草鞋墩稻米文化系列活动，有效建立小区参与的机制，成就草鞋墩地方特色工艺产业与提升文化厚度"。

（二）地方性节庆

这样的方式同样还存在于地方性节庆活动中，如台南县白河镇是全台最负盛名的莲花产地，融入创意思维，传统的莲花产业日趋形成今日融观光旅游于一体的莲乡文化产业。一年一度的台南白河莲花季，是当地在莲花盛开时节以莲花为主题开展的系列活动的统称，赏莲、品莲、鉴莲、赛莲……莲花，这个当地物产资源被开发成富有文化气息的休闲农业资本，吸引了台湾地区内外的各地观光客驻留的脚步。发轫于1996年的台南白河莲花季，因创办之早被视为台湾地区地方文化产业兴起的先声，此后随着"行政院""文建会"推动"社区总体营造"政策，及"文化创意产业"概念的提出，地方政府纷纷响应，民间业者积极参与，台湾地区兴起了以节庆行销地方产业的风潮。像莲花季这样的"产业促销与社区营造的节庆"以促销当地产业为目的，善用地域特色予以文化包装。此外还有莺歌陶瓷艺术季、麻豆文旦节等，而"创新传承民俗祭典节庆"则从传统节庆活动中创新，赋予新意义与新观念，如高雄"内门宋江阵文化节"、台南"府城七夕成年礼"等。

（三）创意生活产业

将"创意生活产业"纳入文化创意产业中的范畴是台湾地区独有的做法，它打破了原有产业的划分方式，将文化主题作为顺应历史潮流的产物，但不将其限制在某一领域，而着眼于生活，自然而不生硬地传播生活认识理念，将美的观念商品化，让其走入民间，让更多的人更加便利地享受到这种时代进步所带来的精神文化产品，让人们能在身边感受融入生活的文化创意，从而提高整个社会的美育水准和生活质量。

创意生活产业包括"源自创意或文化积累，以创新的经营方式提供食、衣、住、行、育、乐各领域有用的商品或服务"或"运用复合式经营，具创意再生能力并提供学习体验活动"的行业，这一概念外延涵盖甚广，上文提及的"地方性节庆"可谓是"乐"的领域。这些节庆一方面紧密结合了当地的自然条件、地理特点；另一方面区域独特的人文风土，以及当地人们虔诚怀恩、慎终追远的情怀，使得参与者深度体验，满足心理和情感的需求。

"乐"之外，衣可着美浓镇客家蓝衫，食有郭元益糕饼、进益贡丸，饮可享九份茶坊，住可居熏衣草森林、休闲农庄，育有胜洋水草、七星柴鱼博馆……台湾地区各地依据各自乡土文化的特点和资源打造了独特的创意生活产业内容，丰富了消费的内涵、提高了生活的品味。

风格独特、具有差异化的各地乡土文化是台湾地区文化创意产业发展最宝贵的资源，经由开发利用，成为文化创意产品中最引人瞩目的因子，通过社会的交易、流通、服务等满足和引导了人们的需求，从而产生价值增量效应。文化资源转化为文化资本，台湾地区由此发展了独具特色的文化创意产业。

四、创意机理：加值乡土文化内涵

台湾地区特别将文化产业称为"文化创意产业"，突显了"创意"在挖掘文化内涵，提升文化创意产品附加值中的重要性，体现了创意之于文化产业竞争力的作用。文化创意产品要能使消费者发生兴趣，与消费者产生共鸣，是需要投入创意与研发的。"产业"语境中的创意不是纯艺术，是带着枷锁跳舞，在进行元素组合时，也要考量市场的需求、消费者的心境。

（一）旧元素新组合

南投县竹山镇是著名的"竹乡"，四季皆产竹，素有"台湾绿宝石"之称，"竹文化"的历史由来已久，从竹材到加工到饭桌上的佳肴，人们在生活中离不开竹子。竹山镇俯拾皆是的竹子，旧时通常只被加工成桌椅橱柜，如今邂逅创意华丽转身，摇身化作实用与美学兼具的竹艺产品。"大禾竹艺工坊"的创办者，入行逾30年的刘文煌是行业的领军人物，他亲自开发设计了许多受到人们青睐的创意竹艺产品。最有名的莫过于"玄机盒"，外表与一般竹盒无异，内部巧藏玄机，若未洞悉奥秘，任尔折腾，也不能把它打开。创意竹艺大师运用物理结构，配合地心引力制成的宝盒开创传统竹艺新生，甚至难倒了以缜密著称的德国工程师，无一不为此折服。大师创新的脚步从不曾停歇，至今已创造出30多个巧夺天工，暗藏玄机的宝盒，仍向100个的目标前进。借着无限的创意与精湛的技艺，如今"大禾竹艺工坊"的玄机盒早已突破最早的方盒造型，创造出圆满球体、稳固金字塔、八卦乾坤等形态元素不一、物理构造相异、功能多样化的创意玄机产品。除了多次荣获台湾地区工艺研究所生活用品评选最优奖的玄机盒之外，工坊其他的茶具、餐具、家具及佛具器物等竹艺产品也体现了业者独具匠心和精湛技艺，既保留了竹材的古典和雅致，又契合现代人追求生活品味的需求，实现了生活美学的艺术创作之路。

同样以"竹"为元素，竹山镇的青竹竹艺文化园区另辟蹊径，倾力打造竹文化体验馆、竹生态展览场，"使竹的生态、生产、生活、创作、景观与教育等功能在此合而为一，是一处兼具观光休闲、生态保育、地方产业与教育特色的教育园区"。在竹产品加工方面，青竹竹艺文化园区主打现代化的技术打造的"竹炭"这种生态性的新式竹艺产品，糅合创意开发各式竹炭产品、竹炭织品和竹炭食品，扩展了传统竹产业，拓深了竹文化的内涵。

以乡村物产资源为基础，通过创意加工为文化创意产品，是当前台湾地区乡村文化创意产业中的主要内涵。传统竹艺结合现代巧思成就了大禾竹艺工坊，休闲、文化与科技的融合打造了青竹竹艺园区，结合当地人情味的力量则塑造了"白米心、木屐情"闻名遐迩的白米木屐村，灌注传统工艺制作的顶真精神再造了原住民织物……这些创意产品满足了现代人"高质美感"生活的追求。

（二）生动的主意

创意是生动的主意，把活的观念注入产品和服务，可以以建立活的事业，以知识经济为基础的创意乡村生活创意产业提供的是体验式的创意产品，如"休闲农场"、"乡村民宿"等生态村的乡土生活契合人们"回归自然"的心态。

南投县埔里镇桃米社区原名叫"桃米里"，这个有着浓郁的乡土气息名称的地方蕴藏着富足的生态资源，青蛙、蜻蜓等种类繁多、水资源丰富，孕育出近200个水塘湿地。社区地震后的重建以经营民宿为切入点，桃米里村民所经营的民宿充分挖掘桃米乡村特色文化与生态环境特色之所在，在经营中完整保持当地生活原貌，让人们深度体验到了独特的当地乡土文化，感受在乡间与自然和谐共处的生活。如有的民宿以"青蛙"为主题，院子里处处摆放形形色色的青蛙雕塑，就连卫生间也命名为"公蛙"和"母蛙"；有的民宿保留祖先传承延续下来的特色建筑和传统农具，提供独到的客家美食；还有的民宿则以当地水资源做文章，庭院里打造了SPA戏水池。民宿和当地的人文自然景观及生态特色等融合在一起成为乡村旅游文化的一部分。不同的时节人们可以到桃米玩赏不同的生态风光，通过创意设计桃米里打造乡村创意生活环境，充分发掘了乡村文化内涵。

（三）生活方式，生存态度

文化创意产业一般都与人们日常生活的各个层面有直接的联系，当物质发展到一定阶段时，人们就不再仅仅满足于享受科技带来的物质生活，而要追求生活的文化品质。消费者对于生活对象的重视，已不再只是实用功能和造型上的美感，而是深入到设计主题的文化内涵，并期待内涵丰富的设计对象，能够为生活带来更多的创意巧思、灵感启发与文化氛围。这时，文化创意就附着于产业而又为产业带来更多利润附加值。在这个过程中，创作者成为最重要的因素。

文化创意产品以差异化为灵魂，产品的差异化凝聚着来自于创作者的心血和智慧。对于创意，"大禾竹艺工坊"刘文煌认为创意来自于日常生活经验与自我摸索，加上耐心与智慧，"创作是一条很孤单、无聊的路"。这也许是一个创作者"应有"的态度，是一种根植于日常生活，然后不断接受外来刺激的生活状态，或者说是生存状态。

台湾地区由于历史与地理上的独特性，拥有丰富的生活形态与创新环境，为创作提供了许多素材，加上创作者根植于日常超越生活的态度，形塑着"一乡一特色"的台湾地区文化创意产业。"以社区在地的创意生活达人为制作人，以社区历史人文为布景，以在地山川城乡街廊为舞台，以社区创意工艺和商品设计为道具，以所有参与体验过程的居民与旅客为演员，在可居可游的城乡社区，通过它生活（演）出一场创意生活的大戏"，"文建会""副主委"李仁芳的这段精辟比喻为对于创意加值文化资源问题做了充分的注脚。

（作者单位：厦门理工学院文化产业学院）

捌 ▶

台湾地区文化行销概念的提出与实施

郭玉琼

"Marketing"一词，中国大陆多翻译为"营销"，台湾地区和香港地区则主要使用"行销"。文化行销（Cultural Marketing）作为一种行销新思路、新方式是行销学理论在20世纪下半叶快速发展的产物，它的理论内涵在世界范围内正得到越来越普遍的关注，并产生日益深广的影响和作用。

一、文化行销：作为一种行销新思路

在过去的100年里，行销的核心从生产转而变为销售，最后落在消费者身上。消费者成为贯穿行销始终的至关重要的因素，行销的根本目的就是满足消费者的需求。而文化覆盖所及的价值观念、社会思想和社会关系等因素对消费者的影响塑造作用越来越在行销过程包括生产、消费等各个环节中被予以重视。

台湾地区学者阐述文化行销多层次的含义，认为从字面上理解文化行销至少有四种意义："（一）各种文化产品或形式的行销，如影像制品、书籍、舞蹈、杂技等，这里它们也是商品，自然也有其目标顾客群，这些群体又有他们的需求特点，这与一般产品或服务的行销没有什么两样。（二）利用各种文化产品或形式来协助商品的行销，这已经很普遍，如汽车新品发布会上的时装秀、歌星现场表演、背景音乐的播放、背板上布置的名画等等。（三）考虑作为社会环境的文化影响下的行销，行销学的泰斗菲利普·科特勒尽管没有明确提出'文化行销'这样的概念，但他指出文化的因素（包括文化、亚文化和社会阶层）是影响购买决策的最基本的因素，那么，什么是社会学意义上的文化呢？按照社会学家戴维·波普诺的定义，指的是一个人类群体或社会的所有共用成果，包括物质的，也包括非物质的，如果你在香港行销，那就应该考虑香港人的价值观、语言、知识等非物质文化和建筑、交通、饮食等物质文化。（四）为了形成一种有利于竞争和销售的文化而行销，这里的文化可以理解成一种包括品牌形象、品牌内涵、品牌忠诚、独特社群（由现有的和潜在的消费者构成）文化等多种元素的东西，这种东西一旦形成，将使品牌的拥有者在与其他厂商竞争中获得其社群的支援，而处于优势。"

总结以上四种意义，可以说，文化行销就是一种充分考虑和运用文化力的行销过程，或者说是文化因素渗透到行销整个过程的行销思路和方式。与一般行销相比，文化行销突显出以下四种特征：①文化行销考虑到消费者的文化背景和文化需求，更注重消费者在行销的整个过程中的中心地位；②由于文化具有明显的地域特征等，辨识度高，文化行销更容易实现产品、品牌、行销主体的个性化表达，从而实现差异化行销的市场格局；③文化的成本优势为文化行销带来巨大的附加值空间；④文化长期积淀、世代相传的特征更有利于文化行销主体的永续营利和发展。

二、台湾地区文化行销意识的兴起

1995年台湾地区"文建会"在文化的产业研讨会上提出"文化产业化、产业文化化"的构想。这是台湾地区政府部门执政方向中文化行销思想的最初体现。"文化产业化、产业文化化"的构想是台湾地区面临经济转型和经济升级挑战时基于台湾地区资源优势积极思考、努力探索的结果，是后工业化时期台湾地区谋求借由文化重塑产业体系、推动台湾地区继续发展的结果。

随后，2002年台湾地区"经济建设委员会"将"文化创意产业发展"列为十大重点投资计划之一。"这是台湾首次将抽象的文化软件正式列入总体建设，其希望人文与经济产业的结合，增加就业人口，提升人民的生活质量，进而创造高附加值收益"。文化创意产业最早发源于英国，其后对世界其他国家和地区形成大的影响，成为几乎"所有进步国家极力推动"的新兴产业。文化创意产业作为"以文化为核心的地区发展策略"，"兼具文化产业与创意产业的特点"，"不论在哪一个先进国家，都是城市和地方政府寻找生机与发展的基础"。越来越多的国家和地方认识到，"过去只重工程建设和经济产业开发的观念已经不符合现阶段地方发展的需求，展望未来，唯有以文化作为思考与规划地方建设的主轴才是地方行政的核心"。台湾地区《文化创意产业发展计划》共分为"成立文化创意产业推动组织"、"培育艺术、设计及创意人才"、"整备创意产业发展的环境"、"促进创意设计重点产业发展"和"促进文化产业发展"等部分。

到2007年底《挑战2008：台湾发展重点计划》中的《文化创意产业发展计划》执行完毕，一系列数据显示台湾地区文化创意产业取得了巨大的成绩：2007年文化创意产业经济组织总数增至 50 667 家，较 2002 年增长了 13.32%；文化创意产业营业额由 2002 年的 4 352.6 亿新台币增至 2007 年的 6 329.4 亿新台币。乘着文化创意产业发展的强劲势头，2008—2011 年，"文建会"、新闻主管部门、经济主管部门等联手共同实施《文化创意产业发展计划》后续推动措施，执行包括《文化创意产业发展第二期计划》、《振兴流行文化产业方案》、《设计产业翱翔计划》在内的多种政策规划。这些后续措施推动了台湾地区流行文化、设计品牌等全球行销的步伐。

2008 年 3 月 22 日，马英九当选台湾地区领导人，文化在台湾地区 21 世纪全球竞争中作为总体竞争力的核心元素的性质和地位进一步明确和强化。基于台湾地区的教育水平、公民素质及公民社会条件，马英九提出于 2008 年 5 月 20 日上任后"以文化领政，推动以文化为核心的全球布局的系列文化发展政策规划"。马英九"以文化领政"的理念包括："唯有将文化提升汇聚成整体力量，台湾才能以小博大，才能永续经营"；"文化是台湾的关键实力。尽管全球竞争激烈，加以全球处境艰难，但台湾的教育水平、人民素质、公民社会、艺文创新是台湾最大的资产"；"以文化为主，对内可以激发创意，厚培产业，对外可以开启对话交流，创造台湾新形象"；"利用台湾已有的整体素质优势，把文化提升到总体发展战略最高地位，以文化思维浸润并整合经济、产业、环保、教育等，将传统的全球经济竞争态势转变为文化总体竞争。同时以文化为价值核心推动自然旅游及人文观光，使台湾成为亚洲观光重镇"；"以文化作为 21 世纪的策略领航，以文化的软力量深耕台湾，使其走入全球"。"以文化为核心的全球布局"具体政策规划又分为："以文化作为 21 世纪首要发展战略"、"以观光作为领航旗舰产业"、"发展文化产业，开启全球市场"、"以文化创造'和平红利'"等。

自 2009 年起台湾地区政府将文化创意产业列为六大新兴产业之一，并由"行政院"核定推出"创意台湾—文化创意产业发展方案"，系统辅导、协助台湾地区文化创意产业，意欲推动台湾地区成为亚太文化创意产业汇流中心。"创意台湾—文化创意产业发展方案行动计划"称：

> 继第三波"资讯产业"经济后，文化创意产业被视为"第四波"经济动力；特别是金融海啸后，全球华人的经济影响力受到瞩目，其靠的不再只是经济实力，而是各国文化的创造力，亦即价值观，是文化特色，也是生活方式的显现。
>
> 在全球的华人文化中，台湾有三大优势，可使台湾扮演开拓者的角色，以文化的创造力，成为华人文创产业的先锋：
>
> 一、台湾拥有海洋文化的特性，移民社会的多元包容特质，具备开放自由的胸襟，开创新局的勇气和宽广的世界观，充满追求创新的能量。
>
> 二、台湾拥有深厚的中华文化传统，教育普及，底蕴深厚，保存着"温良恭俭让"的儒家精神，成为创新的人文基础。

三、台湾是华人世界首先实现民主制度的地方。自由创作的环境，自由开创的心灵，是文化创意产业的生命力，也是台湾创意的源头。

可以看到，自1995年台湾地区"文建会"提出"文化产业化、产业文化化"的口号至今，文化行销理念在台湾地区深入人心，文化力渗透到台湾地区多种产业领域，发挥核心作用，在产业发展的同时，台湾地区已经呈现出多元文化发展的独特魅力。今天，无论是台湾地区"整合美食、艺术、人文的精致文化，糅合传统、国际与自我的现代文化"为行销素材走上世界舞台；还是台湾地区博物馆行销"文化风景"，探索、践行出一条特别值得中国大陆博物馆借鉴的道路；抑或是台湾地区奶茶的文化创造和行销；或者是2012年夏天康师傅推出的"玩转台湾——10 000人大搜茶"大型文化旅游行销活动，都可以看出台湾地区文化行销影响所及。

三、台湾地区文化行销现状

台湾地区学者释义的文化行销的四个方面在台湾地区都有广泛的运用，这其中，文化行销理念和操作策略运用于台湾地区发展的状况尤其值得关注。地区行销概念兴起于20世纪70年代初期的西方国家。当时，西方国家许多地区面临经济衰颓的发展困境，地区行销应运而生。地区行销理念认为行销的主体不仅仅是营利性的企业，还可以是谋求发展的地区。行销理论的发展"已不只适用于营利事业"，公共事务方面对于行销观念的应用"也正方兴未艾"，尤其是有关地区行销的理念，"其影响层面更是深远"。地区行销"以特定顾客的需求为主的地区发展行动，用意在于拓展地区性的社会与经济效能，同时达成既定的地区发展目标"。与传统营销观念相比，地区行销是"非营利机构"行销，行销目标除了活化地区经济外，在维持地区经济稳定的前提下进一步谋求地区整体生活质量的提升，由此增进顾客与社会的福祉。

不同于传统的地区规划，地区行销将"企业中的营销理论运用在地区发展的课题上"，"将地区未来的发展远景视为一个置身于竞争市场的产品，透过了解产品的目标群体，来进行产品、促销、定价（如赋税奖励等措施）和通路（如促销管道和方式等）等营销策略的规划，它有别于传统上政府对地方发展的单方面施政规划"。地区行销还不能仅仅"视为一种策略性的地方发展行动"，"更具备深刻的行动意涵"，这即是它的公共价值创造内涵。

文化行销运用于地区行销意味着充分发掘和创造文化力，使其全面渗透于地区行销的整个过程。地区的文化行销一方面促进相关产业的发展，在体现文化行销巨大的附加值、差异化行销、永续性发展等特征的同时提升地区的文化内涵，形塑地区文化意象，从而彰显地区特色，提高地区竞争力，实现地区发展目标，同时也促进地区文化本身的发展。

台湾地区"文建会"1995年提出"文化产业化,产业文化化"的构想,及至2008年之后"以文化领政"都可以看出台湾地区文化行销的思路。在台湾地区文化行销的过程中,台湾地区文化创意产业快速发展。2010年前,台湾地区文化创意产业分别由"文建会"、新闻主管部门、经济主管部门、内务主管部门等主管,产业范畴包括视觉艺术产业、音乐与表演艺术产业、文化展演设施产业、工艺产业、电影产业、广播电视产业、出版产业、广告产业、设计产业、设计品牌时尚产业、建筑设计产业、创意生活产业、数字休闲娱乐产业,共13类次产业。这13类次产业发展不一,但已经共同彰显台湾地区文化行销的实效,令世界看到文化台湾的形象。

台湾地区不同县市的文化创意产业规划和发展各不相同,体现出多元化的地区文化行销策略和成就。"汇集中华文化精致蕴涵的台北市"、"具备海洋港市文化特质的高雄市"、"倡议时尚与典雅风情兼具的台中市"以及"台湾传统文化加值转型的台南市"等,各县市立足于自身的历史和自然资源,探索出风格奇异的文化行销方向。

台湾地区"文建会"1995年提出"文化产业化、产业文化化"的构想后,1999年11月6日台北市正式成立台湾地区第一个地方文化事务专责机构——台北市政府文化局。台北市政府文化局的工作发展方向在于"文化深入生活、传统出现代、本地走向全球"。台北市政府文化局推动开展的文化行动包括"规划打造文化创意街区"、"'故宫'瑰宝大道计划"、松山烟厂文化园区、台北艺术中心、台北流行音乐中心等。台北市的愿景在于"打造台北成为亚太地区文化创意产业的领导品牌城市"等。作为台湾地区最大的都市,台北市有着其他县市无法比拟的资源优势,基于此,台北市自身又规划出六大地区,"分别以'亲水、科技、历史、人文、活力与健康'为主轴,期望借由这些旗舰计划,带动台北市加速蜕变成为一个更具魅力的城市"。

在台北市,特别需要予以注意的是,台北市故宫博物院和诚品书店的文化行销为博物馆和书店文化行销树立了重要的标杆。2008年马英九延请周功鑫再次接掌台北市故宫博物院院长。周功鑫"用博物馆行销来经营故宫博物院",重视发展文化创意产业,以文化行销来积极开发观众和访客。故宫博物馆组织、参与各种文化创意活动,开发衍生文化创意商品,开办免费文化创意课程,规划推动"当 young people 遇上故宫"的故宫周末夜,成立为缩短故宫博物馆与新时代学童距离、增进学童对故宫文物兴趣与认识的儿童学艺中心。凡此种种都显示了台北市故宫博物馆作为"非营利机构"提升行销能力,"行塑典藏新活力,创造故宫新价值",吸引观众,达成永续经营,从而真正实现博物馆的战略职能。诚品书店自1989年在台北市诞生,经历20余年的经营,已经成为台北市重要的文化地标与观光景点。诚品书店"不仅是单纯销售书籍的通路,每年举办多元的文学、戏剧、舞蹈与美术等艺文活动,是一个成功结合文化与创意的空间"。2011年,起步于福建省厦门市、经历16年发展历程的光合作用书店宣布倒闭。人们在感叹光合作用书店的命运的同时深切探寻传统书店的经营之道，台北市诚品书店的文化行销则为未来中国大陆传统书店的生存发展昭示了一个重要方向。

高雄市 2003 年 1 月 1 日正式成立高雄市政府文化局。高雄市政府建设局掌管自然文化景观、公用事业监督、观光事业规划管理等，是高雄市文化产业发展的主导机关。作为台湾地区第二大都市、台湾地区南部第一大都市，高雄市长久以来以工业化城市定位，文化行销意味着整个城市的定位转变、产业转型。从 2008 年起，高雄市利用海港资源海洋港市，通过系列活动，整合行销、活络资源，推动高雄观光产业积极探求产业转型。

高雄市政府"积极推展高雄都市营销，期望以推展'国际货柜艺术节'、'高雄灯会'等大型国际艺术活动与建构'城市光廊'、'高字塔艺术园区'、'驳二艺术特区'及'市民艺术大道'等艺术特区来增添地区的人文气息，提升高雄在外的艺文形象，并企图在海洋港市的传统产业基础上，透过高雄市爱河整治、2009 年世界运动会的举办及高雄市捷运的完工通车，借以扭转高雄市以往仅重视工业、轻忽服务业的地方发展倾向，塑造出未来着重数字创意、商务会议、观光休闲与城市美学的新形象，招来外来旅客进驻消费"。

台中市是台湾地区第三大都市、台湾地区中部最大城市，素来享有"台湾文化城"的美誉。2000 年 1 月 12 日，台中市政府文化局由原来的市立文化中心改制成立，2002 年 7 月 12 日又改制为"府外局"。同时，台中市政府经济发展处也参与推动台中文化产业发展政策。台中市基于"台湾文化城"基础的文化行销措施包括："持续开拓展演空间，扩大办理全球性与传统表演艺术节庆活动，提升都会及全球竞争力，创造商机并带动外围经济效益；结合人文与发挥创意，推展台中市文化资产保存、修复与再利用，让台中市在地文化价值获得重塑和创新；推广艺术教育扎根，形塑各类文化艺术特色与深耕书香阅读风气，建设台中市成为文化建设软硬件并重、创意文化全方位的现代化城市；全面提升台中市整体全球形象及城市竞争力，与全球接轨，让台中市跻身于世界文化都市之林。"

台南市是台湾地区最早开发的古都、台湾地区南部第二大城市，"拥有台湾传统且特有的荷兰据台（1624—1662）与明朝郑成功时期（1662—1683）古迹文化资产"。2007 年 4 月 20 日，台南市政府正式成立文化观光局，2008 年 2 月 1 日又将其改制为文化观光处。台南市首创将文化与观光结合的地方文化产业发展专责单位，可见文化观光产业在台南市文化行销过程中的重要地位，而"有效整合文化及观光资源，建立文化及观光硬件建设维修系统，加强文化观光活动设计及加强城市营销策略应用，充实与满足市民休闲游憩之内涵与设施，促进文化及观光资源之精致化、优质化"，以及依据地方民俗活动及庆典办理相关文化活动以达"府城营销全面化、深度化"，成了台南市文化产业发展的重点目标。台南市已经取得的文化产业发展硬件建设和文化软件规划方面的成就显示"台南市应具备有发展成兼具传统文化价值与生态永续发展之文化创意古都的深厚潜力"。

四、台湾地区文化创意产业发展近况

台湾地区的文化行销与台湾地区文化创意产业的发展密不可分。文化创意结合地区行销，形塑出地区的文化内涵和"可深刻体验的文化风景"，"借以吸引国内外的文化观光客"，对文化内涵、产业发展、地区印象，"都有莫大的助益"。文化创意为地区加值，"借由特色的文创产品与服务"，带动地区的行销与观光。地区也能替文化创意加值，以地区"为场域带动文创产业发展"。成功的地区行销不仅有助于文化创意产业发展，更可提升地区形象，"唤醒在地住民的光荣感"，进而增加地区"在国际间的竞争力"。

2010年，台湾地区政府制定颁布《文化创意产业发展法》，定义文化创意产业为："源自创意或文化积累，透过智慧财产之形成及运用，具有创造财富与就业机会之潜力，并促进全民美学素养，使国民生活环境提升之产业。"《文化创意产业发展法》同时将文化创意产业类别从原先的13类增至"15＋1"类，可归纳为艺文类、媒体类、设计类与数位内容四大领域，见表1。

表1 台湾地区文化创意产业分类

领域	产业（15＋1类）	产业（原13类）
艺文类	视觉艺术产业	视觉艺术产业
	音乐及表演艺术产业	音乐及表演艺术产业
	文化资产应用及展演实施产业	文化资产应用及展演实施产业
	工艺产业	工艺产业
媒体类	电影产业	电影产业
	广播电视产业	广播电视产业
	出版产业	出版产业
	广告产业	广告产业
	流行音乐及文化内容产业（新增）	—
设计类	产品设计产业（调整）	设计产业
	视觉传达设计产业（调整）	
	设计品牌时尚产业	设计品牌时尚产业
	建筑设计产业	建筑设计产业
	创意生活产业	创意生活产业
数位内容	数位内容产业（调整）	数位休闲娱乐产业
其他	经中央主管机关制定之产业	—

2009年起《创意台湾——文化创意产业发展方案》的实施在2010年已展现显著成果。据《2011台湾文化创意产业发展年报》统计，2010年台湾地区文化创意产业营业额达新台币6 616亿元，较2009年成长约16.1%，为历年来最高。文化创意各类产业的营业额见表2。

表2　2010年台湾地区文化创意各产业之内外销营业额　　（单位：千元新台币）

类别	产业	营业额	外销	内销	外销比率
艺文类	视觉艺术	4 321 454	117 696	4 203 758	2.7%
艺文类	音乐及表演艺术	8 741 608	100 102	8 641 506	1.1%
艺文类	文化资产应用及展演实施	1 758 638	1 514	1 757 124	0.1%
艺文类	工艺	95 422 576	9 236 138	86 186 438	9.7%
媒体类	电影	14 602 032	99 849	14 502 183	0.7%
媒体类	广播电视	109 787 176	1 326 926	108 460 250	1.2%
媒体类	出版	88 667 578	1 798 136	86 869 442	2.0%
媒体类	广告	132 842 495	1 141 503	131 700 992	0.9%
媒体类	流行音乐及文化内容	15 858 205	2 688 099	13 170 105	17.0%
设计类	产品设计	64 425 458	36 661 693	27 763 765	56.9%
设计类	视觉传达设计	1 629 875	381 264	1 248 611	23.4%
设计类	设计品牌时尚	186 721	1 224	186 497	0.7%
设计类	建筑设计	78 537 723	2 578 180	75 959 543	3.3%
整体		661 597 359	64 024 619	597 572 739	9.7%

文化创意产业也为台湾地区带来巨大的就业机会。表3、表4是《2011台湾文化创意产业发展年报》统计出来的台湾地区文化创意产业厂商家数和从业人员人数。

表3　2006—2010年台湾地区文化创意产业厂商家数

类别	产业	2006年	2007年	2008年	2009年	2010年
艺文类	视觉艺术	2 871	2 777	2 692	2 614	2 586
艺文类	音乐及表演艺术	1 075	1 218	1 341	1 467	1 723
艺文类	文化资产应用及展演实施	44	45	54	58	66
艺文类	工艺	10 638	10 337	10 034	9 879	10 056
媒体类	电影	620	602	609	642	664
媒体类	广播电视	1 602	1 601	1 576	1 594	1 603
媒体类	出版	5 172	5 104	5 046	5 042	5 051
媒体类	广告	12 198	12 312	12 457	12 477	12 743
媒体类	流行音乐及文化内容	1 678	1 679	1 652	1 629	1 672
设计类	产品设计	2 103	2 215	2 320	2 461	2 642
设计类	视觉传达设计	77	77	98	113	143
设计类	设计品牌时尚	12	13	30	43	74
设计类	建筑设计	7 449	7 221	7 030	6 886	6 940
整体		55 717	54 492	53 164	52 263	52 673

表4 2010年台湾地区文化创意产业从业人数

次产业	统计	主管及监督人员	专业人员	技术员及助理专业人员	专业工作人员	服务工作人员及售货员	技术工及机械设备操作工	非技术工及体力工
出版	31 461	8 082	11 156	6 572	3 717	438	336	1 160
影片服务、声音录制及音乐出版	15 115	4 902	1 374	3 309	3 041	2 146	16	327
传播及节目传送	17 816	2 984	3 399	5 227	5 130	86	883	107
广告业及市场研究	27 936	8 541	2 912	7 826	3 121	—	3 381	2 155
专门设计服务	14 746	5 703	1 930	4 125	462	40	2 486	—
艺术表演	3 535	1 025	321	940	693	173	183	200
服务、娱乐及休闲服务	50 430	14 442	1 824	3 235	5 702	22 537	664	2 026
创意生活	9 500	—	—	—	—	—	—	—
总从业人数	170 539	45 679	22 916	31 234	21 866	25 420	7 949	5 975

从2010年台湾地区文化创意产业类别的增加和营业额、厂商家数和从业人员的状况均可以看出文化创意产业在台湾地区不断发展推进的过程。"无论是'2011台湾国际文化创意产业博览会'或是'2011台北世界设计大会'等国际大型展会活动,还是受到欢迎的电影、流行音乐、舞台剧及偶像剧,抑或是在国际舞台发光发热的新秀设计师等等",都已经向全世界展示出台湾地区文化创意的实力,"台湾文创产业已开始向全球伸展枝丫,逐步迈向国际化"。台湾地区文化创意产业有目共睹的快速多元发展也说明了"多元资金挹注"、"产业研发及辅导"、"市场流通及拓展"、"人才培育及媒合"和"产业集聚效应"等诸多措施在完善文化创意产业发展环境上的有效性。

五、台湾地区文化行销对中国大陆的启示

台湾地区文化行销经历近20年的推行,在塑造地区形象、促进地区发展上成就卓著并已显示出强劲的潜力。中国大陆和台湾地区同根同源,共享博大精深的中华传统文化,也共同面临着地区发展的任务、承担着中华传统文化复兴的责任。中国大陆在2011年10月召开的十七届六中全会上通过《中共中央关于深化文化体制改革推动社会主义文化大发展大繁荣若干重大问题的决定》,强调 "文化是民族的血脉,是人民的精神家园"的重要

意义，提出要"充分认识推进文化改革发展的重要性和紧迫性"，"努力建设社会主义文化强国"，称到2020年文化改革发展奋斗目标包括："适应人民需要的文化产品更加丰富"、"文化事业全面繁荣"、"文化产业成为国民经济支柱性产业，整体实力和国际竞争力显著增强"、"文化管理体制和文化产品生产经营机制充满活力、富有效率"等。中国大陆各地区在厘清地方优势、以地区特有文化为基础谋求地区文化和发展的过程中，理应积极主动地参考和借鉴台湾地区文化行销的宝贵经验，乃至牵手台湾地区，共同行销中华文化。

（1）在全球经济发展、产业转型的大背景下，中国大陆各地区应该充分理解《中共中央关于深化文化体制改革推动社会主义文化大发展大繁荣若干重大问题的决定》的精神，提升文化的高度，构造产业体系，以文化行销的理念和思路规划地区发展战略。在地区文化行销的过程中，挖掘地区文化资源和优势，大力发展文化产业、文化创意产业是题中之义。"以地区特有文化为基础，透过文化人力资源的创意理念与创新手法，导引文化产品与文化服务的生成，塑造本身特有的地区品牌，以促成地区营销所追求的吸引顾客进入地区从事观光、休闲、会议、投资、就业与定居，从而创造出地方有形与无形的文化附加值。这也就是一种有形与无形文化的加值转型，也是文化、创意与产业的结合，更可视为一种借由文化产业发展达成地区文化营销目的之理念运作。"

（2）在地方文化行销过程中，政府扮演至关重要的角色。政府在政策的出台、法律法规的推动和资金投入、资源整合等方面将发挥必不可少的关键作用。

（3）政府在地区文化行销过程中关键作用的发挥并不意味政府一味的主导地位。公共事业价值的实现是地区文化行销意义的重要构成。因此，激发地区民众对于文化公共事务的参与程度，是地区文化行销中应予以注意的事项。"地区文化发展与营销之公共价值创造实应透过文化的议题诱发新的公共参与模式，并借由地区动员来培育新的地方能量，进一步促成文化创意产业的发展与回馈。"

（4）人才的培育是地区文化行销的关键。台湾地区意识到地区文化创意人才竞争力不足、国际化程度不足、产学脱节、人才流失等问题，将建立更为完善的人才培育机制，培育文化创意人才、厚植产业新能量，而且面对中国大陆大力"磁吸人才"冲击，台湾地区喊出"期许一个人才愿意留下来的优质环境"，称"整体而言，优秀人才有权自由移动，我们需把台湾的环境整备好，把华人的传统文化保存，积极开拓，让文化创新的核心优势与人才根留台湾。台湾要创造一个让文化创意人才值得留恋的氛围，文化创意工作者的养分来自于生活的经验，一个优质的创意环境，具备高人文素养、高开放自由度，均有助于创意发想，是中国大陆现阶段无法取代之处"。中国大陆各地区在培养和吸引优秀人才的同时，也应该学习台湾地区如何创造"创造与成长"的良好环境。

（作者单位：厦门理工学院文化产业学院）

玖

透过台北市文化局看台湾地区文化行政

王悦佳　李曼婷

到过台北市的大陆文化人——如果他不是很倒霉地每天都在跟人吃饭的话——几乎都有一个共同的观察：台北市是传统中国文化保存得最厚的地方。莫言如是说，王安忆如是说，还有许多曾在台北市访学参会的学者亦如是说。

他们指的当然不是古城古迹，而是看不见的文化内涵。台湾地区保留了许多传统：宗教，不论是佛教或道教，一样的昌盛；教育还教孔孟儒学与古典文学，孩童还上孔庙朗诵《三字经》与唐诗；尊师重道、出悌入孝仍是主流价值；待人接物、语汇用词仍是旧时规范。

一、文化，是公民社会的基础

从这一个层次上来谈，文化是一种特别的品质，它可能高度发展也可能严重萎缩。有些社会结构适合文化的发展而有些社会结构会导致文化的停滞。连年战争屠杀或是长期的独裁暴政对文化可能带来的伤害，历史里有太多例证。龚自珍所看见的 19 世纪上半叶的中国，就是一个因为集权控制思想到极致，整体国民创造力被侏儒化到了连盗贼都没有创意的地步。而即使在太平的日子里，不同社会结构里，人们在文化艺术里渗透的程度也不同。在这样一个语境里，我们可能做价值的评比，认为某些文化丰富多元，某些则呆滞而单调；某些文化充满活泼的创造力正走向高峰，某些文化停留在一个静态水平或者正从繁华丰盛走向一潭死水。我们也可能说，某一个历史朝代是文化盛世而另一个朝代是文化的荒原。

如果个人创造力和想象力被容许奔放，那么这个社会的总体创造力也会是生机蓬勃、创意充沛的。如果这个社会的共同价值观的形成，是透过公民的深度参与和彼此碰撞激荡而逐渐形成的，那么这个社会的共识——也就是身份认同——也会是凝聚而坚定，向心力强大的，不易解体。反过来说，如果个人创造力和想象力是受到约束的——书可能被封，歌可能被禁，作家可能被放逐，学者可能被监禁，异议者可能被打断脊椎，那么这个社会的总体创造力必定是败絮其中的。其中，社会共识不会来自人民的想象力和自发意志，而来自从上而下的政治权力的恐吓和操纵，"生命共同体"的情感不易产生，共同承担未来的公民意识也难以发展。

二、台北市文化局有很强的独立性

台北市政府文化局是台北市政府所属的一级机关，为台湾地区第一个地方文化事务专门负责机构，于1999年11月6日成立。附属机关包括台北市中山堂管理所、台北市立美术馆、台北市立国乐团、台北市立交响乐团、台北市文献委员会、台北市立社会教育馆。所辖场馆中，自营馆所包括台北二二八纪念馆、北投温泉博物馆、台北摄影中心、水源剧场、台北新文化运动纪念馆筹备处、台北城市博物馆筹备处、北部流行音乐中心筹备处、台北艺术中心筹备处；委外馆所包括台北故事馆、紫藤庐、林语堂故居、钱穆故居、士林官邸正馆、永安艺文馆、牯岭街小剧场、台北之家、市长官邸艺文沙龙、台北服饰文化馆、台北数位艺术中心等。

台北市文化局具有很强的独立性。台湾地区从1999年1月开始实施"地方制度法"，凡是经济财政、都市计划、水利交通、教育、文化、观光等等，都属于地方自治权限，所以台北市政府是没有所谓"上级机构"的，文化局因此也相当独立。另外台北市政府本身有30多个"一级局处"，文化局是其中之一。局处首长是市长任命的"政务官"，当民选市长卸任或去职时，必须随同离职。局长独立拟定、执行政策，而不是被动地由市长指挥。政策推动不力时，以去职表示负责。所以相对于市长，局长也是相当独立的。

台北市文化局负责拟定全台北市的文化政策，范围包括国际文化交流、文化产业发展、古迹及文物保存、都市风貌的维护、公共艺术的审定、艺术教育的推广、表演艺术团体的扶植、城市文化设施的兴建及管理。相对于大陆的文化局，范围广得多，是"大文化局"的概念。而台北市文化局的预算也不是"上面"给的。局长依据自己的政策，估出执行政策所需的费用，编成预算，再去向市府和"议会"进行说服和争取；争取到的，就是这个城市的文化预算。

三、凡是民间能做的，政府就不要做

在文化领域里，欧洲的政府对文化介入似乎多一些，比方在扶助博物馆等方面。相对的，在美国，政府的介入很少，介入多是基金会一类民间机构。那么，官方是听任文化艺术"自由"生长，或者还是要"管一管"，这里是否有一个界限？或者艺术从来不是天然生长的，永远是需要"人为"的扶助和"人为"的规划？为什么呢？

第1届台北市文化局局长龙应台曾经提到一个重要的原则：凡是民间能做的，政府就不要做。只有在民间没有能力做，或者因为无利可图而没有意愿做的，政府才应该介入。除此之外的介入，都可能反而斫伤了民间的生机。

文化需不需要"管"？要小心。如果"管"的意思是由政府来提供文化发展的条件，创造艺术创作的环境，那么，是的，文化是要有人"管"的。

譬如说，英国政府规定彩券收入的28%必须用在文化上，许多博物馆就得以生存，年轻的艺术家也得到创作的补助。譬如说，瑞典立法严格保障智能财产权，作曲家因而能够专心创作；规定图书馆中每一本书的借出，书的作者都要得到一定百分比的报酬，作家因而能够有尊严地生活。譬如说，德国政府高度补贴剧院的开支，使得低收入的国民也买得起票、看得起戏，国民的艺术教养因此得以提升。

台北市文化局在台北市推出了"树木保护自治条例"之后，房地产的开发商就不再敢把百年老树任意砍伐。把成立文化基金会的门槛从2 000万元降低到500万元之后，文化性质的民间基金会就如雨后春笋一样发展。制定了公共艺术的法规之后——譬如说，所有公共工程款的1/100必须用在公共艺术上，公共建筑就有了艺术的品位，公共空间不再随意地被难看的东西填满。设置新人创作奖金，艺术和文学的创作者就得到鼓励。改变税法容许企业对文化的捐赠抵税，企业对文化的捐赠马上倍增，美术馆、博物馆就多了起来。这就是文化政策作用的有力体现。

再譬如说，政府预算是有限的。修公路、建机场、造学校、盖医院，都需要钱。文化不是硬件工程，一般执政者看不见它的重要性，就不会有文化预算，专职的文化机构必须强力为文化争取预算。

这些法规和制度的设立都是政府的积极作为，而且也只有政府能做。这种"管"，是扶植、是培养、是促成，做得好，可以使文化突飞猛进。

四、制度和法规的建立是文化行政的核心

文化专职机构最重要的任务是：透过制度和法规的建立，创造出一种环境让民间力量得到最蓬勃的发展。政府提供最肥沃的土壤，让民间创意着床、发芽、开花，关键在"民间"二字。政府所有的措施，不能忘记它的目的：让民间壮大。如果文化专职机构积极作为的结果是造就"大有为"的政府而使民间力量萎缩，那么我们宁可不要文化专职机构。

百年老树挡在一条都市计划道路中间，是将老树连根拔起抛弃，还是让道路为老树转弯？街头艺人是增加了城市的魅力还是带来公共秩序的混乱？在城市最严肃、最神圣、最大的广场上，可不可以让小丑撒野、幼儿奔跑？可不可以让行为艺术家以裸体讽刺，让社

会运动家以行动抗议？要回答这些挑战性的问题，是文化政策。

在办公室里，打开计算机，我们所使用的软件，不管是处理业务的或是增长知识或是娱乐游戏的，全都是文化产业。一个社会是专注于知识产品的剽窃、模仿、盗卖，还是有能力做长期的研发、大胆的创造，取决于它文化政策的优劣。它的知识产品能占国际市场的百分之几，是它的文化产业结构在决定。

我们怎么穿衣服，反映的是设计产业。在美容院洗头发时读一本花花绿绿的杂志，是外国的还是本国的，泄露了出版产业的状况。周末的晚上，一家老小去看一场电影；电影院是否已经全部被好莱坞影片占满而国产片被消灭？而即使有国产片，它的艺术成就如何，创作人才有无，导演及演员发展空间如何，市场是在拓展抑或萎缩，都受文化政策的影响。

我们到图书馆去借一本免费的小说，但是作家的权益是否受到保护？他的书会不会有盗版？图书馆里头的书，每借出一次，给不给他版税？优秀的作家能不能存活？买书阅读的风气盛不盛？这些都与文化政策有关。

青少年到网吧里消磨大量时间，成人们摇头。但是一个社会究竟给了这些青少年什么选择？有没有多元而活泼的青少年文学让他们驰骋想象？有没有完整的艺术教育让他们陶冶品格？有没有全民体育的制度和运动环境让他们在健康自然的环境里发泄精力？有没有全面的奖励措施诱引青年进入剧院、音乐厅、美术馆，刺激他们自己创作？也就是说，有没有全套的硬件、软件措施，培养下一代用美感、品位和见解，来形成一种新的生活态度？这些也取决于文化政策。

文化需要政策，在向往文明的社会里，文化政策是文明的捍卫者，是文明指针的建立者。文化政策，就是一个机制把种种彼此矛盾甚至彼此抵消的力道爬梳清楚，对照愿景和目标，画出一条清晰可循的路来。在一个开放社会里，它不是从上而下的监督、管理，更不是权力的干预、操纵或控制，而是一套机制，有效地透过整合来创造文化发展的最佳条件与环境，也就是说，文化政策的目的在于创造文化发展的基础建设。它绝对不是，而且不可以是，一套"最高指导原则"，它只是一畦丰润的有机土壤，让人民的创意和想象力能够在土壤里着床、发芽，绽开自由的万种新苗。文化政策重要，是因为它不只要求政府在文化的领域里必须做什么，它更规范了在文化的领域里政府不可以做什么。如果没有政策、没有法制，那么自由、文化所呼吸的自由，是没有保障的。

五、文化平权是文化行政的基本诉求

政府永远不该忘记自己是土，只是土，民间才是花。土是为了花而存在，本末不可倒置。在没有形成一个强大的民间社会的前提下，给了文化专责机构一个行使"文化平权"的机会，也恰巧使您能够利用官权力把一些原本属于中产阶级消费的艺文项目有意识地下放到民间底层社会。比如，台北市文化局曾经让交响乐团到台北市士林夜市的庙前广场演奏五重奏等"高雅音乐"，让贫困者也有机会得到艺术启蒙。纳税人的钱在支持着公立乐团，而纳税人并不是只有那些买得起国家音乐厅票的中产阶级，菜市场里卖菜的小贩也是纳税人。公立乐团有服务市民的义务。他们可以在水晶灯下演出，也应该可以在公园里、大庙前、榕树下为买不起票的小市民演出。艺术的教育推广是公立乐团的义务。

地方戏曲只要艺术精湛，一样是精致艺术。把交响乐带进菜市场，是希望给市民选择的自由，同时台北市文化局也把歌仔戏——台湾最"乡土"的地方戏，从庙埕里请出来，让它在知识阶层聚集的最现代的市中心广场上演出，让中产阶级认识，而且学会欣赏所谓"下里巴人"的艺术。重点不是把所谓"精致艺术"带进市场，重点是给人民选择的可能。

文化局一直都打出一个口号，"文化就在巷子里"，一年52个周末，各种形式的表演——传统的、现代的都有，还有展览、诗歌朗诵、文史哲的演讲，到全台北市的各个生活角落里去发生。图书馆、地铁广场、公园、庙埕、古迹，无处不可演出、无处不是文化，长期地深入。

当人民平均文化素养高的时候，他举手投足之间都是礼，生活环境中举目所及之处都是美，但这要好几代的累积。文化局"文化就在巷子里"做了很多，但是还没来得及将社区中本来就存在的大大小小民间组织，譬如读书会、家长会、消费者联盟、文史工作室等等，串联起来发挥力量。"文化权"的平等是一个核心理念。我们现在经常谈的是"人权"，少有人谈文化权，但是文化权的平等事实上写在1948年的《联合国宪章》中。

文化官是一个资源的再分配者，人民把血汗钱以缴税的形式交给文化官去分配这个资源。所以政府有两个面向的思考：

（1）怎么用，才能保障这个城市的永续发展。譬如说，要做什么样的投资才能使这个城市在20年、30年后仍旧保有文化上的优势？人才的培育、创作的奖励、文化产业的调查研究等等，都是要做长程规划的。

（2）要照顾到纳税人的权利。如果说，中产阶级有剧院、音乐厅、游泳池可去，那么15岁以下的人得到什么？65岁以上的人可以去哪里？坐轮椅的残障者、拄着拐杖的盲人，得到什么？居住本城的外国人得到什么？外籍劳工、本籍苦力又得到什么？失业的工人得到什么？

文化权是平等的，每一个纳税者都可以要求。连因案坐监的犯人都应该有文化权。一个当权者如果只看到资产阶级，他就会拼命盖富丽堂皇的大剧院、音乐厅等等，而社会里其他的族群——弱势的、边缘的、另类的——就遭到漠视。如果在这个城市中，资产阶级是少数，那更有问题了，你在用多数人辛苦挣来的钱服务特定少数的人。

为了将资源做合理地分配，我们需要科学数据。城市里究竟有多少传统戏曲的欣赏人口？如果经过调查发现事实上有500万昆曲欣赏者，而城市中没有一个像样的昆曲表演厅；

如果调查显示西洋古典音乐的欣赏人口只有100万,而政府花了巨大的预算兴建了古典音乐厅;如果调查显示出城市里有300万身心障碍者,包括精神病患,而没有一个表演厅设有足够的残障厕所,没有一个表演节目用手语;如果调查显示城市里有400万低收入的外来人口,而这些人没有任何文化场所可去,没有任何节目用他们听得懂的语言;如果文化预算没有合理地照顾到全面的纳税人的真实需要,这就是一个有问题的文化政策。

六、善待第三方机构

台北市当代艺术馆本来是台北市政府办公大楼。市政府迁到新楼之后,旧楼经过整修,成为台湾地区第一个当代艺术馆,也是古迹活化的一个例子,实行公办民营、自负盈亏的经营模式,推动公有闲置空间再利用,对公共行政领域而言,尚属新兴业务。1999年11月,台北市政府首开风气之先,成立文化局后,即陆续开发及修复古迹、历史建筑、纪念性建筑等限制空间,经活化再利用为艺文馆所,并结合民间创造活力及弹性操作概念,将艺文馆所开放民间经验管理。至2004年底,已完成台北之家、台北故事馆、台北国际艺术村、草山行馆、紫藤庐、当代艺术馆、林语堂故居、钱穆故居、市场官邸艺文沙龙、红楼剧场、牯岭街小剧场、台北偶戏馆12个艺文馆所委托民间经营管理的成功案例。

此种经营方式主要考虑到两个原因:①政府的效率不如民间企业,容易官僚化;同时委托民间经营可以降低政府财政支出。②民间力量需要培养,此种经营方式也有利于鼓励市民参与艺文活动。最终台北市文化局局长决定把台北市当代艺术馆放到民间经营。也是基于这个理念,接连的3年中大约20个政府的建筑也释放给民间去经营,包括实验剧场、艺术电影院、展览馆、音乐厅等等。民间经验不足,管理得险象环生,为培养民间力量,文化局每年编2 400万的预算,另外的每年2 600万,与有使命感的企业家共同出资,并且组成了"当代艺术基金会",来经营艺术馆,契约先定5年,可以续约。

对这些企业家而言,这里头完全没有利益,只有付出。他们以文化来回馈社会。因为政府与经营者之间有契约,双方的权利和义务都由契约来规范。这个模式是全台首创,颇为难得,因为一方面要有肯放手的政府,另一方面要有具有高度社会责任感的企业家,才能做成。这决不是说,目前的公办民营模式没有问题,有,而且很多。譬如说,如何保障这些馆舍不变成谋利的餐馆而保持文化用意,就需要政府坚定的把关。

台北市文化局曾一度面临人少钱少的窘况,但当下局长认为艺文补助也不能雨露均沾,要分轻重缓急,这牵涉到三个层面。

(1)需要科学的调查研究。经过调查研究,才能真正知道城市目前的文化结构和体制究竟是什么状况。文化局进行的一件"看不见的工程"就是做基础调查:在文学、视觉艺术、影音艺术、表演艺术等等不同的领域里,有多少创作人口、多少欣赏人口;软件与硬件、供与求的关系如何。在文化产业方面,出版、电影、流行音乐、广告设计、画廊、计算机游戏、观光旅游等等,产值的曲线为何、趋势为何。市民的文化消费行为是什么:多少人一个月看几场戏、买几本书、听几次音乐会,10年后的消费行为是否会改变? 1 800席的剧院对目前的欣赏人口而言是太大还是太小,10年后又应如何?

(2) 文化决策者必须有远见、有国际观。斯德哥尔摩市的人口只有100万,却有8个专业级的儿童剧场,这代表该城对儿童美育极为重视。伦敦花很大笔的预算重点补助25岁以下的创作者,而纽约强力补助青少年买票看戏听音乐,汉城则选择补助电子游戏的研究发展。每一个城市都在设法维持自己的竞争力,看准自己的优势和弱点,利用优势、补强弱点。特别争取预算作台北电影节、台北国际诗歌节,给予民间补助时,专门挑有潜力永续发展、有可能进入国际舞台的艺术团体等等,是对于台北市的文化蓝图有一个全面布局的。

(3) 文化政策不能闭门造车,或者由主政者独断独行,它必须有社会共识。不同阶级、族群的市民,不同领域的文化界,有不同的困难、不同的需求。过去3年中,我们和最基层的社区市民开过无数次的沟通会议,和文学界、视觉艺术界、表演团体、建筑界、学术界等等的意见代表,对大大小小的议题开过上千次的咨询协商会议。各种领域的专家学者全面参与文化局的所有决策过程。也就是说,当文化政策以及补助原则推出时,它其实已经融入了各行各界的意见,是一个社会共识的结果。

补助政策只是文化政策的一部分。没有社会参与与共识的文化政策是很危险的,因为容易出错,而文化政策做错了,是一个城市的内伤。台北市文化局树立了一个模范,创新了许多模式,最重要的是,一切政策目标在于纳税人的利益。

七、台湾文化是台湾地区命运的沉淀

近年来,台湾文化与大陆文化的差异性日益成为聚光灯下炙手可热的话题。2001年,当时还是台北市文化局局长的龙应台应邀参加在上海师范大学举行的"上海—台北城市文化比较学术研讨会"后,有记者采访时便提出台湾文化的本土意识日益浓厚,这其中是不是有试图摆脱与大陆母体文化联系的倾向的问题,龙应台回答:"用'母体文化'这个词,不但台湾的所谓'本土教育派'会反对,我也反对。因为这个词无形中已经把大陆文化与台湾文化放在一个母与子的地位,一个中心与边缘的关系地位。不同的文化只有不同的中心而没有中心与边缘的问题。在台湾,文化本土意识增强是一个事实,并且已经变成一种意识形态,但不能简单地用对或者错看待这种现象。我尤其希望大陆的知识分子一定要了解她的来源。台湾1895—1945年被日本殖民,她自己的文化被日本的殖民者贬低为二等或次等的;1945年之后,国民党政权强力推行中原文化,她的文化又继续处于二等或次等的位置,因此在这100多年的时间内,当在自己成长的土地上,被统治者都当作二等公民对待的时候,她的文化一定会有所反应。因此,当她以一个非常强烈的态度进行反弹的时候,其实都是自然的,其次才能谈到所谓本土文化意识的问题。但台湾不能一直停留在反弹的阶段,要尽快走过去,心胸开阔地、对等地看整个世界文化,变成一个多元文化的、心态平和的地方。不了解这个背景,一棍子打下去,就不够全面。当然我反对'本土教育派'所说的强调只有本土的东西才是好的、一等的,或者把二等的都推崇为一等的东西,二等的东西在任何文化中都有,不能因为政治的原因把文化变成对峙的关系,把文化当作政治的人质。"

(作者单位:厦门理工学院文化产业学院)

闽台比较

拾 ▶

闽台文化人才培养模式比较

刘 枭

台湾地区在文化人才培养上更注重多重文化下的资源整合,例如通过把中国传统古典文化元素注入到诸如建筑规划、家居、饰品、装修、工业设计、活动策划等现代时尚生活中,进一步将国际经验与本土文化结合作为发现和培养文化人才以及发挥文化人才功效的平台;在这个过程中,也会根据人才成长的背景、所处的环境、未来的个人发展需求等因素制定因人而异的培养方案。

一、福建省文化人才培养概况

(一)福建省文化人才培养目标

"十二五"是福建省加快海峡西岸经济区建设的重要战略机遇期,是实施"文化强省"战略,推动文化大发展、大繁荣的关键时期。2011年3月,福建省文化厅印发了《福建省文化厅"十二五"人才发展规划》和《福建省文化系统文化名家工程建设实施意见(2010—2020年)》,为进一步实现文化大发展、大繁荣和文化强省的目标奠定了坚实的理论基础和战略发展依据。

根据《福建省文化厅"十二五"人才发展规划》,福建省文化人才培养的总体目标是:以优化知识结构、培养创新能力为核心,以提升综合素质、促进人的全面发展为目标,通过人才培训和创建学习型组织活动,加速整体性人才资源开发;培养一支适应社会主义先进文化建设需要的专业技术人才队伍;建设一支符合社会主义市场经济发展要求,知文化、懂市场、会经营、敢创新、善管理的文化企事业管理人才队伍;充实一批数量充足的基层文化队伍;重点做好文化领域的领军人物、高层次人才、高技能人才的培养。福建省文化人才培养的结构目标为：不断壮大福建省文化人才队伍规模，优化专业技术人才技能结构和人才地域分布结构，逐步充实壮大基层文化人才队伍，进一步优化福建省文化人才发展环境。

(二) 福建省文化人才培养现状

1. 就业情况

根据《福建统计年鉴》(2011, 2012) 的数据，文化、体育和娱乐业的从业人员在总数、在岗职工平均工资的增长率方面呈现出稳步增长趋势，在城镇私营及个体劳动者从业人员数方面呈现出大幅增长的趋势，而在城镇集体单位的从业人员数、女性从业人员数、在岗人数、私营单位从业人员平均劳动报酬增长率等方面表现出小幅波动。具体数据如表1所示。

截止2010年年末，文化、体育和娱乐业的从业人员共有3.69万人，国有单位为3.23万人，城镇集体单位为0.07万人；到2011年年末，该行业从业人员增长至3.80万人，与2010年相比，文化、体育和娱乐业的从业人员的增长率为2.98%，国有单位从业人员增长率为6.19%，而城镇集体单位的从业人员则略有下降（由0.07万人下降到0.05万人）。在岗职工平均工资2010年增长率为13.49%，2011年增长率为17%。

城镇私营及个体劳动者的增长变化趋势则更为明显，2010年该数据增长率为1.81%，2011年则增长了35.64%，说明越来越多从事文化、体育和娱乐业的人选择以私营及个体经营的方式作为主要经营手段。

与2010年女性从业人员数量的增长率为2.5%相比，2011年女性从业人员数量有所下降，下降率为2.48%。在岗人数也呈现了波动态势：2009年在岗人数为3.41万人，2010年增长为3.45万人，而2011年则下降到3.34万人。2010年，私营单位从业人员平均劳动报酬增长率为15.8%，到了2011年，该增长率则下降为12.1%。

文化、体育和娱乐业地区生产总值（GDP）呈稳步增长态势，2010年和2011年的该指标增长率分别为12.57%和22.83%；至2011年底，福建省文化、体育和娱乐业地区生产总值已达到152.38亿元。该行业在岗人员数量则有小幅减少，因此，可初步判定文化人才供应与文化行业发展需求的关系是供不应求。

表1 福建省文化、体育和娱乐业从业人员相关数据资料汇总

类别	2009年	2010年	2011年
在岗人数（单位：人）	34 100	34 500	33 400
女性从业人员数（单位：人）	14 613	14 978	14 607
城镇私营及个体劳动者（单位：人）	25 680	26 144	35 462
在岗职工平均工资（单位：元）	32 436	36 812	43 070

2. 专业定位及课程设置

这里的"文化人才"是相对狭义的概念，专指文化事业管理人才和文化产业（含管理、创意、经营）人才，即与文化生产、文化传播、文化规划、文化教育、文化交流、文化保护等相关的人才都是文化人才。福建省内多所高校（如福建农林大学、厦门理工学院、福建师范大学、仰恩大学、福州大学阳光学院、厦门大学嘉庚学院）设置相关院系和专业培养文化人才。

厦门理工学院是福建省第一个经教育部批准开设文化产业管理专业的高校，文化产业管理专业隶属于该校的文化产业学院。该学院现有会展经济与管理、文化产业管理、商务策划管理等本科专业，是厦门理工学院富有特色且充满活力的应用文科的排头兵。以文化产业管理专业为例，该校提出，文化产业管理应当以培养具有扎实文化基础知识和良好文化艺术鉴赏能力，具有广泛国际视野，掌握文化产业经营特点和运作规律，具备现代文化传播、经营、管理和法律知识，能够在文化产业企事业单位从事文化艺术经营、管理与市场运作、项目策划的高级应用型人才为目标。主要课程设置包括：中外文学名作导读、中外文化概论、公共关系学、传播学、经济学、文化经纪学、文化创意学等。在素质拓展课程上，文化传播系共开设了包括数字传播技术与实践、闽台文化专题研究、创意与沟通、商务软件应用在内的四大类素质拓展课程组，面向对象是大三和大四的学生。

厦门大学嘉庚学院自2013年开设文化产业管理专业，授予管理学学位，首届招生60人。该专业培养具有综合化的文化创作素养、系统化的文化产业知识，熟练掌握文化创意符号，精心学会文化创意技术，深刻领悟文化生财之道，熟悉文化经济运行规律，懂得合理配置文化资源，具备各类文化创意产业项目管理能力的应用型文化创意产业专门人才。该专业依托厦门大学师资优势，通过多学科、多层次、多元文化、理论与实践等方面的融合建构了教师队伍。

二、台湾地区文化人才培养概况

（一）台湾地区文化人才培养目标

台湾地区当局于2002年出台了《挑战2008：台湾发展重点计划》，包括十大重点投资计划，其中前两项分别为：E世代人才培育子计划、文化创意产业的发展。台湾地区"行政院""文建会"专门拟订了《文化创意产业人才延揽、进修及交流计划》，其总目标是：整合产、官、学、研等各界资源，延揽内外人才办理研习课程及交流计划，强化本土人才的质量，计划每年培育种子人才约600人、种子师资人才约30人，办理国际展演及竞赛等活动，增加台湾地区参与文化创意产业的人口数量，以满足未来文化创意产业的人才需求。

（二）台湾地区文化人才培养现状

1. 就业情况

根据《台湾统计年鉴》（2011）的数据，在众多行业中，与文化相关联的艺术、娱乐及休闲服务业在受雇人数、平均薪资、行业进入率及退出率等方面表现出波动趋势。2010年，受雇人数、平均薪酬、行业进入率及退出率达到近3年最低值。每人每月平均工作时数在2009—2011年均为181.4小时，没有变化。具体数据如表2所示。

表2 台湾地区艺术、娱乐及休闲服务业从业人员相关数据汇总

类别	2008年	2009年	2010年
受雇人数（单位：人）	52 483	49 725	50 983
平均薪资（单位：新台币元）	32 053	31 257	32 841
每人每月平均工作时数（单位：小时）	181.4	181.4	181.4
行业进入率（单位：%）	4.07	3.61	3.84
行业退出率（单位：%）	4.34	3.52	4.24

资料来源：《台湾统计年鉴》（2011）

由于长期受计划经济、制度不完善等因素影响，福建省文化产业市场化运作程度不高，文化产业领域的用人机制在一定程度上制约了人才的引进和培养。在待遇方面，福建省远远落后于长三角和珠三角地区，与台湾地区相比也存在一定差距。

2. 专业定位及课程设置

以与厦门理工学院文化传播系开展合作的台湾地区铭传大学传播管理学院为例，该学院下设研究所、大学部、研究中心及实习媒体四大部门。其中大学部包括：新闻学系、广播电视学系、广告学系和传播管理学系四个专业，采用"大一及大二不分系"的方式，突破传统以系为主的教学课程架构。以追求"传播产业知识化和传播知识产业化"为宗旨，借由跨科技整合、理论与实务整合，培养具有国际视野的人才。

在具体课程设置上，铭传大学传播管理学院为大学部和硕士班设定了各自的职业生涯学习地图，不同职业生涯规划的学生所接触的必修课程、主要选修课程及次要选修课程会有所差异。举例来说，职业生涯方向为"资讯管理人员"的本科生会在大学四年里依次接触到：办公室应用、资料库、网路新闻学、网路编辑与探访、动态网页程序设计、数位内容实作、数位内容管理、管理资讯系统、资讯检索、资讯探勘等课程；而职业生涯方向为"数位媒体行销人员"的本科生会在大学四年里学习到：广告学、广告实务、经济学、传播统计学、数位多媒体市场分析、电子商务与商路行销、资讯安全概论、网路广告学、网路调查与分析、客户关系管理等课程。

三、比较分析

（一）闽台文化人才培养趋势

1. 加强理论与实践相结合的培养环节

厦门理工学院文化传播系根据企业需求来强化学生实践能力的培养，多次组织学生参与"九八投洽会"、"国际动漫节"、"文博会"、"世博会"、"海峡论坛"等大型公益活动和商业项目开发，在不同级别的学科专业比赛中屡屡得奖。该系拥有会议系统模拟实验室、葡萄酒鉴赏情境体验教室/读来读往吧、书法情境体验教室、闽台茶文化情境体验教室、会展器材及工程实验室、空乘模拟训练舱等多个实验室与情境体验教室，以及与厦门报业集团、厦门广电集团、厦门航空、厦门国际会展中心、厦门文化艺术中心、华亿传媒等数十家知名企业建立了专业实训基地，累计为福建省多家企业培养和输送了1 000余名的文化人才。

台湾铭传大学传播管理学院强调以职业生涯方向作为学生培养及开设课程的核心依据。大学部的职业生涯学习地图包括：资讯管理人员、资讯企划师、数位媒体行销人员、联络调查人员、数位媒体设计工程师、数位媒体研究人员、客服人员；硕士班的职业生涯学习地图包括：大陆传播管理人才、文化创意产业行销人才、传播事业经营人才。

2. 加强基本能力和综合素质的培养

厦门理工学院文化传播系探索出"两实两用"的教学模式（即实践、实训；应用、适用），着力培养学生"一体、二会、三能、四力"的综合素质（即知行一体；会创意、会创业；能成人、能成才、能成事；想象力、执行力、适应力、竞争力）。台湾铭传大学传播管理学院大学部培养学生四项基本能力，具体为传播资讯能力、实作能力、问题解决能力、就业竞争力；尤其关注于培养学生八方面的核心能力：整合传播能力、数位传播能力、基础知识能力、有效表达能力、团队合作能力、实作能力、问题解决能力、外语能力。

由以上内容可知，闽台两地在文化人才能力培养上存在共性认识：在课程设置上不仅着眼于本学科知识，还强调培养学生分析问题的能力、解决问题的能力、沟通表达能力及综合实践能力。

（二）闽台文化人才培养模式比较

如前所述，在培养目标方面，福建省强调培养"知文化、懂市场、会经营、敢创新、善管理的文化企事业管理人才"，而台湾地区则着眼于培养国际视野的文化人才，以培养"国际化、资讯化、具有创新能力的优秀人才"为目标。

台湾地区在课程设置方面特色优势明显，基于实践导向为文化人才开设课程，设置若干职业生涯规划，充分发挥职业规划对学生就业的直接促进作用。

闽台地区针对不同类型的文化人才，采用了不同的人才培养模式。在具体人才培养策略方面，针对有工作经验的技术人员，福建省每年举办若干期初中高级专业技术人员继续教育培训班、研讨班，通过引进、深造、培养、实践、交流、考聘等形式，形成结构合理、分布科学、专业精湛，富有创新精神的专业技术人才队伍。同时，完善艺术、文博、图书、群众文化四个系列专业技术人才继续教育证书制度，有计划、有步骤地试行文化系统专业人员从业执业资格制度；针对有工作经验的管理人员，福建省加强与厦门大学共建文化产业人才基地，依托福建省艺术职业学院等国内外文艺院校，举办以市场经济理论、法律知识、战略规划、资本运作、项目管理、财务管理为主要内容的培训班，以加大对从事文化经营管理的中层干部和相关人员的培训力度。福建省在文化人才培养上多以开展培训班、研讨班的方式来提高专业技术和管理人员的业务能力和水平，多以短期性、技能性培训为主，培训内容较无创意，无法从根本上提高参训人员的文化创意能力。

台湾地区在文化人才培养上更注重多重文化下的资源整合，例如通过把中国传统古典文化元素注入到诸如建筑规划、家居、饰品、装修、工业设计、活动策划等现代时尚生活中，进一步将国际经验与本土文化结合作为发现和培养文化人才以及发挥文化人才功效的平台；在这个过程中，也会根据人才成长的背景、所处的环境、未来的个人发展需求等因素制定因人而异的培养方案，见表3。

台湾地区文博机构通过传统文化的鉴赏学习来影响现有的文化艺术人才，使其形成一种内在的习惯和行为的自觉，真正去敬畏、理解和活用中国元素。台北市故宫会邀请来自各个产业领域的设计师研读经典名作，如欣赏黄庭坚的书法、观摩黄公望的绘画，参加各类工作营、研讨会、创意论坛、设计研习营，训练设计团队的美学感知、创意思维、文物品鉴、数字加值和文化营销等技能，启发这些设计师们从生命深处去理解这些文化艺术的内在精神，然后再运用这些文化元素进行产品的设计研发。针对应届毕业生，台湾地区的文化人才培养思路则与18世纪英国的"大陆游学"较为相近——很多与文化相关专业的学生毕业后不是马上进入社会工作，而是去欧洲或者台湾乡村行走一年，加深生命的体验。

表3 闽台文化人才培养差异比对

	福 建	台 湾
培养目标	知文化、懂市场、会经营、敢创新、善管理的文化企事业管理人才	国际化、资讯化、具有创新能力的优秀人才
课程设置	基础课程比重较大，实践课程相对较少，选修课程方向较广	以职业生涯方向为依据，实践类课程比重较大
具体人才培养策略	（有工作经验的技术人员）举办专业技术人员继续教育培训班、研讨班；完善专业技术人才继续教育证书制度；（有工作经验的管理人员）举办以市场经济理论、法律知识、战略规划、资本运作、项目管理、财务管理为主要内容的培训班	（有工作经验者）引入传统文化，研读经典名作；（应届毕业生）强调生命体验

四、对策及建议

文化人才培养是一个循序渐进、不断提升的过程。随着文化产业发展、新型业态的出现,文化艺术与科技的结合,要求我国培养出兼容并蓄的复合型文化人才,以适应业态发展和产业发展的需要。

针对福建省文化人才培养机制,本文提出以下对策及建议:

1. 拓宽福建省文化人才培训机制

借鉴台湾地区文化人才培训思路,重拾中国传统文化对文化人才培养的潜移默化的影响力,关注挖掘福建省本土文化如闽南文化、客家文化,以培养福建省本土原创的文化人才。探索多元化的培训思路,通过案例分析、实战教学与经验交流等多种途径,从根本上提升福建省文化人才的创造性思维和创意能力。

2. 深化闽台两地文化人才交流合作

整合福建省的文化艺术教育资源,充分发挥福建省省图书馆、博物馆、艺术馆、美术馆等单位的专业龙头作用,依托福建省中国闽台缘博物馆、福建省闽台文化交流中心等合作机构,发挥高校文化人才高地的辐射作用,加强福建省内文化艺术机构和高校与台湾地区相关机构的交流互访(如2010年福建省推出的"闽台高校联合培养人才项目"以及正在积极推进的平潭综合实验区规划),打造闽台文化人才合作培训基地和科研基地。

积极引进台湾地区高层次领军文化人才、骨干文化人才以及优秀的文化团队,尤其是针对编导、作曲、指挥、文物保护、古籍修复、非遗保护传承、文化产业等高层次紧缺人才,通过引进、深造、培养、实践、交流、考聘等形式,形成结构合理、分布科学、专业精湛,富有创新精神的专业技术人才队伍,探索出一套有效的"传帮带"的助手制度和师承制度。

(作者单位:厦门理工学院文化产业学院)

拾壹 ▶

闽台文化产业投融资比较

李艳波

一、台湾地区文化产业投融资实践

台湾地区文化企业超过八成都是中小企业。对此,台湾地区加大了资金的扶持力度,并着重从以下几个层面展开。

1. 建立产业补助机制

2010年,台湾地区颁布《文化创意产业补助作业要点》,向研发生产组、品牌行销组、市场拓展组,每年分别提供新台币150万、200万、500万的资金补助。对正处于创业或起步阶段的个人、工作室或小微企业,每年通过比赛、选秀等遴选方式,直接提供500万新台币以下的种子基金,并鼓励学术单位设立专门的产业创新育成中心进行产业孵化,加速同市场机制的衔接。另外,台湾地区对文化创意企业在税收方面也给予了很大的政策优惠。按照2010年颁布的《文化创意产业发展法》规定,从国外购买的设备,免征关税;用于文化创意研发及人才培训的费用支出,按比例进行税收减免。特别是对于其他通过捐赠方式推动文化创意发展的企业,如赞助偏远地区举办文化创意活动、捐赠文化创意育成中心、购买岛内文化创意产品并捐赠给学生或弱势群体,也给予很大程度的税收减免。

2. 建立产业融资机制

"经济部工业局"负责"数位内容及文化创意产业优惠贷款"和"促进产业研究发展贷款"两项计划。在此基础上,2010年底,"文建会"又启动250亿新台币的文化创意产业优惠贷款,贷款最高额度为1亿新台币,贷款范围由以往的有形资产、无形资产、周转资金放宽至新技术研发、人才培训五个方面，贷款利息按中长期资金计算，由财政补贴利息差额。与此同时，鼓励商业银行根据文化创意企业的特点，建立无形资产评价体系，合理确定其受信额度。

3. 台湾地区重点从多元资金注入、产业研发及辅导、市场流通及拓展、人才培育机制四个方面构建有利于文化产业发展的外部环境

2009—2013 年计划多元资金注入 6.47 亿；在产业研发及辅导方面投入 8.49 亿；在市场流通及拓展方面投入 5.12 亿；在人才培育机制方面计划投入 1.98 亿。

4. 建立和完善文化创意产业融资机制

具体包括数字内容及文化创意产业优惠贷款、促进产业研究发展贷款、建立文化创意产业投资机制、协助推动无形资产评价机制等。

5. 建立产业投资机制

主要由"行政院国发基金"200 亿新台币的专项基金主体推动，并形成了多层次的投资结构。1 亿新台币以上的大型项目由"行政院国发基金"结合大型法人直接投资；5 000 万至 1 亿新台币的中型项目采取间接投资的方式，由"行政院国发基金"、"经济部"、"文建会"共同成立"文创投资审议委员会"，下设创投公司，并积极吸纳民间资本进入，以政府资金 49%、民间资金 51% 的方式进行投资和投资后管理。5 000 万以下的小微项目则由"经济部中小企业处"委托 7 家投资公司进行投资管理。

二、福建省文化产业投融资分析

据统计，2011 年福建省文化产业实现增加值 802.32 亿元，同比增长 33.3%，占地区生产总值的 4.6%，对经济增长的贡献率达 7.5%；文化产品进出口额达 20.4 亿美元（其中出口 20.3 亿美元），同比增长 54.5%，居全国第二位。2011 年，福建省重点发展的出版印刷发行、文化创意、动漫游戏等十大文化产业增加值同比增长 36.8%，占全省文化产业的 70.7%。其中新闻出版业营业收入约 618 亿元，同比增长 15.3%；动漫游戏业收入 56 亿元，同比增长 42%，共有 46 部动画作品获得播出许可证，总时长同比增长 227%，居全国第五位；11 部动画片获国家广电总局推荐的优秀国产动画片奖，排名全国第三。2012 年一季度，全省文化产业实现增加值 166.72 亿元，同比增长 25.6%，其中福州市、厦门市、泉州市三市文化产业增加值占全省的比重为 65%。2012 年上半年，福建省文化产业实现增加值 408.83 亿元，按现价计算，比 2011 年同期增长 22.5%，高于 GDP 增速 9.5 个百分点，占地区生产总值比重为 5.1%。

可见，文化产业以其独特的发展模式已经成为福建省经济发展的重要力量。但是，

作为资金密集型产业,文化产业从构思到产业化,其产业链长、启动资金大、回报周期长、行业管制较多、产业集聚市场易变化、产品淘汰更新快,从而使文化产业具有投融资的高风险。

1. 投融资主体单一

目前,文化产业的推动实际上是一种政府行为,文化产业的发展经费主要来自于政府财政资金,投融资主体较为单一。同时,由于财力有限,每年投入到文化产业的资金非常微薄。福建省政府设立每年3 000万元的文化产业发展专项资金以贷款贴息、项目补助等形式推动企业发展。

2. 市场机制不灵活,直接融资比例过小

长期以来,文化产业的准入门槛较高,市场机制不灵活,使得社会上的一些闲散资金与海外资金很难进入文化市场。另外,由于我国主板市场的上市条件比较高,文化企业上市的数量和直接融资的比例还是偏小,结构也不尽合理。同时基金投资等间接融资方式在文化产业领域还没有形成气候。

3. 金融支持乏力,风险补偿机制不完善

由于文化产业链投入大,回报期长,生产经营风险高,整体竞争力弱,而国家又没有形成比较好的风险补偿机制,因此金融企业对其资本借贷往往有比较高的要求。再加上文化企业绝大多数都是一些中小企业,其用于银行信贷的抵押资产非常有限,因而导致我国文化产业的金融介入程度普遍较低。

4. 文化企业评估难

文化企业评估难的问题一直没有得到较好解决,金融机构为创意文化企业提供贷款,大多采取"版权抵押加上其他担保手段"的方式,因"没地方可专业评估",中小文化企业仅通过版权质押的方式很难获得贷款。

总之,福建省文化产业市场依然不是很成熟,文化产业的发展存在投融资渠道不畅、不宽,资金短缺,适应文化产业发展特点的融资工具欠缺,投资方式原始金融业与文化产业缺乏正常的沟通渠道,社会各界参与投资不多,吸引外资措施不力,多渠道投融资体系尚未形成,在运作过程中投入与产出也不协调等问题,其导致的结果就是文化产业投资总量太小。

因此,完善投融资体制机制、拓宽资金来源渠道、推动文化产业和资本相结合成为推动文化产业发展的先决条件。文化产业的发展需要通过文化经济政策的规范和引导,将社会资本配置到文化产业中,以实现文化产业的健康快速发展和产业结构优化。截至2011年底,福建省十大重点文化产业贷款余额109.54亿元,同比增长22.65%,国家开发银行

及各商业银行为福建省文化企业提供授信额度450亿元。2012年2月25日，由《福建日报》报业集团、海峡出版发行集团等福建省主要文化企业强强联手、共同打造的海峡文化产权交易所在福州市揭牌。该所倾力打造艺术产业运营、文化产权交易和文化产业投融资三大平台，正在大胆探索"福建模式"。

三、文化产业投融资方式与渠道的选择

1. 商业银行的金融创新

推动多层次的信贷产品创新，对于为文化产业提供相关设备的企业，可发放融资租赁贷款。

2. 扩大文化企业直接融资规模——股票、债券

有条件的文化企业应积极申请上市融资，而那些尚不具备进入主板市场的文化企业可通过中小企业板、创业板市场进行融资。华谊兄弟，奥飞动漫等文化传媒类公司从资本市场筹得大量资金，为文化创意企业上市集资提供很好的例子。此外，对于市场前景较佳的中小文化企业，还可以通过上市公司收购、兼并、资产或股权置换等资本运作方式，达到间接上市及资本优化配置的目的。

3. 文化产业资产证券化

资产证券化是近十几年来国际金融领域十分重要的创新之一，是金融资本与知识资本的一种有效结合，是以文化企业具有可预期收入的资产（如实物资产和无形资产）为基础发行证券并上市的融资方式。目的在于将缺乏流动性的资产提前变现，解决流动性风险。

4. 引入风险投资

文化产业与金融的融合不只是贷款融资，还需要产业基金、风险投资、保险公司、担保公司等各类金融机构的相互协作配合。政府可以制定相应优惠政策，鼓励各种资本成立针对文化产业的风险投资基金参与文化企业的创业阶段。

文化产业对风险资本存在高度偏爱，有经验的风险投资机构不仅能提供资金支持，而且还能帮助文化企业开拓业务、分享管理经验，从而实现企业和资本的双赢。

5. 知识产权融资

文化产业具有知识产权性，知识产权中的著作权（版权）和商标权成为文化产业中具有支撑作用的组成部分。文化产业中的广播影视业、出版发行业、计算机软件业、网络服务业、新闻广告业、信息及数据服务业等行业，是文化产业当中最能够体现著作权（版权）价值的产业。文化产业知识产权融资模式的推出，能够使文化产业企业充分利用已有自主

知识产权，使知识产权的价值得以体现和运用，缓解资金链紧张加速知识产权的市场转化；更深层次上，还可以在文化产业集聚区投融资平台的建设实践中充分认识知识产权潜在的无形价值，提升文化产业集聚区整体资本运作水平。它具有融资成本低、实施难度小、不影响知识产权权属和融资风险小等优势。

两岸合作加强文化产业知识产权保护。国务院批复同意的《厦门市深化两岸交流合作综合配套改革试验总体方案》中提出要成立厦台知识产权联盟，探索建立两岸知识产权同业保护、服务、协调和预警应急机制。

6. 由政府和民间共同出资成立基金会，通过市场运作文化产业项目，加大对文化基础设施投资，通过发展创意集群进一步提高文化产业经济性

《文化产业振兴规划》中明确提出，按照有关管理办法，由中央财政注资引导，吸收国有骨干文化企业大型国有企业和金融机构认购，设立中国文化产业投资基金。据了解，中国文化产业投资基金计划投资亿元以上助力厦门市游家网络的"4399平台"，拟打造一个休闲动漫游戏的千亿产业链，带动厦门市网络文化产业转型，使厦门市成为海峡西岸甚至是全国的网络文化重镇。

（作者单位：厦门理工学院创新创业园）

拾贰 ▶

闽台文化创意产业竞争优势比较

李艳波

文化创意产业是文化、科技和经济深度融合的产物,是依靠创意人的智慧、技能和天赋,借助于高科技对文化资源进行创造与提升,通过知识产权的开发和运用,产生出高附加值产品,具有创造财富和就业潜力的新兴产业。它将文化与技术相结合、产业与城市相结合、科研与开发相结合,成为衡量一个地区综合竞争力高低的重要标志之一。近年来,文化创意产业在我国得到广泛重视并取得很大发展,形成一批有特色的文化创意产业集群以及建成了一批创意产业基地(园区)。文化创意产业作为现代服务业的重要组成部分,凭借其独特的产业价值取向、广泛的覆盖领域和快速的成长方式正在促进城市产业结构转型升级、完善城市各种服务功能等方面发挥着越来越重要的作用。

一、台湾地区文化创意产业竞争优势

(一)台湾地区文化创意产业的发展状况

20世纪90年代末,由于人力成本的提高,台湾地区的劳动密集型产业优势渐渐消失,特别是在世界迈入知识经济时代后,在全球资金、人才、资源的流动以及快速工业化与都市化的趋势影响下,台湾地区的地方传统产业在国际市场的竞争力已每况愈下。为了发挥台湾地区有限资源的最大效益,创造新商机,振兴经济,维系世世代代居民的生存与福祉,2002年5月31日,台湾地区开始将文化创意产业发展列为《挑战2008:台湾发展重点计划》的子计划,第一次将文化创意认定为产业形态,并且将"创意台湾"作为施政的目标和愿景,试图缓解过去赖以发展的代工生产模式(OEM)逐渐失去全球竞争力的产业转型压力,同时避免台湾地区在全球化过程中完全被边缘化;2003年9月成立"文化创意产业项目中心",11月成立"文化创意指导委员会",通过行政力量为文化创意产业营造发展环境。

为促进台湾地区文化创意产业的进一步发展,台湾地区2008—2011年通过执行相关专案计划的方式开展后续推动。2009年提出"创意台湾:文化创意发展方案",加强对文化创意产业的宏观指导,进一步完善产业布局,重点在流行音乐、工业设计、时尚设计等领域。

目前,文化创意产业是台湾地区六大新兴产业之一(包括绿色能源、生物科技、观光旅游、健康照护、精致农业及文化创意产业)。通过多年努力,台湾地区文化创意产业取得长足的发展,形成了比较完善的政策、体制、理念以及产业模式,法规配套、人才素质高、创意能量强成为台湾地区创意产业的显著特征。计划2013年文化创意产业的营业额达到1兆新台币,提供4万个就业机会。

根据亚太文化创意产业协会公布《2011两岸城市文创产业竞争力调查报告》(CCIA调查报告)结果显示,台北以流行音乐拿到两岸第1名而跻身于10大城市行列,如表1所示。此外,台湾地区的台中、高雄、新北市、台南、新竹的排名分居第11、12、15、17、21名。

表1 两岸城市文化创意产业竞争力排名

排名	城市	评分	排名	城市	评分
1	上海	96.2	6	苏州	91.8
2	北京	94.9	7	南京	88.7
3	杭州	94.7	8	大连	88.6
4	深圳	93.6	9	厦门	88.1
5	台北	93.2	10	成都	86.3

(二)台湾地区文化创意产业的优势

台湾地区的文化创意产业经过20多年的发展,已经形成一套成熟的生产、创意和营销模式,其中有许多优势值得大陆借鉴。台湾地区文化创意产业的优势在于:

1. 深厚的文化内涵

由于历史和地理的原因,台湾地区在大量吸收来自世界各地外来文化的同时,保留中华文化传统文物及繁体字文化,并且不断形成基于自身特色的文化元素。而这些文化的产品,如台客摇滚、民歌音乐等都具有文化输出的能力。

2. 发达的与国际市场接轨的渠道和网络

开放的社会,使台湾地区创意工作者对国际市场信息和发展潮流的捕捉,对产业分工体系的把握,有很强的专业能力。

3. 明确重点发展文化创意产业

台湾地区经过多年的培育，逐步把文化创意产业的发展重点确定在流行音乐、工业设计、时尚设计等领域，其中广播、电视、电影等影剧的经营有相当的根基，在华人世界处于领先的位置，近年来正向大陆拓展。台湾地区文化创意产业已经形成了相当完整的产业链，龙头企业在台湾地区岛内和国际上有知名度，也培育了若干知名品牌。

4. 培育文化创意产业人才

台湾地区在短时间内培养和集聚了一大批具有创业精神和相关管理知识的文化创意人才。为培育文化创意产业的人才，台湾地区整合各种教学资源，促进产学合作研究与培训计划，并鼓励大专院校规划、开设相关课程或进行创意开发、创作实验，以培训文化创意产业所需的各种人员，他们成为台湾地区文化创意产业快速发展的中坚力量。

5. 建立文化创意产业园

台湾地区为了推动文化创意产业，也仿照过去科学园区的成功模式建立"文化创意产业园区"或"育成中心"，如松山文化创意园区、华山文化创意园区等

6. 投资融资

在投资融资方面，台湾地区一方面计划从2009—2013年在文化创意产业投入6.47亿新台币。另一方面建立文化创意产业融资机制，具体包括数字内容及文化创意产业优惠贷款，促进产业研究发展贷款，建立文化创意产业投资机制，协助推动无形资产评价机制。

7. 设立全方位体制架构

文化创意产业的发展离不开政府的支持，台湾地区由"行政院"牵头，成立"文化创意产业推动小组"，"行政院长"任召集人，"政务委员"任副召集人。"文建会"、"经济部"、"新闻局"、"教育部"等六部会首长及产业界代表13人担任委员，进行跨部门、跨领域的领导和管理。此外，学界和非营利团体等民间力量成为推动台湾文化创意产业发展的重要动力。

8. 开展全球营销

文化创意企业是分散的利益主体，利益上的不对称使得各企业很难在品牌塑造和维护上采取统一行动。因此，台湾地区政府通过协调文化创意企业建立自律制度，组织各类针对性的全球推介活动，"政府搭台企业唱戏"，提高了台湾地区文化创意产业的整体声誉。据中评社报道，台湾地区2013年安排新台币0.9亿元的经费用于深化两岸文化交流及事物推展。

二、福建省文化创意产业的优势

福建省具备了把文化创意产业做强、做大、做成的优势、潜力和条件。

1. 文化消费迅速成长的时期正在到来

按照国际经验，人均GDP达到3 000美元后，就进入物质消费和文化消费并重时期；人均GDP超过5 000美元，居民的消费结构转向以文化消费为主的时期。根据福建省及各市《2011年国民经济和社会发展统计公报》显示，2011年福建省人均GDP突破7 000美元（达4.70万元人民币），其中厦门市人均GDP达到10 947美元（70 734元），福州市人均GDP为8 072美元（52 144元），泉州市人均GDP为8 089美元（52 245元），莆田市人均GDP为5 866美元（37 896元）。福建省将进入工业化中后期，制造业转型和消费结构升级加快，更加注重信息服务业、文化创意产业等第三产业的发展。文化创意产业已经进入以外延扩张高速增长的快车道，将成为经济的一个新增长点。

2. 文化形态和资源丰富

"基于文化的优势是最根本的、最难以替代和模仿的、最持久的和最核心的竞争优势。"福建省还拥有丰厚的中华优秀传统文化，特别是闽南文化、妈祖文化、海洋文化、船政文化、客家文化、茶文化、民俗文化等文化形态和资料。由于历史上它就是中华文化、日本文化、东南亚文化、印度文化、阿拉伯文化以至欧美文化的交汇区，具有极强的地域性特征，具有对接台湾地区以及日、韩文化创意产业的区位优势。此外，艺术教育比较普及，艺术、体育氛围浓厚，音乐艺术、视觉艺术优势明显，非物质文化遗产特色鲜明，现代文化传播渠道众多，文化创意产业发展基础良好。

3. 对台区位优势

福建省地理位置优越，地处海峡西岸，面对台湾地区，邻近港澳，介于东亚和东南亚之间，有3 300千米长的海岸线，作为"海上丝绸之路"的起点省份，对内对外交流辐射方便快捷。特别是闽台一水之隔，两地文化一脉相承，方言、习俗、宗教信仰相同，经贸、旅游、文化交流、人员往来十分活跃。随着《海峡两岸经济合作框架协议》的生效，作为两岸交流合作的前沿平台，福建省在推进两岸文化产业合作与深度对接方面具有先行先试的优势。《国务院支持海峡西岸经济区建设的若干意见》也要求福建省要大力发展文化产业，建设海峡两岸文化产业合作中心。

4. 文化创意产业规模不断扩大

"十一五"期间，福州市文化创意产业的产业规模不断扩大，发展步伐明显加快。文化创意产业总量快速增加，2010年，福州市文化创意产业实现增加值192.3亿元。"十一五"期间，文化创意产业年均增长29.8%，高于同期全市GDP和第三产业15.57个百分点和12.6个百分点；文化创意产业对全市国民经济和社会的贡献度不断提高，已逐步地成为福州市国民经济支柱产业之一。据了解，2011年，福州市从事文化产业活动的各类经营单位12 138个，比上年末增长1 407个，完成主营业务收入621.47亿元，比上年增长20.34%；全年实现增加值181.99亿元，总量位居全省各设区市首位，比上年增加39.82亿元，比增8.01%；文化产业增加值占地区生产总值的比重为4.9%，对经济增长贡献率达6.5%，文化产业已逐步成为福州市国民经济的支柱产业。2012年一季度，福州市文化产业继续保持强劲的发展势头，全市12 138个文化产业单位实现收入118.20亿元，拥有资产698.8亿元，实现增加值35.61亿元，比上年同期增长21.2%。

2012年一季度，厦门市文化产业实现增加值36.11亿元，比去年同期增长23.9%，占全市地区生产总值的7.4%，比2011年提高了0.3个百分点。预计到2014年底，厦门市文化产业增加值达到400亿元，占全市GDP的10%左右，年均增长速度保持在25%以上，成为厦门市经济社会发展的支柱性产业，提前一年完成"十二五"文化产业发展目标。

2012年上半年，莆田市共有文化产业资产157.50亿元，增长46.3%，增幅居全省首位；文化产业增加值占地区生产总值比重为8.8%，高出全省平均水平3.3个百分点。

2012年上半年，泉州市文化产业增加值达89.9亿元，比增22.1%；2012年上半年，福建省文化产业实现增加值408.83亿元，同比增长22.5%，超出GDP增速9.5个百分点，占地区生产总值比重为5.1%。福建省不断加快发展文化产业，形成报刊服务、出版印刷发行、广播影视、演艺娱乐、文化旅游、文化创意、动漫游戏、文化会展、广告、工艺美术十大文化产业群。文化产业在国民经济中所占比例将不断提升，预计到2015年实现文化产业产值占GDP的比重达8%以上，文化产业成为国民经济的支柱性产业。

5. 福建省现已建成一批创意产业基地或园区

福建省现已建成省级以上文化产业示范基地71个，其中国家级6个，如表2所示。

表2　文化创意产业基地或园区情况

城市	创意产业基地或园区
福州市	闽台文化产业园基地
	"芍园一号"文化创意园
	三坊七巷
	海峡文化创意产业基地"中国寿谷"
	福建船政建筑群
	福州海峡工业设计创意园
	"榕都318"文化艺术创意街区
	中国·东方漆意空间创意园
	橘园洲时尚设计创意园

续表 2

城市	创意产业基地或园区
福州市	金鸡山建筑设计创意园
	"福百祥 1958"文化创意园
	新华文化创意园
	海西创意谷
	海西（网龙）动漫创意之都
	海峡（时代华奥）文化创意产业基地
	冠城大通海西文化创意园
厦门市	厦门国家动画产业基地
	厦门首个文创产业园——集美集
	厦门牛庄文创园
	厦门灿坤创意产业园
	厦门优必德漆线雕
	厦门乌石浦油画村
	厦门根深智业文化创意产业集团
	厦门华强文化科技产业基地
	宏泰文创园
	龙山文化创意产业园
	台湾法兰瓷文创园
	翔鹭旅游文化创意产业基地
	翔鹭"闽南古镇"
泉州市	艾派创意产业园
	"源和 1916"文化创意产业园
	Show 天地创意产业园
	锦绣庄创意产业园
	六井孔创意产业园
	德化月记窑创意产业园

6. 明确创意产业发展的重点领域

根据各市文化创意产业发展"十二五"专项规划，明确了一批创意产业发展的重点领域，如表 3 所示。

表3 福州市、厦门市、泉州市创意产业发展的重点领域

城市	创意产业发展的重点领域
福州市	创意设计：重点发展工业设计、工艺美术品研发设计、建筑设计等 数字服务创意：重点发展动画动漫及网络游戏、软件设计等 文化创意：重点发展文化休闲旅游业、广播影视制作、新闻出版、文化创作与表演、广告设计、会展服务、传统文化民俗艺术传承、创新和产业化等 时尚设计创意：重点发展在引导消费，丰富生活中体现创造性及其价值的创意设计活动，包括休闲、时尚、美容、美食、婚庆、节庆、摄影等行业的设计策划 咨询策划创意：重点发展为企业或个人提供各类商业、投资、教育、生活消费及其他咨询、策划服务的创意活动，包括市场调查、会展咨询等重点行业
厦门市	创意设计产业集群：工业设计、数字设计、建筑设计、时尚设计等 文化旅游产业集群：演艺娱乐业、文化会展业、古玩与艺术品业、文博图业、主题公园业、体育休闲产业、节庆赛事产业等 动画影视产业集群：影视剧本创作、影视拍摄、动画制作、影视动画后期制作、动画配音、影视博览交易、影视衍生品产业等 数字内容产业集群：数字出版、网络游戏、数字动漫、移动多媒体、数字学习、互联网视频娱乐、互联网信息服务业等
泉州市	旅游、工艺品、印刷、娱乐业、创意设计、数字内容与新媒体等

三、加强闽台文化创意产业合作的对策

随着2010年ECFA的实施，大陆与台湾地区服务贸易的开放程度大大加深，海峡两岸合作进入了新的发展阶段，也为加快两地文化创意产业合作提供了现实可能。两地在文化创意产业的优势互补的基础上，在重点产业培育、人才培养、市场开拓等诸多方面开展更深入的交流与合作。

1. 积极推动闽台文化创意产业跨国经营

文化创意产业的发展趋势是国际化、一体化、集团化、规模化、品牌化，因此海峡两岸应该就文化创意产业交流合作开展更加深入地研讨、博览或展示，提升两岸文化创意产业交流平台的效率，推动闽台文化创意产业对接、融合与延伸，并且使文化创意产业不断走向跨国经营，进一步提升文化创意产业的国际影响力，使福建省成为海峡两岸文化创意产业交流中心，成为文化创意产业集群的集聚平台，并且把平台建设成为高效的文化创意产业发展的商业模式，实现文化创意价值。

2. 加强闽台文化创意人才的培养和交流

文化创意产业的高速发展依靠创意人力资本的投入产出和创意阶层的崛起。因此，要

重视两地文化创意人才的培养、引进和交流，设立文化创意人才专项资金，加强高端创意人才引进，开辟人才引进"绿色通道"，提供适当的政策倾斜，健全人才服务体系，促进闽台文化创意阶层的平台建设，研究和吸收彼此创意产业发展的经验。

3. 建立文化创意产业研究院

闽台共同成立"文化创意产业研究院"，集合闽台文化创意人才共同研发、辅导、建立产业链，促进闽台文化创意经济共同发展。

4. 建立产业投资机制

建立产业投资机制，鼓励台商来闽投资文化产业，建立生产基地、地区总部、研发及营销中心等。成立两地文化创意产业合作共同发展基金，利用基金的"杠杆作用"，促进两地文化创意产业的协调发展。尽快签署《海峡两岸文化合作协议》，共同建立文化产业投融资公共服务平台。

5. 整合闽台资源优势

台湾地区文化创意产业的瓶颈就是市场不足，台湾地区市场规模小，而大陆这方面有优势，整合闽台资源并提供专业化辅导协助来强化文化创意产业的出口、品牌、营销能力，用大陆市场强化台湾地区文化创意产业的规模经济效益及国际化水平。

（作者单位：厦门理工学院创新创业园）

四都寻案

【福州案例】拾叁 ▶

三坊七巷

林朝霞

"三坊七巷",是福州市南后街两旁从北到南依次排列的十条坊巷的简称。向西三片称"坊",向东七条称"巷"。"三坊"为:衣锦坊、文儒坊、光禄坊;"七巷"为杨桥巷、郎官巷、安民巷、黄巷、塔巷、宫巷、吉庇巷,见图1。此街区是中国十大历史文化名街之一,"三坊七巷—朱紫坊建筑群"为全国重点文物保护单位。

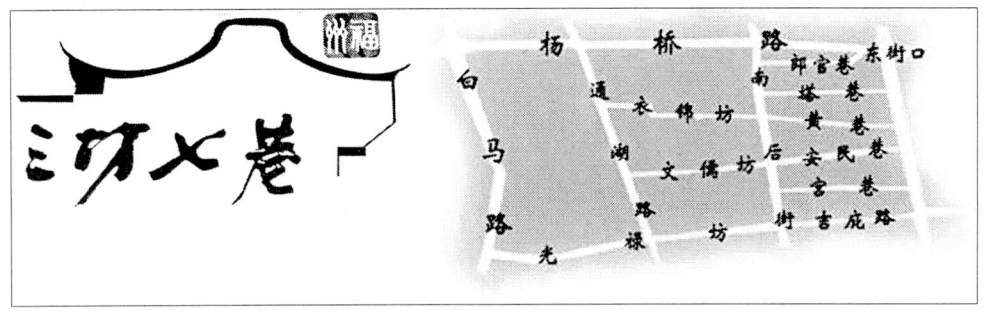

图1 三坊七巷分布图

一、回眸2011:三坊七巷品牌业绩总盘点

三坊七巷地处福州市中心,总占地面积38.35公顷,基本保留了唐宋的坊巷格局,保存较好的明清古建筑计159座,其中包括全国重点保护单位9处,省级文物保护单位8处,被誉为"明清建筑博物馆"、"城市里坊制度的活化石",见图2。

图 2　三坊七巷建筑一隅

近年来，福建省福州市先后斥资近 40 亿用于三坊七巷的居民安置、民居修缮及配套设施等，保护力度在全国屈指可数，共修复 159 座明清古建筑，使这条沉睡多年的"乌衣巷陌"在现代化环境下重新焕发光彩，成为福州市的文化地标和烫金名片，带动周边旅游、商业、餐饮、休闲、娱乐等的发展，初现其文化品牌效应。自 2008 年起，三坊七巷管理委员会逐步采取一些商业化做法，成立三坊七巷保护开发有限责任公司，并通过土地拍卖、商铺招商等进行市场运作，以保证三坊七巷的日常维护、文物保护和人员开支等，促进保护和开发的良性互动。为了便于说明问题，本文主要援引 2011 年的相关数据。

（一）客流量

2010 年，三坊七巷的日均客流量为 2 万人。2011 年 3、4 月份日均客流量为 4.8 万，截至一季度，三坊七巷接待量达 552.43 万人次，同比增长 109.7%。福建省旅游业官方数据显示，三坊七巷全年接客总数达 812.9 万人次，在全省旅游业中独占鳌头，远超过武夷山的 366.60 万人次和鼓浪屿的 302.38 万人次，比位居第 2 位的福州市森林公园的 400.50 万人次多 1 倍，见表 1。

表 1　2011 年福建省主要旅游景区游客接待情况

主要景区	接待人数（万人次）	同比增长（%）
鼓浪屿	302.38	23.4
武夷山	366.60	20.7
永定、南靖土楼旅游区	360.01	39.4
三坊七巷文化街区景区	812.9	10.2
泰宁风景旅游区	100.6	83.4
福州森林公园	400.50	101.4
古田会议会址	122.79	20.2
湄洲岛	188.46	20.8

续表1

主要景区	接待人数（万人次）	同比增长（%）
平潭岛	82.97	65.0
太姥山	74.97	20.2
船政文化旅游区	83.12	13.8
东山风动石	30.32	25.7
长汀红色旧址群	43.03	53.3
厦门园林植物园	119.40	25.2
白水洋	33.31	38.0

（二）旅游收入

三坊七巷旅游收入较难估算，据不完全统计，2011年三坊七巷保护开发有限公司收入、旅游商业收入、景点门票收入总额已超过1亿元。三坊七巷对10处景点试行门票制，分别为严复故居、二梅书屋、水榭戏台、小黄楼、林聪彝故居、谢家祠、王麒故居、郭柏荫故居、刘家大院、周哲文艺术馆，通票价是120元，2天内有效，为三坊七巷带来可观的门票收入。仅"五一"小长假三坊七巷共接待游客51.54万人次，同比增长302.7%，实现门票收入302.7万元。

商业收入也十分可观。截至2011年，三坊七巷已有166家商铺入住，其中既包括同利肉燕、木金鱼丸、鼎鼎肉松、百饼园、桐口粉干、瑞来春堂国医国药馆等老字号，又包括星巴克咖啡屋、如家快捷酒店等现代商铺，大多商铺人潮不断、生意红火，是名副其实的吸金旺铺。除近年来陆续出售的部分商铺外，三坊七巷管委会仍有不少院落、商铺出租，仅2011年就举行四次大型商铺招租会，租金大多以40—50元/平方米起竞标，并以每年10%—20%递增，收入也是相当可观的。

（三）产业效益

三坊七巷倾力打造文化旅游品牌，对旅游产业及其他周边产业产生明显的产业辐射作用，近及餐饮、住宿、交通、商贸、娱乐等与旅游相关行业，远及会展、影视、医疗保健、传统工艺、创意产业等，一环紧扣一环，形成良性多米诺骨牌效应。

1. 旅游产业

整修后的三坊七巷以丰富的历史内涵和人文内蕴展现在世人面前，为福州市乃至福建省旅游业发展注入活力，势必拉动旅游产业的快速发展。它不仅能够提升福州市旅游的文化品格，延长游客在福州市的滞留时间，拉动地方餐饮、住宿、交通、购物、娱乐业的发展，带来可观的经济效益；而且有助于宣扬闽都文化，无形中提升了福州市地域形象和世人对它的关注度,那么福州市未来的游客量也势必随之水涨船高。随着三坊七巷的改造、闽江游的提升、温泉游品牌的打响,这个"温泉古都,有福之州"已逐渐从客流过境地向旅游目的地转型。

2. 会展产业

三坊七巷主打民俗文化旅游的牌子,在民俗文化展会和节事活动上下足功夫,但也兼顾都市青年人的文化需求,适时糅入现代文化元素,活跃文化氛围。2011年,三坊七巷所举办的展事活动既包括在传统节日里举办的民俗活动,又包括在特殊纪念日里举行的纪念活动,还包括在重大节日里推出的社会活动,内容丰富、形式多样,对促进福州市会展业的发展大有裨益,见表2。

表2　2011年三坊七巷所举办的各类展会及节事活动汇总

节事	活动与展会
元旦 (1月1日—3日)	服装DIY、走秀、非遗表演(布袋戏、提线木偶戏、古琴)、戏曲表演、传统婚礼展示、越剧演唱、杂技表演、民乐表演等活动;以及动漫文化展、家具字画展、嘉德书画展、福州楹联展、传统老行当体验馆等展会
春节 (2月3日—8日)	福文化春节庙会、闽剧互动、千人书"福"、戏剧擂台赛、福州话歌曲比赛、民俗手工擂台赛、杂技表演、民间乐器演奏、故居民俗活动、折子戏、"梦回坊巷"实景演绎情景剧、民间艺人表演等活动,以及家具展、古典车展、福州三宝艺术展等展会
元宵 (2月12日—17日)	元宵灯会
妈祖诞辰 (农历三月廿三)	天后宫"妈祖开光大典"
五一 (5月1日)	"坊巷·纪念"明信片展览签名会、京剧戏迷票友表演、闽剧折子戏《珍珠塔》、"坊巷·童画"儿童涂鸦、"坊巷·记忆"书法纸伞表演、越剧戏迷票友表演、十番音乐演奏、"玉尺·孟夏"吟诗会、纸伞展示现场制作、闽剧折子戏、民族乐器表演、"茶花女"读书周等活动,以及"摇荡花间雨"石桥花鸟画展、龙泉窑特展、省书协名书画展、龙宝欧洲古董名字画展等展会
中国旅游日 (5月19日)	全日免费活动及三坊七巷保护修复成果展
端午 (农历五月初五)	"文明之旅,你我共享"签名活动、"儒雅吟诗、品味端午"、端午民俗文化体验活动、"粽香坊巷"包粽子比赛、趣味演奏会、传统音乐戏剧荟萃、十番音乐活动及民间彩粽艺术展
文化遗产日 (6月11日)	福州市非遗项目传承人师徒同台技艺展示

续表2

节事	活动与展会
中秋 （农历八月十五）	非遗闽剧梅花奖得主周虹专场，中秋祭月、放河灯、摆塔、抓周礼等民俗活动，中秋诗会，"爱心帮帮团"中秋晚会，"月满·三坊七巷"3D地画展示，戏剧荟萃
国庆 （10月1日—7日）	"同庆华诞"现场书画、红歌晚会、"梦影霓裳"传统服饰走秀、"时尚活力"魔术表演、达人秀、街舞PARTY、拉丁派对、"时尚青春"动漫DIY涂鸦、创意集市等活动
重阳 （农历九月初九）	"重阳古韵"系列活动，包括"携蔗登高"民俗游戏、传统纸鸢制作技艺展示表演等活动

3. 创意产业

文化创意产业是福州市"十二五"规划的发展重点，具体包括现代传媒业、动漫游戏业、设计创意业、工艺美术业、文化休闲旅游业、文化会展业、广告创意业七大类，而三坊七巷正是福州市打造创意梦工厂的四张王牌之一。

三坊七巷善于将传统元素与现代元素融为一体，在营造浓郁的老福州坊巷氛围中突显创意思维，让游客有时空交错的感觉，既可以感悟历史，又可以娱乐体验。其中，动漫产业是三坊七巷的主打方面。2009年，原创国产动画片《三七小福星》在其生产地福州市三坊七巷首映，拉开了三坊七巷发展动漫产业的序幕。2010年，三坊七巷和福州市软件园斥资500万兴建动漫体验馆，该馆于2011年元旦正式开馆，既是动漫爱好者体验动漫情景的理想去处，又是开发动漫作品和衍生产品的重要基地。除此之外，三坊七巷在元旦、国庆等节假日推出各类创意活动，如服装DIY、古典服装走秀、动漫DIY、创意集市、街头绘画嘉年华等，为三坊七巷赚足人气。

当然，三坊七巷的创意产业还处于起步阶段。而三坊七巷拥有丰富的历史文化资源，如角梳、寿山石雕、软木画、油纸伞等传统工艺，又如评话、伬唱等传统曲艺，它们将是创意产业的重要资源。三坊七巷创意产业的广阔前景值得期待。

4. 影视产业

三坊七巷与影视有着久远而深厚的不解缘。其中，名人故事题材占有很大比重，如1959年国内拍摄的电影《林则徐》、1980年由周绍栋与林青霞饰演林觉民与陈意映的电视剧《碧血黄花》，2004年长篇历史电视剧《严复》等，演绎三坊七巷名人的传奇人生，给观众留下了深刻印象。同时，三坊七巷平凡人物的传奇故事也颇受影视作品的青睐。1997年，黄健中执导拍摄了20集电视连续剧《三坊七巷》，以三坊七巷的幽深坊巷为背景，讲述抗战前后商贾大户罗家两代人家仇国恨、情战商战的故事，人物上及官宦、巨贾、名流，下及妓女、老鸨、说评话的、卖肉丸的，三教九流无不充满坊巷气息，全剧既有史诗般的宏阔背景，又有对人物心理的细腻刻画，歌颂坊巷人生生不息的善良天性和质朴追求。除此之外，2004年，中央电视台拍摄6集纪录片《三坊七巷》，真实描绘三坊七巷的历史变迁、建筑风格、民俗民风以及名垂史册的风流人物，在央视多个频道滚动热播，且售出欧美版权，体现了福州市三坊七巷在世人心目中的独特地位。该纪录片于2009年4月重现央视4套，再度引起收视热潮。

2011年更是三坊七巷与影视携手共进的一年，除了一些电视剧、电影、广告片、公益宣传片取景于此外，直接以三坊七巷为题材的作品也不少，共有一部电影和一部电视剧献映，另有一部电影正在拍摄中。三坊七巷为影视发展提供了丰富的历史和现实素材，而影视作品又无形中宣传和推广了三坊七巷，两者之间建立了良性互动关系。同年国庆期间，三坊七巷推出影视基地的招商项目，影视城的诞生将指日可待。

电影《百年情书》作为辛亥革命的百年献礼，将缠绵悱恻、动人心扉的《与妻书》再度搬入银屏，在英雄史诗般的壮阔历史图卷中表现少年英雄的儿女情怀，让无数人为这位慷慨就义的风流才子感佩折服，亦为这位温婉贤淑的多情苦命女唏嘘感叹，更为三坊七巷深厚的人文底蕴和鲜明的时代精神所倾倒。

40集情景偶像剧《孝子诊所》是继《武林外传》之后的又一力作，选择三坊七巷作为拍摄地点，以平常老百姓日常生活为主线，讲述了开社区诊所的一家人的温情及幽默故事。该剧秉持着一贯的轻松、诙谐、搞笑风格，以明星偶像为主要看点，2011年在福建省东南卫视热播。

《烽火墙》改编自福建省著名作家北北的同名小说《烽火墙》，2011年由杭州市福地影视制作有限公司投资拍摄。该影片主要演绎发生在福州市三坊七巷内因烽火墙内的鱼肠古剑而引发的儿女情仇故事，悬念迭生、扣人心弦，有望在播映时再次推高三坊七巷的人气。

5.博物馆产业

博物馆是历史的见证和文化的载体，是一个地域、民族乃至国家的宝贵的精神财富。因其特殊身份和地位，多数博物馆属于公益性事业单位，由国家或地方财政全额拨款，私人博物馆屈指可数，因此不重视产业发展，与国外情形相距甚远。博物馆产业是个有巨大潜力的朝阳产业，倘加合理利用和开发，不仅有助于改善许多博物馆现存的责权不明、人员涣散、缺乏社会舆论监督的问题，而且有助于提高博物馆的知名度、普及历史知识和提升世人的文化认同感。在这一点上，三坊七巷无疑有先见之明，并依靠自身特色发展博物馆产业。

（1）三坊七巷主打地域文化品牌，充分挖掘地域文化要素设置主题馆，彰显地域文化魅力，现共有1个中心馆、37个专题馆和24个展示点，设计概念以"地域＋传统＋记忆＋居民"来重组文化遗产，具体包括民俗博物馆、漆器艺术馆、古典家具馆、雕刻艺术馆、名人字画馆、寿山石馆、当代艺术馆、民间藏品馆、楹联馆等，充分展现福州市乃至福建省文化,为提升地域文化品格意义深远。不少场馆依托国家级、省级文物单位征收门票,逐步市场化。

(2)三坊七巷善于因地制宜,根据不同坊巷院落特点设置藏馆。社区博物馆选址刘家大院,这座三坊七巷最大的单姓宅邸占地4 000余平方米,历史上有"刘半街"之称,因其巨大规模和豪华气派作为中国首家社区博物馆再合适不过了。而民俗博物馆选址二梅书院,该书院占地2 937平方米,是福州市最著名的古书屋,其中曲径通幽、别有洞天,其雅致悠远的书卷气为民俗展示增色不少。该馆现收藏上千件明清家具、字画作品,福建省各窑口瓷器、漆器等,可以让观众大饱眼福。

(3)三坊七巷紧随时代步伐,不断开发新型场馆。2011年,三坊七巷和福州市软件园投资联合打造的动漫体验馆正式开馆,设有经典动漫展示区、3D影院、主题展区、动漫制作体验区、漫画吧和衍生品售卖区,标志三坊七巷向科技型、数字化、体验性的新型场馆迈进,并与文化创意产业联手,市场前景良好。

二、三坊七巷的文化意义与影响

(一)三坊七巷的成长经历具有丰富的故事性和新闻聚焦性

三坊七巷拥有灿烂辉煌的过去,然而在飞速发展的经济社会里一度落伍。从外部看,四周高楼、商场越来越多,房地产对这片风水宝地虎视眈眈,它似乎成为城市化着力攻克的一座孤岛。从内部看,坊巷内建筑老化,外加年久失修,破损严重;人口密集,除却原住户,还有大量出租户;电线低垂,摆设随意,又无现代排污设施,犹如百岁老人拖着冗长的阴影跟不上时代的步伐。

1. 生死抉择,确定品牌开发计划

2006年是三坊七巷生命史上的重要年份。这一年它面临着推倒重建和修复开发的生死考验。对政府而言,推倒重建简单便利,又可坐收现成的经济收益,而修复开发则需投入大量的人力、物力。对百姓而言,推倒重建意味着摧毁一座文化丰碑,而修复开发则可保存一份历史记忆。在这场经济与文化、现代与传统的抉择中,市政府反复论证思考,原住户建言献策,有识之士奔走呼告,最终确定了三坊七巷的品牌打造计划。

2. 全面修复,申报首批历史文化名街

从2006年起,福州市政府斥资近40亿,计划花5年时间全面修复三坊七巷,着重清理坊巷的历史垃圾,彻底改变坊巷屋舍破旧、人口密度大、卫生环境差、生活摆设乱等种种状况,重新镀亮三坊七巷1 700余年的光辉历史,使之成为福州市乃至福建省的文化地标。

与此同时，市政府积极申报全国首批历史文化名街，从200多座历史名街中脱颖而出，晋级十六强，并最终和北京国子监街、哈尔滨中央大街、苏州平江路等卫冕十强。尤值一提的是，在此次评选中，三坊七巷的公众选票位居榜首，其社会影响力可见一斑。

3. 产业联动，发挥文化品牌效应

2011年，三坊七巷主要修复工程已经完成，从该年3月起部分景点收取门票，开始产业化运营。同时，三坊七巷凭借文化旅游的品牌优势，带动工艺、影视、创意等其他产业的发展，并初显成效。三坊七巷管委会透露，"十二五"期间，福州市将继续以三坊七巷为平台，以传统文化为纽带，以市场与产业为手段，整合上下游的产业链，将文化创意转化为文化产品输出，使三坊七巷成为名副其实的文化产业基地，辐射带动周边文化产业共同发展。

（二）三坊七巷是人文富矿区

在逾千年的历史积淀中，三坊七巷形成深厚的文化内蕴和独特的地域风貌。福州市政府在打造三坊七巷品牌时，充分挖掘其原有的历史元素和文化元素，"修旧如旧"，维护历史原貌，使之成为自身的品牌要素。

1. 明清建筑

三坊七巷共拥有200多座明清院落，排列有序、规模巨大、保存完整。这些富有古典意蕴和地域风情的建筑是三坊七巷凝固的历史，彰显着三坊七巷不凡的历史地位和文化气度。与其他历史文化名街相比，三坊七巷虽也毗邻闹市，但却恢宏大度、卓尔不群。

（1）三坊七巷是历史上文儒仕宦的聚居地，带有浓郁的文气、逸气、书生意气。小巷幽深，外接闹市，屋舍栉比，看似平常，却往往内饰巧妙，别有洞天。即便是方寸之地，亦可凭借倚景、借景和造景，将松石假山、四季花木、小桥流水等自然景观与人文气息一脉相通，入可款步闲庭、笑对春风，怡情养性；出可知闻天下、出将入相，建功立业。

（2）青砖灰瓦马鞍墙，水榭楼台镂花窗，形成了三坊七巷的整体建筑风格。一路青石板路，白色墙体、灰色砖瓦，形态古朴、色调清冷，很有历史的沧桑感，若逢半壁斜阳抑或细雨微濛，款款漫步其中，让人疑心回到数百年前的时空，或步入戴望舒笔下那略带感伤的雨巷。三坊七巷的马鞍墙最具特色，墙体多为高砖厚土搭建而成，墙头做流动波纹，形似马鞍，而承重则全在柱体上，外饰彩绘，和雕镂门楼浑然一体，凝重中透着轻盈，浑厚却不失华贵，为三坊七巷点染了一点俏色。

（3）三坊七巷善于在小处做文章，体现坊巷人对生活的精细和精心。门窗、梁栋、斗拱、花座、柱础、台阶、水井无不精心设计，匠心独运。古代工匠们在这里充分运用榫接、凿刻、雕镂、彩绘、鎏金等各种传统技艺，打造属于三坊七巷自己的艺术殿堂，也为后人留下丰

厚的文化遗产。

2. 里坊形制

三坊七巷外看建筑，内看形制。三坊七巷建筑保留了中国古老的里坊制度。建筑以南后街为中轴，西三坊、东七巷，成鱼骨状排列，里市分离、布局井然，是里坊制度的活化石。

里坊制度是宋以前中国的基本居住形制。里坊同义，指的是居所。《郑风·将仲子》中有"将仲子兮，无逾我里"，而古代二十五家所居为"里"。可见，从春秋开始，我国已大致形成这种规模一定、秩序谨严的居住形制，以便于统治者的管理。里坊制度的主要特征是里市分离、严格夜禁。但唐宋以后，随着经济的繁盛，夜禁制度被逐渐打破，到宋徽宗时已基本废除。

三坊七巷始建于王审知任闽王时。唐昭宗天复元年（901）王审知建罗城，以安泰河为界分北城和南城，北城为贵族居所及政治中心，南城为百姓居所，沿中轴线对称分布，分段筑墙、里市分离，形成三坊七巷雏形。此后，三坊七巷虽经历代改扩，但里巷形制基本未变。随着时代变迁，当多数里坊已为街巷所取代，三坊七巷的历史遗迹更显珍贵，具有很高的历史价值。这也成为了许多人探访三坊七巷的原因之一。

3. 名人故里

三坊七巷钟灵毓秀、地灵人杰，虽然占地仅有38.35公顷，堪称弹丸之地，但却是饱学之士、诗礼之族的聚居地，"谁知五柳孤松客，却住三坊七巷内"，先后出现100余位彪炳史册的人物。尤其从鸦片战争开始，中国近现代史上几乎每一次历史变革都与三坊七巷息息相关，涌现了禁烟抗英的民族英雄林则徐、革新实业的船政之父沈葆桢、学富五车的西学泰斗严复、不懂外文的译坛怪杰林纾、尽忠效主的末代帝师陈宝琛、慷慨就义的戊戌六君子之一林旭、"少年不望万户侯"的林觉民以及走出闺阁的"五四"文坛女将庐隐、冰心、林徽因……如此之多的闪耀名字连带三坊七巷一起镌刻在中国近现代史上。

一部小小的街巷史几乎是整个中国近代史的缩影，一部浓缩史，这不可不谓奇迹，这足以彰显三坊七巷在中国历史文化名街中的地位，也足以成就它今日独一无二的旅游品牌。2009年，三坊七巷和北京国子监街、平遥南大街、哈尔滨中央大街、苏州平江路、黄山屯溪老街、青岛八大关、青州昭德古街、海口骑楼老街、拉萨八廓街被列为首批中国历史文化名街。其中北京国子监街因其儒家正统文化及众多遗迹拔得头筹，哈尔滨中央大街、青岛八大关、海口骑楼老街以典型的欧派或中西合璧风格胜出，青州昭德古街、拉萨八廓街以鲜明的民族风情脱颖而出，平遥南大街、黄山屯溪老街则因中国明清时期两大商派"晋商"、"徽商"的影响晋级十强，唯独三坊七巷与苏州平江路凭借俊雅的江南风情和浓郁的人文气息赢得桂冠。的确，苏州平江路有小桥流水、粉墙黛瓦的幽雅，也有古琴、评弹、昆曲、船屋的别致，有黄丕烈、顾颉刚、洪钧、赛金花的传奇，但就名人数量、多样性及历史地位而言，尚未能与三坊七巷比肩。

4. 闽都文化

三坊七巷的另一品牌元素来自异彩纷呈的闽都文化。八闽首府之地福州市地处三山、临江面海、水产丰茂、榕树如盖，有"海滨邹鲁"、"东南都会"、"福地宝城"的美称。闽都文化汇聚古越文化、河洛文化等，兼容并蓄、自成一格，在传统工艺、民间曲艺、日常饮食、民俗信仰上都形成鲜明的地域特色，可为三坊七巷增色添彩。

（1）民间工艺技术精湛，融实用性与审美性于一体，其中尤以脱胎漆器、寿山田黄、软木画、角梳、纸伞久负盛名，有"三宝"、"三绝"之称。它们构成了三坊七巷重要的品牌资源。脱胎漆器鲜亮润泽、轻盈俏丽、不霉不腐，与北京景泰蓝、景德镇瓷器齐名于世，其工艺融塑、雕、画等技法于一体，工序至少四五十道，多者达到百余道，让人叹为观止。寿山石雕以寿山石为原料，因材质形体、色泽灵活运用浮雕、透雕、圆雕、镂空雕、薄意雕等技法，能补自然之缺陷、夺造化之神功。软木画、角梳、纸伞在选料、制作上亦是一丝不苟、力求工细，尽显福州人精致细腻的生活态度。

（2）传统戏曲、曲艺品类丰富、别具一格。闽剧、评话、伬唱、十番等都是福州市传统艺术，历史悠久，带有鲜明的地域特色。在现代化进程中，它们同多数地方戏曲曲艺一样面临边缘化问题。三坊七巷的兴起无疑给它们提供了一个展现的舞台和一次复兴的机遇。而它们也为三坊七巷注入地域文化的活水，让福州市民能够在视听盛宴中回归传统，也让游客能够近距离感受闽都艺术的魅力。

（3）日常饮食也颇具特色，以其为代表的闽菜是全国八大菜系之一。其中"佛跳墙"是首屈一指的闽菜名肴。它以海参、鲍鱼、鱼翅、鱼唇、干贝、蛏子等入料，外加鸡、鸭、羊肉、猪肚、鸽蛋，放入绍兴酒坛煨制而成，香味浓郁。有诗赞曰："酝启荤香飘四邻，佛闻弃禅跳墙来。"另有鱼丸、肉燕、鼎边糊、肉松、线面等风味小吃广受赞誉。永和鱼丸、木金肉丸、同利肉燕、福记鼎边糊、鼎鼎肉松、后屿线面等都是响当当的百年老字号。中国人以食为天，食香四溢的榕城相信会给世人一种实在的诱惑。

（三）三坊七巷古城街区维新的典型

如今三坊七巷是人们逛古迹、观建筑、赏民俗、品美食的理想去处。从表层来看，三坊七巷的吸引力源于它的品牌要素；而从深层来看，三坊七巷的魅力源于它契合了现代人的价值愿望和心理诉求。在传统向现代的转型中，几乎所有国家都经历了从否定传统到批判性接受传统的过程，恰好吻合了黑格尔"历史螺旋上升"的观点。当现代文明、制度和价值体系基本确立之后，世人往往因不适飞速运转而按部就班地生活，而产生疲惫、单调、重复和贫乏感，希望生活在别处，于是追溯传统、缅怀历史、朝拜圣迹、寻找避世田园、感受牧歌情调，以疗救现代的文明病，因此旅游比以往任何一个时代都要兴旺发达。在这个旅游总动员的时代里，三坊七巷以其幽深的历史、优美的文学和绚丽的艺术感召着世人。三坊七巷作为古城街区维新的典型，主要体现在历史性、人文性、文学性和艺术性这四个方面。

1. 历 史 性

三坊七巷是闽都福州古城的历史性最富集的街区。三坊七巷始建于东晋，至今1 700余年，1 700余年的历史也许放在关中、河洛、齐鲁、川滇乃至荆湘不算什么，但放在福建省却是豁然醒目的。闽属古越国，先秦时代是未开化的野蛮部落。楚人断发文身，被孟子讽刺为"南蛮䴂舌之人"，而越人更在楚狂之下，这可从《史记》对越王勾践"长颈鸟喙"的记载中窥见一斑。闽开化较晚，直至秦始皇时才被纳入中国版图。公元前202年，越王勾践后裔无诸被封为"闽王"，在福州市新店一带修建"冶城"，福州市历史由此算起。晋唐以后，三坊七巷逐渐成为福州市的经济中心，晋"子城"、唐"罗城"、宋"西市"均建基于此，后因中原衣冠的历次南渡，修建书院、崇儒重教、复兴中原儒学，逐渐成为东南地域的文化中心，仅宋一朝，福州市进士多达2 799人，居全国首位。

三坊七巷历史虽不算十分久远，但有许多地域无法媲美的历史优势。

（1）历史遗迹较多，保存完整。三坊七巷至今完整保存着明清时期的参天古木、幽深书院、坊巷民居、园林建筑、古典家具等，另有一些唐宋遗迹，如唐名士黄璞故居"小黄楼"、宋郡守程师孟遗迹"光禄吟台"等，其中有9处被列入国家级文物保护单位，8处被列入省级文物保护单位。数量如此可观的历史遗迹这样密集在一个街区内实属罕见，其历史意义不言而喻。与之相比，全国多少文化街区在无数次的朝代更替、历史变革、硝烟战火中或毁、或弃、或拆、或仅存残垣断壁，流失了历史底蕴和文化精魂。

（2）文化结构稳定，历史承继性好。福建省多山，自古交通不便，历代战乱少，虽偏安一隅，但也逃过了历次文化洗劫，保存了较为纯粹的唐宋儒家文化。当中原大地经历翻天覆地的民族融合、语言变革、衣冠改制、文化交融时，此地依旧保持着古韵唐音、礼乐诗教，如同世外桃花一般"不知魏晋，无论唐宋"。福州市方言有八个声调，语汇、语法、语音上都带有中州古汉语遗迹，是地道的古唐音。建筑、艺术、饮食也带有鲜明的地域特色，不容易和其他地域混同。在旅游趋同化的时代，品牌个性尤为重要，三坊七巷的浓郁地域风情无疑是其制胜法宝。

（3）历史辉煌期距今时间短，社会影响大。三坊七巷建制于唐宋，初兴于明清，鼎盛于近现代。近现代是中国历史的剧变期。从鸦片战争这一节点起，中国开始遭遇中西文明的碰撞、西方强敌的侵凌、帝制的瓦解、变法的失败……由循环往复的朝代更迭史跃进曲线向上的文明演变史，而三坊七巷在近现代史上扮演着举足轻重的角色。它站在中西交汇与碰撞的风头浪尖，根植传统、面朝西方，培育了一批批与祖国同呼吸、共命运的优秀儿女，汇聚成一篇篇气壮山河的英雄史诗。林则徐、沈葆桢、林觉民……这些为国人熟识的历史名字和一个街区紧密相连在一起，很容易引起世人的关注，唤起世人的情感共鸣，这是三坊七巷得天独厚的历史优势。

2. 人文性

三坊七巷是晚清以后中国人文精神的渊薮。与北京的大气磅礴、西安的质朴浑厚、上海的摩登现代、青岛的欧化海派、苏州的和美婉约不同，三坊七巷骨子里蕴藏着一种能屈能伸、兼容并蓄、刚柔相济的人文气质，如同这里的山，不甚巍峨，却层叠连绵，能抵挡风沙、守护疆土；又如同这里的水，不甚幽邃，却奔腾不息、汇成江海，成就大气；还如这里的树，不甚挺拔，却郁郁葱葱、冠如张盖、遮风避雨、惠及一方。

三坊七巷是无数士子文人出仕前的成长之处，又是无数达官贵人告老还乡的避世之所。世人在此可进可退、能屈能伸，出则积极进取、锐意开拓；退则优游自在、颐养天年。这里既有儒家的奋发，又有道家的睿智，儒道并蓄、浑融大气。

三坊七巷背靠陆地、面朝大海，既能坚守传统文化的精华部分，又能积极吸收西方文明的优秀成果，兼容并蓄、有容乃大。从开眼看世界的第一人林则徐开始，严复、沈葆桢、林纾、林觉民、冰心、林徽因……一批又一批才德兼备、中西兼容的优秀人才从这里走出。

三坊七巷拥有刚柔并济的地域精神。与之相比，燕赵慷慨悲歌，柔情不足；而江浙委婉有余，刚气不足。三坊七巷恰得其中，"何意百炼钢，化作绕指柔"。坊巷男儿大多面容清俊、外表倜傥，谁能意料骨子里却心如金石、坚韧异常，有燕赵之士的慷慨之气；虽心怀天下、义无返顾，却又顾恋家庭、孝顺父母、爱护妻儿，因此英雄意气、柔肠百转、分外动人。林纾《剑腥录》记载，林旭入狱后坦然就死，独独挂怀"娇妻尚在江表，莫得一面，英烈之性，必从吾死，不期酸泪如绠"，一腔哀怨、无限缱绻。时隔13年，黄花岗七十二烈士中的林觉民又在广州复演了林旭当年的悲情一幕，死时年岁几乎一样。这位风流倜傥的英俊少年被关押数日，滴水未进，在公堂上慷慨陈词，毫无惧色，四座皆惊，连审判官两广总督张鸣岐也不得不叹道："惜哉，林觉民！面貌如玉，肝肠如铁，心地光明如雪。"然而，当他念及娇妻幼子时，千般不舍、万种柔情一起涌入心田，汇成那篇深情款款的《与妻书》。坊巷女儿亦柔中带刚，"巾帼不让须眉"。林旭妻子沈鹊应是沈葆桢的孙女、林则徐的外孙女，才华横溢且性格刚烈，有祖上之风。林旭牺牲后，沈鹊应为夫君的遭遇与国人的漠然悲戚，钢铁心肠一心求死，仅留下一部《崦楼遗稿》诉说她与林旭生死相依的旷世情缘。其中一阕《浪淘沙》悼夫之余剖明心志，幽怨中透着刚劲、铿锵有力、掷地有声。"报国志难酬，碧血谁收，箧中遗稿自千秋。肠断招魂魂不返，云暗江头。锈佛旧妆楼，我已君休，万千悔恨更何尤？拼得眼中无尽泪，共水长流。" 钱仲联将其收入《清词三百首》时评论道："悼夫之词，不施一些粉饰，全是朴素之词，为血泪所凝成。"

3.文学性

三坊七巷是中国近现代文学的重镇，留下许多精彩的文学佳话和丰厚的文学遗产，大及林纾的译作，林觉民的家书，冰心、林徽因、庐隐的作品；小及门楼牌匾、厅前楹联，无不为凝重古朴的坊巷文化增添了曼妙诗情与灵动气质。细数来，三坊七巷精通文学者大致可分四类：鸿儒、书生、儒将和才女。

鸿儒乃饱读五经、学贯六艺之士，而三坊七巷的鸿儒博士们却不是皓首穷经、不懂风月的老学究、道学家。黄璞、程师孟、陈襄、陆蕴、陆藻、黄任、郭柏荫、郭柏苍、陈寿祺、郑孝胥、陈宝琛、陈衍、严复、林纾……他们个个满腹经纶，却也不忘游历山川、品茗赏花、吟诗作赋、指点人生。唐代历史学家、大学问家黄璞善为诗歌，诗作常在藩镇间传诵，黄巢因慕其文名，经璞居所，竟灭炬而过。清代学者、诗人黄任学有专攻、诗有别才，主修《鼓山志》，又著《秋江集》、《香草笺》，《杨花》一诗流传甚广，"行人莫折柳青青，看取杨花可暂停。到底不知离别苦，后身还去作浮萍"，徐祚永在《闽游诗话》中称其"清丽芊绵，直入中唐之室"。编撰《福建通史》的硕学通儒陈衍，也是晚清"同光体"诗派的代表人物，他的《石遗室诗话》曾风靡一时。末代帝师陈宝琛中法战争后赋闲在家，借诗抒怀、啼笑人生，被《中国近代文学史》称作"独步诗坛四十年"。译坛怪杰林纾饱读诗书，深谙古典文学，不通外文，仅凭他人口译，将《茶花女》、《雾都孤儿》等160余部欧美小说译成极具中国情调的文言小说。

"书生本文弱"，可三坊七巷的书生却多是肩担道义的铮铮男儿。"戊戌六君子"之一林旭本是一介少年书生，师出名门、伉俪情深，尽可优游自在地安享人生，可他却偏偏选择了一条最艰险和崎岖的人生道路，所著《晚翠轩诗集》金声玉振，尽显革故鼎新的一腔意气和拯救国运的满怀豪情。黄花岗七十二烈士之一的林觉民亦如彗星陨落，仅留下了那篇无数人为之声泪俱下的广陵遗散《与妻书》。这封家书为林觉民身陷囹圄时在一方帕上匆匆写就，虽仅千余言，但字字珠玑、句句沥血，至真至诚、至刚至柔，堪比千古至文，绝非世间普通笔墨功夫可比。与林觉民一同赴死的还有"福州十杰"中的另外九人。

女子无才便是德，可三坊七巷文气氤氲，连女子也都兰心蕙质、饱读诗书、出口成章。古代有黄任、郭柏荫之名门闺秀，她们或以诗文见长，或以篆书称誉。据传，坊巷闺秀深居简出，诗文多装入笥筒让丫鬟婢女代为传递，好事者常贿赂侍女求其诗，传入世间，时人称作"光禄体"。现代有冰心、庐隐、林徽因等新式女性，她们步入"五四"文坛，成为"五四"文学健将和新文学的奠基者，展现了三坊七巷才女的不凡气度。

三坊七巷的武将不是征战沙场的草莽英雄，而是文韬武略样样精通的儒将。明代抗倭名将张经是进士出身，官至兵部尚书，常年征战在外，却笔耕不辍，有《半洲诗集》、《张半斋稿》传世，诗多五七言近体，能摹唐风。清代台湾地区总兵甘宝国英勇善战，威震四方，连倭寇"慑其威，服其勇"，秋毫未犯。可这样一位虎将却也舞文弄墨，擅长山水，尤擅用手指画虎，堪称一绝。

4. 艺术性

三坊七巷是手工时代巧夺天工的民间艺术的荟萃之地。无论是曲折波动的马鞍墙，还是巧夺天工的寿山石雕，抑或是悠扬婉转的闽剧评话，都静静地散发着三坊七巷独有的艺术气质：精湛、精细与精致。

三坊七巷的艺术承继古越遗风，力求精湛。古越国虽开化较晚，但在艺术上却有精到之处，尤以铸剑、制瓷为最，越王剑、秘色瓷闻名天下。三坊七巷作为闽越属地，势必承继和发扬了这种精益求精的艺术精神，因此在寿山石雕、脱胎漆器的制作、马鞍墙的设计、闽剧的演绎上无不追求百炼精钢的艺术境界。

三坊七巷的艺术精雕细镂、力求工细。门窗的雕镂、檐角的彩绘、门板的朱漆、石础的凿刻、水井的打磨……这里的每一方寸都是艺术的舞台，不是追求水晶宫般的绚丽，仅仅希冀质朴中的高贵。

三坊七巷的艺术精致细腻，融入生活。曾巩的《道山亭记》谈及福州市民风，"麓多杰木，而匠多良能，人以居室巨丽相矜，虽下贫必丰其居，而佛老子之徒，其宫又特盛"。可见，福州人自古善于将生活的艺术化与艺术的生活化融为一体。而三坊七巷更是将这种艺术精神发挥到极致，水榭戏台、神秘雪洞、方形天井、曲径回廊……无不将实用性与艺术性融为一体、浑然天成。

（四）三坊七巷的修造发人深省

为整治街区环境，完善基础设施配套，优化人居环境，使其成为保持传统文化特色的居住社区，福州市根据保护规划的要求，按照"以人为本"的指导思想，采取积极、持续、有效的政策和措施，合理疏散居住在三坊七巷不协调建筑和文物保护单位中违章搭盖建筑的居民，努力解决居民居住和发展需求，制定切实有效的原住民保护措施和政策，调动居民参与的积极性，让传统风貌的保护成为居民的自觉行动。在疏散过程中，只要条件允许，尽量让提出留住申请的原住民留下来，让那些有代表性的民间商业，如老字号、手工艺作坊等留下来，在政府统一规划的前提下，积极组织留住居民参与保护修复工程，并由政府补贴修复费用。如此等等，均充分体现了行为者的努力与贡献，从而促成三坊七巷街区营造的巨大成功。然而，过程之中仍多有美中不足之处，甚至造成了不可挽救的失误，值得类似文化工程执行者警醒与深思。

1. 保存不够完整

三坊七巷历经沧桑变迁，有几处坊巷在历次城市改建中遭到一些破坏，十分可惜。光禄坊历来是诗人、书画家、考古学家、博物学家的聚居之所，藏砚大家黄任、琉球国册封使齐鲲、博物学家郭柏苍、翻译家林纾都曾定居于此,古迹众多。然而20世纪30年代,此处建马路,被削去半边巷子。20世纪90年代城市改容除保留光禄吟台等重要历史遗迹外,其他部分改建楼房。吉庇巷、杨桥巷也遭遇相似命运。杨桥巷于民国时期已扩建成杨桥路,吉庇巷也于改革开放后改制,成为贯通东西的城市主干道,两旁古建筑大多不存。三坊七巷在品牌打造过程中虽对破坏的历史建筑进行修复,但也只能使之成为一件新旧结合的"百衲衣"了。

2. 挖掘不够深入

三坊七巷拥有灿如繁星的历史文化元素,为三坊七巷品牌塑造提供丰厚的品牌资源。然而,三坊七巷品牌打造尚处于起步阶段,对现有资源的挖掘不够全面,也不够深入,未能充分展现三坊七巷作为闽都文化中心的历史美、人文美、文学美和艺术美。譬如,林旭和林觉民年岁相仿、经历相似、遭遇也相近,都能体现三坊七巷至刚至柔的人文气质,同时,林旭与其妻沈鹊应之间的缠绵爱情故事具有丰富的故事性、文学性和人文性,然而对他的挖掘却很少。又如,油纸伞、灯笼、软木画、书画裱褙等传统工艺别具一格,能够展现地域艺术风貌,但目前坊巷内尚无一定规模的民间工艺作坊以展示传统工艺并吸引游客。

3. 优势不够突显

三坊七巷的品牌优势是历史建筑密、文化名人多、人文底蕴深,应尽量展示,以突显其文化品牌的特异性。然而,三坊七巷在品牌打造过程中,创意很多,但涉猎太广、种类庞杂,难以突出重点。以南后街为例,它是三坊七巷倾力打造的一条文化商业街,然而因不少商铺早已售出,经营权在业主手中,因此无法统一规划和重点扶持,以致星巴克等现代商铺生意红火,而不少传统老铺则因无力支付高昂店租而无缘进驻,造成南后街中西风格杂糅、地域特征缺失以及商业意味过浓的问题,优势得不到体现。

三、三坊七巷的品牌发展建言

三坊七巷作为文化品牌营造至今业绩喜人,但任何品牌塑造不是一劳永逸之事,三坊七巷也应保持特色、适时发展,才能立于不败之地。

1. 张扬个性,特色立街

特色与个性是任何品牌的生存之道。与其他历史文化名街相比,三坊七巷特色明显,优势显著,这在第二部分已充分论述。三坊七巷在品牌发展过程中应秉持自身特色,充分挖掘历史文化资源,营造浓郁的"历史现场感",以区别于其他历史文化街区。相反,如果它照搬其他地域发展模式,为了眼前利益过度商业化,而丧失了地域特征和历史文化韵味,那么终将因为趋同化和商业化而断送发展前景。纵观全国不无前例,如北京国子监街位居天子脚下，以正统儒学扬名于世，然而近年来却改辙易弦，背弃"子不语怪力乱神"的训导，沿街商铺多以看相、起名、看风水、预测命运为生，变相商业化，文化街几成风水街，一度引发媒体热议。又如包括丽江古城在内的六处世界遗产因其过度商业化和原住民流失被联合国亮黄牌。这些先例无不警醒着三坊七巷切勿在商业化时代里迷失方向。

2. 扶持弱项，全面开花

三坊七巷品牌发展拉动周边产业发展，并已初现产业效益，然而在产业发展过程中也初现一些短板和弱项。旅游、创意、影视等产业与市场关系紧密，容易市场化，借助三坊七巷品牌获得显著效益；而传统工艺和艺术等在现代社会面临传承或传播危机，市场化难度大，虽在三坊七巷的文化舞台上有了一定的展示机会，但尚未形成明显的产业效益。三坊七巷在未来品牌发展过程中，应适度调拨旅游、创意、影视等产业的盈利所得扶持传统工艺、艺术等的发展，对传统工艺和艺术的传承人加以扶助，传承技艺、鼓励创新，并适当创作机会、营造商机，帮助它们在现代社会里找到自己的生存空间，同时也有助于保持自身文化的多样性。

3. 发展产业，多元收入

三坊七巷实现门票制，且定价较高，实行之初社会便有争议。门票制固然是维护三坊七巷正常运转和控制客流量的有效方法，但不是唯一方法，更非最佳途径。全国很多历史文化名街皆不收费，但由于三坊七巷前期投入多，可根据社会意愿适度收取门票，或根据盈利情况逐年递减，但不应以高额门票作为其主要收入，这样不仅会使三坊七巷旅游门槛太高，阻碍了二次、三次旅游，使三坊七巷成为一座遥不可及的文化城堡，而且也会使得三坊七巷经济结构过于单一，抗行业风险能力降低。相反，三坊七巷应着重培育自身的产业链，如完善服务业、投资影视作品、发展会展业、开发衍生产品等，多向开源，拉动地方产业发展，坚持地域经济的可持续发展。

4. 传承文化，持续发展

三坊七巷的品牌打造应兼顾经济效益和文化效应，不能唯经济马首是瞻。GDP增长固然重要，但不是衡量品牌优劣的唯一标准。随着三坊七巷的整修改造，原住户大多搬离坊巷，因此三坊七巷的文化承传与历史延续成为一个问题。三坊七巷在发展产业的同时也应兼顾文化事业，可以适当成立一些国学基地、教育机构、艺术展馆和工艺作坊等，传播文化、延续文脉，以免三坊七巷文化断源。

（作者单位：厦门理工学院文化产业学院）

【福州案例】拾肆 ▶

"榕都318"

黄玉妹

从福州地区历史文化角度来看（包括历史文化资源和当代文化发展），当社会发展到一定的阶段，人们的追求不仅仅是停留在物质层面上，而更多的是寻找某种精神文化上的升华，这需要的正是创新与变革。"榕都318"文化创意艺术街区正是对创意产业在创新发展之路上落定的一招"求变之棋"。

一、"榕都318"文化创意艺术街区营造背景

"榕都318"文化创意艺术街区正日益走向成熟，对福州市近年的文化产业发展提供了新动力。从2010年9月开园到2012年8月，"榕都318"已有超过45家创意机构入驻。其中四维联展、闻天传媒、炎龙计算机科技、四方通文化传播、种子文化传播等一批公司已成为"榕都318"创意企业的中坚力量。到2011年底，"榕都318"的年产值达到了1.5亿元，注册总金额约2亿元，入驻率达98%，预计街区运营5年后年产值可达5亿元。

（一）"榕都318"文化创意艺术街区缘起

福州市的创意产业相对于国内许多城市来说处于弱势地位，尤其以文化创意明显处于下风。福州市相关部门多年来在北京市、上海市、广州市等创意产业领先的城市中考察时发现，福州市也迫切需要一个标杆式的创意街区作为突破口，引导福州市的创意产业。背景是福州市颁布了《福州市加快文化创意产业发展的意见》，明确鼓励、允许、限制和禁止投资的项目，进一步放宽市场准入条件和领域，鼓励非公有资本及海外资本进入文化创意产业。与此同时，相关部门实施一系列产业扶持政策，在这种大背景的刺激下，社会资

本蜂拥转向文化创意产业园的建设。其中，"榕都318"、芍园壹号、"福百祥1958"等一批创意园相继"露脸"。如今，这些第一批开园的创意产业园经过2年多的培育发展，已渐入佳境，不但成为不少文化企业的创作园，还是福州市民的艺术公园，并成为福州市文化艺术界与经济界联姻的一种跨界模式。这其间，"榕都318"作为福州市诸多文化创意园的先行者之一，因其文化创意的纯粹性及入驻企业的稳定性而成为业界的示范地之一。

与许多地方的创意街区一样，"榕都318"也是从原来的旧工厂改造而成的。其地点位于福州市台江区的连江中路和排尾路交汇处，北临鳌峰大桥、东接鳌峰路，位于内河与沿路交汇处，街区内拥有多棵颇具历史感的老榕树，这客观上沉淀了福州市榕树文化，其商业总面积超过12 000平方米。此外，在街区后面还拥有占地独立的15亩幽静的光明港公园，尤其中街区内原封不动地保留了20世纪二三十年代的大榕树，及多栋当代建造彰显传统风格的旧厂房，让创意街区在定位上，不仅充分利用自身良好的地理环境和资源优势，还特别注重特色和品质以及充分考虑到街区的发展前景，见图1。

图1 "榕都318"文化创意艺术街区

"榕都318"文化创意艺术街区由福建省榕仕通实业有限公司全资开发。该公司成立于2009年12月，注册资金为5 000万元人民币，主要从事进出口贸易、房地产开发等，其涉猎范围包括工业、农业、商业、文教卫生、旅游业、运输业、社会服务业等。2010年2月，该公司投资购买了原属于榕东活动房有限公司的连江中路318号的厂房，在对市场进行充分调研和分析的基础上，结合现有旧厂房的资源特点，发展文化创意产业。该项目于2010年2月启动，按照街区改造与招商工作同步进行的原则，于2010年8月基本建成，并于2010年9月19日开街试营业。

（二）"榕都318"文化创意艺术街区的品牌定位

1. 功能角度

"榕都318"文化创意艺术街区拥有城市历史积淀的老式厂房及附近幽静公园的环境、集中的居民小区等内外部成熟条件，加上交通优势——鳌峰洲大桥近在咫尺，16路、74

路、109路等近10条公交线路,通达城市各主要的行政区、商务区和购物区。随着福州市海峡金融街的兴建,万达广场人气的增加,整个区域交通路网得到极大改善。在这种情景下,创意街区迎来的是交通健全、聚城市千万人流的美好光景。此外,旧厂房内部总面积13 500多平方米,建筑面积8 570.96平方米,项目内部保有数十棵原生老榕树,古韵浓郁,沉淀了福州市榕树文化。而内部旧建筑物保留了当代的传统厂房建造风格:大面积、平顶、大空间结构,易于改造利用,适合各类不同文化群体创造的需求。

在"榕都318"文化创意艺术街区的功能定位上,以文化创意、文化展示、文化游憩为主题,把街区重点发展成为以文化旅游、表演会展、工艺美术、服装时尚和商务办公等产业为一体的城市创意街区;而在档次定位上,旧厂房经细部装饰、设备设施、建筑外立面、景观布置、艺术小品设计,结合外部改造后,街区的档次被提升到一个新台阶,成为福州市时尚风格浓厚的创意产业街区。

2. 品牌角度

在文化创意艺术街区的品牌定位上,"榕都318"中的"榕"即福州市的简称,而福州城市中到处充满着年久的榕树,而在创意街区更是处处透出榕树"有容乃大"的精神特质。"榕都"二字,简单、明了,易于记忆,突出表明创意文化街区在福州市的重要地位。318,则直接取自创意文化街区原先旧厂房的门牌号。"榕都"和"318"——文字和数字两种字符的搭配,文化意味扑面而来,更让人有种耳目一新的感觉。另外,"318"可以定位于福州市乃至福建省的创意盛会的日子,与一年一度在福州市举行的"5·18"(中国福州海峡两岸经贸交易会日子)、"6·18"(中国海峡项目成果交易会日子)等作为福州市对外窗口的文化盛会的标志性日子暗合。

3. 形象角度

在文化创意艺术街区的形象发展定位上,文化旅游、表演会展、工艺美术、服装时尚和商务办公,街区作为专业性的文化浓厚的文化街区,将以提升城市文化建设为主要发展方向。而在文化创意艺术街区的战略布局上,则分为文化展示、文化创意、文化交流三条产业链;街区也配套规划为三大功能区,分别为文化创意孵化区、艺术展示区和"榕都318"多功能公共服务平台。

二、"榕都318"文化创意艺术街区的品牌评价

"榕都318"文化创意艺术街区规划出的三大功能区分别为文化创意孵化区、艺术展示区和多功能公共服务平台。这三个功能区以各自的特性,撑起了创意街区的独特气韵。

（一）文化创意孵化区造就人才

鼓励大学生创业是当前的一个主流方向。作为年轻人就业为主的创意街区，"榕都318"同样积极支持大学生创业，通过与YBC（中国青年创业国际计划）福建省办公室、共青团福州市委合作，创办海西青年创意孵化园，孵化园帮助、扶持大学生在创意产业方面的创业与研究。为了筛选优秀的人才及有发展前景的项目，2011年3月18日，"榕都318"文化创意艺术街区与YBC福建办公室、共青团福州市委、台北市环保再生创意协会等联合发起以"点燃青年创意火花与创业梦想"为主旨的纯公益性的创业创意比赛。创意街区共有70件作品参赛，45件进入复赛，10件进入决赛。众所周知，台湾地区的文化创意产业已进入繁荣阶段，本次大赛的不少参赛作品受到台湾地区文化创意思路的影响，其中的《环保低碳景观石与盘龙云海艺术茶盘》、《I·创传媒，E·校到底》、《榕易换物网——福州社区化闲置物品流通平台》、《艾洛手工包——三坊七巷系列》等十强作品均体现出台湾地区主流文化创意方向在福州市的落地。

在组织大赛过程中，"榕都318"文化创意艺术街区首先通过举办义拍入驻企业设计产品，捐赠11 688元作为大赛的启动资金，在大赛结果评选出来后，"榕都318"文化创意艺术街区还拿出现金23 500元作为入选选手的创业奖励金，并免费提供年价值几十万元的租赁场地给入选选手作为创业场所，凡是入驻项目，提供办公场所、水电、网络等，并做好环境绿化、美化，创造一个环境优美、硬件齐全、办公舒适的创业环境。获得创业奖励金及免费办公场所的"飓墨文化创意工作室"负责人、2011年6月刚从福建工程学院毕业的陈龙的工作室只是一间20平方米的空间，但他认为，有了这个免租金的办公场所，他和团队的5名同学就可以放手大干一场了。

此外，"榕都318"文化创意艺术街区还对入驻园区企业予以全程创业指导，培育创意项目，力争做大，增加大学生就业机会。街区不定期走访入驻孵化园的大学生，了解经营情况，对存在的问题和困难，尽力予以帮助解决。支持大学生创业，是"榕都318"文化创意艺术街区支持公益事业，鼓励有志青年通过自身努力和创意的手段，投身发展有市场前景的文化创意项目，达到创业和回报社会兼得的一项重要举措。首批入驻的孵化企业6家，目前总体运营良好，创造就业岗位90多个，其中残疾人40多个。

（二）艺术展示区提升创意企业发展空间

文化创意艺术街区内有4栋楼的底层面积达到6 000多平方米，作为主体办公区和展示区，聚集了工业设计、活动策划及广告设计、展览展示设计、网络服务、影视传媒等为主的一批成长型企业。文化创意艺术街区开放以来，以入驻企业为依托、以展示区为平台，"榕都318"文化创意艺术街区举办了2届艺术节，内容包括入驻企业创意设计交流会、设计产品展示、设计企业对接会、青年设计创意大赛、设计产品公益拍卖、文化经典回顾、书房笔会、海峡两岸创意产品交流等一系列活动，宣传创意艺术街区，展示入驻企业风采，凸显创意街区定位，吸引其他优秀创意企业入驻，起到良性互动效果。

入驻其中的知名公司也有力地提升了艺术展示区的公众形象，如入驻"榕都318"文化创意艺术街区的著名创意公司有：闻天传媒、炎龙计算机科技、四维联展、四方通文化传播、种子文化传播等一批公司。其中闻天传媒从事媒体运营策划、设计等，服务于众多知名企业，如福建省移动、福建省电信等；炎龙计算机公司是一家以文化创意为核心的高新技术企业，主要经营项目为CG动画设计与制作、广告及建筑动画设计与制作、多媒体设计与制作、互联网服务等，该公司原创本土题材动漫作品《万寿桥的传说》在"5·18"（中国福州海峡两岸经贸交易会）上参展；四维联展也曾多次获得设计类大奖，如第3届国际文化产业博览交易会"福州馆"、"海西动漫馆"展览展示银奖，东西部投洽会"福建馆"设计银奖等；四方通文化传播公司是一家集软装方案设计、配饰、大型壁画定制服务为一体的专业公司，在国内大型壁画领域，率先采用宣纸、绢等材料及矿物质颜料，实现了环保要求和巨幅国画以手工装裱形式直接裱褙上墙，解决了水墨、书法无法直接裱褙上墙的传统难题。

"榕都318"内的种子文化传播公司自成立至今，秉承着诚信经营的理念，在不断实践的客户服务中迅速发展，在公关活动、商演领域具有高水平的整合执行实力。种子团队曾先后成功承办省内诸多知名品牌公关活动，服务于房产、汽车、金融等高端行业的各知名品牌，广受客户好评。自成立以来，公司承接的项目达120多项，其中有福州市保时捷10周年庆典、福州市商品房的推广如大卫城活动、淮安半岛私人晚宴、永荣山水湾样板岛开放、大理洱海传奇中秋活动等，此外还有海峡茶博会，蔡琴福州演唱会，张惠妹福州演唱会等活动，在业界均产生较大影响力。

艺术展示区为这些入驻公司提升了良好的企业发展空间，而目前这些创意相关行业的佼佼者，也同样提升了文化创意街区的品位。

（三）公共服务平台让企业间对接更加流畅

除了两大功能区，"榕都318"文化创意艺术街区中的公共服务平台也发挥出了强大的"调控"能力——它成为创意产业牵线搭桥、提供设计研发、创意交流产品的展示和销售平台。

1. 公共服务平台为园区入驻企业提供双边服务，有力促进街区内企业强强联合和优势互补，为产业链的形成起到了很好的推动作用

如街区的炎龙计算机科技与从事展位设计的四维联展、从事专业策划的种子公司，通过街区牵线就有很好的合作，即炎龙公司设计的产品要参展，由四维联展提供专业的展位设计服务，而炎龙公司的设计形象又开拓了四维联展的设计思路。炎龙的产品推介，由种子公司进行策划和推介；还有精信广告公司，在承接软装设计的单子时，根据需要，与泓珈装置设计公司或四方通公司对接，一个提供设计样本，一个提供设计产品，使整个设计工作在街区内得以完成。通过双边合作、资源共享，减少中间环节，少走弯路、提高效率，实现利益最大化和成效最优化。

2. 建立多功能艺术馆

"榕都318"利用一座旧厂房改建成多功能艺术馆，该处厂房原为车间，单层层高近11米，单层面积950多平方米，平顶，具有20世纪六七十年代工业厂房建筑风格，内部空间方正、宽敞、高大，适合各种展示活动。街区投入大量财力对多功能馆进行改造：①搬移旧机械设备，清理场地，对建筑物重新加固、修缮、添加地下管网；②对门窗、墙体、内部结构进行改造，合理分区；③增添必备设施，如消防、音响、灯光、舞台、监控、空调、网络等等，并进行必要的软装。多功能艺术馆作为公共服务平台的核心载体，面向大众，成功举办了30多场公益性、非盈利性的活动，主要有同人动漫展、首届COSPLAY比赛、福州市老年大学霞光画院"榕都之春"书画展、2011年台江区"迎春"书法作品展、海峡两岸乐色创意亲子课堂、台湾地区环保创意乐色SHOW、海峡摇滚2011高校巡演启动站、"榕都318"海峡艺术节暨"318"榕台青年创意创业大赛、品酒会、演唱会、海洋生物展、古典婚礼、新品发布会等，互动良好、效果突出、影响广大，为宣传各领域的文化创意做了很好推动。

3. 创意合作

公共服务平台还多次与福建省海外人才中心闽台交流合作部、福州市宣传部文产办等单位合作，接待了海外创意产业专家团，前后接待了三批专家团，其中有台湾地区中华亚太中小企业经济合作促进会李睿泰总经理、台湾地区国立成功大学工业设计系曾剑锋教授、世界华人艺术评议中心（美国）副理事长纪胜宝、全英中国学生学者联谊会常委王雷等40多位专家学者，专家们实地参观了街区的重点文化创意企业，对街区内外改造效果赞不绝口。双方彼此沟通，探讨相互感兴趣的话题，谋求共同发展之路。相关企业就专业问题还和专家们保持长期联系，掌握世界同行业先进脉搏，促进产业健康发展。

4. 电子商务平台的建立

为了适应当今信息时代发展的要求，"榕都318"运营方十分注重公共服务平台的电子商务平台的建设，街区与腾讯、新浪等网络服务运营商合作，推出"榕都318"文化创意街区微博、街区QQ服务平台等，以便网络推广园区，同时加大与入驻企业的沟通，及时了解并帮助解决企业的需求。同时鉴于建设银行的影响力和庞大的网络服务客户群体，街区与建设银行电子商务平台签约合作，允许"榕都318"文化创意艺术街区的入驻企业作为协作企业免费加入平台。加入平台，能迅速提高入驻公司的知名度，有利于创意产品的推广，扩大影响力，提升企业的品牌和形象。街区还创办了网站，整体推广创意街区。

5. 提供培训服务

街区和入驻企业与本地高校合作，接纳高校文化、艺术、美术、设计类学子入街区参观、实习、培训，实地感受、参与创意工作过程，培育实践与创新能力。例如，福州市视觉魔方文化传播有限公司就与福建师范大学闽南科技学院合作成立了实践教学基地，从园区试运行以来，已经无偿接待了 8 批次约 500 人，学生的实践作品得到指导老师的肯定。从培训实习中，创意企业也可以发现人才、吸收人才，达到共赢。

三、"榕都318"文化创意艺术街区品牌联动

1. 诗意地栖居，引来更多创意同类

漫步"榕都318"文化创意艺术街区里，微风轻拂，轻按相机，随处都找到独特的相片背景。在这特定的空间里，时光的流逝不被轻易察觉。恍然间，那些既陈旧又时尚的建筑让你有穿越时光之感。

与其他行业不同，文化创意行业的办公人员多半喜欢充满诗意的栖居所在，而"榕都318"文化创意艺术街区恰恰满足了这些创业者的想象。

整个创意街区通过设立雕塑、LED 显示屏、园区铭牌、创意性岗亭以及制作墙绘等，积极打造文化创意园诗意形象，给人耳目一新的感觉。入驻企业利用沿街楼房占地面积 1 300 多平方米的有利条件，通过一系列的创意产品展示及交易，彰显创意定位，吸引市民和游客的眼球。创意园整体看起来现代感很强，却又有浓浓的怀旧氛围，而艺术气息更是在进入的瞬间就迎面扑来。

目前"榕都318"聚集了室内设计、广告影视传媒、艺术创作等企业，每个企业的装修都有自己的特色。高大的挑高空间，让本来就是艺术家出身的创业者有了信手发挥设计装修的余地。许多普通市民来这里漫步，都止不住感叹艺术与生活的相得益彰，简直就是北京"798 艺术区"的微缩版，连园内摆设的废铜烂铁看起来也是艺术品。

如今"榕都318"也成为众多摄影家的选景之地。很多喜欢主题性摄影的年轻人都把这里当成了不可多得的外景地，而一些摄影爱好者也都把这里当成练摄影技术的好地方，甚至一些新人都把这里当成了他们的婚纱拍摄基地……

随着艺术创意氛围的浓烈成分增加，许多商家的活动也成为这里的常态。2011 年 10 月初的一场品酒会就吸引了近 300 位各行业人士参与。承办方是一家传媒机构，会场独出

心裁地布置成了露天酒会，同时还以"酒"为主题，嫁接入了诗歌配乐朗诵活动。整个品酒会在浓浓的酒香中、在浓浓的书香中，同时也在浓浓的诗情画意中流淌开来。在灯光下，在榕树的根须下，参与品酒的的人都有说不出来的美妙享受⋯⋯

2012年3月举行的福州市首届COSPLAY比赛，让"榕都318"成为一个庞大的秀场，各种影视中的角色扮演者，次第出现在"榕都318"的舞台上，让观众有一种时光倒流之感。

而在"榕都318"边上的光明港公园，也因为创意街区的文化延伸而让人有了漫步河堤栈道的悠然情怀。光明港公园占地15亩，宛若"榕都318"文化创意艺术街区的后花园。满园的苍翠，隔断城市的喧嚣。清风拂过，为创意街区带来鲜活氧气。高朋相约，徜徉其间，人与自然和谐共生。绵延河道，行随于水、心驰于岸，灵感源自生活。

行走于沿河木栈道，聆听河水潺潺，平添了一处沉思静虑的心灵场所。在这里清风徐徐，信手翻书，恍然间，夕阳给河水披上了霞光⋯⋯在时光的流逝中，创意街区的周边将形成一个文化交流区，作为整个创意街区的配套休闲区。这里，可以诗意地栖居，可以洗尽城市的喧嚣，让人不自觉地放慢步调，久久不忍离去。这样诗意栖居地办公，通常意义上的职场压抑感也相应减弱甚至消失，从而激发了创意从业者的灵感。

2. 创意公司的成长

2010年7月前，福州市四维联展机构一直在一个层高压抑的商业大厦里与客户洽谈业务。这家公司是由福州市、上海市、广州市三地专业展览公司共同联营成立的一个专注于展览展示服务的设计机构，机构专业从事展览特装设计搭建、商业空间设计施工、展厅博物馆设计施工等。

有段时间，看到公司的业绩总徘徊不前，员工们也无精打采，总经理陈魁觉得再这样下去，自己的脑袋都将糊成一团——做创意行业的，就怕想象力匮乏。他一直想着搬家，找了很多地方，却一直没有想象中的那种模样：层高至少10米以上，两层，中间是空心的，充满通透感，空气在层高中飘浮着，办公环境不再是格子间，员工们的创意性在宽松的办公环境中不断被激发着⋯⋯

"梦里寻她千百度，蓦然回首"，原来就在不远处的"榕都318"文化创意艺术街区里。当时，创意街区还在招商阶段，陈魁特地跑去看了，简直就是所谓的"一见钟情"：所有的一切都符合他对于新办公地点的想象——LOFT的12米高空间结构，让人意外的层高。古朴的旧厂房改造出来的建构，没有让人不悦的挤压感的格子间，有的是可以任你创意的个性办公室。甚至，连边上的榕树都让人回想到童年⋯⋯最让人欣喜的是，这么好的空间，价格比外面逼仄压抑的办公室还省去了1/3⋯⋯

"就是这里了！"陈魁当场拍板。学设计出身的他，很快敲定设计方案。一个月后，全新的四维联展机构已呈现在创意街区的2号楼里。错落有致的复式空间感，随意点缀其间的物什，曲里变化的楼梯通道，让一个两三百平方米的空间呈现出了休闲的气息。朋友们来串门,一进门就直呼:"我走错门了吧,这是咖啡屋吧?"

在这样的办公条件下,想没有灵感都难!

对陈魁而言,搬到这里工作后最便捷的条件是,终于能够与整体的创意行业进行沟通与交流。以前在商业大厦,总感觉找不到组织。创意街区里聚居的全是创意行业的各路精英,创业的氛围好得让人感叹。公司给客户的形象也整整升了一个台阶!

最让陈魁兴奋的是,"榕都318"很快显现出了不同行业创意机构间的"共享客户效应"、"产业聚集效应"及"人才汇聚效应"——这都是创意行业者最需要的效应。

搬到"榕都318"办公后,四维联展机构很快就汇聚了一批高素质的专业人才,凭借设计创新以及多年积累的丰富经验,他们在两年内就为国内外不同领域的知名企业、政府部门和展会,提供了与自身形象高度契合有效的形象设计与服务,如中国福州市海峡两岸经贸交易会、中国海峡项目成果交易会、中国投资贸易洽谈会、海西住房交易会、福州市(国际)汽车展、中国绿色食品博览会、漳州市花博会、海峡两岸(三明)林业博览、海峡两岸(泉州)农产品采购订货会等知名展会。四维联展机构凭借设计创新和丰富的执行经验,成为"奔驰汽车"、"东南汽车"指定展示服务商。

对于四维联展机构的当家人陈魁而言,不同的艺术创意流派栖息于此,让"榕都318"的气场变得确实够大。进驻创意街区后,他的公司最大变化是:办公效率成倍提升,而业务量的增长也大大超出自己的预期。

"榕都318"确实让陈魁找到了一种创业的归宿感,同时,创意街区正在形成的品牌效应,对提升企业的价值将提供不可估量的帮助。

四、"榕都318"文化创意艺术街区的品牌效应

"榕都318"文化创意艺术街区旨在打造一个福州市的设计文化创意集聚地。"榕都318"文化创意艺术街区通过吸引众多的设计类创意公司、机构及其艺术家,使得创意设计可以在这里聚集化发展,而且通过企业聚集和资源整合,形成完整的文化创意产业链,从而推动该产业的发展,街区也将成为新的经济增长点。街区通过对展示中心、公共服务平台、青年创意创业孵化园的打造,搭建起交流合作的平台,提升街区形象和文化品味,吸引高端设计创意作品和高端人才到街区交流,培育和提升街区品牌,使街区成为当地设计类创意产业的示范基地。

在运营的两年中,"榕都318"文化创意艺术街区获得了福州市"第一批文化创意产业示范企业和示范基地(园区)"、"中国青年创业国际计划优秀合作伙伴荣誉证书"等光荣称号。

1. "榕都318"文化创意艺术街区对文化产业发展的榜样效应

街区充分利用福州市台江区作为传统商贸区的优势，结合项目特点，以展示交流作为亮点，以文化为基础、创意为手段、产业为支撑，把"榕都318"文化创意艺术街区打造成文化创意设计街区、文化创意展示和交流的街区。街区在定位上十分明确，在发展上特色鲜明。它的优势明显，通过走产业聚集和优势互补的发展之路，通过产业链的培育，达到品牌和社会经济效益双赢。

2. "榕都318"文化创意艺术街区对社会经济发展的引领效应

"榕都318"文化创意艺术街区的目标就是，打造一个福州市乃至整个海西的创意文化集聚地和文化创意产业公共服务平台。创意文化产业街区的培育使得创意文化可以聚集化发展，它与高科技产业园一样，同样可以起到促进区域经济发展的作用。而创意文化产业较强的创新聚集效应和文化创意产业公共服务平台，决定其发展过程中需要整合各种资源，集群化发展趋势非常明显，而且通过企业聚集，形成较完整的创意文化产业链，从而为社会提供就业，为经济发展贡献产值。

3. "榕都318"文化创意艺术街区对城市发展的示范效应

"榕都318"创意文化产业对区域发展所能够发挥的作用还包括：美化区域环境，激活创新型人才，提供就业，吸引旅游观光，提高周边房地产附加值，吸引高端人才等。创意文化产业与其他产业的结合，和文化创意产业公共服务平台综合服务，可以提高产品的附加值，提升产品利润，促进区域竞争力，提高该区域的影响力，为城市经济发展和提高城市美誉度做出贡献。

4. "榕都318"文化创意艺术街区对福州市文化发展的标杆效应

文化对于城市有着极其深远的作用，真正的有吸引力的城市并不完全是硬件上的现代化，而更应该拥有城市文化底蕴。相比较厦门市而言，福州市创意文化产业处于弱势地位，我们应该注重塑造和提升海西省会城市福州市的创意文化实力。"榕都318"文化创意艺术街区成为福州市第一批创意文化基地和文化创意产业公共服务平台，将会大大提高福州市乃至整个海西的创意文化实力。"榕都318"文化创意艺术街区对城市历史文化的挖掘，对榕树文化的重新塑造，对创意产业的整合提高，是福州市城市精神、城市文化强有力的支撑。

5. "榕都318"文化创意艺术街区对税收增长的推动效应

不同于传统产业对土地、资源的巨大需求，创意产业能够不受市区土地资源的限制，又能盘活城区闲置资产，拉动就业，创造新的经济增长点。创意产业还将技术、商业、文化融为一体，使制造业得以延伸，有利于推动产业升级。在OFFICE里无法突破办公的空间概念，旧厂房没有这些顾虑，可以做展示以及走秀等。创意街区能够大规模吸引众多的创意文化公司、机构及其个人，该项目运营成功后，街区将成为政府税收新的亮点。从试运营以来，"榕都318"文化创意艺术街区的社会效益和经济效益不断提升，园区入驻45家企业，注册总金额约2亿元，入驻率达98%，预计街区运营成熟后年产值可达5亿元。

6. "榕都318"文化创意艺术街区对环境保护的引导效应

"榕都318"文化创意艺术街区用低能耗、无污染、高产出、高附加值取代高能耗、高污染、低产出的工业项目，对环境保护起到促进作用，也是顺应当今世界经济发展的总体趋势的。

五、结　语

"榕都318"文化创意艺术街区建设的根本目的是为了形成企业集群效应，不但是企业集聚，同时还是人才的聚集，从而打造文化创意的产业链，提高创新能力和经济效益，产生"1+1>2"的效果。就像"北京798"一样，形成后对文化产业的发展产生了不小的拉动作用。按照福州市"十二五"规划，2015年福州市文化创意产业增加值将超过500亿元，力争在GDP的占比中超过8%。当下的共同认识是，创意产业街区已经成为创意产业发展的一种趋势，创意产业街区是促进文化创意产业加速发展的重要因素，而且对创意城市的形成和发展也将产生全面的推动作用。

相比较一些味道开始走样的创意园区，"榕都318"文化创意艺术街区是保持得相当纯粹的。而事实上，国内许多生命力强大的创意园区，都开始走比较纯粹的路线。比如上海市的新天地主打酒吧文化，如今每个酒吧的风格迥异；北京市通州的宋庄，就是画家聚集地；北京"751"设计广场，成了服装设计艺术家的竞技场……每一个文化创意园应有自己清晰的定位，牢牢掌握自己的核心竞争力，才能在市场竞争中走出差异化路子。与这些很纯粹的文化创意园区相比，以工业设计和创意设计、媒介策划为主要业态的"榕都318"文化创意艺术街区，显然正走在这个梦想品牌的路上。

（作者单位：厦门理工学院文化产业学院）

【福州案例】拾伍 ▶

寿山石雕

黄玉妹

寿山石是中国传统"四大印章石"之一，分布在福州市北郊晋安区与连江县、罗源县交界处的"金三角"地带。若以矿脉走向，又可分为高山、旗山、月洋三系。因为寿山矿区开采得早，旧说的"田坑、水坑、山坑"，就是指在此矿区的田底、水洞、山洞里开采的矿石。经过1 500多年的采掘，寿山石涌现的品种达百数十种。目前，寿山石雕已成为海峡两岸经贸往来、文化交流重要的桥梁之一，见图1。

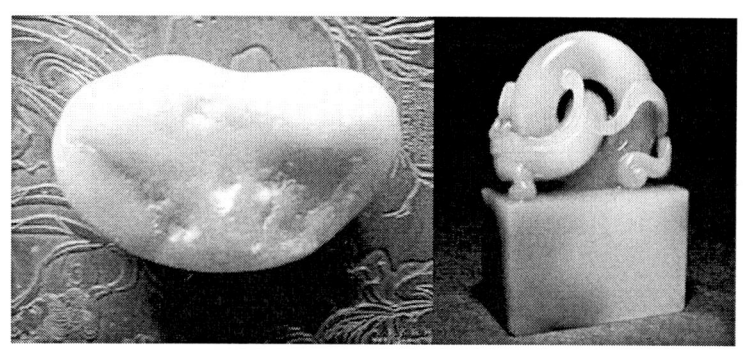

图1 寿山石雕

一、产业化背景之下的寿山石雕

寿山石产于福建省福州市北郊40千米处的寿山村。寿山石天生丽质、性灵通情、不言而可人。寿山石雕品始见于南朝的石俑。宋代寿山石开始大量开采，并用于雕刻，精美者作为贡品发运汴梁。大者为达官贵人陈列于几案欣赏，小者则为文人雅士手中的玩赏品，于是便有了"收藏"的历史。古话说玉石无价。寿山石便是"玉石"中的珍品，其中寿山石中的极品"田黄石"的价格则有"一两田黄三两金"的说法。而寿山石雕工艺更是无价之宝。寿山原石经工艺加工后,其价格往往就是原石的几十倍以至几百倍。

改革开放后,投资寿山石雕刻艺术品的人越来越多,市场也越来越大。福建省涌现出一大批寿山石雕刻大师,这些大师的精品则进一步推动了寿山石雕市场的繁荣。从20世纪90年代中期开始,寿山石雕精品店如雨后春笋般地出现在福州市的街头巷尾。而大型寿山石及工艺品交易中心的出现,更是为寿山石雕笼上了寿山石产业化的色彩。

2012年9月11日,在成都市举行的中国工艺美术行业年会上,福州市被授予"中国寿山石文化之都"的荣誉称号。紧接着,福州市的数十名国家级、省级工艺美术大师齐聚北京市北海公园,展出他们精心创作的300多件顶级寿山石精品,总价值超过10亿元。这些精品力作异彩纷呈、风格迥异、题材丰富,集中展示了福州市历年来寿山石雕刻艺术的最高水平,也进一步让寿山石雕成为吸引海内外高端收藏界的眩目文化产业。

寿山石是福州市乃至福建省的一张文化名片。2009年4月21日,福建省出台的《加快文化产业发展意见》已将工艺美术产业纳入重点发展的十大文化产业之一,而寿山石雕则是福建省工艺美术当仁不让的"领军品牌"。一个拥有千年历史的古老行业,如何与当下日新月异的文化创意产业接轨,这正是寿山石雕所面临的时代课题。

清代是寿山石雕的昌盛时期,而民国之后,因时局动荡,寿山石雕一度没落,新中国成立后的20世纪50年代,寿山石雕开始复苏。特别是改革开放以来,各种雕刻流派融汇交流、取长补短,同时吸收了古代与西方艺术之长,促使雕刻技法日新月异,出现了以薄意、浮雕、高浮雕相结合的表现手法,发展了透雕、镂空雕和银嵌等新技法。寿山石雕工艺推陈出新,在历次全国美术品百花奖评选中,寿山石雕曾三次获"金杯",名列全国同行业榜首。

1996年,马达加斯加以寿山石雕为题材发行了国家邮票。1997年,以寿山石雕为题材的中国邮票又公开发行,在全国和世界范围内产生了良好的影响。1999年8月,在北京举办的"中国国石定名研讨会"上,经过激烈角逐,寿山石以高贵、珍稀、饱含中华文化内涵在41种参评宝石中脱颖而出,荣登"国石"候选石。2000年开始,由中国宝玉石协会主办的中国"国石"候选石民意测评和专家投票评选,福州市寿山石拔得头筹,名列石类第一。2002年10月,寿山石正式被中国宝玉石协会命名为"中国国石"。这之后的寿山石雕产业市场开始出现井喷式的繁荣。

(一)市场体系初步建成

截至2011年底,福州市的大型寿山石交易中心已达11个,包括位于福州市晋安区寿山村的中国寿山石交易中心、三坊七巷的寿山石文化城、六一路的特艺城、湖滨路的藏天园、左海艺术村、福建省体育中心的雄坤文化城等。福州市规划的集博物馆、拍卖中心、评估鉴定中心、交易市场等于一体的全国最大的寿山石文化旅游城项目也已步入申报征地审批阶段。与此同时，寿山石及寿山石雕的从业队伍不断扩大，流通渠道趋于完善畅通。目前寿山石雕工达到 8 万多人。2011 年底，在原产地福州市，经营寿山石的店铺数量达 3 000 家以上，从地摊集市交易，到店铺、会所、网络交易、藏家交流会，再到拍卖会的多层级市场体系已经初步形成。

（二）市场交易量快速增长

目前，号称中国艺术品拍卖市场三大巨头的中国嘉德、北京瀚海、北京保利，都已经在春秋季大拍中开辟寿山石专场。

2012 年春，福建省民间艺术馆发布了《2011 年度寿山石市场分析报告》，报告的数据显示，寿山石拍卖市场的总成交量从 2009 年的 4 000 万元，到 2011 年的 4 亿元，出现了爆发式增长。2011 年秋拍期间，国内寿山石拍卖专场达 20 余场，报告指出，田黄石以及其他寿山石品种的精品短期内行情仍将维持强势特征。据公开数据统计，2011 年成交价格在 1 000 万元级别的田黄石就有 8 件之多，田黄石精品接连突破千万元大关，寿山石越来越受到藏家的关注，已经成为艺术品市场关注的热点之一。

（三）旅游效应

从 2002 年开始，伴随着寿山石的热度，福州市旅游部门开始推出寿山古矿洞探奇、寿山石淘宝等旅游项目，让游客们在游览"地下迷宫"寿山古矿洞景区时，亲身体会了解寿山石是怎么形成的？有几个种类？怎样判断寿山石的价值？揭开古人在没有机器的年代是怎么采石的秘密，感受寿山石的原始神奇。同时还可以在当地淘寿山原石。项目一推出，立即引发了许多游客的兴趣，如今，这已是当地一日游的保留项目。

此外，福州市晋安区寿山村还圈出了寿山石原产地从新中国成立以来从未被挖掘过的"最后两亩地"——作为独特的寿山石文化旅游景点。这一独特的景观也吸引了大批中外游客。

2012 年春，福州市规划在晋安区新店镇建"寿山石旅游文化城"，项目总投资 50 亿元。届时寿山石旅游文化城将建设成集艺术欣赏、创意设计、休闲观光、商品贸易为一体的旅游文化综合体。项目分为六大功能组团片区、寿山石家园片区、寿山石文化公园三个板块，建设寿山石文化公园、寿山石博物馆、寿山石交易中心、寿山石商贸城、寿山石家园等，计划于 2014 年建成。

（四）首现寿山石专项典当业务

2008 年 12 月，福州市推出寿山石典当业务，这是由福建省民间艺术馆与运通典当有限责任公司联合开办的。随着寿山石在收藏市场上的红火，寿山石典当为有变现需求的收藏者提供了一个快速融资的渠道。以往,寿山石无法像金银珠宝那样成为典当行的"宠儿"。这并非是寿山石艺术品不值钱所致,而是由于典当寿山石需要鉴定、评估、收购等一系列完善的服务。

与传统的典当业务相比,寿山石典当的流程并不神秘、复杂。简单地说,在权威专业机构的介入下,寿山石专业者将为寿山石典当业务提供可信的鉴定、评估、收购等系列服务。其余步骤,则与传统典当业务基本类似。

寿山石要成为典当产品,一方面需要高超的鉴定水准;另一方面,对寿山石价值的准确把握也至关重要。因此,向寿山石藏品开展典当业务,需要权威的鉴定以及对市场行情的熟知。一般典当业者对此感到心有余而力不足。寿山石专项典当业务消息一经公布,上门咨询寿山石典当的人还真不少,才半个月已出典五六单,金额突破4 000多万元。

寿山石专项典当业务的出现,为寿山石市场的产业化注入了一股新鲜的血液。

(五) 成立寿山石文交所

2012年1月,福州市寿山石文化艺术品产权交易所(简称"寿山石文交所")挂牌营业,这意味着福州市的投资者很快就能在家门口买卖"寿山石股票"了。这是福州市政府批准成交的唯一一家将寿山石艺术品份额化上市交易的交易机构(即寿山石艺术品证券化)。

业内普遍认为,把寿山石雕作为文化艺术品推向交易市场,进行份额化交易,将彻底改变寿山石传统的交易模式,提升寿山石文化的传播,为消费者和艺术品爱好者提供一个全新、便捷的投资渠道,也是未来发展的趋势。福州市寿山石文交所由福建省藏天园寿山石工贸有限公司、福建省工艺美术研究院和福州市雕刻工艺品总厂共同出资,经福州市政府批准成立,注册资金为1 000万元人民币。成立寿山石文交所是在寿山石雕传统经营方式面临重大调整的基础上提出来的。把寿山石当作股票一样进行份额化交易,这让寿山石雕作品变现又多了一个有效的通道。

之前寿山石变现难一直困扰着市场的发展,让很多寿山石藏品投资者望而却步。此次推出的份额化上市交易模式,将有效降低了持有艺术品投资资金高昂的门槛,增强了艺术品市场的流动性。寿山石文交所的成立给寿山石的销售开拓了新的渠道,同时更有利于寿山石文化的传播,充分开发寿山石经济价值的同时,也让寿山石文化得到更好地提升,吸引更多投资者的关注。

二、寿山石雕的品牌评估

(一) 寿山石雕品牌的发展史

寿山石雕与脱胎漆器、软木画合称新"福州三宝"。

寿山石"温润光泽，易于奏刀"。1965年，福州市考古工作者在市区北郊五凤山的一座南朝墓中掘出两只寿山石猪俑，这说明寿山石雕至少已有1 500多年历史了。清朝是寿山石雕的鼎盛时期，石雕好手如林、名家辈出。工人物、兽钮的杨玉璇，擅印钮的周尚均，郑仁蛟的圆雕人物，林文宝的动物印钮，林清卿的"薄意"……技艺冠绝一时，为当代寿山石雕艺术的发展积淀了丰厚的土壤。

新中国成立后，寿山石雕艺人的身份从卑微的匠人提升为受人尊敬的民间艺术家，他们的创作活力被空前激发，艺术境界也得到提升，寿山石雕工艺取得突破性进展。20世纪50年代，寿山开采了一批材大、色丰、质优的石料，由此，大师级雕刻家的精品如冯久和的《群猪》、陈敬祥的《求偶鸡》、郭功森的《九鲤连环卣》及后来的一批《花果累累》、《海底世界》、《海味盘》等大型作品相继问世。20世纪90年代，随着寿山石行业的发展，美术院校毕业的新生力量不断进入石雕行列，寿山石雕刻艺术开始逐步形成多种风格并存，百花齐放、百家争鸣的局面。

文化与经济有着密切的关联，经济的繁荣无疑为文化的发展提供了动力。福州市樟林村寿山石一条街的兴起，由此开始了寿山石雕的自由市场运作时代，为港、澳、台及海外的玩石一族提供了良好的机会，他们涌进刚刚开始发育的福州市寿山石市场，采购了大批寿山石雕，寿山石雕的身价开始飞涨。

随后，福州市花鸟市场的周末寿山石地摊也应运而生。寿山石的"经济文化"随之发展，一些宣传寿山石的科普画册纷纷出笼。1997年8月17日，国家邮电部发行首套《寿山石雕》特种邮票，福州市寿山石雕终于登上"国家名片"的殿堂。

此外，一个值得大书一笔的是私营大财团对寿山石雕市场的深度介入。20世纪90年代，民营企业家陈用贵投入2 000多万元的巨资建设藏天园，并在藏天园开辟了寿山石一条街，为寿山石和寿山石雕的销售搭建了平台。由此开始，寿山石交易市场进入大手笔的开发形态。而观石、买石、玩石、谈石、品石开始成为福州市都市生活的文化新时尚。寿山石于2000年开始参评国石并获得石类第1名，并于2002年获得"中国国石"之称，为福州市寿山石文化史写上了浓彩而抒情的一笔。

（二）国石名分下的品牌效应

1. 寿山石荣登"国石"宝座

在短短的5年时间内，寿山石共参加了四次国石评选活动。1999年8月，在北京市举办的"中国国石定名研讨会"上，推选出福建省寿山石、浙江省昌化鸡血石、新疆自治区和田玉、浙江省青田石、辽宁市岫岩玉、内蒙古自治区巴林石6个石种为候选石。经过激烈角逐，寿山石以高贵、珍稀，饱含中华文化内涵在41种参评宝石中脱颖而出，荣登"国石"候选石，并名列榜首。2000年2月19日，由中国宝玉石协会主办的中国"国石"候选石民意测评和专家投票评选,寿山石获得石类第1名,被誉为"石中之王"。2001年10月17日,在中国宝玉石协会第三次"国石"研讨会上,寿山石成为"国石—候选石"。2002年寿山石再次亮相京城参加第4届国石评选,并正式被中国宝玉石协会命名为中国"国石"。这几次评选活动使寿山石的身价一再得以抬升。

被命名为"国石"后的寿山石可谓荣归故里,成为了福州市的城市文化名片。在这种名分下,寿山石的品牌效应得到了充分的宣扬和发挥,它的产业市场也达到了前所未有的广度。

2. 寿山石雕品牌文化研究的突破

寿山石文化的第一部专著是清康熙年间高兆写的《观石录》,全文2 700字,是寿山石雕最初的理论研究著作。同时代的毛奇龄著有《后观石录》,全文3 600多字,文中较有历史意义的是在寿山石的分类上首次提出"山、水、田"三坑之说,并一直延用至今。

《观石碌》和《后观石碌》的面世,标志着文人从文字的维度对寿山石艺术的真正介入。而真正较为完整、全面且理论性较强的寿山石专著是龚纶的《寿山石谱》、张宗果的《寿山石考》、陈子奋的《寿山石印石小志》、潘主兰的《寿山石刻史话》、方宗圭的《寿山石志》及《寿山石全书》、陈石的《寿山石雕艺术》、施宝霖的《印钮艺术》、陈石和王植伦合著的《寿山石文化》等。再加上历代名人的一些吟咏寿山石的诗词、散文等,寿山石文化史上的文字"家当"开始得以充分显现。

2006年3月,全国第一家专业级别的期刊《寿山石》大型杂志的出版发行,结束了寿山石雕没有专业理论发表园地的尴尬局面。紧接着,央视拍摄的大型电视纪录片《寿山石》在10套播出后,引发强烈反响。而2008年开始,寿山石文化网等专业新媒体的兴起也让寿山石的品牌建设站在了一个新的制高点上。2012年春,福建省民间艺术馆组织专家编写发布的《2011年度寿山石市场分析报告》,被业界誉为"寿山石市场白皮书",是寿山石市场的第一份行业分析报告,同时这也是国内当代工艺美术行业中的第一份专业市场分析报告。它对寿山石市场的投资方向进行了建设性的分析及有效建议。所有这些,都在一定层面上推动寿山石品牌在经度和纬度上的构建。

(三)寿山石雕的品牌价值

1. 雕工的历史品牌价值

寿山石雕历史悠久,早在南朝时期已经问世。历经唐、宋、元、明各代的发展,至清朝更为昌盛,名家辈出、流派繁多,在艺术风格上基本形成"西门"和"东门"两大流派。新中国成立后,石雕行业得到扶持与发展。1955年4月,在石雕艺人集中的福州市鼓山镇后屿村,由林友清、周宝庭、郭功森等16人发起成立寿山石刻生产小组。1956年,在福州市地方工业名牌货展览会上,郭功森等石刻和"青芝田"图章分别获得"名牌货"奖和

"优质产品"奖。同年,石雕名艺人陈敬祥以镂空技法雕刻的《求偶鸡》作品,以题材新颖、趣意浓厚、耐人寻味,成为寿山石雕镂空技法的一大突破。该作品于1957年参加全国工艺美术艺人代表大会作品观摩,轰动一时。

1972年,石雕艺人冯久和创作的大型寿山石雕《花果累累》,充分利用寿山石天然俏色,由一串串清翠欲滴的葡萄、荔枝、瓜果,构成色彩纷呈、玲珑剔透、丰富多姿的花果篮,作品由全国工艺美术展览会展出,誉满京城,作品被国家轻工业部收藏。1975年,雕刻大师们集体创作设计《遵义》、《巧渡金沙江》、《飞夺泸定桥》、《爬雪山》、《过草地》、《突破腊子口》、《延安》7件作品组成的大型寿山石《长征组雕》,以严谨的构思、精湛的技艺、壮观的场面,再现红军长征的动人情景,作品被中国人民革命军事博物馆收藏。1980年,福州市成立雕刻工艺品总厂。从此,石雕艺人集中进行创作生产,各艺术流派融汇交流、共同切磋,丰富创作题材与技法,并且培养和造就众多的中国工艺美术大师、工艺师和名艺人。

1980年,金桃牌寿山石雕产品获福建省优质产品奖,其主要产品远销日本、新加坡、马来西亚、港澳、台湾地区等10多个国家和地区,历史最高年产值183万元。1984年4月,福州市石雕名艺人林寿湛精心雕刻的田黄三件套《秋山行旅》、《岁寒三友》、《柳鹅》获"中国工艺美术品百花奖"金杯奖。1985年,石雕老艺人周宝庭创作的《28宿古兽印钮》获"中国工艺美术品百花奖珍品"金杯奖。1990年8月,石雕艺人林亨云选用130多斤重、10种色彩的寿山石,以镂空技法,雕刻玲珑剔透、俏色分明、趣意盎然的《海底世界》作品,获"中国工艺美术品百花奖"金杯奖,并获首届北京国际博览会金奖。

进入20世纪90年代后期,石雕市场竞争激烈,雕刻从业人员进一步呈现百花争鸣景象。到2011年,从业人员达到8万余人。市场的繁荣源源不断地吸引更多的有一定美术基础的人员加入雕刻寿山石行列,这从客观上也刺激了石雕精品产生。

2. 寿山田黄石雕的品牌价值

田黄石是寿山石系中的瑰宝,素有"万石中之王"的尊号。其色泽温润可爱、肌理细密,自明清以来就被印人视为"印石之王",见图2。数百年来田黄石极受藏家至爱,正如俗语所说:"黄金易得,田黄难求。"

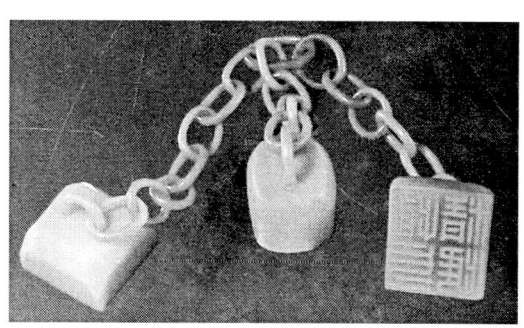

图2 乾隆田黄三连章

田黄石因产于福州市寿山乡"寿山溪"两旁的水稻田底下呈黄色而得名。全世界只有寿山村的一块长不到1千米的田中出产，数百年来已挖掘殆尽。明清各朝均被当作贡品献入皇宫，被雕刻成御用的玺印及艺术摆件。作为"石中之王"的田黄石，历来价格不菲。文人学士都认为收藏或使用田黄章，比珠宝、翡翠更高雅和有品位。

田黄石的色泽，以沉着而纯净的深黄色为基本色调，象征着富贵。由于多年的开采，田黄石材已趋枯竭，石材价格猛涨。以前说"一两田黄三两金"，而如今一两田黄的价格早已比三两黄金高出数十倍。进入2008年，田黄石更是成为拍卖市场的追捧热点，当年3月，一场石头拍卖会在南京市举行，一块重1 560克的田黄石，拍出了580万元的高价。此前，田黄石的神话早已存在，2006年12月，"明17世纪田黄石雕瑞狮纸镇"（经名家杨玉璇雕刻）以4 167.92万元在香港拍出。而2012年6月，江苏翰呈春季艺术品拍卖会将一块重达600克的田黄石雕以1 500万元起拍，这块由中国工艺美术大师郭懋介亲手雕刻的田黄印一亮相，立刻吸引了不少爱石人士的目光。田黄石雕精品价格的持续走高，也让寿山石的品牌价值得到积极推广。

3. 寿山石雕的收藏投资价值

经过元、明、清三代的发展，独立的寿山石雕产业最终形成。清圣祖等皇帝均用寿山石制宝玺，寿山石中以田黄石料身价最高。清代同治、光绪年间，寿山石雕形成自己独特的风格，出现东门、西门两大流派。以林谦培、林元珠为代表的东门派擅长于人物、山水、动物的圆雕，以潘玉茂、潘玉泉为代表的西门派则从传统的印钮技法中创造出具有中国画特色的薄意技法。后来又出现了林清卿的薄意雕刻，使寿山石雕进入诗意融融的境界，提升了它的文化品位。现在寿山石雕的主要传承人，东门派有郭功森、林元康、郭懋介、林炳生、林发述等，西门派有林文举、刘爱珠、江依霖、王洧华等。

正是由于寿山石雕的稀缺性与人文特性，使寿山石在艺术品投资中极具增值价值。被誉为"石中之帝"的寿山石其价格自改革开放以来已经上翻了数百倍。作为一种高档的艺术收藏品，一件寿山石艺术品从其创作石料的开采到原石的加工，再上市流通，寿山石已经发展出具有自身特点的产业链。

经过多年的开采，寿山石中的许多品种相对于市场的需求已出现了资源不足，价格也有了很大的增长，一枚1英寸[1]大小的上等荔枝冻方章，1987年价格在1万元左右，到1990年就已达50万元，近几年更是以每年30%的速度增长。价格的上涨，也促使很多台湾地区收藏品反流到中国大陆市场。寿山石的收藏投资价值主要表现在以下几个方面：

（1）艺术鉴赏价值

决定福建省寿山石收藏投资价值的首要因素是因为它首先作为一种艺术性的收藏品，

---

[1] 1英寸＝2.54厘米。

富有观赏性的特性。

在寿山石雕创作中，形、色、韵值得探讨。形，古人释为形体。寿山石雕是一种静态艺术，它在空气中是以静止的方式展现于人们面前，形成一定的造型，寿山石雕受材料制约而具有比较明显的依石造型、因材施艺的特点。艺人们在长期的创作实践中积累了丰富的经验，不同形态不同色彩的石头在他们的手中，会引发很多联想。

寿山石雕在中国传统玉石文化中占有突出地位，相关雕刻品已成为高雅、精美、凝重和睿智的象征。寿山石雕追求既雕既琢的艺术效果，提倡返璞归真，故以"相石"为重要环节，讲究利用石形石色，巧施技艺，以达到"天工合一"的境界。行话"一相抵九工"，正体现了艺人着手构思、发挥想象，从模糊的意象到清晰的形象的艺术创造过程。

寿山石雕技法丰富多样、精湛圆熟，又在发展过程中广纳博采，融合了中国画和各种民间工艺的雕刻技艺与艺术精华。其技法主要包括圆雕、印钮雕、薄意雕、镂空雕、浅浮雕、高浮雕、镶嵌雕、链雕、篆刻和微雕等。寿山石雕作品题材广泛，有人物、动物、山水、花鸟等品类。由于这些原因，寿山石雕的社会影响面极广，深受国内外鉴赏家与收藏家的好评。

（2）石质卓越，天生丽质

寿山石在宝石和彩石学中，属彩石大类的岩石亚类，是稀有、珍贵的石种。寿山石绚丽的色彩、多变的纹理加之天生丽质、柔而易攻的特性，成为雕刻师创作灵感的来源，因此寿山石成品多为精美的艺术品，极具收藏意义。

寿山石石质温润通透、晶莹无比，凝腻而富有光泽，其中享有"石中之王"、"石帝"之誉的田黄石，更是"细、结、润、腻、温、凝"六德俱佳，且异常通灵；寿山石石色丰富多彩，且流丽奇特，或艳红或明绿或无色透明，是其他石种所无法比拟的；寿山石雕工艺历史悠久、文化积淀深厚，风格多样，雕工精湛绝伦；寿山石品种十分丰富，有121种，是中国宝石类4大彩石中品种最丰富的彩石；寿山石雕的雕刻史至少有1 500年，现存的关于寿山石雕的古今书籍品种大约有上百种，在全国各类相关的图书中，真正可谓洋洋大观。这一切都表明寿石山的卓越品位。

（3）实用价值

天下名石有很多种，玛瑙、翠玉、琥珀、雨花石等均可列入其中，有的以纹理奇美取胜，有的以色泽独特夺冠，有的以造型怪异称雄。而寿山石的与众不同之处，不仅在于其石色绚烂多彩、奇异流丽，还在于它可以篆刻印章或雕刻工艺品，具有相当的实用价值。

通常在一块寿山石上，有红、黑、黄、青等数种颜色，相互交错成自然斑纹。艺匠们根据石块的形状、色泽和纹理进行构思和艺术加工，雕刻成人物、走兽、山水、花鸟、果蔬、海味等陈设欣赏品和印章、文具、烟缸、水盂等实用工艺品。制作时先凿打出粗坯，剥出大体轮廓，然后用手凿深入刻划，最后经修光、磨光、上蜡而成。制作一件作品，少则费时几天,大则要几个月甚至几年。由于这些原因,寿山石雕的社会影响面极广,具有"上伴帝王将相,中及文人雅士,下亲庶民百姓"的艺术魅力,深受国内外鉴赏家与收藏家的好评。

(4)拍卖投资价值

以往,寿山石印章在拍卖会上高价成交的记录并不少见,但在中国嘉德2005年春拍中,一件估价为15万—20万元的清乾隆寿山石雕八吉祥云蝠纹盖盒,在众多买家的追捧下,最终竟以220万元的高价成交,刷新了当时国内寿山石雕精品的拍卖纪录。此后,寿山石雕的拍卖价不断被刷新,收藏家对寿山石雕的收藏热情也逐年递增。

三、寿山石雕的品牌缺陷

多年来,寿山石雕在市场交易和市场培育方面取得了长足的进展,但如果站在更宏观的角度来看,寿山石市场的发展已经进入了真正意义上的"平台期"。整体价格一路高歌猛进、规模如滚雪球般扩张、从业人员不断涌入的寿山石行业,终于来到了一个重要的关口,其存在的品牌缺陷也成为无法掩饰的问题。

1. 急功近利的炒作产生泡沫

近年来,伴随国内收藏热的不断升温,以及人们对传统文化的重视,寿山石雕已经由一个地区性的民间传统工艺逐渐获得外界更大范围的认可,实现了与全国性艺术品市场的"汇流"。其标志有二:①寿山石的主要收藏区域从以往的福建省本地和台湾地区、东南亚地区,扩展到上海市、北京市、杭州市、广州市、深圳市、济南市等大城市,甚至连西部地区都出现了经营寿山石的商家,其中上海市和北京市成为福州市之外的新的收藏中心;②中国艺术品拍卖市场许多拍卖行都看好寿山石雕这个行业的巨大潜能,并纷纷开辟寿山石专场。

主流拍卖市场对于寿山石的持续关注,必将推动该行业的炒作空间。逐利浪潮腐蚀了寿山石雕领域,投资炒作的不是艺术,而是好石料。在这样的情景下,一些好质地的石料经过击鼓传花式炒作,市场价不断抬高。目前,一些寿山石料价格占雕刻成品价6成以上。正常情况下,石料成本应占雕刻成品价格3成左右。石料价格趋高对艺术创作形成挤压态势,长期下去,"弃雕从商"卖石料的工艺师会越来越多。另外,一些投机者蜂拥而上,寿山石价格炒得过高,把真正喜欢寿山石的人拒之门外,这让寿山石市场前景存在风险。而且,通过药水做假的寿山"珍石"涌入市场,给寿山石市场带来极大伤害,并产生大量的市场泡沫。

2. 寿山石不可再生缺陷

寿山石作为珍稀石材,其资源管理在近数十年一度处于无序状态。过度开采给寿山石造成了不良影响，而近年寿山石市场的热潮引发了疯狂盗采并造成生态破坏。目前在福州市晋安区寿山村，曾经盛产寿山石矿的高山山尖因人为滥采塌了一角，出产寿山石田黄石的溪流及其附近农田被人翻了一遍又一遍，已成一片乱石滩。由于石材具有不可再生的稀缺性，造成了寿山石的石雕精品在创作上缺少后续力量，这也客观上制约了今后寿山石雕产业的可持续性发展。

3.雕工良莠不齐，造成资源破坏

历史上，寿山石雕曾出现过许多手艺精湛的老艺人及雕刻大师，并创作出经典的传世作品。如今，一批批老艺人年事渐高，已无法继续雕刻，而传统的师承关系又遭到破坏，寿山石雕技艺后继无人，面临手艺失传的危险，亟待抢救。同时，受逐利思想侵蚀，许多年轻艺术家淡漠艺术创作，造成许多作品样式单一，有的创作团队甚至走回批量化生产老路，失去了艺术魅力。

此外，寿山石雕刻过程中抄袭模仿、粗制滥造的现象仍然十分严重。从某种意义上说，一块好的原石落到了一个蹩脚的雕工手里，就是对资源的另一种形式的破坏。特别是随着寿山石"拍卖时代"的来临，寿山石雕作品更频繁地亮相于公众视野，面临与其他门类优秀艺术品的"同台竞技"，如果整体创作水准得不到提高，必然导致与收藏需求之间的脱节。

4.资源管理上缺乏统筹规划与保护力度

长期以来，寿山石行业的发展实际上处于自发、散漫的状态，这是由于多方面深层次的问题引起的。资源的管理缺乏统筹规划与保护力度。寿山石雕是以珍贵材质为创作对象的工艺门类，资源的重要性不言而喻。目前寿山石只有为数不多的品种仍有少量原料产出，唯一仍在量产的芙蓉石也接近枯竭。由于管理不到位，当地农民和外来人员的偷采偷挖在业内是个公开的秘密。作为首批国家级物质文化遗产，寿山石雕如果没有了物质载体，"皮之不存，毛将焉附"？如此众多的雕工和经营者出路何在？因此，寿山石的资源管理以及替代性资源的寻找与定位，是一个迫在眉睫的问题。

5.低水平重复建设

在寿山石市场建设上，存在缺乏通盘规划、低水平重复建设的问题。眼下福州市的寿山石交易中心已超过10个，而除了位于三坊七巷的寿山石文化城和位于六一路的特艺城具有一定的集聚效应外，其他多数市场特色不鲜明，经营思路乏善可陈，有一些市场门庭冷落，处于倒闭的边缘。没有特色的重复建设交易市场，其实是一种城市资源的浪费，在一定程度上成为寿山石市场良性发展的瓶颈。

四、寿山石雕品牌发展建言

时至今日，寿山石仅是诸多"疯狂的石头"的一个缩影。业内人士及专家指出，在当前玉石投资的热潮下，拯救"疯狂的石头"，扶持寿山石向更良性方向发展，已成为一件大事。

（一）破解珍稀寿山石资源保护难题

解决这一问题，应从加强资源保护和健全市场交易监管做起。破解珍稀寿山石资源保护难题，首要解决的是完善相关立法，规范艺术品交易市场行为。同时，寿山石资源保护和有序交易需各部门形成监管合力。

（二）扭转重材轻艺现象

有关部门和行业组织应从健康艺术创作到健全艺术产业发展等方面采取有力措施，繁荣健康的艺术品投资市场。加强对艺术创作队伍的思想教育，增强艺术创作者的素质，引导创作者从逐利浪潮中抽身而出，深入生活和自然，汲取丰富的创作灵感，把更多的时间留给艺术创作。推动艺术品市场由资源型向艺术魅力型转变，扭转重材轻艺现象，培育健康而理性的艺术品市场。多举办民间工艺论坛等活动，组织知名专家深入研讨，推动传统工艺创作理论创新。

（三）艺术与市场要真正结合

对于寿山石雕作品来说，它的价值不仅仅是石头，更多的是其中的艺术价值。艺术价值体现在作品的选材、结构意境、雕工、设计、俏色等等方面。它是一种时代精神的产物，所以创作出的作品需要满足市场的需求，能为购买者所理解、认同，这才是有生命、有价值的作品。艺术与市场真正结合的寿山石雕产品，才是人们真正需要的。

不同时代有不同的表现题材，所以寿山石雕要结合时代不断创新。而不同国度人们的风俗习惯、文化等方面的差异，对寿山石雕也会有不同的要求，因此雕刻师要根据要求去创作艺术作品。对于中国人来说，这种艺术形式是一种无标题的音乐，大家都能读懂，而拿到美国、日本或者其他国家去除了华人很少有人能看懂。美国人更喜欢花花草草，而在日本，很多人都喜欢小的雕刻印章。

（四）诚信经营，规范寿山石市场

寿山石市场要不断发展壮大，需要规范诚信经营。由于寿山石市场中存在作假现象，一些人对石头刻意染色，也有一些人把鹿目石当作田黄石卖给顾客。它们颜色很像，就是一个有萝卜丝，一个没有，所以在一定程度上扰乱了市场秩序，影响了寿山石市场的信誉。对于具有诚信的单位和个人来说，他们越发展越好，比如福州市雕刻工艺品总厂从不卖假货，信誉好，赢得了消费者的信任，客户越来越多。同时厂内聚集了众多雕刻名家，而且种类繁多，给购买者提供了更多选择，所以福州市雕刻工艺品总厂作品远销国内外，业绩始终走在同行业前列。

寿山石雕产业属于文化创意产业，又由于传统的文化艺术蕴含着深沉丰富的古典文学文化，因而，它的市场有其独特的一面。寿山石文化产业是福州市传统文化中的一朵奇葩，它和昙石山文化、三坊七巷文化、船政文化等共缔春秋、各领风骚，对福州市这座历史文化名城的发展起到了积极的推动作用。

（作者单位：厦门理工学院文化产业学院）

【福州案例】拾陆 ▶

"福百祥1958"

邱 静

"福百祥1958"文化创意园位于福州市五里亭永升城南侧（原福州市丝绸厂），由原福州市丝绸厂八幢旧厂房翻新改建而来，创意园也因此用丝绸厂的建厂年份"1958"作为自己的名号。创意园采用现代雕塑装饰，以充满意境的绿化、独具匠心的设计改造，让保留下来的旧厂房建筑形态和历史痕迹成为园区的独特景致。创意园有标准厂房2座、办公楼4座，占地面积约35亩，总建筑面积2万多平方米，是福州市首批6个文化创意产业园区之一，以来自创意、设计、艺术等领域的进驻机构、艺术长廊、美术展馆以及展现福建省传统文化的闽茶文化、木雕、根雕、陶瓷艺术等工艺品为主打，辅以特色文化餐饮、娱乐休闲，旨在打造一个永不落幕的城市公共展场和创意盛会，进而成为海峡西岸具有较大影响力的文化产业创意孵化中心，见图1。

图1 "福百祥1958"文化创意园

一、"福百祥1958"文化创意园概况

利用旧厂房建设文化创意园已成为目前国内普遍采用的一种比较成功的运作模式，如

北京市的"798"、上海市的田子坊、深圳市的华侨城创意园等等,作为福州市首个文化创意园区——"福百祥1958"文化创意园,得到了福州市委市政府的重视和扶持。2009年,福州市委宣传部主持召开的"研究文化创意产业项目专题会议"上,指出文化创意园区建设在促进文化产业集聚、推动文化创意产业发展中将发挥积极作用,会议决定按照市场化运作模式,以福州市丝绸厂旧厂房整体出租的方式,引入民间资本参与建设福州市首个文化创意园项目。

福州"福百祥1958"文化创意园项目总投资5 000万元,运用新的设计和模式改造,为历史的留存注入"时尚、创意、文化"的元素,在保存福州市发展历史印记的同时,使旧厂房成为城市景观的新景象、新地标,使园区风貌既有其特有的文化艺术建筑风格,又富含工业文明时代的沧桑韵味等城市历史底蕴。"福百祥1958"文化创意园对公共活动空间给予了特别的关注,为这个创意的社区创造一个互相交流的平台和机会。园区中配置有一个可以展出100幅以上书画艺术作品的多功能展厅,还有一个高标准的茶文化会所,为入园的创意大师们提供一个品茶赏艺、探讨生命精神的幽雅场所和自由沟通、寻求各种商机的交流平台。

2008年以来,福州市文化创意产业年均增长率达31.9%。在"福百祥1958"园区成立的第一年,产值达到3亿。这只是经济效益,而更为深刻的影响在行业影响力和产业效益方面也有所增强。

(一)园区规划

"福百祥1958"的建设和运营围绕"三星拱月"的运营定位展开,分别为"文化创意成果展示区"、"文化创意产业交易所"、"文化创意产业孵化器"板块。"福百祥1958"文化创意园将汇集创意相关的各行各业,成为名副其实的创意文化时尚聚集地,集中体现建筑价值、历史价值、艺术价值以及创意价值,促进创意文化产业的产业链形成,逐步形成具有国际化、区域化影响力的艺术园区,成为福州市创意文化新地标。

"创意引领时尚生活,文化提升城市品位。""福百祥1958"致力于建设成为福州市创意文化中心,具有福州市特色的"创意家乐园+创业家会所+投资家金库",进而打造成为海峡西岸省会城市文化艺术展示、交流、交易、孵化的中心,成为文化休闲观光的新聚集地,并进一步推动福州市文化创意产业的发展。

这个初具规模的福州市首个文化创意产业园区,集设计、创意、文化、休闲为一体,园区规划为五大功能区,囊括文化传播、摄影工作室、艺术家创作室等设计中心,以及现代艺术长廊、创意集市、雕塑作品展区和各类文化艺术活动。"福百祥1958"文化创意园园区主要以工艺美术创意为主,重点发展以寿山石雕、木根雕、软木画、陶瓷为主体的工艺品设计、展示、交易以及与之相关联的动漫、广告、家居、装饰设计等创意设计产业。

园区于2010年7月正式开园,截至2011年底,已有福州市五彩动漫设计制作公司、北京市电影制片厂黄健中导演工作室等文化创意企业和艺术家工作室等共110家入驻。22 000多平方米的园区规划为五大功能区,分别为艺术创意设计中心、现代艺术长廊、创意集市、综合展馆以及雕塑空间。

第一个功能区为艺术创意设计中心。面积约为10 000平方米,以各类动漫、网络、广告、装饰、产品、服装等各类设计机构,个创工作室,个性LOGO,文化传播、传媒机构以及摄影工作室,艺术家创作室等组成。

第二个功能区为现代艺术长廊。面积约为6 000平方米,以现代油画、版画、装饰画、工艺品、软装饰等组成的现代艺术长廊,配套特色餐饮,展示福州市民间特色小吃。

第三个功能区为创意集市。面积约为4 000平方米,是展示、交易包括陶艺、瓷器、紫砂壶、寿山石、根雕等工艺品在内的聚集区。

第四个功能区为综合展馆。面积约为1 000平方米,以"1958美术馆"为中心,是定期或不定期举办书画展、大师作品展、摄影展、设计主题展、寿山石拍卖等文化艺术活动的公共场域。

第五个功能区为雕塑空间。面积约为1 000平方米,设置了现代城市雕塑作品展区和雕塑创作区。

(二)创意活动(以2010年度为例)

2010年7月29日上午,第22届福建省摄影艺术展暨福建省根(木)雕艺术大奖赛在"福百祥1958"文化创意园开幕。此次艺术展为期4天,是该园区开园前的"热身"活动,共展出500多幅摄影作品和100多件根(木)雕艺术作品。

首届文化创意节——"福百祥1958"于2010年国庆期间举办首届文化创意节。7天里,创意园内开展书画作品展、儒学讲座、摄影艺术展、原创商品集市、原创彩绘T恤等一系列精彩活动。10月1—7日,创意园B区博雅苑艺术长廊迎来盛大的"笔墨秋韵——晋安区国庆书画作品展"。10月4日上午9时30分,"1958讲堂"的第一讲——儒学讲座《半部论语治天下》在创意园内开讲,讲座邀请到孔子第75代后人——晋安区委宣传部副部长、文联主席孔海钦担任主讲嘉宾。

元旦期间,"福百祥1958"文化创意园举办为期15天(2010年12月31日至2011年1月15日)的"2010中国(福州)民族工艺品及文化创意产业博览会"。博览会整合全国各地知名玉器奇石、工族工艺精品,在"福百祥1958"文化创意园与福州市文化创意产业形成互动。博览会展出的珠宝奇石及民族工艺品品种繁多,其中陶瓷艺术品有工艺瓷、高仿瓷、紫砂壶,赏石文化类工艺品有寿山石、安徽灵璧石、青田石、红河水冲石等,雕塑、雕刻工艺品有玉雕、石雕、木雕、铜雕、微雕等,琳琅满目。

2010年12月26日下午3点,"福百祥1958"创意园举办第41届茶友会,也是本年度最后一届茶友会。本届茶友会以"辞旧迎新送祝福,品茶聊天谈艺术"为活动主题,现场轻松自由,茶友们畅所欲言。在"福百祥1958"文化创意园区举办民间工艺品艺术展,借此契机,"福百祥1958"第41届茶友会邀请茶友在品茶的同时畅谈艺术、工艺,畅所欲言。同时"福百祥1958"主推"福"字系列茶,邀请客户品"福"享"福"。"福"字解释为"福气"、"福运"。有对联写的是:"春满乾坤福满门"、"福如东海长流水",人人都希望有福气、有福运,打开福门,福至心灵,福慧双修。"福百祥1958""福"字系列茶取义"福"字,寓为给茶友、客户送祝福、吉祥。同时,茶友会当天也是毛泽东的诞辰日,现场还增加了书法、字画信息。"福百祥1958"创意园会所大红袍书画室墙壁上的那幅陈奋武的《沁园春雪》更是让在场的茶友体会到了毛泽东的诗人气息,每一位茶友都要在字画面前驻足观赏默念。第41届茶友会是历年来最轻松、最自由的茶友会,茶友们不受活动环节的束缚,尽情喝茶聊天,谈天气、谈艺术、谈事业,乐不思蜀。现场也有茶友表示,"福"字系列茶物美价廉,是给员工福利的馈赠佳品。"福百祥1958"愿把"福"送给每一位茶友、每一位客户,祝福大家百福百祥。

园区还举办了多场文化艺术交流活动,如:福建省摄影艺术展、"1958"杯根(木)雕艺术大奖赛、法国3D动漫展、中国紫砂精品展、陈晓文雕塑作品展、八闽名家慈善义卖书画展、2010中国(福州)民族工艺品暨文化创意产业博览会、台湾地区寿山石回流展、金田黄展示交流展、儒学讲座等,为园区营造了浓厚的文化氛围,同时也进一步宣传推介了"福百祥1958"文化创意园,扩大了园区的影响力。

除了这些文化艺术交流活动外,大部分活动通常都是商户自己不定期举办的字画展,如:紫云阁、缘缘堂等,当然,"福百祥1958"也都会给予大力支持。

二、"福百祥1958"文化评价

"福百祥1958"将老厂房改造成风格各异的文化创意基地,这种改造对于老厂房和创意产业来说是一个双赢的互动,一方面,老厂房摆脱闲置,获得"华丽转身";另一方面,创意产业也以低廉的代价,得到了具有文化历史内涵的新载体。

(一)"福百祥1958"的文化存量资源

1. 福州市丝绸印染联合厂

"福百祥1958"原福州市丝绸印染联合厂,这个1958年筹建的工厂,曾是计划经济时代上海市援助福建省经济建设的历史见证。如今,丝绸厂早已不复当年的风采,大部分土地被用作房地产开发,大批厂房消失不见。幸运的是,随着福州市最早的创意基地——"福百祥1958"文化创意园的运作，一批老厂房得以保存下来，这让人们颇感欣慰。由于丝绸厂在1958年创建，所以被取名为"1958"，就是为了向过去致敬。

保留老厂房风貌，保住一个城市的历史记忆，这也符合福州市市政府的意愿。在创意园项目竞标之初，招标方就有着明确的规定：打造创意产业园，不能破坏厂房的基本风貌。明确的定位，让创意园的改造过程顺风顺水。现在，即使一个初访者走"1958"，依然能透过那些抽象的装饰，感受到那些钢筋水泥背后散发出的厚重历史。

2. 转型为"福百祥1958"

"福百祥1958"创意园是福州市第一个尝试的创意园，文化创意产业园区的标准应该说是最难制定的。且不说文化创意本身就是个几乎无所不包的范畴，仅园区就是形式多样、内容或相似或迥异的。文化创意园区——这样一个近几年刚刚诞生发展起来的新生事物，如果想用标准体系进行评价，可谓难上加难。

创意园这两年比较萧条，园区的活动与政府联合举办的比较少，大部分的活动是由商户自己举办的，例如：紫云阁、缘缘堂等。不过"福百祥1958"文化创意园当时选择建造的地点就已经是很成熟的一块区域，这样容易让周围的商场带动自己的发展，客流量逐渐递增，从起初目标和走向不确定而从事茶类市场，到现在逐渐把茶商清退，引进寿山石，建立起一个以寿山石为主的市场，将寿山石作为自己创意园的特色。

福州市寿山石雕历史悠久，早在南朝时期已经问世，历经唐、宋、元、明各代的发展，至清朝更为昌盛，名家辈出、流派繁多，在艺术风格上基本形成"西门"和"东门"两大流派。"西门"派以刻制各种印章为主，作品纯朴浑厚、潇洒超脱，备受金石画家欣赏；"东门"派则以雕刻各种人物、动物和花鸟圆雕为主。福州市寿山石雕以其石块玲珑剔透、色彩斑斓、晶莹如玉、丰润如脂、光洁生辉等特点而著称于世，尤以田黄石最为珍贵，其价值超过同等重量的黄金数倍。经过多年发展，目前在福州市，这种集寿山石、宝玉等为一体的文化城主要集中在台江、鼓楼和晋安，包括特艺城、光明桥珠宝玉石城、藏天园、寿山石文化城、鼓山寿山石国际交易中心、"福百祥1958"文化创意园等。

与其他的寿山石文化城相比，"福百祥1958"文化创意园的特色就是以文化创意为主的福州市寿山石市场。创意产业包括公益美术，大部分市场是寿山石市场，寿山石约占40%，字画约占30%，其他副业约占30%。"寿山石文化城越来越多，并不能完全说明这个市场的需求变大了，而很有可能是进入寿山石市场的投资、投机者越来越多了。"省宝玉石协会秘书长王乃珠坦言，实际上，目前寿山石雕有很大一部分是"有价无市"，基本上都在圈内流通，通过拍卖会、私下交易等方式，落到收藏者以及其他行业投资者的手中。

（二）"福百祥1958"的文化累积

由旧工业厂房改造而成的"福百祥1958"文化创意产业园，不但因其特有的建筑风格和历史底蕴，更因其汇集了与创意相关的各行各业，成为了名副其实的文化时尚聚集地。

"福百祥1958"文化创意产业园集中体现了历史价值、建筑价值、艺术价值和创意价值，并运用新的设计和模式改造，为历史的留存注入时尚、创意的元素，使保留的旧厂房成为现代城市景观的新景象，也促进了设计创意产业的产业链形成，是文化产业与工业历史建筑保护、文化旅游相结合，建筑价值、历史价值、艺术价值和创意价值相结合的良好典范。

1. 历史价值

这个1958年筹建的工厂，曾是计划经济时代上海市援助福建省经济建设的历史见证。工厂附近至今还有一个上海新村，曾经是上海市技术工人聚集之地。而今，曾经的厂房，被隔成一个个工作室。艺术长廊、美术展馆以及展现福州市旧的以技术为主的工厂改造成为新的以文化当先的文化创意园这件事情可以说是文化超越技术最鲜活、最现代的"行为艺术"。历史与未来、传统与现代的交汇，寓意深远。

2. 建筑价值

"福百祥1958"是以旧厂房和仓库为区位依附滋生的文化创意产业园，建筑面积近2万平方米，共有大小厂房8幢，通过利用和改造旧厂房车间，打造艺术创作、设计、时尚展览、文化交流、办公生活的品味空间。沉淀的工业历史文化配以后现代艺术文化的熏陶，形成一个创意氛围浓郁、配套完善的新型创意产业基地，是集文化、商业、展览、旅游、教育为一体的复合型大型文化社区。它不仅保留了旧厂房建筑形态和历史痕迹，还大胆构思，用各式各样的雕塑布置园区，体现了旧厂房和现代建筑碰撞出的独特魅力。

3. 艺术价值

"福百祥1958"文化创意产业园入驻机构门类丰富，如"1958美术馆"；以姚氏画业为首组成的艺术长廊；福州市三频道攀讲栏目结合福州市传统风味小吃的演播现场；福百祥茶文化展示厅、国际青年客栈、土楼文化艺术咖啡酒廊；闽茶文化、陶瓷精品、木雕、根雕、工艺礼品。

4. 创意价值

"整旧如旧＋后现代感元素设计"的运用，体现了"福百祥1958"文化创意产业园在改造上的创意，从工作人员那了解到文化创意涵盖各方面，尤其是大部分致力五彩动漫、雕塑的商户，都采用自身原创。

（三）"福百祥1958"的文化影响

1. 另类的空间规划造就新的文化格局

随着全球化新国际分工的影响，文化创意产业的兴起与结合老旧空间的再发展，成为都市更新与空间规划的崭新历程,为提升城市特色与竞争力,活跃的市场运作是促成文化创意产业园区的要素之一。在改革开放之后,各大城市逐步走向资本流动社会,市场经济活动受到全球新国际分工与跨国企业的影响,产业发展定位从传统劳动力密集的工业城市转而发展成为以知识经济为主的现代服务业;然而,遗留在中心城区的老旧空间与环境问题,成为一些城市产业变迁与空间布局调整的最主要原因。研究显示出,文化创意产业诱发出福州市另类的空间规划手法,不同于以往大拆大建的方式,相反地保留老旧生产空间,以修建的方式延续建物的年限,空间治理逐渐开放也为城市空间规划注入多元视角。

2. 带动改造旧厂房的热潮

"福百祥1958"文化创意园从都市发展的角度来看,属于福州市城市产业政策改变下的产物,在一些工业厂房由于收益下滑而停止营运的同时,许多工厂厂区面临同样的情形,歇业倒闭之后为了解决下岗工人的问题然后将厂房出租收取租金,也因为工业厂房空间宽敞、租金便宜,且老旧工业厂房带有创作者们喜爱的艺术感,吸引艺术家族群进入。在"福百祥1958"成功扭转被改造的命运之后,福州市有许多厂房(区)也都借由文化创意产业的进驻来改造空间的格局。例如,依托白马路浓厚的文化氛围、优越的地理位置和老厂房空间优势的"芍园一号"等。虽然载体空间型构过程当中的作用者与改造的方式有所不同,但值得一提的是,在"福百祥1958"文化创意园成功将工业厂房打造成文化创意产业空间之后,福州市许多老旧工业厂房亦效仿这种产业置换的方式,因此带起了一股改造工业厂房成为文化创意产业园区载体的风潮。

三、"福百祥1958"面临发展困局

190亿元!这是福州市政府对2010年全市文化创意产业增加值的计划数。这个数字反映出福州市发展文化创意产业的雄心壮志。福州市的2010年,可以说是"文化创意产业年","芍园一号"、"福百祥1958"、"榕都318"、船政文化旅游区等创意产业园如雨后春笋般冒了出来。日前召开的全市文化体制改革座谈会还透露,福州市计划将建成10个创意产业园区。但是,年末盘点,很多人发现其实福州市创意产业并不像当初想象的那么美好。围绕"福百祥1958"等文化创意产业园区的种种争论,似乎从开始就没消停过;而且在各种唱衰这些文化创意园区的人中,居然大多数来自行业内部,甚至就是入园业主。这种现象值得关注和反思。

(一)"福百祥1958"的缺陷

"福百祥1958"文化创意园自开办以来,其发展是迅速、有成效的,但仍有美中不足之处,有待今后改进。

（1）严重缺乏高端人才和拥有实践经验的成熟人才，造成创意企业的内部组织度不高，同业无序竞争时有发生；技术层次偏低，产品结构单一；技术装备相对落后，产业的升级受到制约，产业集群比较脆弱。

（2）创意园监管手段滞后，发展环境不顺，统一市场还没有形成，行业、区域壁垒所导致的条块分割问题依然严重，为了追求发展的短期利益而重新启动传统体制和机制而拖发展后腿的情况时有出现。

（3）创意产业高潮的兴起与理论研究的落后形成落差，高等院校和研究机构学科建设、人才培养机制落后于发展现实需要的状况日益突出。

（4）融资渠道狭窄，严重制约着"福百祥1958"创意园区的发展。由于融资渠道不畅，造成研发投入不足，使产业集群效应难以有效发挥。虽然"福百祥1958"文化创意园主要吸引创意、设计、艺术等领域的进驻机构，艺术长廊、美术展馆等，但园区由于快速回笼资金的需要引进了不少茶叶店及一些娱乐休闲的行业。作为专业做文化创意的园区，在品牌打造过程中副业过多、涉猎太广、种类庞杂，反而稀释了创意产业园里的艺术氛围，难以突出重点。

（5）定位雷同、缺乏个性。创意园区大部分为艺术家的画廊或是设计师的办公楼，难以找到创新的模式。而开发商则扮演着房东、二房东的角色，延续靠租金差价赚钱的惯性思维。而在单一的出租模式下，一些区位优势不足、缺乏商业配套的创意园区，在开园之初的"新闻效应"过后，往往因入驻者生活不方便、生意不景气，导致人气难以聚集。

（二）"福百祥1958"可以做得更好

1. 政府应当充分发挥引导与推动作用

政府部门应当有针对性地对创意产业的进一步发展进行布局上的引导。

（1）构筑创意产业的产业链，并提高与其他产业的关联度，使之对推动制造业发展，推动消费和推动文化产业发展发挥应有的作用。

（2）进一步完善政府采购机制，逐步提高政府采购中具有自主知识产权的创意产品的比例。

（3）政府部门应带头使用"福百祥1958"产品，促进创意产业的高起点发展，拓展创意产品的市场空间。

2. 要有明晰的发展思路

（1）通过发展创意产业优化传统产业的价值结构，在研发设计、品牌建立和销售流通等环节上创造更多的附加值，实现"福百祥制造"向"福百祥创造"的转型；

（2）通过创意产业将城市现有的文化资源和创意资源转化为新型产品，衍生新兴产

业群,促进城市产业结构的优化和升级;

(3)创意产业的发展应该与经纪、代理、评估、鉴定、推介、咨询、拍卖等中介机构、行业组织发展紧密结合起来,进一步规范中介机构的经营行为,加快建立符合国际惯例、有利于促进产业升级的创意行业协会,并充分发挥其在引导产业升级和拓展业务等方面的作用。

3. 充分发挥各类平台的功能和作用

(1)要通过"518"、"618"等招商平台,向社会广泛征集各种创意成果和企业创意需求,重点推介一批符合福州市创意产业发展导向、科技含量高、带动力强、发展前景好的创意成果,加大力度推进创意项目的对接、生成、转化与落地,提高创意成果转化率。

(2)做好公共服务平台的搭建,包括投融资服务平台、人力资源服务平台、公共技术开发与共享平台、信息资源共享平台、创意策划服务平台、研发设计服务平台、生产制作服务平台和展示交易服务平台等。有些文化创意企业实力雄厚,已经拥有了部分技术平台,可以向其他企业开放,成为公共服务平台的构成部分;一些高等院校和科研机构在基础研究、应用研究等领域拥有一定的专业化的服务能力。

4. 利用近台的区位优势,拓展创意产业发展的空间和规模

台湾地区"行政院"将创意产业发展计划纳为《挑战2008:台湾发展重点计划》的重要推动项目,并成立"创意产业推动小组"负责统筹研拟创意产业之年度及中、长期发展策略。福建省正在实施"两个先行区"的伟大战略,福州市可以利用近台的优势,引进、学习、借鉴台湾地区发展创意产业的经验和做法。闽台在血缘、地缘、文缘、法缘、商缘上有着较深的渊源关系,同时,从两岸的文化底蕴与文化积累来看,闽台文化事业合作已有较好的基础,所以福州市在与台湾地区进行创意产业的交流与融合中有着其他地方无可比拟的天时、地利、人和的特殊优势。福州市可以以创意园为产业依托,承接来自台湾地区的创意产业转移;可以依托海峡两岸文化产业交易会这个平台,借助福州市产业的优势作为创意产业集聚、辐射与扩张的对象,拉动整个产业链的发展。

(作者单位:厦门理工学院文化产业学院)

【厦漳泉案例】拾柒 ▶

海峡两岸（厦门）文博会

陈秋英

海峡两岸（厦门）文化产业交易会，创办于2008年，以国务院台湾地区事务办公室、中华人民共和国文化部、国家广播电影电视总局、中华人民共和国新闻出版总署、福建省人民政府为主办单位，由厦门市人民政府和台湾地区亚太文化创意产业协会联合承办，两岸众多的政府机构、协会组织合作协办。海峡两岸文化产业博览交易会（简称"文博会"）是全国唯一以"海峡两岸"命名，并由两岸共同举办的综合性文化产业博览交易会，以"一脉传承·创意未来"为总主题。文博会从第5届开始，展会规格和规模都进一步提升。原仅为指导单位的国务院台湾地区事务办公室、中华人民共和国文化部、国家广播电影电视总局、中华人民共和国新闻出版总署提升为主办单位。第5届海峡两岸文博会冀意"凝聚文创智心·迸发产业原力"，进一步推进两岸文化产业合作交流与共同发展，进一步加强文化产业商贸对接，以文化引领产业、以产业助推文化，打造海峡两岸文化产业交流合作与投资交易的重要平台。

一、精准定位，彰显地域文化特色

海峡两岸文博会的定位为：突出两岸、突出产业、突出投资、突出交易，推动两岸文化市场融合、拓展两岸文化产业发展空间。其特色有：①融合性。立足海西、融合两岸，是全国唯一由海峡两岸共同举办的文化产业盛会。②专业性。以文化产业的核心内容为主题，汇集两岸优秀的文化产品和服务。③交易性。展销结合、重在交易，构建文化产品、服务及投融资项目的推介和交易平台。④参与性。吸引海西城市、台湾地区、港澳和大陆地区更多的参展商、采购商和销售商参与，通过展会及系列配套文化活动，吸引和鼓励民众广泛参与，用文化创意活动提升民众精神生活品质，打造群众性的文化平台，让生活中的文化创意为民众创造更多的惊喜和实惠。

突出海西、深化合作是海峡两岸文博会的一大特色。参加首届海峡两岸文博会的台湾地区县市包括台北市、台北县、台中市、台中县、高雄市、台南市、新竹市和金门县8个县市；参展的台湾企业113家，共计500余人，体现了"融合两岸"的办会原则，使海峡两岸文博会名实相副。来自海峡两岸的参展企业达501家，参展人数近2 000人，共设展位964个，超出原定预期目标，彰显了文博会以"闽台为主体、辐射东部、面向全国"的办会宗旨。

20个海西城市中有19个城市参加了第2届文博会，其中有13个城市设置了特装展位，海西城市的特色文化和海西文化产业发展的最新成果在本届海峡两岸文博会上得到了比较全面的展示。海峡两岸文博会作为海西文化会展品牌的作用得到进一步发挥。文博会期间的城市论坛以"文化创意产业与城市发展"为主题，突出海西、聚焦发展，谋划海西文化产业合作与发展的新思路。论坛层次很高，主题集中、内容具体、信息量大，互动性强。演讲嘉宾既有政府高层领导，也有商界精英；既有文化名流，也有知名教授。三位来自海西城市的市长和台湾地区新竹市市长同台演讲，交流文化产业与城市发展的思路和心得，加深了相互理解，开辟了文化产业合作与对接的新途径。为期一天的论坛吸引了数十家媒体和上千人次的听众，社会反响热烈，产生了良好的社会效应，为海西区域发展和两岸文化产业合作提供了强有力的智力支持和政策引导。

第4届文博会，两岸特色更加浓厚，有349家台湾地区文化企业和机构参加，首度实现了台湾地区所有县市皆有参与，内容空前丰富；展出陶瓷、珠宝、手工艺品、礼品、伴手礼、博物馆商品、美食、家具、出版品、科技、绿色生活、婚纱摄影、品牌行销、化妆品等20多个不同产业、多元且精致的创意商品，呈现台湾地区文化创意之美。

海峡两岸文博会具有鲜明的地域特色。如在第2届文博会期间，福建省内9个设区市的展馆充分彰显了福建省地域文化特色。如福州市是国家历史文化名城之一，在发展闽都文化的同时，还在着力打造文化创意产业中心。福州市馆内有传统的伬唱表演，脱胎漆器、漆画、寿山石、软木画等福州市工艺精品，让人们看到了极具个性的闽都文化代表。同时，福州市还组织了文化企业参加相关专业展馆41个展位的展览，落实总签约额13亿元的文化产业投资、交易或招商签约项目。泉州馆在现场"搭"起了一座古朴的蚵壳厝，并以成功入选人类非物质文化遗产代表作名录的福建南音为主线进行布展，并设置了泉州市专题馆，组织了近30家企业参展，对外展示泉州市文化产业发展的最新成就。漳州市则"搬"来了远近闻名的福建省土楼。漳州馆外形如南靖田螺坑土楼，除了现场展示木偶、兰花、漳浦剪纸、南靖茶、华安九龙璧等漳州特色之外，还演绎了世界文化遗产土楼与国宝甲骨文的美丽"邂逅"。莆田馆内妈祖文化与工艺美术的完美融合，孕育出莆田文化产业的独特魅力;三明馆正门的朱熹理学和后门的宁化客家祖地门牌坊,彰显了三明的客家源、闽江源、闽人源、理学源,突出对台文化特色;还未走入南平馆,武夷山大红袍的茶香早已香飘四溢,松溪版画、建阳工笔画、浦城剪纸、根雕竹艺等,将南平的特色文化展现得淋漓尽致;龙岩有光辉的古田会议、神奇的福建土楼,还有众多的旅游胜地。此外,采茶灯也是龙岩的一大特色,2009年9月10日,万人采茶灯舞还获得上海市大世界吉尼斯纪录;宁德馆内,柘荣剪纸等民俗文化,以及畲族文化、海洋文化、茶文化、廊桥文化,构成了宁德的特色文化;东道主厦门馆,则融入了钢琴、鼓浪屿、大海等代表厦门市特色的文化元素。

二、驶出海峡、辐射东部、面向全国

文博会是集两岸文化产业博览、交易、交流、合作和研讨于一体的文化盛会,海峡两岸众多文化产业界人士参会,弘扬两岸一脉相承的中华文化,共同奏响跨越海峡的文化交响乐。然而,文博会的成功举办,也吸引了其他省市和地区的热情参与。

首届文博会得到兄弟省市和周边海西城市的热情参与,浙江省、上海市、安徽省、广东省、江西省等8个省市,深圳市、沈阳市、济南市、杭州市、武汉市、成都市、西安市、大连市、南京市等10个(副)省级城市,赣州市、丽水市、潮州市、揭阳市、梅州市、抚州市、上饶市7个周边海西城市以及省内各设区市共1 000多人组成政府代表团前来参加这次文化盛会,来自全国各地的参展企业达501家,参展人数近2 000人,共设展位960个,超出原定预期目标,彰显了文博会以"闽台为主体、辐射东部、面向全国"的办会宗旨。

第2届文博会,首次由省外政府组团参展,如丽水市、温州市、抚州市、上饶市、景德镇市,这5个福建省外的海西城市都是首次由政府部门组团参展。当龙泉青瓷、龙泉宝剑、青田石雕这"丽水三宝"首次在丽水馆集中亮相时,许多人赶来一睹其风采。"青田石雕的价值堪比黄金,龙泉青瓷始于五代,而武侠小说中众多剑的原型则源自龙泉宝剑。"丽水市政府办文教处处长吴立华介绍说,除了"三宝"之外,丽水市还带来了木制玩具、畲族文化、巴比松油画等独有的"绿谷文化"。据了解,这次丽水市不仅主动要求参展,而且特别提出要设"丽水精品展"专馆。"以前我们与海西周边城市、台湾交流不多,我们希望通过文博会融入海西经济区,加强与海西经济区、台湾地区的交流与合作,推介丽水文化产品。"素有"百工之乡"之称的温州市,将最具代表性的"瓯"文化带到了文博会现场,通过传统与时尚的结合,展示温州市工艺美术精品和温州市风土文化。在温州馆内,人们不仅能近距离欣赏到黄杨木雕、彩石镶嵌、瓯绣、瓯塑、细纹刻纸、象牙雕等精美的民间工艺品,还能现场领略艺术大师的风采。

眼前一座灰瓦白墙的徽派建筑就是抚州馆，这里正在轮番上演抚州的国家非物质文化遗产项目南丰傩舞、广昌孟戏、宜黄戏等民间艺术，民间艺术家也在现场展示剪纸和竹编工艺，吸引众多嘉宾驻足观看。抚州市在戏曲、舞蹈、建筑、宗教等方面留下了大量的文化遗产。上饶市则打出了"梦幻上饶、文化之城、生态之都"的口号。上饶市拥有世界文化遗产三清山，中国最美丽的乡村婺源，中国最大的淡水湖鄱阳湖，旅游文化胜地万年神农源，国家非物质文化遗产项目弋阳腔脸谱以及目前中国最大的金矿遗址。素有"瓷都"之称的景德镇，在文博会上"秀"出的宝贝自然是蜚声海内外的景德镇艺术瓷器。如今，景德镇艺术瓷器已成为一门将各种绘画（包括中国画、油画、水彩画等）以及雕塑融汇于瓷器烧制技术的独特的艺术品种。

除了这5个海西城市在文博会现场设置展位之外，衢州市、赣州市、梅州市、潮州市、汕头市、揭阳市等海西城市也组团前来参观，亲身感受海峡两岸文博会的独特魅力。

此外，第2届海峡两岸文博会开始辐射港澳。文博会汇集内地和港澳台的优秀文化产品和服务，主展馆还设立了港澳馆，深化内地和港澳文化交流与产业对接。

第3届文博会两岸四地持续拓展。大陆地区共有15个省（自治区、直辖市）、6个副省级城市、16个海西城市参加了第3届文博会。参与性更强、辐射面更广，两岸四地齐拓展。台湾地区共有22个县市参加，比第2届增加了9个，几乎涵盖了台湾地区全岛；香港文化企业再次参展，澳门特别行政区首次大规模组团参展。本届文博会共有参展企业664家，参展人员2 199人；前来参会洽谈的企业约300家，客商人数为612人；出席本届文博会的两岸四地嘉宾为1 824人，总计参展参会人数达4 635人，比增34.27%。

三、对接产业链接，创意设计添光彩

2009年，国务院发布的《关于支持福建省加快建设海峡西岸经济区的若干意见》提出："大力发展文化创意产业，建立海峡两岸文化产业合作中心。"这为闽台文化产业合作提供了政策支持。

第3届文博会期间，文化产业对接成为闽台合作新亮点。福建省独有的祖地文化特色，成为连接闽台两地民众感情的文化纽带。随着两岸文化交流的持续升温，海峡两岸文化产业界开始携手打造文化产业链，共同推动文化产业发展繁荣。如今，文化产业对接已经成为闽台合作的新亮点。

（一）从"文化往来"到"共同打造文化产业链"

福建省对台交流具有"文缘"优势，闽南文化、客家文化、妈祖文化等是闽台民众的共同"精神财富"。"台湾文化是闽南文化的传承与创新。"中国国民党副主席林丰正接受新华社记者采访时说，"台湾民众的生活习惯、信仰是闽南文化的延伸。台湾文化既延续了闽南文化的精神，又推陈出新。"

2005年福建省政府公布的101项省级非物质文化遗产项目中，有40多项与台湾地区密切相关，许多在台湾地区广为流传。歌仔戏既是福建省的五大地方剧种之一，也是台湾地区的主要地方剧种；闽南一带盛行的梨园戏，在台湾地区也有热心的观众；木偶雕刻、闽南歌谣、南音、妈祖信仰……无不承载着两地共同的文化诉求。

共同的语言，共同的文化基础，闽台文化交流往来频繁。林丰正率团参加了在泉州市举办的首届海峡两岸闽南文化节。文化节有来自台湾地区的南音社团、歌仔戏剧团、南少林武术团、专家学者等300多人参加。

闽台两地文化演出市场红火，各类演出团体频繁"登台"，台湾地区表演机构也接踵赴闽带来各类节目。记者从福建省文化厅获悉，2009年福建省办理闽台文化交流项目37批3 602人次（不含营业性交流演出项目），其中赴台28批1 035人次，来闽9批2 567人次，交流人次同比增加50%。

（二）闽台文化产业、多层次全方位对接

福建省德化县于去年下半年携手台湾地区导演李力安拍摄了电视连续剧《瓷魂》，展示传统深厚的瓷文化。德化县县长李辉跃表示，德化县规划建设德台陶瓷文化创意园先行试验区，加强德化县与台湾地区莺歌镇陶瓷产区的合作，促进两地产业对接。

在福建省寻求与台湾地区进行文化产业合作的同时，台湾地区文化界也频频向大陆伸出"橄榄枝"。2009年，在厦门市举行的第2届海峡两岸（厦门）文化产业博览交易会上，台北县开辟了专门展区，展示其陶瓷、金属工艺和动漫产品等。台北县文化局副局长邱建发说，政府搭建这样一个平台，来促进两岸文化产业的对接。

海峡两岸创意产业合作之门也悄然开启。2009年，在福州市举办的第11届海峡两岸经济贸易交易会上，闽台创意产业对接成果丰硕。台北市电脑商业同业公会、台湾地区前进国际顾问服务有限公司等与福州市软件园签约。在台湾地区创意产业"抢滩"福建省的同时，福建省动漫企业也进入台湾地区市场。2009年，网龙公司将两款原创网络游戏的繁体版分别授权给两家公司在台湾地区代理运营。

在出版业界，两岸强强联手将华文出版推向世界。2009年12月，在福州市揭牌成立的海峡出版发行集团，与台湾地区出版业界建立"华文文化创作营运共同作业平台"，有效整合两岸文化资源，进行文化产品的出品、发行、物流配送、进出口业务、版权代理、版权贸易、参展活动、讲座论坛、营销宣传的一体化运作。

海峡两岸（厦门）文化产业博览交易会是福建省搭建的两岸文化产业合作的一个重要平台。文博会涵盖创意产业、广播影视、传统艺术、工艺美术、非物质文化遗产等，展示

两岸文化产业发展的生机和活力。据统计,第2届海峡两岸文博会签约项目达82个,交易金额达87亿多元人民币,两岸文化产业合作效果正初步显现。

(三)闽台携手做大做强中华民族文化产业

共同的文化基础为闽台文化产业合作提供了丰富的内容资源。台北市出版商业同业公会理事长李锡东表示,作为台商在大陆分布密集度最高的地区之一,福建省文化和语言与台湾地区同源,在这里发展两岸文化创意园区,不仅可以成为台湾地区文化创意产业的发展基地,而且成为打造国际华人品牌的源头。

"两岸拥有共同的感情,共同的传承。"台湾地区亚太文化创意产业协会理事长、法蓝瓷有限公司总裁陈立恒表示,两岸可以挖掘共同的元素,让两岸文化产业可以更快速走向全球。

闽台文化产业各具特色,合作潜力巨大。近年来,在激励政策和体制改革的推动下,福建省传统文化产业焕发勃勃生机,动漫、网游等新兴文化产业得到迅速发展,文化市场体系正逐渐形成。陈立恒指出,当前大陆支持海峡西岸经济区发展,对台湾地区创意产业从业人员来说是一个创业良机。

"当前两岸关系面临大交流、大合作、大发展的新形势下,海峡两岸文化产业界应深挖合作潜力,互利互补,推动两岸文化产业共同发展繁荣。"文化部副部长、中华文化联谊会会长赵少华希望两岸携手让一脉相承的中华文化在国际文化竞争的舞台上绽放异彩。

亚太文化创意产业协会(台湾地区)理事长陈立恒:创意如果无法创造价值,那就没有意义。创造优势文化创意产业,才能成就一座伟大的城市。城市文化力是一种软实力,比任何产业都能创造出一座有质量、品格与品位的出色城市。国际上,许多城市都因具备璀璨的文化魅力,而拥有雄厚的软实力。许多城市举办节庆嘉年华、艺术节吸引国际目光,发展成独具特色的创意城市,带动城市经济的繁荣。

创意正是海峡两岸文博会的最大亮点。如首届文博会期间,展示了许多在生活中很容易就能实现的创意:自己在白色球鞋、T恤上涂鸦,创作图案;将废弃的帆布裁剪、涂上颜色,制作出时尚笔记本、纸巾袋;将废弃自行车拆卸后制作成工艺品,还有实用的桌椅……各种各样新鲜、好玩、好看、好用的创意展品,让市民、游客连连驻足,惊叹不已。不同的参展商之间也串起门来,互相学习借鉴。在展会期间,更有创意市集吸引了摊主63名,许多摊主从广州市、深圳市、昆明市、上海市等地赶来。此次创意市集的口号是"汝好!创意","汝好"为最厦门的问候语,只要有态度、只要有勇气,创意就具有飞起来的力量。场地设置,更是将手工玩乐到底;"创意一箩筐",将混搭玩起来,竹筐、竹筛、渔网等等,均以手工编织而成,随意搭配组合,就是一个完美的展示台,而最具市集精神的涂鸦,此次将呈现出的是不同以往的立体效果。跳跃的色彩、质朴的精神,只要热爱生活,每天都会有新发现。

第2届海峡两岸文化产业博览交易会在厦门市正式拉开序幕的同时，创意时尚、漆线雕、油画等七大分会场的主题活动也分别精彩亮相。首次设立的创意时尚分会场以"创意时尚·艺术生活"为主题，分为两岸创意时尚品展销区、创意市集、立体动漫画区等。其中，海峡两岸青年艺术家创意作品展上，来自两岸的20多位青年艺术家带来60件艺术作品。创意时尚分会场负责人吕昂告诉记者，这些创意作品不再只是单纯展示，它们还将在文博会期间等待"伯乐"的出现。他说："创意作品很重要的就是产业化，邀请我们本地非常有实力的生产厂家来进行产品的对接，让创意作品变成实实在在的产品，推向普通消费者，让市民能够享受到一些创意的产品。"

第3届海峡两岸（厦门）文博会把创意与生活紧密相连，增强文博会的参与性和吸引力，打造"人气文博会"。市民可以在创意园欣赏到来自欧美、港台以及国内80多位当代优秀艺术家的创意作品，主要是绘画、雕塑和影像。同时，在交易会期间还举行了（厦门）文化创意设计大赛，进一步突出了文博会创意的特色。

作为第4届海峡两岸文博会的配套活动，农行杯第2届（厦门）文化创意设计大赛由福建省教育厅、厦门市教育局主办，厦门广播电视产业发展有限公司策划执行、中国农业银行厦门市分行冠名的针对高校文化创意设计作品的大赛。大赛旨在配套文博会，促进两岸文化创意交流；对接产业链，推动地方创意产业发展；服务各高校，提升高校创意学科建设。赛事对于其他创意设计比赛，更侧重产业链接，作品产业化成为亮点，主要体现在以下三点：①在赛事的开展方面，赛事今年设置了"行业赛中赛"，建立学生与企业的直接对接；②在赛事作品开发方面，组委会将赛后优秀作品通过福建省工业设计技术创新服务平台等服务机构进行开发推介，如首届的金奖《惠安四姐妹》、银奖《避震课桌椅》与中国农业银行和龙山文化创意园的产业开发促成了价值数百万元的大案例，第2届赛事展览现场特设"产业对接咨询处"，以吸引更多企业介入合作；③在赛事运作方面，赛事采用市场运作方式，吸引中国农业银行厦门市分行、君龙人寿保险有限公司等企业赞助支持，让赛事得到良性运营基础。展会期间，许多大人带着孩子一起来参观，富有创意的琳琅满目的展品让参观者流连忘返。

第4届文博会期间，台湾地区文化企业和机构积极参与，展出了陶瓷、珠宝、手工艺品、礼品、伴手礼、博物馆商品、美食、家具、出版品、科技、绿色生活、婚纱摄影、品牌行销、化妆品等20个以上不同产业、多元且精致的创意商品，呈现台湾地区文化创意之美。如防水的纸，而且撕也撕不烂，你信吗？这是台湾地区参展商——国际交通Q博馆带来的产品，产品采用合成纸，可手工组合成各种车子，如火车、货车、巴士等。"这种合成纸今年刚获得专利，不仅环保、防水，而且撕不破。"据参展商陈先生介绍，Q博馆里有不同难度的DIY产品，主要是以玩的概念来推广文化，这不仅是一种创意的益智玩具，也具有教育的意义。

很多人喝过高粱酒,但不一定见过真的高粱。而在文博会台湾地区展区的金门文化创意馆里,这里不仅有香飘两岸的金门高粱酒,还有金灿灿的高粱。在金门高粱酒的展柜里,一瓶瓶包装风格各异的高粱酒让人觉得很有创意,而更让人眼前一亮的是这些真的高粱。工作人员说,虽然大家对高粱这个词语很熟悉,但很多人没有见过实物,因此这次有意地把高粱与高粱酒摆在一起展出,也是我们创意的一种做法。

四、突出交易,成绩斐然

文博会已成功举办了4届,每届都表现出了超强的吸金力。

首届突出交易,成绩斐然。首届海峡两岸文博会共签约了109个项目,签约总金额为58.7226亿人民币;展会期间的交易额为1.7057亿。按照参展城市的签约额和交易额来比较,签约金额最大是福建省莆田市,签约金额达17亿;展会期间获得最大交易额的是福建省南平市,总金额为5 117万元,其次是漳州市和泉州市,交易金额分别为5 030万和2 484.7万人民币。

第2届展会在主展馆设置1 146个展位,另外在动漫分会场设置了107个动漫展位。来自全国31个省市的代表团、参展商、采购商和台港澳嘉宾共3 452人参加了本届文博会。参展企业545家,其中,台湾地区参展企业为161家,展会规模进一步扩大,参展层次明显提高。尽管受国际金融危机的不利因素影响,本届文博会的签约数与交易额比首届有较大增长,体现了文化产业逆势上扬的强劲态势。共确定签约项目82个,交易金额87.0477亿元人民币,同比分别增长了15.7%和47.46%。其中,合同金额16.44亿元,占总签约额的18.90%,超额完成了预定目标,同比增长了77.35%。本届文博会的平均项目签约额为1.07亿,同比增长了23%;现场交易金额为2.44亿,同比增长了31.18%。演艺签约项目有了新的突破,签约项目15个,涉及金额达1.896亿元。这将是大陆唯一两岸合作共建的影视文化城,也是闽省面积最大的影视城。

第3届海峡两岸文博会进一步突出交易、突出投资,展会的交易性更强,投资意向更浓。共有签约项目138个,总金额达98.9835亿元,分别比第2届增长了68.29%和13.71%。本次项目签约活动的最大特点是单项签约额度大、两岸合作项目多,涉及影视、数字内容、演艺、印刷出版、动漫游戏、文化旅游和文化创意产业园区建设等众多领域。其中动漫项目23个,签约额为6.2892亿元人民币,平均单项签约额高达2 700多万元人民币;演艺项目13个,金额2.5843亿,签约项目比上届减少了2个,但签约额却增长了36.30%,项目质量明显提高。涉及两岸文化产业合作的项目共有14个,签约金额5.3511亿元,实现了历史性的突破。两岸文化产业合作开始向纵深发展,文博会的两岸特色更加突显。台港澳地区共有 24 个签约项目，交易金额为 15.3407 亿元人民币，分别占总额的 17.39% 和 15.50%，凸显了本届文博会在两岸四地文化产业对接中的独特作用。单项签约额最大是莆田连天红文化创意产业园项目，签约额高达 7.8 亿元人民币，而文化创意项目签约总额达 32.445 亿元，成为本届展会的一大亮点，显示了文化创意产业的巨大发展潜力。据不完全统计，本届文博会的现场交易额约 3.157 亿元，比增 29.10%，为历年之最。各个分会场交易活跃，惠和石艺签约额为 6 000 万元，为各个分会场之首；敦海艺品分会场现场交易额高达 500 万元，成为现场零售额最高的分会场。本届海峡两岸文博会各分会场的功能得到充分体现，有力地带动了厦门市文化产业聚集区的发展。核心文化产品与服务的签约额占总交易量的 80.77%，展会的交易质量大幅提升。

第 4 届文博会在展会规模、辐射区域、投资交易和展会质量等方面都有新进展、新突破和新提升，取得了丰硕的成果，共有签约项目 155 个，总签约额为 359.7109 亿元。本届文博会分别比上届增长了 12.32% 和 263.40%。其中，超过 5 000 万元的项目达 55 个，签约金额达 225.8221 亿元。在 155 个签约项目中，涉台项目签约额为 41.466 亿元，比上届增长了 674.91%；央企项目 2 个，签约金额超过 15 亿元；中美项目 1 个，签约金额 2 亿元，在央企项目和外资项目上实现了突破。经初步统计，本届文博会现场交易总额为 4.73 亿元，其中，主展馆现场销售额达 7 390 万元。

五、古今交融特色突显，市民参与性强

首届海峡两岸文博会内容十分丰富，既有主展馆又有漆线雕、商品油画、石艺和创意园艺四个分会场；既有来自海峡两岸的演艺院团的演出，又有以市民生活创意为主要内容的创意市集。剧场演出和广场文艺活动有机结合，共举办各种文艺演出 15 场，广大市民积极参加、热情高涨。历时 4 天的展会及其配套活动，吸引了大约 20 万人次的市民到场参观或观看演出，充分体现了展会的"参与性"。另外，来自 44 个国家和地区的国际友人也莅临首届海峡两岸文博会参观，并对本届文博会予以高度评价。

首届文博会期间还有来自台湾地区的珍贵收藏，民国时期三军军服亮相鼓浪屿，包括 30 余套民国时期三军军服，民国初期国民党多位高层人士亲笔题写的匾额，以及最早一批描绘厦门市以及鼓浪屿的外国铜版画。同时也搜集有近万件与台湾地区相关的历史实物，或忠实再现了台湾地区民众的日常生活，或无言地讲述了台湾地区经济的发展历程，或默默见证了两岸关系的风云变幻。

此外，在首届文博会期间，享誉世界的台湾地区汉唐乐府经典剧目——南音乐舞《艳歌行》为参加首届文博会的海内外嘉宾及厦门市民献上了一场清新雅致的演出。在厦门市鼓浪屿菽庄花园，演出大型古典梨园歌舞戏《韩熙载夜宴图》。这也是该剧目在大陆第二

次公演。《韩熙载夜宴图》原图描绘了五代时期达官显贵觥筹交错的夜宴情景，构图巧妙，用色绚丽清雅，生动描绘出人物的内心情感，深具历史、文化及艺术价值。

漆线雕是厦门市独有的传统工艺，它最初用于寺庙、佛像的装饰，直到20世纪70年代才被应用于礼品制作。如今，漆线雕制作在传统的躯壳中实现了脱胎换骨，由"家庭小作坊"走上了产业化道路。第3届海峡两岸文博会上，漆线雕再次登上舞台，作为11个分会场之一，向四方宾客展示厦门市的古老手工技艺。

慈禧太后的指甲套与珍珠融合成项链，可以戴在脖颈上；《清明上河图》被制成餐盘，可以摆在餐桌上；乾隆皇帝最爱的多宝格成了箱包，可以随身携带……在第3届海峡两岸（厦门）文博会主会场内，台北市故宫博物院展区的展品令记者惊叹不已。这些展品都是以故宫内的文物为元素设计出来的衍生商品。这是台北市故宫博物院首次组团参加在厦门市举办的海峡两岸文博会，"我们希望文物与生活是在一起的"，台北市故宫博物院相关负责人方美玲介绍说，台北市故宫博物院与商家合作开发衍生性商品已有20年了，"以前来博物院的人基本只能买明信片，带着回忆回家，而现在观赏过的东西还可以每天伴随，可以穿戴，可以吃，可以用。博物院不再是一个很严肃的地方，在那里还可以轻松购物"。

据了解，台北市故宫博物院目前已有70多家故宫品牌授权厂商，其中有16家厂商是双品牌，即拥有自己开发的品牌。此次带到厦门市的就是16家双品牌厂商的产品，包括首饰、食品、工艺品、箱包、复制书画、挂饰、文具用品等。

"这些商品立足于台北市故宫博物院，承载着文化传承的功能。认识文物的人会喜欢商品，不认识文物的人也会因为商品而喜欢文物"。方美玲说，早在十六七世纪，西方世界的人们与中国人互不认识，但他们通过丝绸之路上的商品认识了中国文化。"我们接受麦当劳、LV、GUCCI很容易，事实上也应该把我们的文化，用我们的商品传销到全世界，让购买商品的人，在简单的日常生活中捡拾起文化内涵"。

（作者单位：厦门理工学院文化产业学院）

【厦漳泉案例】拾捌 ▶

游家网络

陈秋英

厦门市游家网络有限公司,仅用短短的8年时间,就发展成了一个集研发、运营、销售、服务于一体的网络游戏平台服务提供商,一个诚信、友爱、善良、创新、和谐的游戏家园。它现已被评定为福建省互联网出版重点龙头企业、福建省文化产业示范基地、厦门市数字内容产业示范基地、厦门市重点文化企业、厦门市高新技术企业、动漫企业、软件企业。它是目前福建省少数具有资质齐全的网络游戏动漫企业之一,成功拿到了"网络文化经营许可证"、"互联网出版许可证"。

一、厦门市游家网络发展概况

厦门市游家网络有限公司是基于互联网提供全面多元化、创新化及服务的IT企业,秉承"坚持自主创新、发展动漫文化"的宗旨,倾力打造拥有自主知识产权的高质量游戏精品,促进游戏艺术传播。自2004年创办以来,已发展成为集研发、运营、销售、服务于一体的网络游戏平台服务提供商。

厦门市游家网络有限公司发展迅速,现已被评定为福建省互联网出版重点龙头企业、福建省文化产业示范基地、厦门市数字内容产业示范基地、厦门市重点文化企业、厦门市高新技术企业、动漫企业、软件企业;同时,它当选为福建省动漫游戏行业协会副会长单位、厦门市文化创意产业协会副理事长单位;它也是目前福建省少数具有资质齐全的网络游戏动漫企业之一,成功拿到了"网络文化经营许可证"、"互联网出版许可证"。而其主营下的"4399平台",是一个中文休闲娱乐公共服务平台,属于高成长型的项目,具有良好的市场表现和前景。用户规模远远超出国内外任何门类的垂直游戏门户。

本文将以2011年的数据为观测标高,对游家网络进行评价。

(一)营业总收入

厦门市游家网络有限公司2010年营业总收入1.5亿元,缴纳税款1 800万元,实现净利润超过6 000万元,同期厦门市文化创意服务产业实现增加值54.66亿元,厦门市游家网络有限公司占据2.75%的份额。2011年,厦门市游家网络有限公司实现总收入5.34亿元,同比2010年增长2.1倍,纳税5 755万元。同期厦门市文化创意产业实现增加值约68.34亿元,厦门市游家网络有限公司占据7.82%的份额,见图1、图2、图3。

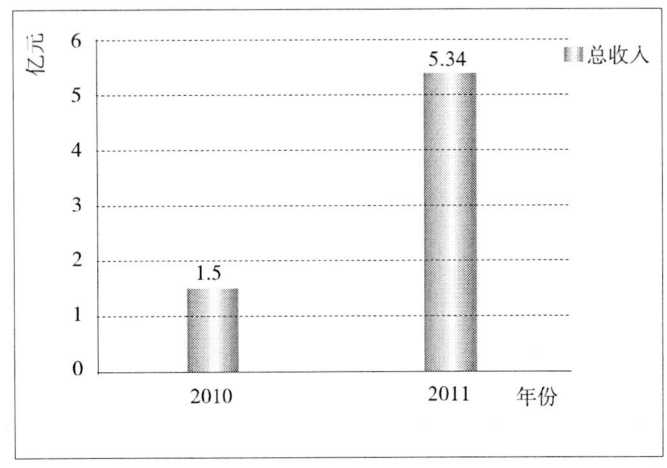

图1 2010-2011年厦门游客网络有限公司总收入增长情况

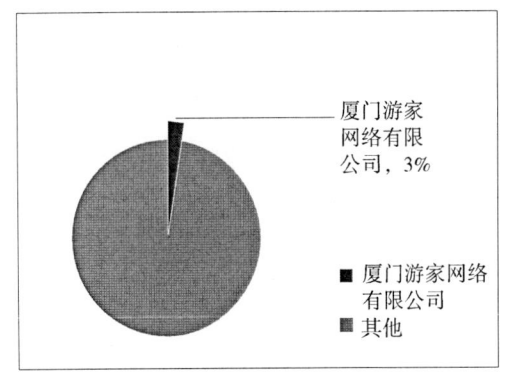

图2 2010年厦门游家网络有限公司占厦门市文化创意服务产业增长值份额

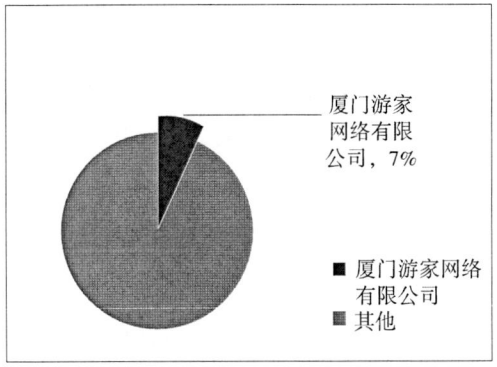

图3 2011年厦门游家网络有限公司占厦门市文化创意服务产业增长值份额

从图中可以直观地看出,厦门市游家网络有限公司总收入的增长很快,并迅速成长为厦门市场的重要力量;仅仅1年时间,游家网络在营业收入、净利润、社会贡献、市场份额等方面,均在原有的基础上翻番,甚至翻两番,实现超常发展。

（二）游戏用户群体规模

厦门市游家网络有限公司主营下的"4399平台"是中国最大的中文休闲娱乐公共服务平台。其用户规模之大，远超国内外任何门类的垂直游戏门户。用户传播能力强，平均一个人可以带来5个新用户，"4399平台"上拥有超过52%的用户是通过朋友介绍而来。其次，厦门市游家网络有限公司拥有国内最庞大的游戏用户群体，目前用户规模达2.2亿，并且处于持续高速增长中。据中国互联网络信息中心（CNNIC）《第29次中国互联网络发展状况统计报告》称，同期的中国网络游戏用户规模约为3.24亿。也就是说，仅厦门市游家网络有限公司所拥有的游戏用户群体就已经占据中国网络游戏用户群体总规模的67.9%，不得不说这是一个惊人的数字。这同时也体现了"4399平台"在厦门市游家网络有限公司的经营下，其迅猛的发展态势以及广泛传播的影响力，见图4。

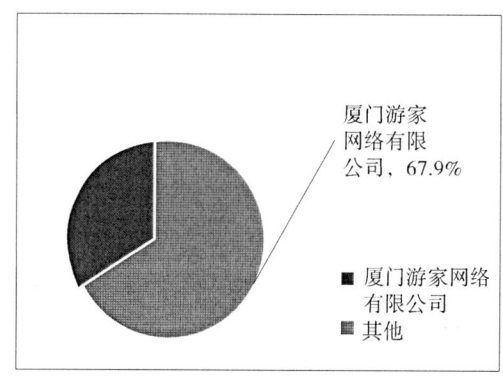

图4 2011年厦门市游家网络有限公司游戏用户群占中国网络游戏用户群规模百分比

厦门市游家网络有限公司的优势不仅体现在用户群体规模上，更体现在其主营下的"4399平台"的注册用户规模。注册用户规模的大小直接决定了用户对网站的忠诚度，见图5。

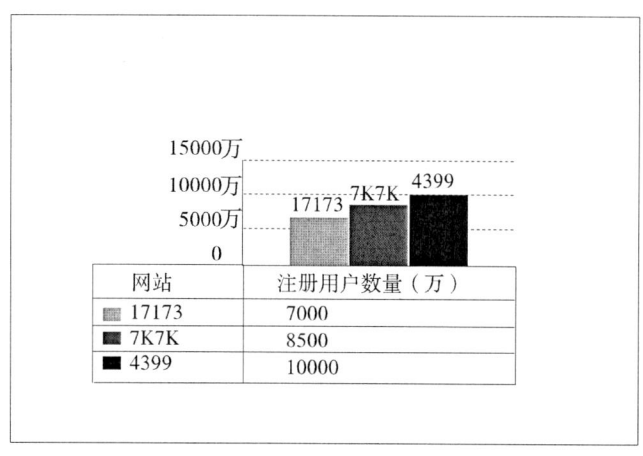

图5 2011年各大主要游戏网站平台注册用户数量

(三）日均浏览量和日均 IP 浏览量

厦门市游家网络有限公司的强大竞争力在用户群体的规模上得到了体现，但支持厦门市游家网络有限公司主营下的"4399平台"的不断发展的动力是"4399平台"的日均浏览量和日均 IP 浏览量。作为同样是游戏网站平台的"17173"和"7K7K"网站，是目前"4399平台"最大的竞争对手。但无论是在注册用户规模，还是在日均浏览量、日均 IP 浏览量上，"4399平台"无疑占据着绝对的优势。从 2011 年的各项数据可以看出，"4399平台"的日均浏览量和日均 IP 浏览量都远超"17173"和"7K7K"，见图6、图7。

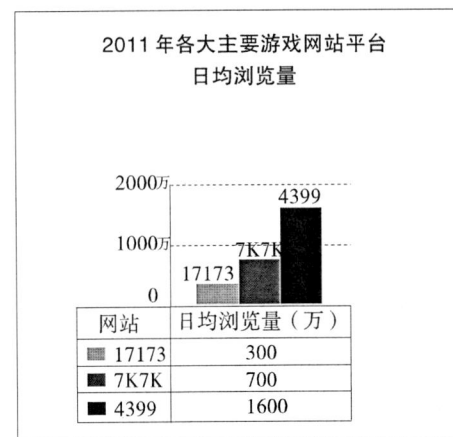

图6　2011年各大主要游戏网站平台日均浏览量

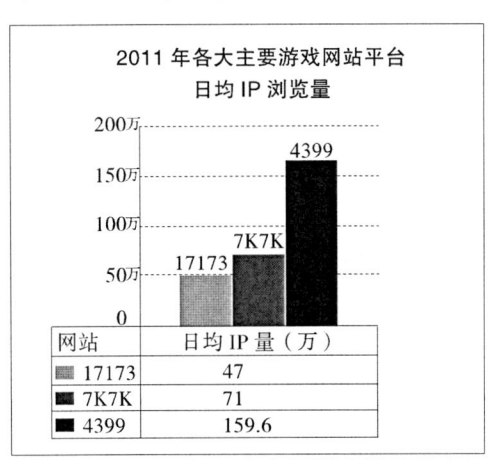

图7　2011年各大主要游戏网站平台日均 IP 浏览量

（四）产业影响

厦门市游家网络有限公司倾力打造拥有自主知识产权的高质量游戏精品，促进游戏艺术传播。同时，它被认定为2011年度福建省软件骨干企业，成为厦门市创业园高成长企业和新兴网络文化产业的典型代表。这在很大的层面上，无疑促进了自主创业、网络游戏产业以及新兴网络文化产业的发展。而如同多诺米骨牌效应一样，厦门市游家网络有限公司的发展，对促进 IT 业（信息产业）以及创意产业的发展无疑是一剂强心剂。

随着互联网技术的不断发展和人民生活水平的日益提高，我国的网络文化市场发展迅速，互联网服务营业场所遍及全国城乡，网络游戏产业也得到了飞速的发展。作为一个新的产业，网络游戏产业以其高速的发展以及高额的利润吸引了各个商家。越来越多的专业游戏开发商和运营商加入到这个产业中。

厦门市游家网络有限公司的发展，致力于打造拥有自主知识产权的高质量游戏精品，公司产品处于发展阶段，行业利润持续高增长。这样，一方面，厦门市游家网络公司能够在与其他网络游戏运营商，比如"17173"和"7K7K"的竞争中，不断地提高自己的竞争能力，使产业呈现你追我赶的态势，最终带动整个网络游戏产业的发展；另一方面，它使得中国网络游戏市场有能力抵抗国外网络游戏的迅猛攻势，保护网络游戏产业的健康持续发展。

毫无疑问的是，新兴的文化产业正逐渐成为中国经济的一个有力支撑点。随着科学技术的迅猛发展和广泛运用，文化与科技融合步伐越来越快，文化业态不断更新，且出现相互融合的态势。而新兴网络文化产业这几年在国务院的《文化产业振兴规划》下，得到了蓬勃的发展。其中文化创意和创新是业态创新的重要支撑。

厦门市游家网络有限公司抓住时机，不断推陈出新，完善"4399平台"。目前已有软件著作权350个；美术作品著作权53个；专利6个；有效地提升了文化产品的附加值。同时，公司每年将销售额的5%作为产品研发和技术创新的专项资金，并集合了国内游戏产业一批最优秀的精英分子，包括在大型企业服务多年的FLEX开发工程师，在计算机行业工作多年的游戏策划师，还有工作多年的高级系统工程师和软件开发工程师。这无疑为公司的创意和创新发展起了巨大的推动作用，同时，带动了企业之间的文化创新和文化创意的竞争，有效地促进了新兴网络文化产业的增长趋势。

信息产业具有产业规模大，技术进步快，产业关联度强等特征，是经济增长的重要引擎，更是我国国民经济重要的战略性产业。信息技术创新的集成化、融合化的特征现在已经表现得更加显著。信息技术越来越表现为技术群的协同发展，技术的综合集成与交叉融合，这就增加了技术研发的难度，需要技术、人才、资金等创新要素的集中投入。少数大企业通过核心技术创新，形成标准和体系联盟，对后进入的企业形成了壁垒，进而阻碍产业发展。这在西方的发达国家里表现得尤为显著。

随着中国加入WTO，不可避免的受到西方这类企业和联盟的影响。厦门市游家网络有限公司发展，整合集成了信息技术，不断进行技术创新和技术研发，同时吸收国内外具有高技术能力的人员。公司每年将销售额的5%作为产品研发和技术创新的专项资金，并集合了国内游戏产业一批最优秀的精英分子。团队成员对于网络通讯、安全、设备、接口、网站等方面均有多年的工作经验，可以全面承担合作业务的技术保障并且有多年数千个产品的成功运营经验，为维护中国信息产业的秩序贡献出了力量。

二、游家网络的品牌评价

厦门市游家网络有限公司于2009年8月重组成立，系中国互联网知名人士蔡文胜、李兴平先生投资创办。公司业务定位于游戏动漫业、网络服务业等新兴文化产业。公司总部位于厦门市软件园二期望海路2号楼，拥有办公场地11 014.52平方米，在北京市、广州市设有分支机构，从业人员规模近1 000人。从2009年开始至今，公司发展已经经过了4个年头，而对于厦门市游家网络有限公司的品牌，也已经被广大用户所熟知了解。

(一)"4399平台"

厦门市游家网络有限公司是基于互联网提供全面多元化、创新化产品及服务的优秀IT企业。其主营的"4399平台",是一个中文休闲娱乐公共服务平台,除了研发游戏动漫等网络文化产品外,也开放给国内开发者和动漫制作公司,同时基地还兼具投资职能,针对国内开发者和动漫制作公司进行投资。"4399平台"是一个集高并发、快速响应于一身的大型休闲娱乐公共服务平台,使之拥有快速的市场捕捉能力,并以最快的速度为用户提供最全最优质的休闲娱乐内容,见图8。

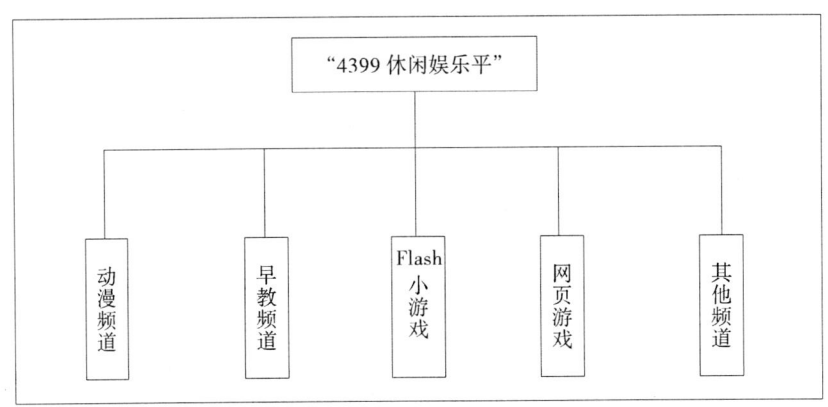

图8 "4399平台"的功能结构

1. "4399动漫频道"

"4399动漫频道"于2011年7月15日上线,是一个致力于成为国内最大的综合性动漫门户,属于"4399游家网络"旗下品牌之一。"4399动漫频道"的建立,给用户创造了一个清新便捷的干净阅读的环境,提供了在线动画、在线漫画的观赏场所和众多动漫爱好者交流的大平台。

在"4399动漫频道"里,拥有许多充满特色的子频道,提供丰富多彩的内容。此外还独创"一个动漫一个专区"的模式,给予单部作品爱好者专一而专业的独家选择。包括在线动画、在线漫画、在线音乐、轻小说、动漫专题、资讯频道、周边频道、同人频道、八卦频道、图库频道等丰富分类。

"4399动漫频道"的优点是各动漫作品更新迅速及时,网站风格清新明快,用户体验卓越,贴合各个年龄段的动漫用户的需求和喜好,目前已跟土豆网以及爱奇艺网有视频方面上的合作,拥有庞大的动漫视频资源。"一站式"的优秀服务让你全方面感受到"4399品牌"的健康娱乐精神。

2. "4399早教频道"

"4399早教频道"是一个服务于父母、孩子（0—16岁）的绿色健康网站，包括胎教、幼儿早教、幼儿园、小学生、中学生、艺术辅导、家长之窗等栏目。

"4399早教频道"针对各年龄段孩子的特点，提供了大量的休闲、学习、课堂配套资源，同时根据孩子的学习特点不断研发适合他们学习、益智的游戏和动画，让孩子们在轻松愉快的状态下丰富知识，锻炼思维能力、记忆力、注意力等。

"4399早教频道"不仅为家长提供不同时期孩子的育儿、教育相关知识，创设家长之间的交流平台，并邀请权威专家与家长交流，解决家长的困惑，帮助家长与孩子建立温馨和谐的亲子关系。

3. "4399小游戏"

"4399小游戏"定位在中小学与白领阶层，主要以网页游戏和休闲类FLASH休闲动画小游戏为主。提供12 600多款不同类型的FLASH游戏，游戏种类包括动作、体育、益智、射击、搞笑、冒险、棋牌、策略、敏捷、综合、休闲、装扮、儿童等类型。"4399游戏网"内容上成功的关键在于速度——游戏本身的速度。以速制胜，秉承打造最大的在线FLASH游戏中心，将生活娱乐精神带向整个互联网领域，通过简单的鼠标和键盘，使您放松心情、减轻压力。

"4399游戏网"网站设计简单，游戏分类清晰，首页无任何动态广告。"4399游戏网"一直以优秀的整体形象，数量庞大的精品小游戏、动漫作品赢得众多用户的衷爱，拥有超过60%的用户是通过朋友介绍而访问"4399游戏网"，忠实度很高。

"4399小游戏"里所有游戏都是免费的，每天首页都会把最好玩、最新的游戏推荐给所有玩家，游戏天天保持不同程度的更新，专业提供绿色、安全、健康、好玩的游戏，是中国最大的在线游戏平台。网友之间还可以互动交流。每个小游戏都拥有详细的游戏指南让玩家上手，深受白领和学生们的喜爱。

"4399小游戏"同时也与很多大的品牌商达成合作，比如迪斯尼、麻球等。

4."4399网页游戏"

"4399网页游戏"可谓是国内小游戏站点中的龙头老大，在网易163和FLAS游戏集团中一直处于压倒性地位。"4399网页游戏"主要是以目前非常热门的网页游戏为主进行联合运营的一个平台，有多款深受玩家热捧的网页游戏，如《热血三国》、《商业大亨》、《英雄之门》、《风云天下》、《弹弹堂》等，其中《风云天下》为公司自主研发的网页游戏。平台秉承"服务至上、用户第一"的经营理念，以给予用户一个良好、绿色的娱乐平台为目标，力求为客户提供一流的产品、贴心的服务。

目前拥有上亿用户的"4399网页游戏"作为国内最大中文游戏发行平台，每天都不断地新增用户近20万，每日流量1 600万，平均同时在线80万，月收入达到千万，盛大、巨人等大公司都开始与其合作。这给"4399网页游戏"平台一个很好的基础。

5. "4399游戏吧"

"4399游戏吧"是集合了"4399"精品小游戏、"4399"积分小游戏、休闲游戏、社交游戏等多种游戏模式为一体的游戏客户端，游戏盒有上万款精品游戏，网站的下载量达到惊人的9 114 676次！而用户也可以在玩游戏的同时也在这里交到很多志趣相投的好友。

"4399游戏吧"自2009年4月建立以来拥有登录用户数7 000万，其中最高日登录用户数超过200万，在行业内有很好的口碑，位居业内前茅。

首先，游戏吧的内容丰富，不仅有上万款小游戏，还有"4399"运营的所有网页游戏，还可以玩自己电脑本地的游戏。其次，玩家登录后玩游戏即可得积分，赢网站游戏奖品。另外，玩家可以轻轻松松将喜欢的游戏下载到本地，不用上网也能玩，随时随地收藏你喜欢的游戏。从软件本身来说，软件小，没有病毒、插件，下载安装迅速，使得玩家可以玩得便捷、放心，是集所有优点于一身的网站。

（二）六大特色

1. 海量游戏

"4399游戏盒"包含海量热门单机游戏，每日更新最新好玩游戏，是目前最全的单机游戏仓库。

2. 在线游戏

"4399游戏盒"包含3万种以上的FLASH在线小游戏，火影忍者、连连看、拳皇、赛车、黄金矿工……应有尽有，想玩什么就玩什么。

3. 高速下载

"4399游戏盒"采用超线程下载功能，"4399网页游戏"遍布全国，各地服务器提供强大支持，让游戏下载比通常快10倍！

4. 离线可玩

使用"4399游戏盒"，轻轻松松将游戏下载到本地，当你不能上网的时候，也能体验游戏的乐趣。

5. 安全无毒

"4399游戏盒"采用独特的安全环境，无论您是玩单机游戏还是玩FLASH小游戏，均安全无毒，再也不用担心单机游戏有木马和病毒了！

6. 绿色纯净

"4399游戏盒"所有游戏均为绿色游戏，不写注册表，不添加任何冗余文件，删除游戏一键清除，无任何残留。

（三）盈利模式

1. 广告投放

"4399小游戏网"在小游戏页面以及网页游戏页面多有大量的广告位。凭借"4399游戏网"1 200多万的用户注册量以及每天1 600万的日流量，网站吸引了大量的游戏类广告主的兴趣，也为网站带来了大量的资金。

2. 游戏充值

主要为网页游戏的充值来源，网站通过运营网页游戏，并且通过游戏增值服务赚了个盆罐满盈，仅其运营的《热血三国》一款游戏，每个月带来的收入就接近50万元。

3. 市场合作

"4399游戏网"依托自身在网页游戏行业雄厚实力，创建了"4399"游戏广告联盟，为广大网站提供丰富的广告产品以及快捷的支付方式。广告联盟以推广"4399网页游戏平台"（web.4399.com）自身的游戏产品为主，为广大站长提供高效益的游戏广告产品。"4399"游戏广告联盟所有广告产品佣金每周结算，每周一结算上周佣金，周二准时支付上周佣金满100元（含）的站长，每周支付佣金无封顶上限！

4. 游戏接入合作

"4339网页游戏平台"（web.4399.com）是业内知名的网页游戏平台，主要经营的是目前非常热门的网页游戏，包括多款精品游戏如《热血三国》、《商业大亨》、《明朝时代》、《弹弹堂》等。通过与其他游戏商的游戏代理以及产品合作，网站获得了大量的用户以及大量的利润，双方达到了双赢的局面。

（三）品牌缺陷：联合运营被独立运营取代

"4399网页游戏平台"采用多方联合的运营模式，这种模式弊端已经逐渐显现，因为是游戏的合作与代理，因此游戏版权拥有者的约束力度几乎没有，而当游戏版权拥有者完成最基本的资本积累以及用户粘性之后必将会独立运营。因此联合运营模式必将会被独立运营模式所取代。

三、游家网络及其"4399平台"的发展空间

"4399网站"以简单实用以及大量的游戏量迅速吸引了人们的眼球,网站能迅速地做出正确的定位,并根据自己的定位确立了正确的发展思路。网站的用户定位于广大的白领及中小学生,因此它把简单两个字发挥得淋漓尽致。同时"4399"在网站推广上也是值得称道的,李兴平以前的"hao123"网站以及蔡文胜的"265.com"以及百度都对网站做了大量而长期的推广。"4399"最成功的一点就是迅速地进入网页游戏行业并依靠"4399"大量的人气来推广自己的平台。"4399小游戏"过千万的用户无疑是相当庞大的,而利用他们来推广自己的网页游戏平台可以说是非常成功的。

1. 用户全球化,产品差异化

"4399网站"依靠小游戏网的庞大用户来推广网页游戏,能够为"4399网页游戏平台"带来不少的客户群体,但"4399.com"是一个以小游戏为主打的游戏平台,并且网页游戏最大的用户群大多是一些白领以及上班族,那些年纪比较小的玩家们是否会对那些战争策略或模拟经营游戏产生兴趣呢?因此,"4399"网络股份公司必须致力于关注不同年龄段、不同文化背景的全球用户,提供差异化的娱乐产品,进一步吸引不同群体的眼球。

2. 用户粘性化,员工精英化

"4399小游戏"以及网页游戏制作成本低,复制成本较低,因此如何保证用户的粘性是非常重要的,如何留住现有的用户不会随着以后游戏停服而离开以及保证网站开发出更好地更能吸引玩家的网页游戏是现在的"4399"最迫切也是最长远的事情。

网站需要加大对于游戏开发的人员、资金以及科技的投入。要进一步提升企业品牌与实力,就必须培养业内一流游戏精英,致力于打造适合各种群体的新游戏。

3. 产业合作化,网络创意化

合作是产业间实现共赢的必然选择,一个企业如果孤军奋战,不懂得合作,将来总避免不了被淘汰。而"4399网络游戏"应该致力于打造协作开放的平台,与合作伙伴共同发展网络文化创意产业。再者国产网游越来越多,如何让游戏在激烈竞争中脱颖而出?生活需要创意和娱乐,网络游戏亦如此。想制作一款好游戏就得让其时尚与娱乐,符合时下消费人群的快节奏生活和个人喜好,这些好的创意和想法就表现在游戏宣传上。因为网络文化的快速膨胀,玩家对"创意"会逐渐麻木,受不了的就是各类无下限、无创意的网游营销活动。"真真的新意"成为厂家们共同追求的东西,美女、低俗以及恶趣味,这种恶俗的惯性思维宣传,也最终不入玩家的眼睛,将被厂商们慢慢抛弃掉。

(作者单位:厦门理工学院文化产业学院)

【厦漳泉案例】拾玖 ▶

漳州片仔癀

何 鹏

由漳州片仔癀药业独家生产，有着近 500 年历史的名贵中成药片仔癀，是人杰地灵、人称"海滨邹鲁"的历史文化名城漳州的珍贵特产，与八宝印泥、水仙花并称为"漳州三宝"。片仔癀的生产历史悠久，相传已有 300 多年，系明代宫中一位太医根据祖传秘法研制而成的一种特效退癀、消肿的"御用良药"。因其外形呈条索状，使用时切一薄片内服或调冷开水外敷，片刻见效，故称"片仔癀"。

片仔癀商标是福建省首批被认定的中国驰名商标，片仔癀还是国家一级中药保护品种，长期以来被人们作为珍贵健康礼品而相互馈赠。2007 年片仔癀还入选全国中华老字号品牌价值百强榜 20 强。片仔癀也扬名海外，在日本、英国、美国以及东南亚，更成为了治疗疑难杂症和手术后的必备良药，使这一具有 400 多年历史的传统名贵中成药更加熠熠生辉，蝉联国家质量金奖，中国中药名牌产品，享誉蜚然、畅销海外，每年出口创汇达千万美元，位居中国中成药单项出口创汇首位。

一、片仔癀的历史传承与品牌声誉

漳州片仔癀药业独家中成药片仔癀的独有魅力首先体现在其悠久的历史文化底蕴里。片仔癀在 500 多年前，为明朝宫廷内御用。明嘉靖三十四年（1555），明世宗一位御医因不满朝廷专制的严嵩父子残害忠良，逃离京城，辗转到福建省漳州市，隐姓埋名，在漳州市东郊璞山岩寺出家为僧。当时寺僧多有练武习拳、舞刀弄枪，难免身伤骨损等。这位御医出身的寺僧，将带来的宫廷秘方，采用上等麝香、天然牛黄、田七、蛇胆等名贵中药，炼制成药锭，专治热毒肿痛、跌打损伤，疗效显著，口服外敷均可，无副作用，附近百姓有伤病，寺僧也广为施治，无不药到病除，逐渐在社会上享有声誉。并因"一片即可退癀"

（"仔"为闽南方言中语气词，"癀"为热毒肿痛）得名"片仔癀"。由此，片仔癀被誉为佛门圣药。御医出身的寺僧临终前，将秘方传给寺院住持，代代相传、秘不外泄，成为璞山岩寺的传世之宝。后片仔癀秘方和制作技术传承到漳州市馨苑茶庄。

新中国建立后，漳州市馨苑茶庄划入医药行业。1956年对私营工商业进行社会主义改造，馨苑茶庄与同善堂等药店组建成公私合营同善堂联合制药厂。1957年12月，同善堂联合制药厂与公私合营存恒联合神袖厂合并，改名为公私合营漳州制药厂，片仔癀为漳州市制药厂主要产品之一。1993年，以漳州市制药厂为核心企业，成立漳州市片仔癀集团公司。1999年底，漳州市片仔癀集团公司为主要发起人，联合其他法人单位共同设立漳州市片仔癀药业股份有限公司。2003年，漳州市片仔癀药业股份有限公司在上海市证券交易所上市，股票名称为"片仔癀"。

在企业的发展壮大过程中，独家生产的国宝名药片仔癀进一步得到了发扬光大。片仔癀因疗效显著，极受民间欢迎，闽南旧时风俗奉之为"镇宅之宝"，当地人拜访长辈亲戚素有送片仔癀的习惯。随着华侨移居南洋，片仔癀声誉逐渐远播东南亚。片仔癀最初被发现是对刀枪伤痛、蜂蛇咬伤有奇效。据说1960年，越战期间，因片仔癀对使用抗菌素疗效不高的枪伤刀创、恶疮虫毒能药到病除，令西方人大感惊异，美军大量采购片仔癀作为士兵在丛林中作战的军需，从此片仔癀在西方国家名声大振。1972年，中日建交，片仔癀被当作"国礼"送给田中首相，由此，引起日本民众对片仔癀的热情。1988年，上海市及其相邻省市爆发急性甲肝流行，片仔癀因疗效快，治愈率高而在上海市被抢购一空，片仔癀名声大振！片仔癀在印度尼西亚被用于治热血病、登革热；在日本治前列腺炎；在泰国预防和治疗性病；在四川，发现片仔癀对吸毒人员、服用摇头丸人员的症状具有明显改善作用等。片仔癀最大的神奇在于它始终在创造着奇迹。

片仔癀的使用范围已在实际应用过程中不断扩大，许多功效还在不断地被挖掘出来，对于许多疑难病症能够"异病同治"，被誉为"国宝名药"、"百病克星"。时至今日，当年的宫廷秘方、镇寺之宝，今天已成为蝉联国家金质奖、列为中药一级保护品种、首批通过原产地标记认证的著名中成药之一，多年来位居我国中成药单品种出口创汇首位，在海内外市场享誉斐然、畅销不衰。可以说，有华人的地方就有片仔癀，片仔癀不愧为中国医药宝库中的一朵奇葩！

二、片仔癀企业发展概况

（一）企业介绍

地处闽南金三角的传统专业中成药生产企业漳州市片仔癀药业是闻名海内外的中华老字号。漳州市片仔癀药业股份有限公司的前身是漳州市制药厂。1993年，漳州市制药厂为核心企业成立漳州市片仔癀集团公司。1999年底，漳州市片仔癀集团公司以其有关药业的全部生产经营性资产作为出资，联合其他法人单位共同发起设立本公司。本公司是国家大型二档企业、国家科技部认定的火炬计划重点高新技术企业、福建省20家重点联系和重点扶持的骨干企业。它居我国中成药行业50强企业行列，连续多年入选全国500家经济效益工业企业，是中成药行业最具发展潜力的企业之一。公司以生产名贵中成药——片仔癀而享誉海内外，其注册商标"片仔癀"于1999年1月被评为"中国驰名商标"。公司多次被省、市工商管理部门授予"重合同、守信用"单位，更有幸成为首批全国"重合同、守信用"企业。被省、市定为重点工业企业，经国家人事部批准设立"博士后科研工作站"，并荣获全国模范职工之家，蝉联3届"省、市文明单位"等荣誉称号。公司厂区位于漳州市城区南郊，环境优美，占地面积56 000多平方米，拥有资产3亿多元；现有员工近450名，其中工程技术和经济管理人员140多名。公司实施科技兴企战略，建立了省级企业技术中心（目前正在申报国家级企业技术中心），并培养了一支与之相匹配的科研队伍，致力新产品的开发与研制，为企业的发展储备"能源"。目前，公司产品有片仔癀、片仔癀胶囊、复方片仔癀软膏、心舒宝片、片仔癀茵胆平肝胶囊、增乳膏、清热止咳颗粒、川贝清肺糖浆、藿香正气水、蜂乳胶囊、少林正骨精、金牡感冒片、羚翘解毒片、牛黄解毒片、(无糖型)小柴胡颗粒、(无糖型)小青龙颗粒等20多种。公司还与境外科研机构合作，成功开发20多种中成药，远销海外。同时，公司还充分利用品牌优势和资本优势，积极寻找投资合作项目，扩大企业规模，除中成药制造外，还涉及日化品生产、药品流通等领域，进一步增强了企业的竞争实力。

（二）2011年公司业绩回顾

1. 近三年财务业绩概览

漳州片仔癀药业股份有限公司（片仔癀，600436）自成立以来业绩一直不错，近三年，片仔癀的经济效益保持高速增长，根据片仔癀显示，2009年，公司片仔癀系列（产品）实现营业收入2.73亿元，实现营业利润2.01亿元，毛利率高达73.62%；2010年公司片仔癀系列（产品）实现营业收入3.58亿元，实现营业利润2.71亿元，毛利率上涨至75.61%；2011年公司业绩继续实现大幅度增长，从公司发布的2011年业绩快报来看，实现归属上市公司净利润2.54亿元，同比增长35.01%，每股收益（EPS）1.82元，见表1。

表1 片仔癀近三年公司业绩财务数据 （单位：元）

	2011年	增长率	2010年	增长率	2009年
营业总收入	1 021 565 728.37	0.1778	867 314 583.15	0.2484	694 749 845.04
营业利润	305 336 176.12	0.3217	231 011 130.67	0.5136	152 621 857.53
利润总额	304 869 981.18	0.3123	232 317 908.07	0.5165	153 193 793.41
上市公司股东的净利润	254 867 961.48	0.3129	194 131 768.51	0.4972	129 663 236.98
基本每股收益（元/股）	1.82	0.3094	1.39	0.4946	0.93

2. 产品价格的提升为主营业务增长提供了有力保障

据片仔癀财务报表显示，公司主营业务保持稳定增长，2011年实现营收10.21亿元，同比增长17.78%，主营业务净利润的大幅度增长主要受益于片仔癀锭剂产品提价影响，保持主营业务稳定增长，预计未来3年片仔癀系列产品仍为公司业绩的重要支撑，并保持30%以上增速。片仔癀产品价格提升的原因，主要是原材料涨价导致，片仔癀的主要成分为麝香、牛黄、蛇胆和三七，其中，天然麝香涨价与国家保护野生动物资源的政策有关，麝属于国家一级保护动物，国家对其使用进行了严格的规定，天然麝香和天然牛黄的稀缺为公司增添不少成本压力，而三七近两年身价倍增也成为片仔癀涨价的催化剂。虽然片仔癀原材料中只有3%为天然麝香，但其属于国家重点管理中药材，目前天然麝香的来源已经完全断绝，一些药材公司库存的天然麝香已经从每克60元左右涨到了200元。国家对使用天然麝香为原料生产药品进行严格管理，天然麝香资源实行配额使用，并鼓励企业投资建立人工养麝基地，促进天然麝香可持续利用。受此影响，目前天然麝香市场价格涨幅较大。原材料中85%的三七，价格也一直处于高位。

鉴于原材料价格的持续上涨，片仔癀未来提价幅度和频率将更高、更快，为业绩增长提供保障：2011年10月公司宣布片仔癀再次提价，内销每粒提价40元人民币（涨幅18.18%）、外销每粒提价6美元（涨幅25%），按照内销55%和外销45%来计算，综合提价幅度21.2%；2012年7月公司宣布受原材料价格上涨等因素影响，自7月1日开始，片仔癀内销价每粒提高20元、外销价每粒提高6美元。加上此次调价，这是漳州片仔癀药业股份有限公司自上市以来，片仔癀的国内销售价格第5次上调，外销价格第3次上调。至此片仔癀内销价每粒280元、外销价每粒36美元（均为出厂价）。估算片仔癀2011年内销均价在230元左右、外销均价在21美元左右；而2012年内销均价在270元左右、外销均价在33美元左右。按照内外销占比6∶4比例测算，2012年其综合出厂价增加幅度为33.3%。因此，公司2012年上半年发布的业绩报告称，今年上半年业绩增长45%，每股收益1.23元。去年中期财务报表中这一数据为0.85元，接近有5成的增幅，在整个经济不太景气的大环境下有如此的增速着实让人兴奋。由于片仔癀是我国少数的几个中药绝密品种之一，其配方和工艺受国家绝密保护，另一方面，片仔癀也被列为国家非物质文化遗产，这都给片仔癀持续涨价提供动力。此次涨价可以实现公司业绩的持续增长，不过也需要考虑消费者消费能力以及提价后消费者的适应期。应该说去年完成的提价已经开始反应到收益上，今年的提价还没有反应到报表中，可以估计，受制于天然麝香原料的国家配额限制，目前片仔癀年产量不足2 500箱(100盒/箱，10粒/盒)，海外每年销售大约1 000箱，国内销售大约1 500箱。按海外销售1 000箱/年、国内销量1 500箱/年计算，本次提价后预计增厚公司今年毛利3 300万元(本次提价影响下半年业绩)，增厚EPS 0.24元。因此，在去年1.8元的基础上增长5成，加上下半年开始的新提价，今年的业绩在3元应该不是难题。

(三)公司的发展前景目标

片仔癀公司的战略目标是：始终秉承"科技兴企、科技兴药"的发展战略，致力于实现公司的管理科学化、市场国际化和资本多元化，充分利用已有优势提升核心竞争力，以国内外中医药行业的高速发展为契机，树立片仔癀在市场上的良好形象，通过产品及核心技术的持续创新不断加强国际交流与合作，努力将公司建设成为管理规范、经营稳健、具有国际竞争力的一家集中医药产品的研发、生产、销售与服务为一体的现代化医药高新技术企业，使公司的综合实力跻身于中国医药行业的前列。

(四)公司最新发展动态：片仔癀牵手华润医药，弥补销售"短板"

片仔癀2011年11月上旬宣布与华润牵手设立中外合资公司，12月8日，片仔癀发布公告，表示漳州市人民政府在合资公司注册成立后3年内，产业园投资额达30%，合资公司新建工厂建成投产，且合资公司年生产销售额超过2亿元，形成初具规模。企业启动华润医药参与片仔癀股权重组的谈判，并在两年内取得实质性进展。去年片仔癀实现营业收入8.67亿元，同比增长24.84%；净利润1.94亿元，同比增长49.72%。这次牵手，对华润和片仔癀来说可谓双赢。公告显示，两家公司拟共同投资人民币10亿元设立一家中外合资公司，片仔癀股权占比49%；华润占比51%。其中，片仔癀投入茵胆平肝胶囊、护肝片、心舒宝片、金糖宁胶囊、复方片仔癀含片、复方片仔癀软膏、复方片仔癀痔疮软膏、片仔癀润喉糖8个产品和资金；华润投入资金。合资公司注册成立后，将在漳州市建设占地约300亩的医药产业园区，并引入华润的营销管理平台和渠道。

片仔癀与华润医药联姻的目的，被片仔癀公司董秘林绍碧一语道破真谛，"公司的销售方面是短板，而销售网络是华润的强项。片仔癀有好的产品品种，而华润有好的销售网络模式，出于这个考虑，我们两家有了合作意向"。片仔癀计划向新设公司投入8个产品和资金，华润医药负责其余资金，并引入其营销管理平台和渠道，建立完整的营销体系。片仔癀寻求合资公司的发展方向，与公司单一的产品链条有关。另外，同属于国家保密配方的云南白药，在"大健康"口号下，进入药妆领域成功摆脱产品单一的问题，这给了片仔癀很大启示，因此其急切谋求合资公司以期发展。2011年11月，片仔癀挺进日化市场，推出高端牙膏，公司对于化妆品和日化的"十二五"规划是，2015年做到5个亿。

片仔癀虽然拥有近40种药品，但目前主导产品片仔癀的销售收入占公司总收入的8成左右。因受制于原材料资源紧缺，公司只能通过片仔癀提价来增强盈利能力，而难以保持公司长远发展，其面临产品单一的风险。此次片仔癀将茵胆平肝胶囊、护肝片等8个品种注入新成立的合资公司运营，这8种药品经营多年业绩不佳，皇后牌药妆系列、片仔癀日化系列亦无力支撑业绩。继2010年1月第三次提高产品价格后，片仔癀最近一次的提价幅度较前次扩大1倍。此次注入的8个品种，此前在片仔癀都是不赚钱的品种，属于

OTC 药品，这次片仔癀想借助华润的资金和渠道抢占市场份额。华润医药承诺 10 年内将合资公司发展成为年生产销售额超过 20 亿元、净利润超过 2 亿元的企业。

三、片仔癀品牌价值

（一）百年品牌，具有独特疗效

片仔癀药业是一家具有 400 年历史的传统老字号品牌中药企业，主导产品片仔癀系国内独家生产，其特效配方及独特工艺均被国家中医药管理局和国家保密局列为最高保密等级——绝密级保护，也是最早获得国家一级保护的四个中药品种之一。片仔癀曾多次荣获国家及海外金奖，并于 1999 年被评为中国驰名商标。2002 年，片仔癀系列药品被国家质量监督检验检疫总局认定为原产地标记保护产品。片仔癀由于其神奇的疗效，被誉为"国宝神药"，并以其独特的消炎、解毒、镇痛等显著疗效及保护健康的功能而深受广大消费者的信赖。特别是在治疗肝炎，促进手术刀口愈合、镇痛、消除无名肿毒等领域的独特功效更使这一传统名贵中成药畅销海内外，每年出口创汇达千万美元，位居中国中成药单项出口创汇首位。目前，片仔癀疗效已得到现代药理及临床试验的进一步验证。上海市医科大学及附属机构的药理学基础研究表明，片仔癀具有明显的保肝、利胆、抗病毒、抗炎、免疫调节及抗癌作用。片仔癀药业与香港中文大学、英国皇家生物学院院士姚大伟教授合作的关于片仔癀治疗肝炎及保肝的课题研究也证明，片仔癀对酒精及化学性肝损伤有显著改善作用，并能明显降低转氨酶水平，片仔癀的独特疗效得到进一步的科学认证。

（二）垄断经营，拥有忠诚顾客群

片仔癀系列药品是片仔癀公司独家产品，在市场上具有绝对的垄断地位。在原料来源方面，公司较其他同类企业有明显优势，片仔癀是国家批准使用天然麝香作为原材料的五种药品之一，天然麝香属稀缺资源，受国家严格管理控制。在麝成为国家一级保护动物，麝香成为紧缺原料的情况下，片仔癀公司预先保存了相当数量的战略储备，足够维持多年生产；同时公司还与四川省养麝研究所签订合作开发人工养麝活体取香协议，四川养麝研究所是国内养麝规模最大、时间最早、科技实力最强的养麝机构，将为片仔癀公司的未来原料需求提供有力保障。在销售方面，公司拥有大量忠诚的顾客群体。目前片仔癀产品市场主要是消费能力较强的海外消费者，一半以上的产品销往海外，加上内销的相当部分，实际上也被来华旅游的华侨和外国游客买走。同时，随着国内人民生活水平的提高、保健意识的增强及公司有意识的市场引导，国内消费者也开始逐渐认识并购买片仔癀，这些顾客群大部分经济状况较好，对价格相对不敏感，给产品提价提供了较大的空间。如近年来，公司推行限量生产、不断小幅提价的销售策略，2004年7月1日，公司将片仔癀产品海外出厂价每粒提高0.5美元，上调4%。2004年9月，将内销市场出厂价每粒提高5元，上调4.2%。2005年3月，公司将每粒片仔癀国内市场出厂价格再次提价5元，上涨4%。2005年9月1日，将片仔癀内销出厂价及出口出厂价分别提高10元和1美元，分别上涨近10%。经过多次提价，片仔癀的销售量没有减少，公司销售收入增加了大约10%，这些收入的增加主要是提价的贡献，同时也说明忠诚的顾客群是公司收入增加的主要原因。

（三）收入稳定，财务状况良好

片仔癀公司长期以来财务状况良好，经营业绩保持着持续稳定的增长态势。最近几年公司发布的业绩报告显示，公司的毛利率一直维持在65%左右的较高水平。公司主要产品品牌好、疗效佳，市场上无直接竞争产品，不需要投入巨额的广告及终端促销等营业费用，因此公司的经营毛利率接近50%，净利润率一直维持在20%左右，显示极强的盈利能力。片仔癀系列产品销售大部分实行现款现货，因此公司的应收账款周转较快，平均回款天数仅55天左右，远优于90天的行业平均水平。产品销售好、货款周转快，使得公司的资产流动性也明显好于行业平均水平，而且公司的负债率较低，偿债能力强。公司的存货周转率较低，这主要是因为主要产品所需麝香、牛黄等原料价格昂贵，且市场供应紧张，为保证生产需要及稳定成本，公司对这些名贵中药材采取多库存的方式。随着公司加强市场开拓，及推进主导产品小幅提价计划，公司业绩将实现较快增长。

（四）设施完善，基础研究能力突出

公司是福建省高新技术企业，拥有完善的研发体系和强大的科研开发、技术创新能力。近年来，通过建立项目承包开发、引进竞争与激励、资金保证等机制和自研外购、专利许可等多种方式实现技术及产品创新，公司的系列产品更多更全。自1998年以来，相继研制成功并开发投产了包括复方片仔癀含片、清热止咳颗粒等在内的十几种新产品。

四、片仔癀品牌发展建言

（一）继续牢握价格自主权

2011年1月1日和10月12日，片仔癀先后两次提价，提价的频率和幅度都超过往年。对国内大多数依靠营销拉动销售的医药企业而言，在虎视眈眈的竞争对手面前，提价往往意味着拱手让出市场，而片仔癀独到之处就在于其业绩增长依赖于提价拉动，近年来公司频频祭起提价大旗，屡试不爽。片仔癀敢于如此大胆，正是"国宝神药"片仔癀所拥有的

独特优势和较强的自主定价权。相对于"片仔癀"的较高定位而言,长期以来培养的一批"铁杆"客户,不会因为价格的细微变化而使消费者产生替代效应。在持续的提价效应下,片仔癀和公司的整体毛利率持续攀升。提价已经成为在成本日益上升的环境下片仔癀的利润保证。继续牢牢把握价格自主权,将是片仔癀长期发展的重要支撑力量。

(二)扩大OTC份额

目前我国已实行非处方药(OTC)制度,中药具有药品与保健品的双重属性,很大部分中成药将列入OTC范畴,在OTC市场上的前景尤为乐观。未来,在自我药疗需求增加及非处方药管理全面实施的带动下,OTC市场的增长速度将超出整体药品市场的增长速度,而中药作为未来OTC市场的主导者无疑将分享这一高速增长。同时,由于中成药多为复方,不同配方之间疗效的差异很大,且中成药缺乏严格的科学质量评价规范,因此,患者在众多同类中药产品中进行选择时,更多考虑的是产品的品牌,未来的OTC市场的成功将在很大程度上依赖于品牌。片仔癀在品牌方面具有一定的优势,应充分利用品牌及疗效优势,将OTC药作为公司的一个重要业务增长点加以重点经营,力争在OTC市场上处于竞争优势。

(三)品牌升级战略

品牌是一种产品外显形态与内在质量相统一的名称、标记或符号,借以区分不同企业或竞争对手提供的产品或劳务。品牌升级,就是企业从整体经营拓展的需要出发,在目标市场不断升级的同时,使品牌内涵同步升级,并由此带动企业管理手段创新、管理水平提高,促进经济效益迅速发展。由于中药企业的产品多是非处方药,主动权在消费者手中,因此,如何做足对消费者的广告与宣传,使自己的品牌让消费者所接受是决定营销成败的最大问题。片仔癀品牌升级战略,包含着品质管理及生产管理的升级、市场营销网络及组织结构的升级、企业形象经营的升级、产品开发与品牌设计的升级四个部分。在企业形象经营的升级方面,可以从以下两方面入手:

(1)由单纯的产品形象向包含多种要素的企业形象升级。为使品牌和企业形象向高层次方向提升,片仔癀公司的品牌目标可定位为:①提升品牌和企业形象;②以CI为载体,创立中国的世界名牌;③探索中药的振兴之路,推动中药走向世界。

(2)形象塑造手段由投入型向回报型升级,无形资产与有形资产同步经营。片仔癀的形象经营,应超越单纯的广告宣传,向注重塑造完美形象,注重片仔癀品牌无形资产的增值方面转变。

（四）积极开拓海外市场，跻身国际品牌行列

1. 片仔癀海外销售业绩

片仔癀药业不但是国内著名中药企业，其产品和品牌享誉海内外，在海外具有较高的知名度和占有率。公司每年投入大量的广告宣传费用、进行市场推广活动，致力于扩展"片仔癀"品牌在国内外的影响，使之成为以亚洲市场为中心，辐射北美、澳洲及欧洲中药市场的知名中药品牌。漳州市片仔癀公司现已在港澳、东南亚、北美、日本、大洋洲等十几个国家和地区有代理商，并通过香港转口至欧洲、非洲、南美、台湾地区等地。主产品片仔癀从1988年开始，连续十几年位居中国中成药出口单项冠军。

2. 海外市场面临的问题

片仔癀药业对海外市场的成功拓展是从20世纪80年代开始，其原因有：国家对外开放政策深入；片仔癀大规模生产技术成熟；人民币对美元汇率大幅度贬值；漳州市制药厂开始自营进出口。1997年的亚洲金融风暴，给片仔癀出口带来严重的打击。面对危机，漳州市片仔癀公司及时调整海外营销战略和策略，如加强和优化分销渠道、产品重新定位、科学的价格策略、注重终端促销方案等，成功使片仔癀外销量迅速回升。2004年，出口达1 373万美元，片仔癀外销数量比例近年也呈上升趋势。2003年，国家加强对濒危资源麝香的管理，将麝香由附录Ⅱ提升至附录Ⅰ，暂停麝香的购销，控制濒危证的签发。2005年，国家林业部濒危物种保护办公室规定，全国只有四个品种（五个厂家）可使用天然麝香，片仔癀为其中之一，但严格限制用量，意味片仔癀产量将减少近3成。国家政策不再鼓励含麝香产品出口，严格控制濒危证签发的数量，限制片仔癀的出口数量，片仔癀的海外市场面临新的挑战。

3. 片仔癀海外市场扩展及品牌延伸策略

片仔癀药业早期由于受限于国家外贸体制管理，工厂只负责生产。没有海外营销经验和人才，只能由中间人中国土畜产进出口公司厦门市支公司出口。随着改革开放的深入和企业规模的扩大，国家鼓励生产企业自营进出口，公司也积累从事国际营销的经验和人才。从1988年起，漳州市片仔癀获自营进出口权，开始直接出口，此时，虽然承担一定风险，但利润也增加了。目前片仔癀采取多种方式直接出口：利用国外的经销商、代理商，建立本国出口部门、向香港派住营销人员。而直接出口模式对于建设国际化品牌远远不够。

恰当运用品牌延伸将成为片仔癀扩展海外市场，建设国际化品牌的有力措施。中国中药企业界在产品线的长度和组合的宽度上都大量运用品牌延伸，片仔癀药业股份有限公司也如此，但在海外市场，却有所选择。

（1）在控制品牌延伸的宽度方面：片仔癀，以治疗肝炎、消炎、解毒享誉海内外，

为扩大公司其他产品的影响,公司将片仔癀品牌从治疗肝炎、消炎、解毒类延伸到心血管类、感冒咳嗽类、妇幼保健类、传统古方类、日化品类。这样做的理由是将品牌延伸到整个别的系列药品上,能够有利于推广其他产品,节约促销、广告费用,提高整体品牌家族产品的投资收益。

(2)在延伸产品与原有品牌定位相适应方面:片仔癀海外市场产品延伸同国内有所区别,在海外市场:①对产品有所取舍,即对一些明显低档的产品如片仔癀洗手液、片仔癀牙膏、片仔癀爽身粉、片仔癀花露水就不引入海外市场;②经重新包装设计,或改变品名、或调整处方、或调整容量,以提升产品档次和价格,如片仔癀润喉片、片仔癀珍珠膏、片仔癀救肝胶囊、片仔癀暗疮膏,以确保海外市场所有延伸产品都在同类产品中属高端定位,以同原片仔癀"国药明珠"、"国宝神药"高端定位相适应。

(五)片仔癀的商标战略及改进措施

商标是企业产品形象的重要组成部分,它不仅是企业及产品名称的代表,而且是企业产品内在品质和信誉的代表。商标是一种重要的工业产权,在一定程度上代表着市场权力和商业利润。商标战略是企业经营战略的一部分,商标战略是否得当影响到企业的发展。商标战略的内容主要有商标的优选与注册、培育与使用、发展与保护。商标战略是品牌战略的重要组成部分。

1. "片仔癀"商标的优选与注册商标

优选就是给商品起一个动听好记、词义佳、有个性、得体、合法的名称,商标注册就是取得法律上的所有权、专用权、排他权和独占权。对于商品来说,商标就是它的"脸"。"片仔癀"本身是一种药品名称,意为"一片即可退癀(消炎)",是闽南话的音译,药品名称很直观地说明了药品本身神奇的疗效和产品外观(片状),又突显原产地闽南地方的特色,言简意赅、朗朗上口、卓尔不凡。"片仔癀"既是药品名称,也是商品名称,同时又是商标名称和股票简称,这在国内是唯一的特例。其原因在于"片仔癀"具备以下特性:神秘性——明朝宫廷秘方;唯一性——独家生产,药品与商标名合一;排他性——国家中药保密品种;权威性——国家一级中药保护品种、国家金质奖、国家驰名商标、国家中药名牌产品、国家百病克星金奖产品;国际性——出口20多个国家和地区,连续10多年居全国单项中成药创汇冠军(年创汇超千万美元);广泛性——功效广泛,集治疗、美容、保健三重功效,衍生产品群体广泛(片仔癀珍珠膏、霜、牙膏、痔疮膏、软膏、含片等)。应该说"片仔癀"牌片仔癀产品是特定历史条件下特定产品特殊处理的经典产物。

2. 片仔癀品牌培育与建设措施

名牌商品是经过长期、多方面的艰辛努力,得以在广大顾客中形成口碑效应,从而形成一种信赖感、优越感、超群感的综合心理意识。"片仔癀"驰名商标同样也是片仔癀人辛劳培育的品牌。为推进品牌建设，企业应采取以下措施：

（1）坚持质量第一的方针。质量是产品的生命，也是名牌最根本的东西。为改进质量，企业已积极推行全面质量管理和药品生产质量管理规范，片仔癀现在是中药行业为数不多的 TQC 与 GMP 双认证企业。但质量提升无止境，公司要继续以制度来约束人、培育人，以金牌的工作质量来保证名牌的信誉。

（2）注意销售渠道与经销商的选择。名牌药品应尽可能在各地的名牌经销商、名牌药店销售，名牌与名店交相辉映、信誉叠加、锦上添花。

（3）注意客户关系管理，牢牢抓住老顾客。老顾客是最好的广告，他们会推荐产品且重复购买。老顾客的现身说法胜过任何广告。

（4）做好产品文化与形象包装。名牌的背后是文化，文化最有穿透力和持久力。片仔癀具有近 500 年的历史传奇，是片仔癀品牌文化的源泉。

（六）公司总体发展战略建言

片仔癀公司的战略目标是：始终秉承"科技兴企、科技兴药"的发展战略，致力于实现公司的管理科学化、市场国际化和资本多元化，充分利用已有优势提升核心竞争力，以国内外中医药行业的高速发展为契机，树立片仔癀在市场上的良好形象，通过产品及核心技术的持续创新不断加强国际交流与合作，努力将公司建设成为管理规范、经营稳健、具有国际竞争力的一家集中医药产品的研发、生产、销售与服务为一体的现代化医药高新技术企业，使公司的综合实力跻身于中国医药行业的前列。

要实现以上目标，应该以核心品牌为主导，在充分应用现有战略资源、保持主业优势的基础上，充分发挥其强大品牌优势和良好声誉的作用，推行一体化的发展战略。即：通过后向一体化，巩固原材料供应系统，确保有可靠的原材料供应；通过横向一体化，完善产品战略架构，拓展新的盈利点，降低经营风险；通过前向一体化，加大市场营销力度，开拓国内外市场，扩大市场份额。

（作者单位：厦门理工学院文化产业学院）

【厦漳泉案例】贰拾 ▶

合道设计

叶玉婷

国际会展中心、国家会计学院、温德姆和平国际大酒店、航空港大酒店、加州城市广场、阿罗海城市广场、海沧行政中心、未来海岸……你知道这些为厦门市增色的城市建筑设计出自谁之手吗？——这些建筑都出自厦门市合道工程设计集团设计师之手。半个世纪的辛勤耕耘，厦门市合道工程设计集团如今跻身于国内知名建筑设计行列中，每年有众多勘察设计项目获得省、部级奖励和多种荣誉，为厦门市的城市建设做出了重大贡献。

一、"合道设计"文化品牌现状

在厦门市建筑设计领域的民营企业中，厦门市合道工程设计集团是为数不多拥有较长历史的企业。求变一直是该企业成长成熟的推动力，由有着40多年历史的原厦门市建筑设计院改制而来的合道设计集团一路成长，经营范围涵盖了建筑设计、规划设计、景观设计、地产策划、智能化与机电设计、工程咨询、房地产等十几家公司，具有中华人民共和国建设部颁发的甲级工程证书、国家计委颁发的甲级工程咨询证书、ISO9001质量认证证书，在城市规划、市政工程（景观）、建筑智能化系统工程设计、施工图审查、工程监理、工程咨询、策划销售及代理、房地产投资、岩土勘察等方面均有相应资质，在建筑设计等领域已拥有绝对的竞争实力。至今有140多项工程获得国家、部省级、华东地区优秀工程勘察、优秀工程设计奖、科技进步奖，其中由合道参与设计的"平和桥上书屋"荣获"阿卡汉建筑奖"。

2011年，合道设计取得了不凡的成绩，设计板块经营收入首次突破3亿元，同比增长28%。2011年荣获中国最具品牌价值设计机构、全国建筑设计行业诚信单位、中国十大民营建筑设计企业、福建省勘察设计企业信用"AAA"级企业、"十一五"期间福建省建筑行业先进集体、厦门市人民防空建设先进集体、厦门市第12届精神文明建设先进单位、厦门市建设工程质量安全生产文明施工先进集体、厦门市对口支援新疆吉木萨尔县援建工作先进单位、思明区"超2 000万元纳税特大户"、思明区文明单位等荣誉称号,并获得了30多个技质类奖项,课题研究成果达到国内领先水平。

二、"合道设计"品牌的文化内涵及发展经验

(一)品牌文化内涵

"合道设计"在品牌的建设中始终带有强烈的企业使命,即"高效整合资源、用真诚的专业的服务不断为中高端建筑工程创造更新更高的的价值"。在"致力于成为具有国际竞争力的工程建设服务商"的企业愿景面前,提出"创意至远、责任至高、协作至诚、卓越至善"的企业核心价值观,从而形成独具特色的品牌文化内涵。

1. 创意至远

(1)持续创新,让客户持续获得超值的产品与服务。合道设计要求员工们要富有创意、精准洞察、系统思考、大胆突破并深度契合。

(2)持续创新,让员工快速成长。员工要不断挑战自我、超越自我。

(3)持续创新,让企业始终引领行业。企业要拥有强大的造血功能,不断发现、不断改进、不断完善、不断成长。

2. 责任至高

(1)员工须秉持高度的责任感,确保每一环节工作成果的品质,从点滴中感受员工的敬业和负责,实现员工自我价值。

(2)领导须承担责任,助力员工成长,为员工和企业提升价值。

(3)企业须承担社会责任,促进社会进步、经济发展,从而赢得社会的尊重和支持,提升企业形象。

3. 协作至诚

(1)视客户为亲密的伙伴,认真倾听、精准分析、主动建议、积极配合,用真诚且专业的服务,提供契合要求、超值成果。

(2)处理好企业与客户的关系,建立至诚友善的伙伴关系,深入合作、共同成长。

(3)以追求最佳为导向,员工之间真诚交流分享,接受碰撞并包容,保持己见、容纳异同,达到默契配合、共同成就事业。

（4）员工与企业寻求最恰当的沟通与互动，理解、尊重并包容个体差异，形成团队整体合力，追求共同目标，成就"合道"品牌。

4. 卓越至善

合道人始终不渝追求卓越、止于至善，实现管理、人才、技术、质量、服务的领先地位，打造出客户喜爱的高性价比合道品牌，永葆竞争优势。

（二）发展经验

1. 设计为主，产业延伸，反哺设计

厦门市合道工程设计集团是起身于厦门市、成长于厦门市的本土设计公司，1960年集团前身——厦门市建筑设计院组建创立，2003年改制成为厦门市建筑设计院有限公司，随后5年的发展，为企业的今天奠定了坚实的基础。数年的精耕细作成就了效益的飞跃，2007年8月正式组建厦门市合道工程设计集团。

集团成立后，业务涵盖了建筑设计、景观规划、智能化与机电、咨询服务、房地产开发与策划等多方面，服务也从原来的建筑设计咨询逐步完善成为现在的工程建设全过程的一条龙咨询服务。产业链的完善、资本规模的扩大，反过来也为建筑设计提供了殷实的科研资金，真正树立了"设计为主，产业延伸，反哺设计"的良性发展模式。

在外拓市场、内抓管理的方针下，集团的业务以厦门市为中心，辐射福州市及闽南金三角，并涉足了上海市、深圳市、武汉市、大连市、青岛市、南昌市、昆明市、济南市等地；管理上逐步建立规范化的现代企业制度，有效合理的激励机制，使得大批人才纷纷聚集于此。"泰山不让土壤而成其大，河海不择细流而就其深"，2007年，这个专业的团队累计完成30多个大型的重点工程项目，实现年设计营业收入2亿多，开创了建院40多年来的历史最高纪录，也成为福建省建筑设计行业中设计产值最高的建筑设计单位。

2. 专注设计品牌，探索商业模式

打造中国人的设计品牌，挑战本土行业的经营管理与技术水平的极限。2009年，公司战略做了重大调整，只留设计业务的公司，其余相关公司正逐步转为参股或剥离。2009年上半年将房地产公司进行分立，专注于设计品牌的打造，探索公司商业模式，创新员工激励机制，并细分设计领域，如酒店、商业、住宅、医疗等，然后再整合国内外设计资源，引进国外专家，借船出海，提升自身专业水平，致力将合道打造成具有国际竞争力的工程建设服务商。

同时，建构了"文化管理、战略管理、动作管理"的管理模式。目前合道设计在昆明市、福州市、南昌市、北京市、合肥市、上海市等地都设立了分公司，分支机构由总公司直接管理，

按公司标准进行一体化经营，同时分支机构坚持本地化原则，以吸纳当地优秀人才为主。借助公司的信息化平台的建设和互联网的发展，合道和所有分支机构未来会实现人才、品牌、技术、经营管理和所有信息的资源整合。现在，合道设计在民营建筑设计领域已经有了一定的位置，合道设计正努力通过加大对分支机构点的设立和管理扩大在全国的影响力。

3. 打造"道同而融合，循道而成业"人才成长平台

在企业求变的过程中，合道设计希望集结一帮"同志、同路、同心"的人士，合人才之力，遵行业之规律、循"企业＋应用型研发"之道，共同拼搏。聚集在一起，他们对待的不是工作，而是一份事业，于是才有了公司"道同而融合，循道而成业"的文化氛围。在此文化氛围下，合道设计有了一套特有的选人、育人、留人、用人文化。

（1）在选人、用人上，合道设计第一看重的是个人人品，其次才注意个人能力与追求卓越的品质。

不断调整人才的引进策略。当下设计行业人才的竞争，特别是建筑专业优秀设计人才的竞争激烈，而且，目前全国比较优秀的建筑设计人才，包括国外大建筑设计事务所大多集中在京广沪，形成比较好的设计氛围。由此，除了驻守厦门市外，合道也把人才基地外移，在北京市、上海市等大城市设立创作中心，通过创作中心在当地吸引到优秀人才或团队，提高建筑方案的水平。

（2）在育人、留人上，合道设计从多方面为设计师营造成长平台，增强员工的归属感。

首先，要求各级领导为设计师创造一个信任、公平、公正的工作环境，比如，合道设计的组织架构中有工作室、土建所、土建院、设备所，为各种人才提供适宜的工作平台，让一些有能力的专业设计师带队伍，形成个人与团队品牌。其次，为设计师提供个人培训、锻炼机会与成长空间，为优秀设计师出国深造创造条件，学成归来又委以重任，并提供优厚待遇；同时，每年不定期选派设计师到国内外考察，进行学术交流。最后，科学合理的绩效进行有效激励，给予一些重要岗位的设计师持有公司的"岗位股"；在利益分配上，重新构建薪酬体系，创新分配制度，执行目标责任管理等制度，倾斜于核心骨干，实行有效劳动分配为主、分红为辅的分配模式，激发了员工的工作积极性和主动性，刺激员工快速成长，为企业、社会培养人才。

这些举措很好地调动了设计师的工作热忱和创作激情，促使他们将每一项设计方案都当作是自己义不容辞的神圣责任去完成。

合道设计从"厦门设计院"这个事业单位，本着"道同而融合，循道而成业"的事业愿景，改制成由经营层、技术骨干持股的有限责任公司，形成了骨干人员的利益共同体、增强了企业凝聚力，为公司发展搭建了好的体制平台。

（作者单位：厦门理工学院文化产业学院）

【厦漳泉案例】贰拾壹▶

鼎立雕刻

张娟娟

鼎立雕刻是石雕艺人王向荣（中国雕塑学会会员、中国工艺美术学会雕塑专业委员会会员、福建省工艺美术大师、高级工艺美术师）于1999年创建于中国雕艺之都泉州市崇武镇，公司全称为"福建省鼎立雕刻艺术有限公司"（以下简称"鼎立雕刻"），注册资本为人民币2 005万元。公司经营石雕工艺品、石材制品雕刻，园林古建筑工程（寺庙雕刻、城市雕塑、景观雕塑）施工，建筑幕墙工程、装潢装饰工程施工，雕刻艺术构件等设计、制作、安装、古建修缮；自营和代理各类商品和技术的进出口。王向荣出生于1970年9月，成长于民间雕刻艺术世家，现任鼎立雕刻公司董事长、艺术总监。当前，福建省鼎立雕刻艺术有限公司旗下拥有两个著名品牌：①"鼎立"，主要业务是建筑雕刻工程和材料加工；②"三摩地"，主要业务是雕刻艺术品创作和加工。两大品牌在各自领域发展，并成为崇武雕刻产业的领军品牌。

一、鼎立雕刻概况

2012年度，鼎立雕刻公司主营业务收入1 860万元，实现主营业务利润417万元。截至2012年12月31日，该公司资产总计3 094万元。从年度数据可以看出，这是一个轻资产的以文化创意为主营业务的中小企业。

鼎立雕刻与大多数石雕企业最大的不同在于，他们既深入研究古建造型构件榫卯结构，继承民间传统石雕艺术，同时又关注现代思想和流派，并不断地学习与探索，能够以中国传统石雕艺人的身份参加国内外当代学术交流展及国际雕刻大赛，并能多次获奖。

这个公司特征与创始人王向荣的个人气质、艺术修养和创新能力有直接的关系。王向荣从艺20余年，为国内外客商创作、设计雕刻了数百件传统与现代的石雕浮雕、圆雕等艺术作品。历年来，多件作品刊登在《雕塑》、《中国雕塑年鉴》、《中国当代雕塑》、《公共艺术》等杂志上，并被上海市《雕塑百年》艺术中心，无锡市灵山梵宫（被称为"东方卢浮宫"、"中国佛教艺术殿堂"），广州市菩及艺术馆和台湾地区安德升艺术拍卖有限公司收藏。为了探索雕刻产业的转型升级之路，王向荣主持研发和创作了"百态弥勒"9大系列共99件、"十二生肖"2组24件、"二十四节气精灵"、"印象惠女"等系列作品，以"三摩地"品牌为统领，有步骤地将新品发布出来，迅速为新品牌确立起一个良好的市场形象。这种从研发新品，到市场营销，再到品牌打造的综合能力，为王向荣所领导的企业凝聚了一种别样的气质和市场影响力。

（一）这是一家有创新精神和创造实力的雕刻企业

鼎立雕刻是一家年轻、充满活力、开放、和谐、具有艺术个性和创造思维力的雕塑专业企业。鼎立自创办以来，立志打造中国乃至世界文化创意的石雕艺术第一品牌。鼎立广纳世界各地雕塑艺术家和理论人才，综合提升鼎立的人格、艺德和石雕的品质。公司主要承接城市雕塑、园林景观、寺庙雕刻及传统与现代的艺术建筑、名人肖像等各种室内外石雕艺术的设计与制作。在发展过程中，鼎立雕刻已为世界各地的公共环境设计和制作了许多大型传统与现代石雕艺术作品，在学术交流和通力合作中，与一批蜚声海内外的著名雕塑艺术家、理论家和批评家结下了深厚的友谊。

（二）这是一家立足研发、设施精良、制作卓越的雕刻企业

鼎立雕刻公司运营总部占地9 600平方米，现有行政办公楼、接待中心、艺术空间（馆）、全向荣石雕艺术研究所、福建省文化产业协同创新中心崇武基地等机构，集商务、研发、设计、接待、展览、人才培养、学术交流为一体。雕塑创作基地（"雕刻一厂"）占地13 200平方米，现有功能齐全、设备先进的大型石雕专业创作与生产车间，为国内外雕塑家的石雕作品进行专业放样加工；建筑石雕基地（"雕刻二厂"）占地33 000平方米，现有大型建筑石雕生产车间，为各种传统、现代风格的石雕艺术建筑、构件进行雕刻制作和造型结构拼装。

（三）这是一家与高等学校专业机构有密切合作与互动的雕刻企业

鼎立雕刻为各大美术院校雕塑系提供石雕教学实践基地，为各地雕刻艺术家、民间艺人提供创作平台。鼎立雕刻现为北京市东方家园文化艺术发展有限公司加工基地、全国城市雕塑建设指导委员会委员单位、中国工艺美术学院等各高等学校的加工基地、福建省文化产业协同创新中心崇武基地、厦门市理工学院文化产业学院实训基地。作为学校、公司

等机构的加工、实践和研发基地,鼎立雕刻为我国文化艺术、文化产业的发展及人才的培养创造了珍贵的条件。

(四)这是一家有国际影响力的中国传统的雕刻企业

鼎立雕刻公司立足传统雕刻工艺文化,具有专业石材设备、高技术装备和精良人才,集研究、设计、创作、加工、安装一体化的专业厂家。依靠研发和创新,惠安县大型石雕的雕刻、安装技艺日臻完善。转型升级将引领惠安县石雕石材产业走出新天地,曾为世界各地的公共场所设计并制作大型传统及现代石雕艺术作品,多次参加国际国内重要学术交流与展览。马丁·路德·金雕像坐落于华盛顿国家广场著名的潮汐湖畔,背对林肯纪念堂、面朝杰斐逊纪念堂,是华盛顿特区内最高的纪念人像雕塑。这座高9米的雕像是"中国制造",由著名雕塑家雷宜锌和鼎立雕刻王向荣联合打造。俄罗斯总统普京的行宫,巍峨巨大、石材用料考究、制作极其繁复,也是鼎立雕刻公司的作品。

二、鼎立雕刻品牌价值分析

(一)文化价值

文化价值鼎立宗旨是用艺术的精神,营建企业的专业信念,将传统石雕艺术的审美与现当代艺术的思想和形式相融汇,为时代打凿出新的石雕艺术精品。

惠安县的雕刻艺术及产业,历来是以石雕为主,石雕和木雕双艺齐艳。2006年,惠安县石雕入选首批国家级非物质文化遗产名录;2008年,"惠安木雕"被列入省级非物质文化遗产保护名录。然而,这两个千年产业,都面临着雕艺后继无人和产业转型的问题。为了解决这些问题,2011年,惠安县成立了石雕石材行业转型提升工作指挥部,统筹负责泉州市惠安县雕艺文化创意产业园规划建设。泉州市惠安县雕艺文化创意产业园覆盖整个惠安县,并以崇武、山霞两镇为核心区域,规划建设5 000亩石雕石材产业园区,配套建设世界雕塑公园、大师工作室群体、雕艺工作室村、企业创意设计研发中心、雕艺品专业市场、雕艺博览中心、雕艺历史博物馆等项目;结合磊艺、豪翔、荣发、鼎立等国家级、省级工业旅游点,开辟雕艺文化旅游线路,并沿惠崇路山霞、崇武段两侧为主改造建设雕艺百年老店,建设雕艺文化走廊,力争打造成集"创意、研发、生产、商业服务配套和旅游"为一体的现代化雕艺创意产业园区。在2012年福建省实施文化产业"310行动"计划授牌仪式暨工作推动会上,泉州市惠安县雕艺文化创意产业园被评为"福建省十大重点文化产业园区",成为泉州市唯一入选的文化创意产业园。

鼎立雕刻作为泉州市惠安县雕艺文化创意产业园的骨干企业,在传承和发展"中国南派石雕"上具有举足轻重的作用和地位,其品牌的文化内蕴和市场价值颇丰。

（二）历史价值

惠安县雕艺源于黄河流域的中原文化，融汇汲取闽越文化、海洋文化以及沿"海上丝绸之路"传入的外来文化的技艺精华，并与建筑艺术相生相伴、有机结合，历经千年的繁衍发展，形成了独特的艺术风格和文化内涵，成为中华优秀传统文化的一朵奇葩，被誉为"中华一绝"。2006年，惠安县石雕入选首批国家级非物质文化遗产名录；2011年，"惠安石雕"被国家工商总局核准注册为地理标志证明商标。

鼎立雕刻的发展历程是惠安县石雕发展的一个缩影，堪称"典范"。雕匠艺人在以王向荣为首的工艺大师的带领下，以"大师工作室"为平台，创作了大量蕴涵地方文化信息、题材丰富、技艺精湛的作品，展现了中华民族优秀传统文化的永恒魅力。一部鼎立雕刻的发展史，就是惠安县石雕艺人的创业史，也是一部弘扬南派石雕艺术的传播史和中华民族优秀传统文化的光荣史。

（三）经济价值

2011年，惠安县共有雕艺企业843家，从业人数10万人，总产值151.4亿元。2011年全县规模以上雕艺企业产值139.4亿元，完成增加值45.6亿多元，占GDP的13.4%；实现出口交货值超70亿元，占全国同类产品的43%。惠安县作为全国石雕刻与石制工艺品产业基地，出口欧美、韩日等国产品占生产量的60%。但是，近年来随着全球经济放缓，欧美市场对石材、石雕的购买力日益下降，出口企业产能过剩、产品单一、附加值低等问题日益成为制约惠安县石材业发展的瓶颈。面对问题，惠安县委县政府连续发布了三份文件：《惠安县石雕石材行业准入条件》、《关于促进石雕石材产业发展的扶持措施》、《惠安县石雕石材行业规范管理意见》，引导企业升级，向高附加值产业结构转型，从传统向现代化转变，从单一产品向多品类转型，并在产业规范化、规模化、数控化以及人才培养和品牌建设等方面都给予政策扶持。惠安县石雕石材行业转型提升工作指挥部陈俊峰说："对石雕石材产业的影响未来就是在创意上，建立一些大师工作室，积极与院校合作，惠安县目前在创意上鼎立石业是走在前面，未来的文化创意可能将以鼎立石业为核心力量引领惠安县石雕石材走向高附加值方向，鼎立石业有一个很强的创意小组，近期将有一个世界级大师雕刻工作室落户鼎立石业公司。在文化创意的基础上，惠安县将成立一批雕艺大师工作室，大力发展大师经济，以文化创意带动整个产业的发展。"

鼎立雕刻立足"品牌、创意、工艺"等元素,在发挥惠安县石雕之乡的品牌优势的基础上，深入挖掘产品文化内涵，使自有的"鼎立"、"三摩地"两大品牌逐渐得到市场的接受，并成长为惠安县雕刻产业转型升级的领军品牌，甚至在众多场合成为"惠安石雕"品牌的代名词，从而大大提升了鼎立雕刻自身的市场影响力和经济价值。2013年，第2届中国（惠安）国际雕博会期间，鼎立雕刻承办"惠安雕刻产业转型升级高峰论坛"活动，正是其品牌战略所焕发出效力的一个具体表现。

三、对鼎立石雕的发展建言

（一）坚定不移地发展自有品牌

惠安县现有的雕刻企业，大多数都是从事传统题材的产品制作，或者侧重建筑工程承揽和建材加工，企业之间是在较低层级上进行严重地同质化生产和竞争。走在崇武镇的主要街道上，两侧石雕企业露天展出、陈列的产品基本上只有规模大小的差别，少有题材创新、材料创新，鲜有创意精品。鼎立雕刻应当发挥自己的长处，以自有品牌"鼎立"、"三摩地"保障加工质量、引领产品创新；也就是通过实施品牌战略来超越同质化竞争。

（二）充分整合各方资源提升自有品牌的市场影响力

鼎立雕刻长期为清华大学、中央美术学院等高校的雕刻专业师生、国内外众多雕刻艺术家加工制作作品，拥有广泛的艺术家人脉，在专业圈子里树立了良好的口碑。这是鼎立雕刻可以借重的、用以提升自有品牌市场影响力的稀缺资源。譬如，它在与艺术家签订作品加工制作合同的同时，可以顺便加入将艺术家作品产品化或者合作开发定向产品的相关条款内容。

（三）加强版权登记以法律为武器保护创新成果

雕刻产业是创意产业，其核心价值体现在创意的独创性；独特的创意是其市场价值的源泉。因此，雕刻企业保护自己产品中蕴含的创意成果，就是保护本属于自己的市场价值，保全自己的投资收益。可以说，企业创立自有品牌之后，最当紧的工作就是保证品牌的相关专属权益和附属权益。鼎立雕刻近年来加大了新产品研发、传播平台建设、人才培养等多方面的投入，也聘请了常年法律顾问处理相关法律事务。但随着新品发布数量的不断增加，尤其是"三摩地"品牌之下自身体量较小的创意产品的不断发布，以及把营销中心不断在外地甚至国外布局之后，有效保护创意版权将变得尤为紧迫和重要。

（四）充分利用地理资源加强闽台合作与交流

惠安县的特殊地理位置，为海峡两岸的文化产业发展提供了更多可能。拓宽校企合作范围，将发展合作对象伸向台湾地区，多方向提高鼎立雕刻的雕艺文化创新力，间接培养专有人才。

（作者单位：厦门理工学院文化产业学院）

【台北案例】贰拾贰▶

"华山1914"

曾丽莉

在《台北市综合发展计划2010》里,有如下表述:"未来台北市总体发展目标为:追求人文与自然结合、塑造人性化都市、跃升为高次元国际化都市、发展为具有中华文化特质之现代化都市。"其中涉及台北市文化创意经济园区的规划问题。华山创意文化园区就是台北市创意产业园区的一个典型代表。

一、"华山1914"概况

(一)历史的华山

华山创意文化园区又名"华山艺文特区"、"华山文化园区"或"华山1914",前身为"台北酒厂",为台湾地区台北市市定古迹。后因地价昂贵及台北市水污染问题,此地闲置了10年之久。1997年,许多艺文界人士发现了这块地适合成为一个真正与城市生活相结合的,并且很好地保有过去空间记忆的多元化艺术文化展演空间。经过多方努力,最终在1999年后,协商并达成共识,"台北酒厂"正式更名为"华山艺文特区",成为提供给艺文界、非营利团体及个人使用的创作场域。其中,"华山"之名来自此区原为日本时代的桦山町,附近有桦山车站;"桦山"之名皆为纪念台湾地区首任总督桦山资纪而来。至国民政府时期再将"桦山"改为"华山",并沿用至今。

华山文化创意园于2007年12月由台湾地区文化创意发展股份有限公司依约取得园区经营管理权利。现在走进华山艺术园区,所见到的不只是古老的建筑,另外包括场地绿化、创意市集、咖啡厅、各种展览和表演,显示华山的多元发展。

（二）文化创意的华山

为了落实推动文化创意产业发展的既定政策，创造文化创意的高附加值，将华山文化创意园区定位为"台湾地区文化创意产业的旗舰基地"，并规划三个引入民间参与经营的方案，分别为电影艺术馆 OT 案、文化创意产业引入空间 ROT 案及文化创意产业旗舰中心 BOT 案。其中以引入民间参与投资整建、营运的方式，所规划的"华山创意文化园区文化创意产业引入空间整建营运移转计划案"（简称"华山 ROT 案"），其目的在使园区内古迹、历史建筑、闲置空间及设施能活化再利用，并借着跨界整合、带动文化创意产业发展，使华山成为台湾地区创意经济时代的典范。

在经过公开的选拔程序后，台湾地区文化创意发展联盟取得优先议约权，并于 2007 年 11 月 6 日由台湾地区文化创意发展股份有限公司与"文建会"正式签约，取得华山园区 ROT 案未来 15 年加 10 年的整建及营运权利。华山在经过以短期活动为主的 10 年艺文特区转型酝酿阶段之后，正式定位为推动台湾地区文化创意产业发展的旗舰基地，也开启了华山文化创意园区元年的序幕。2009 年，华山创意文化园区摇身一变为"华山 1914"。"华山 1914"是以华山的历史建筑建造的年代为品牌名称，目的是要回到原创精神。

二、"华山 1914"的品牌优势

（一）环境优势

华山的地理位置良好，位于台北市中心。位置位于忠孝东路、八德路交叉路口及金山南路、金山北路交叉口一带，占地 72 000 平方米，且因场地建筑的特别性而容易吸引民众。华山之所以这么成功，除了本身优势之外，还与整个台北市文化创意大环境相关。台北市拥有最丰沛的文化创意设计资源与人才，台北市将向 ICSID 国际工业设计社团协会申请 2016 年的世界设计之都（City of Design），德国柏林、意大利杜林、南非开普敦、芬兰赫尔辛基、南韩首尔都已经获选为世界设计之都，台北市政府也努力运用已经发展完整的文化创意产业与群落，争取世界设计之都。台北市拥有全台湾地区最优良的文化创意产业发展环境，拥有保存最完整的文化资产，也拥有最优质的文化创意人才。台北市 40% 的企业从事与文化创意产业相关的事业，文化创意产业营业额占全部产业总营业额的 10%。10% 的工作者从事文化创意产业的工作，全台湾地区 30% 的与文化创意产业相关的企业设立在台北市，文化创意产业占全台湾地区的 40%。2009 年，台北市文化创意产业总营业额为 3 061.05 亿新台币，占全台湾地区的 59.46%。这些数据说明了"文化创意产业"是台北市的主力产业，经济、社会和文化环境的培育都十分优良。

（二）人文优势

目前华山锁定的对象为 18—35 岁的年轻族群。园区也比较符合年轻人的口味——比较酷、比较流行、比较好玩的议题。台湾地区年轻一代拥有丰沛的设计及创意能量。近年来台湾地区自发性的创意能量也在不断地积累及放射，无论是在电影、设计、工艺或流行音乐方面，台湾地区在国际上都享有骄人的成绩。

（三）创意地标

这片原为酒厂的土地，有保存完整的日治时期制酒产业建筑群。"华山1914"园区内不仅可以看到保存完整的日治时期制酒产业建筑群，更可以感受到园区建筑风格上因为兼容不同时期、不同类型的建筑构造技术与工法，而极具建筑史学上的意义。园区内建筑是以厂区进行阶段性的扩建的，在台湾地区近代产业历史上具有特殊价值与意义。此外，"华山1914"位居市中心精华地段，又兼具都市整体发展的指标性意义。

（四）创意定位

"华山1914"的理念就是希望自己成为台湾地区文化创意新门户、观光客光临台北市的入口，并且期待着能够感动更多的外国人，让他们认识台湾地区、看见台湾地区。在"华山1914"不仅有提供会议、展览和演出的空间，还接纳海内外人士举办演讲、论坛，沟通想法、交流观念。除此之外，华山创意园区每年还会举办毕业设计展，向院校毕业生征集展览作品。营销和推广自身品牌优势的同时形成了多元性、业态的有机结合。

相比大陆的创意园区、动漫基地只有白天没有夜晚，日落后大多寂静无人光顾，华山的白天与黑夜一样闪烁着诱人的光芒。周杰伦等众多明星、作家弃商场、酒店而选择在此地举办新唱片、新影视、新书发布会或见面会，这里俨然是一个创意和聚会的广阔空间。

（五）创意活动

所谓注意力经济，是指依靠吸引公众注意力获取经济收益的一种经济活动。就像一个企业，如果不通过一些举措使人关注到它，就不能把产品顺利地销售出去。对于创意园区而言，通过活动吸引眼球从而获得未来的经济效益是一条行之有效的路径。

"华山1914"十分注重通过活动的策划营销自己。中华电视公司《熊猫人》唯一一场慈善公益见面会就在此举办，总导演周杰伦首次现身该活动，与观众分享拍片甘苦；Easyoga首家瑜伽时尚概念店进驻此地；华山文化园区规划的台湾地区本土设计师礼品专卖店开幕，推出自营品牌"1914 Connection"礼品，以品牌专卖店的形式推动台湾地区本土文化创意产业发展……除此之外，华山创意园区还举办毕业设计展，展览主题为："华山毕业季·跨界玩空间"，不但是再跨出校园前的空间汇整所学，也是跨出校际的空间设计盛会，还邀集举办空间美学界的大师论坛，各方会聚到华山这样一个没有围墙的多元空间，跨越旧与新的界线，诠释这个空间的各种可能。人们体会到不仅仅怀旧和颓废是华山的最大魅力，华山的真正亮点在于新与旧的碰撞和融合。活动策划与社会公益形成良好互动结合，在营销和推广自身品牌优势的同时形成了多元性、业态的有机结合，为我们带来了思考的开放空间和舞台。

（六）创意经营

园区发展最怕因为艺术影响了产业，或是因为产业削弱了艺术的原创和创意。"华山1914"做到了艺术和产业的近乎完美的融合，在这里文化不再严肃、晦涩，而是老少咸宜、喜闻乐见。这里不仅给人们创造了一个欢乐的消费气氛，更提供了一种新的文化体验方式。

"华山1914"创意园区涵盖了文化创意产业从创作、制造、加值、流通到消费端等所有方面，是一个从参与制作、创造到分享、传播、推广的过程，是生产、生活和生态相互有机结合促进的环境。这里随处可见最有创意的生产，这里能够满足视觉、味觉、听觉、触觉等各种感官的需求，其规划和经营更给我们带来关于人与自然和谐相处的可持续发展的启示，打破了过去"文化是弱势"的认知，重新定位文化创意的重要性、独特性与时代价值，并且宣告企业资源为文化创意提供服务的时代已经到来。

（七）创意人力

在华山除了需要拥有特殊才能的正式员工以及行政人员外，更多的是志工的参与。志工又名志愿者，是指一种助人、具有组织性及基于社会公益责任的参与行为。志工虽然没有薪水，但是志工不像实习生实习时间一满就会离开，他们更多的是因为兴趣留下，这样有利于积累更丰富的经验。在这里的志工除了把自己当成里面的一分子，久而久之还可以学习到一些相关的企划能力，同时园区也会对志工进行培训，提供较正式的内容，有助于充实华山的相关知识。长期与不同背景、不同年龄段的人相处，增进了沟通技巧并对累积人际关系有很大的帮助。此外，在华山最特别的是看到内部员工是以玩乐来工作，虽然工作时间长，但放松的氛围却能让整体工作气氛愉悦良好。加上华山对于志工都有很好的奖励方式，例如可以免费进入展场及演出等，让志工除了有意愿帮忙外，还能在精神或物质上得到奖励。有了志工团队的运作，华山也得以使用较低的成本，拓展更多的新活动。

（八）创意周边

华山拥有一个自由创意市集，定名为"华山町"，在这里举办"华山町·艺术生活市集"、"华山町·耶诞响叮当"、"华山町百摊·摆摊"等以"华山町"为名的主题活动，

"华山町"的范围甚至扩展到了园区及园区周边一带。其中的店家便利用《玩报》来整合。《玩报》整合园区近期内所有活动信息和店家信息，希望带给大众一个整合过的华山形象，而不是一块块独立分离的个体。《玩报》就好像百货公司中的各种专柜，定期发行DM，这些品牌代表百货公司，华山的《玩报》就是基于这种理念的。此外，《玩报》索取的地点不局限于华山町内，扩散至西门红楼、光点戏院、台湾故事馆等18个地点。

（九）明星效应

知名词作人方文山在华山开了一家茶屋，偶像明星周杰伦特别把自导的《熊猫人》慈善公益见面会选在华山，还有一个常设的几米艺术中心，许多明星将工作室设置在园区里，明星所带来的效应带来了衍生品的热卖。

（十）注重培养

华山拥有"孵梦基地"和"未来橱窗"的标签。经营者将华山定位为造梦和圆梦的实验场。经营者表示，华山就是要吸引有成就的明星进来；同时，通过艺术家博览会等形式，寻找新明星。为了能实现华山"文创世纪的'世贸中心'、文创产业的'孵梦基地'、文化力量的'至善橱窗'、全民欢愉的'休闲胜地'"愿景，华山十分注重对文艺团体的扶持计划。譬如"神游华山"，与汇川聚场合作，将园区内的华山剧场打造成"神游华山艺聚场"，希望将此打造成台湾地区第一个落地签证的街艺广场，开放国内外任何有创意的专业文艺人员再次演出。从2009年12月起，每周末，汇川聚场都会进驻华山剧场，创造相关主题性活动以及课程。

三、"华山1914"的现状

（一）产业面

华山的独特经营模式以及其特殊背景，与文化创意激荡出崭新的艺文火花，成功提供了民众与文化的对话空间，创造出许多观光人潮。

现在走进华山艺术园区，所见到的不只是古老的建筑，另外包括场地绿化、创意市集、咖啡厅、各种展览和表演，显示华山的多元发展。政府将许多闲置场舍交付民间团体管理有助于地方的经营，民间团体不仅有生产的压力可以增加动力，经营模式相较于政府也较有自己的脉络及走向，可以发展出较具特色的方向。

华山整体改变后令人感觉很漂亮、舒适，闲暇时都可来散步或放松心情。因此，艺术园区活动的推行以及改变后的新形象，获得民众的肯定。华山町附近创意市集的自觉延伸，可以看出华山并非一味地创造文化园区，而是将小区文化与日常生活相结合，从一定层面上极大地体现了台湾地区的生活风格和台湾地区的生活质量。相应的，好的生活风格、优质的生活质量才能创造高附加值的文化。

（二）经营方式

华山的经营是一种"商家入驻+空间租赁"的方式。

1. 商家入驻

这些长期合作的商家有：①青叶新乐园（台菜自助餐厅）；②音乐展演空间、③ Alley Cat's Pizza；④一间茶屋；⑤名山艺术（画廊）；⑥ "1914 Connection"（当代设计师礼品专卖店）；⑦ "CD Pizza"（创意生活产品店）；⑧老丛茶圃；⑨义面坊小酒馆等。这些商家的艺术氛围十分浓烈，不仅仅提供商品和服务，更提供一种艺术和文化的体验。除去日常的经营外，不少商家还向社会提供展览、讲座、节庆等活动，增强互动。

值得一提的是"1914 Connection"——台湾地区第一家当代设计师礼品专卖店，邀请台湾地区设计师连线合作，建立文化创意产业跨界合作的新模式。创意伙伴来自茧裹设计、天晴设计、十津设计、彰艺坊、岛民工作室、TOAST、穆德设计团队、桔禾创意整合、杨莉莉青花、西肯创意、土干创意、+koan、雪特国际、艋舺肥皂、拍拍屁股走人、三和瓦窑、环原、sothatsme、果铺、纸立方、叶朵、御品木、目睹、银爵、凯思设计、小确幸、炎窑、观山水、ink等设计工作室，以及台北市孔庙、故宫限量商品等文化创意组织。"1914 Connection"品牌店，是台湾地区第一家完全贩售台湾地区本土设计师作品的复合生活精品店，也是"华山1914"第一个自营品牌，融合了极具历史感的元素及当代的创意概念，未来目标是要成为最具本土创意能量的展售平台。

2. 空间租赁

除去这些商家外，其余的空间都是向外提供租赁的，其中包括4个户外场地。这些场地提供给文艺团体、学生团体、一般机构预约使用，会定期或不定期举办艺术品展览、教育展览、影展、摄影展、主题市集、音乐会、发布会、体验活动等。据不完全统计，2009年8月至今已经举办各类活动350多个（不含场次），平均每年100多个，主办单位不仅有政府部门、行业协会，更有媒体、社会团体和商家等，有的是"华山1914"自主举办，这些活动有免费的，也有受邀请参加的，也有自费的，有不少活动是一年一度长期举办的，见表1。

表 1　2012 年部分活动一览

类别	名称	内容	时间	主办单位
市集	主题趴市集	招募创意商品、美食	7.21—7.22	"华山1914"
表演	台湾地区新民谣音乐会	免费音乐欣赏	7.14	国立传统艺术中心、台湾地区音乐馆
	凤凰变	中国文化大学50周年校庆剧展	5.24—5.27	中国文化大学
	器官感性	舞蹈	5.02—5.06	世纪当代舞团
	少林武会	免费参观武术表演	4.14	师大少林联社
	斗梦去	剧展	5.04—5.19	广艺基金会
发布会	myfone行动创作奖	音乐节比赛	7.07—7.12	"华山1914"
	机能性纺织品成果发布会	时尚高科技邀请展览	3.16—3.18	财团法人纺织产业综合研究所
活动	Nic归零巡回	音乐会	7.14—7.15	唯群体工作室
	韦礼安黄昏音乐会	免费音乐会，预购会	7.14	"华山1914"
	张悬音乐会	免费音乐会	7.13	"华山1914"
	2012枫加节	免费加拿大国际文化交流（人文、艺术、音乐、美食）	6.30—7.01	台湾地区加拿大商会、雄狮集团
	UP好心情	设计师个人灯光艺术展、讲座以及户外街头艺术展等	6.23—7.22	中强光电文化艺术基金会、"华山1914"
	艾雷岛威士忌嘉年华啤酒节	购票入场	6.09	旅游局、"华山1914"
	2012台湾地区原民园	主题游园会	2.11—2.12	"华山1914"
	GMX金曲音乐节	演唱会、金曲论坛、音乐产品展售	6.15—6.24	"文化部"、滚石文化
	华山一所学校	主题讲座、课程等体验	5.27—6.03	"华山1914"
	"行政院"文化颁奖典礼	颁奖礼	4.21	"行政院"
	爱地球活动	明星公益义卖	4.20—4.22	肯梦国际公司
	噶玛兰2012大师论坛	威士忌文化讲座	3.03	噶玛兰威士忌

续表 1

类别	名称	内容	时间	主办单位
展览	赛尔号特展	漫画展、玩具展	6.22—9.30	《联合报》、台湾地区淘米科技
	一时一地	免费摄影展	7.27—8.25	艺撰堂
	经典，从这里开始	达利艺术作品展	7.02—8.31	[商家]名山艺术
	2012台北旅游展	旅游推介会	6.29—7.02	高雄观光旅游协会、福力国际展览公司
	四季"故宫"	免费参观台北市故宫部分展品	2011.11.26—2012.06.29	台北市故宫博物院、"华山1914"
	国际玩具创作展	购票入场	7.05—7.08	台北市怪兽国际公司
	讲究展	商家茶文化展览	6.01—6.18	[商家]老丛茶圃
	宜家居家设计展	免费参观	6.01—6.03	宜家家居
	华山毕业季	毕业作品征集展、讲座、游园会	5.24—6.03	财团法人台湾地区文创发展基金会
	表象之外看不到的	商家艺术画展	5.20—6.30	[商家]名山艺术
	梦发光空间设计展	免费展览、讲座	5.11—5.14	海尼根啤酒
	瑜伽生活节	商家活动	5.19—5.20	[商家]easyoga
	城市游牧影展	入围电影、短片展	4.12—4.22	某影视公司、"华山1914"
	质与形	免费西班牙瓦伦西亚的雕刻艺术家马可·萨尔瓦多雕塑作品展	4.07—4.20	艺撰堂
	现代水墨先驱 吴学让九十庆生大展	商家艺术展	4.02—4.30	[商家]名山艺术

2008年举办活动场次398场，其中文艺团体和学生活动129场，参与人数共40万人次，平均每天有2.84个文艺团体进行表演或排练活动，针对文艺团体及学生活动的使用率达42%，产生经济效益约1亿9000万新台币（约合人民币4700多万元）。其中，"华山1914"自行主办或者协办23场大中型活动，积极争取各项优质展演来华山举办，参与活动人次超过34万。2009年，举办活动场次381场，其中文艺团体和学生活动120场，参与人数50万人次，产生经济效益约3亿新台币（约合人民币7400万元）。

回眸过去，华山文化创意园在空间租赁上获得了巨大的收益，可以说在华山文化创意园的经济效益中有着重要的地位。

四、"华山1914"面临的问题

（一）委外问题多，创意文化园区经营厂商沟通机制未建立

华山创意文化园区在"文建会"的规划下，将分成三阶段三区块的开发，包括"电影艺术馆OT案（委托民间经营）"、"台湾地区文化创意产业旗舰中心BOT案"及"文化创意产业引入空间ROT案（民间投资）"。OT案与ROT案皆以完成征选及签约，BOT案尚处进行招标的阶段。此园区因政策的影响，同时又存在着三种不同委外方式，也导致经营单位遇到了些许困难。台湾地区文化创意发展公司表示华山创意文化园区一块基地分割为三个案件BOT、OT、ROT，在都审作业上会互相牵制，但推动的时程又无法配合，致使华山ROT营运范围受到至少两年的影响，处于周遭或园区内有重大工程案进行的状态，在园区发展、游客安全上备受考验。

（二）创意文化园区硬件建设工程延宕

创意文化园区的基础建设，从2002年开始进行，因政府的预算不足，至今仍有部分园区刚开始进行维护整修，而在整修的部分，因文化资产保护法的限制，只能进行部分的维修，对于空间的利用也产生了许多限制。

而创意文化园区在进行相关整修工作时面临基础工程的空调机房邻近民宅、污水下水道、发电机噪音等问题。长期的施工所产生的噪音也给居民带来不便，进入园区也有安全上的忧虑，因此对园区产生了负面影响，使居民更不易亲近华山。

（三）缺乏相关法源根据

台湾地区文化创意发展公司表示，园区建物由于无合法使用执照，导致ROT厂商无法顺利进行营业登记，影响招商进度。针对古迹及历史建物的证照取得问题未进行深入了解，致使ROT厂商面临请照的困难。华山又是国内第一个实际经营的园区，相比之下，在台湾地区仍无相关案例可做参考，使得推行过程无相关的前例而遭受到许多技术性问题，而这还需政府拟订相关法定的解套，以政策法规的松绑，鼓励刺激民间参与建设文化创意产业环境。

（四）与政府、艺文界沟通可再加强

从华山创意文化园区发展的历史脉络中，早期为艺术家进驻使用至现在由政府委外经

营,艺文界、政府及经营者仍在争论华山创意文化园区的实际定位及发展目标。艺文界认为华山创意文化园区因为空间及地理环境,适合做为艺术呈现的殿堂,认为财团轻松取得公有土地。整个案件规划的前置作业,未能与艺文界充分沟通,致使 ROT 签约后仍有部分艺文界人士向"文建会"抗议。

五、对"华山1914"及文化创意园发展的建言

(一)重新检讨创意文化园区发展性,或另辟新的创意文化园区

台湾地区五大创意文化园区皆为原有资源改造利用模式,使用原有资源如闲置厂房、旧仓库等经过简单改造和装修直接利用,作为创作、经营活动场所而逐渐集聚。而台湾地区五大园区早期于规划时选择了这五大空厂房,但未完全考虑周边环境,使得无论园区内外产业活动皆不活络,虽然已整修完毕,但从外观而言还是难以令人直接联想此栋为创意文化园区的建筑。在一些人文荟萃的地方,目前已有很多出版业者与书店聚集于此,可观察是否可作为依托原有资源提升模式而产生的新兴创意文化园区。

除此之外,我们也可以去创造那种生活空间的氛围,政府要跟着进去讨论。目前除了初版业者外,还有一些创意的店,因为商圈多元的魅力,开始吸引一些年轻人、创意者或是国外观光客的力量。其实文化创意园跟城市节庆活动一样,政府要去创造那里的生活风格和氛围,改善街道、环境,去做环境空间的重新改造,因此会吸引更多的店进去而产生群聚。比较不同于花大笔经费在整修已经老旧的建筑上,除此之外,这些产业已经形成集聚,相对在发展文化创意产业上,追的上世界的脚步。另外,应该重新检讨它的空间重新被善用的方式,先不直接以创意文化园区去限定空间发展,重新调整这些空间应如何使用。

(二)与地方政府产生联结,加强民众政策倡导

各地方文化创意产业发展特色在于地方产业所形塑而来的文化,其为文化创意产业发展的重要特质。为保存传统和地方的魅力,发掘及提升地方的创意与特色,地方政府的投入势不可免。然而,往往在实际操控中,地方与政府分化,各做各的,而地方政府对于文化创意产业的理念、政策及产业也较不熟悉,加上地方经费资源有限,假若要投入文化创意产业,亦会相对受限,有待强化及辅导。

行政主管机关执行文化创意产业政策,只在艺术产业领域有这些讯息,对于社会大众而言,缺乏有效倡导,因此,对推动文化创意产业政策的认知较不清楚。政府应加强文化创意产业的政策倡导,使民众了解,进而主动去接近它,如此文化创意产业才能够形成一个完整的产业链,并且因此吸引更多投资者愿意进入文化创意产业投资。

（三）是否适用其他经营方式

目前园区采取的营运方式，大部分为委外经营，但艺术化与商业化自此不断讨论。若要解决此项疑虑，可考虑进行行政法人的设置。因行政法人的设置，预算都得经过立法院审查，基本上还是一个公家单位，是政府可以掌控的组织。行政法人比完全委托民间要好，政府对于行政法人财产管理还有执行公权力的功能，并仍受政府监督，但若完全委托于民时等于财产私有化了，还必须执行政府应办事项，譬如价钱不能随便乱涨等，可作为经营方式的考虑。

（四）"华山1914"文化创意园区与松山烟厂未来竞合的关系

如今，"华山1914"文化创意园在发展模式有了一定成效的基础上，政府为了对外展示其对艺术文化的贡献，便将许多闲置馆舍改建成文化园区，但此项政策的结果却令全台湾地区盲目疯文化园区，进而造成全台湾地区随意疯艺术节的状况。长期以来，这样的状况并不是为了文化生根，只是成为政府炫耀文化创意艺术成果的橱窗之一而已。

距离华山不远处，在车水马龙的市民大道，现有一个由旧烟厂改造而成的松山文化创意园，与"华山1914"文化创意园的功用相似。然而一个园区不可能把每个功能都发挥到最好，所以我们可以以"华山1914"文化创意园区——松山烟厂——南港世贸展览馆做为一个"L"型的文化创意产业链。华山作为跨领域、实验性的空间，任何艺术作品皆可于此创作，华山主要从事人才培育以及艺术作品创作，松山烟厂为发表展示的地方，借由南港世贸接触到国际买家，形成一个完整的文化创意产业链。华山与松山烟厂都是发展文化创意产业为主的创意文化园区，透过两个互相竞合的关系，可使文化创意产业发展环境更为活络，而且"1+1"或许还会大于2，爆发出更大的文化创意产业能量。

（作者单位：厦门理工学院文化产业学院）

【台北案例】贰拾叁▶

台北之家

连晶晶

这里,当年担任美国副总统的尼克逊,到访台湾地区时,独看上这栋老洋房,还在这里度过几个晚上;这里,保存了原来的古典风情,让艺术不过多装扮,展现艺术的原生态本属生活的养分,易亲近,也易感化;这里,为中山北路注入一抹亮丽色彩,更以古韵今风的城市建筑传承了中山北路百年的风流雅致与人文历史——这就是台北之家,见图1。

图1 台北之家

一个令所有来过这儿的人都思绪淡然的地方,简约而不简单、幽雅而不浮夸。伴随着她别具一格的历史足迹和温婉抒情的空间氛围极大程度地还原了如今人所需的都市轻生活,将其融入自己独特的文化品牌,带给更多人不一样的生活姿态。

一、台北之家的发展背景

台北市 2009 年文化创意产业营业额为新台币 3 036 亿元,厂商家数有 13 959 家,高居全国之冠,并以广告、工艺、建筑设计及出版业四类最高。它共有博物馆 125 座、文化表演场所 57 处,造就民间创造力源源不绝,且民众接受新事物的可塑性高,对艺文活动与创意生活的需求日增。台北市不但艺文资源充沛,且有足够的艺文创意投入资源的转化,串联多个重点创意园区,推动"双 L"型文化创意产业轴带,以群聚的力量,加速扩大整体艺文产业链的经济效益能量。

台北市的文化创意园区有华山文化创意园区、松山烟厂文化园区、台北市啤酒文化创意园区、南港流行音乐文化园区及台北市国际艺术村 5 处;有 11 个文化创意街区,包含大稻埕古风区、故宫文化特区、中山北路婚纱及设计街区、西门町电影及青少年创意文化街区、永康街美食及艺文特色街区、信义新天地街头艺人表演文化创意产业街区、温罗汀特色书店及原创音乐创意街区等。其中台北之家的特点尤为显著,打造出极致创意的都市慢活的文化创意品牌。还有一些正在拓建的指标性艺文展演设施,如台北数字艺术中心、华人流行音乐中心、华人创意设计中心、华人影视文化中心、音乐厅、城市博物馆、市立第二美术馆及松山烟厂文化园区等,启动文化创意引擎。整合国际艺术村、草山行馆及宝藏岩共生聚落,形成台北大艺术村、扩展艺术家交流平台;结合产、官、学界的力量,成立文化产业发展委员会及电影委员会等智库,把注新能力,架构整合性的平台。

台北之家是前美国大使馆官邸的旧址,两层楼的洋式建筑,以白色外观加上回廊与希腊梁柱,室内以中央走廊梯间布局,平面略成方形状,整体风格带有美国南方的殖民风格。一直扮演美国大使馆官邸角色的建筑物,也历经许多政权的变迁,直到最后一任驻节的外交官搬迁后,领事馆才随之关闭,接着便得遭受荒废的命运,因其特殊的建筑构造与人文史迹,这里被确定为台北市三级古迹。

闲置 10 多年的旧建筑物,在被确定为台北市三级古迹后,为妥善维护古迹,由台北市文化局疾呼奔走,经台积电文教基金会赞助新台币 6 000 万元,见图 2,将建筑物本体修复后,委托由侯孝贤导演担任理事长的"台湾电影文化协会"经营,将这里定位成电影文化艺文空间。一楼设置书店与咖啡厅等,提供台北人补充书香气息的加油站;二楼则为多功能的会议厅、艺文展览室与第六大道沙龙酒吧。另再将原有旧车库改建为"光点台北"电影主题馆,见图 3,以播放较为另类且具原创观点的电影为主,提供观众跳脱好莱坞商业影片的制式思维。

图 2　台积电文教基金会赞助　　　　图 3　光点生活

台北市这样一个大都会,充分结合年轻人的需求并最大程度地带给人一种家的温温馨感受,迎合现今最休闲的生活方式。这种沐浴在阳光中的都市慢活,融合了光点电影院、回廊展览馆、多功能艺文厅、光点咖啡时光、光点红气球,光点生活这几个亮点部分。

台湾地区电影文化协会将台北之家的经营主题定位为结合古迹魅力与电影魅力,成为台北市创意交流的第一领域,希望为国内从事艺文创意产业的工作者提供一个全方位的聚会场所,一个艺文创意的引爆点。影展、讲座、工作坊等活动,让跨领域的意见得以充分交流,进而激发更多创意。期待古迹空间与电影结合,产生新样貌,让历史意义结合影像艺术,以打造增广文化视野并滋养文化深度的品牌文化。

二、台北之家的品牌优势

光点台北之家的经营定位是结合古籍魅星的电影艺术成为创意交流的场所。文化局公开招标委外经营权,而由台湾地区电影文化协会取得经营权,空间诉求也从原本的国际艺文交流中心修改成为以电影为主题的"光点台北—台北之家",更改的不只是设计主题,空间的位置分配也做了相应调整。

(一)空间上的六大主题

(1)光点电影院:以美国大使官邸之车库改建的艺术电影院,提供给民众形式多元的电影。

(2)诚品书店:以电影艺术及城市为主的专门书店。

(3)C25度咖啡厅:提供义式咖啡,让来访民众休憩。

(4)第六大道艺文沙龙:结合宽敞的阳台,可俯看庭园。

(5)多功能会议厅:设计成多功能用途,可供艺文界人士举办演讲、新书发布会、座谈会、记者会等。

(6)回廊展览厅:提供艺术创作者一个小型的展览空间。

（二）多方位的理念与经营团队的组建

光点台北之家目前工作团队约10人，在人力的分配上，正职人员10人，兼职人员2人，委托制人员4人。台湾省电影文化协会为其管理的母单位，并以协会中部分人员来经营光点台北，主要包含活动企划、媒体公关、影片行政与工程技术等职务，见图4、图5。

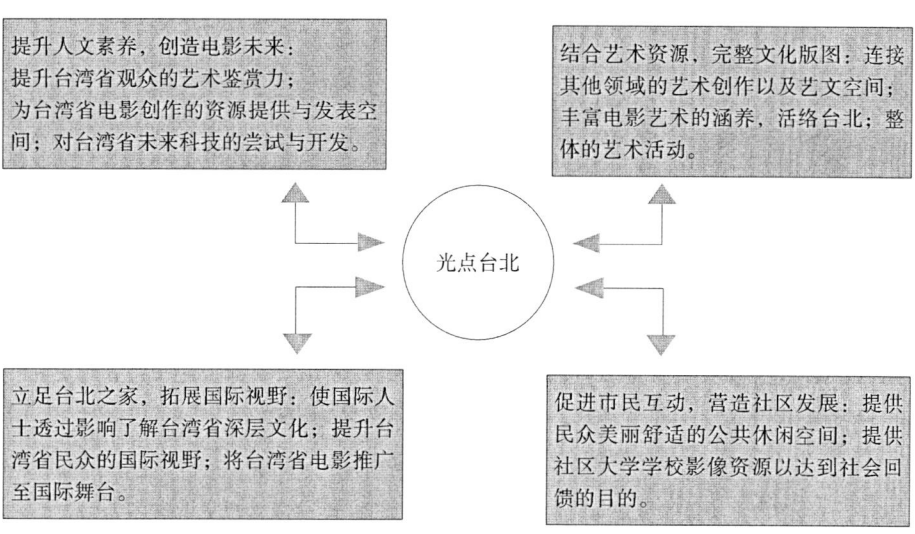

图4　光点台北的经营理念示意图

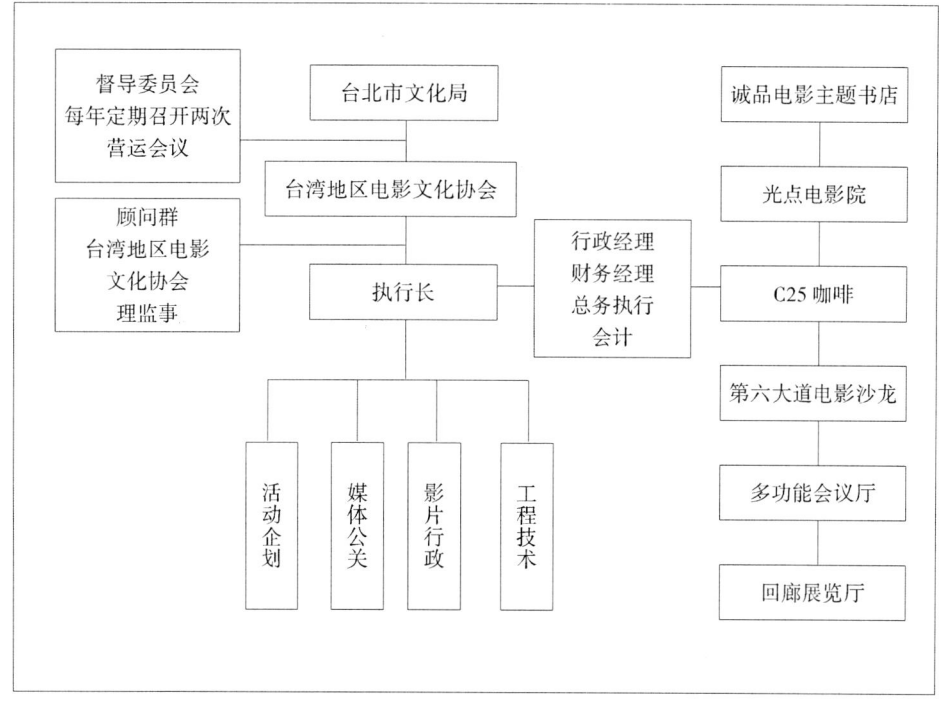

图5　光点台北的经营团队

（三）本土文化与异域文化的碰撞与相融

在台北之家，你感受到的不只是中国文化，还有浓厚的外国文化。台北之家运用当下流行与文艺强强联合，表现形式更贴切、更生动。传统的中国文化与美国南方殖民文化和北方工业文化的多重冲击，击撞出不同的文化，而恰融于光点台北之家，这便是台北之家最为成功的地方。

国人对艺文活动的参与度明显提高，台北地区的观众接受范围也很广，对文艺片、爱情片、笑料片甚至实验性质较高的电影都有一定的支持，加上政府与文化局积极推动光点台北的相关活动，对光点台北推动非商业片的策略等多种形式的电影而言，具有适宜的环境。

（四）独创性

光点电影院提供的影片由台湾地区电影文化协会独具匠心地选出，具有另类及原创观点，有别于好莱坞的影片，希望观众能有另一种"新视觉、新经验"的观影选择，进而发展出属于多元且独立的观影品味。多功能演讲厅会配合映演的电影或协会所策划的影展主题，邀请各界专业人士与观众经由座谈的形式，拓展观影后各种互动的思考。

三、台北之家的产业效益

台北之家倾力打造文化休闲文艺品牌，对旅游产业及其他周边产业产生明显的产业辐射作用，近及餐饮、住宿、交通、商贸、娱乐，远及会展、影视、传统工艺、创意产业等，形成良性多米诺骨牌效应。

（一）旅游产业

台北之家以丰富的历史内涵和人文内蕴展现在大家面前，为台北市旅游业的发展注入新的活力，势必拉动旅游产业的快速发展。从最开始的领事馆到战火纷飞后的无人问津，从中国文化的渊源流长到美国文化的移行换影，带来了不一样的文化氛围。它不仅能够提升台北市旅游的文化品格，延长游客在台北市的滞留时间，拉动地方餐饮、住宿、交通、购物、娱乐业的发展，带来可观的经济效益；而且有助于宣扬台北之家最开始创立的意义，无形中提升了台北市的不同魅力。所以台北之家会获得更多认可。

台北之家的光点台北为一座主题电影院，电影院内播放国片及以多元文化为主，每日播映六场影片，还搭配以电影艺术为主题的诚品书店、C25咖啡厅、展览馆、多功能会议室、第六大道酒吧、庭园休闲。光点电影院从白天到深夜每日六场常态性的影片播映，让民众能够更了解电影的世界；另外，光点讲堂也设计整套艺文学习课程，让民众以轻松、愉快的心情,体验好玩的艺术课程;光点台北还举办座谈会,拓展交流,给人念念不忘的轻松、愉悦感。

(二)文创产业

台北之家的电影院可以让你感受更多电影魅力和艺术手段。同时,在这个中美文化日渐交融并加深的地方,想了解历史、感受现代生活的人越来越多,台北之家在文化艺术方面可以满足大家对文化深度与休闲结合的需求。

在此不仅有单纯的电影院,还有大量咖啡吧、艺术回廊、生活购物区等等。多元化的产业分布让游客在这里享受艺术带来的思考,品味慢生活带来的闲适。如果你喜欢创意,那么台北之家是你最好的选择,这里有纯手工的创意环保物品供你挑选,在这里可以发挥自己的想象力让思维提升,同时可以感受到生活的乐趣。

文化和创意结合同样可以作为一个好的文化创意产业,是继信息产业之后的第四波经济引擎。

(三)衍生产业

台北之家不光可以带给更多人电影的艺术,同时提供了良好电影影视剧拍摄场地。小清新的文艺风格,加上不一样的蒙太奇手法,营造不一样的视觉效应。温馨浪漫的小爱、咖啡店的邂逅、电影院的散场、街角的分开,你和我、我和她,在这里上演不一样的爱情。不久前《窗外》首映,很多人为了一睹林青霞年轻时的青涩和不一样的清新爱情而来此。台北之家通过媒体的传播,更大程度提高了影响力,大批的客源源源不断,仅场地的租借也会给台北之家带来不菲的收入。主要收入项目有租金收入、回馈金、场租收入、戏院收入、入会员费、导案引查收入等,见图6。

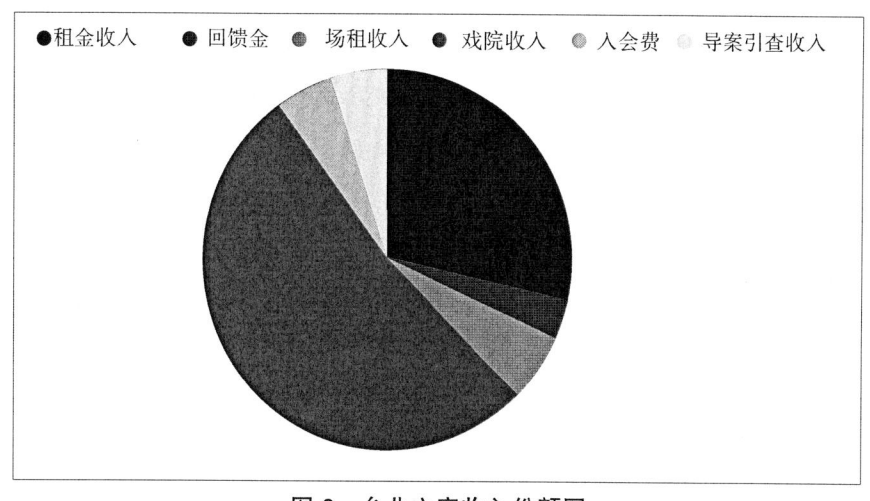

图6 台北之家收入份额图

四、台北之家的发展空间

光点台北之家品牌建立至今业绩喜人,但任何品牌的塑造非一劳永逸,应保特色、适发展,才能立于不败之地。

(一)特色主题与拉近生活并重

特色与个性是任何品牌的生存之道。与其他休息场地相比,光点台北之家的优势显著,发展过程中充分挖掘文艺气质,营造浓郁的"艺术与创意结合感",以区别其他休闲场地。相反,如果它照搬其他地域发展模式,为了眼前利益过度商业化,而丧失了主题与特色,那么终将因为趋同化和商业化而断送发展前景。纵观全国不无前例,如香格里拉这个魅力的古镇,如今商业气息浓重,不再是简单古朴的云南小城而是商业气息更多了的旅游胜地,很多人慕名而来失望而回就是再好不过的例子了。先例无不警醒着台北之家不要在商业化时代里迷失方向,让大家重望所归。

(二)坚持创意,保持优势

光点台北之家最大的卖点是将文化、历史、创意、艺术相结合,大多数人喜欢在电影院里欣赏影片的同时购买有艺术感的东西,在安静惬意的咖啡吧放松。看一场文艺气息浓厚的电影,喝一杯温柔的卡布奇诺,看看新奇的东西喜欢的就买两件回去,感受台北之家的都市慢节奏生活。

(三)引领风潮,谋求经济文化双赢

光点台北,电影的种类也是多样的。向来比较接受欧美及日本文化的台湾地区,这几年不断拍出适合他们市场并缔造高票房的电影,而同时有许多已经知名或者是新崛起的导演,其作品陆陆续续在各大影展放映,得到瞩目。续韩国电影之后,大家开始注意到在这块土地上也孕育出众多好看的电影。譬如,举办"那么远又这么近——东南亚影展",特别以菲律宾、泰国、印度尼西亚、越南、新加坡和马来西亚为主题拍摄的兼艺术与娱乐的电影。整个影展呈现出东南亚多元化类型,带给民众全新的观影盛宴,了解不一样的风情,既拉近交流,又带来更多的经济效益,做到文化经济双赢。

(作者单位:厦门理工学院文化产业学院)

【台北案例】贰拾肆▶

中华网龙

周志火

中华网龙对于台湾地区广大游戏玩家来说是耳熟能详的，放诸国际市场亦是如此。中华网龙将自制游戏授权至大陆乃至海外地区，进军大陆、港澳、韩国、越南、俄罗斯、欧洲、美洲、泰国、日本、新加坡、马来西亚等地。身为专业的线上游戏研发公司，中华网龙积极掌握最新技术并应用在游戏开发中。此外，中华网龙还经常与国外知名大厂合作交流，研发实力更加提升，也带给玩家更优质、更高阶的线上游戏。公司成名作品包括"金庸群侠传Online"、"黄易群侠传Online"、"武林群侠传Online"、"中华英雄Online"、"天子传奇Online"和"黄易群侠传Online"。线上游戏不只是资讯服务的一部分，也是数位娱乐产业的延伸，透过游戏的互动交流打破国界的限制，让世界了解中国台湾地区的实力。

一、"中华网龙"概况

"中华网龙"是著名的网络游戏品牌，由中华网龙股份有限公司持有。中华网龙股份有限公司是智冠科技旗下的网络游戏运营商，成立于2000年，为台湾地区第一家上市的线上游戏研发公司，也是少数专注于线上游戏开发的公司，见表1。

表1 中华网龙股份有限公司基本信息

类别	总公司	子公司	海外客户服务据点
名称	中华网龙股份有限公司	游龙在线（北京）科技有限公司	香港
成立日期	2000年3月28日	2002年3月18日	—
员工人数	630人	120人	12人
资本额（元）	新台币883 345 830	新台币7 002 000	—
主要业务	线上游戏研发、营运	—	—
股票上市日期	2003年12月2日	—	—

（1）产品授权。对全球范围内的运营公司逐步建立良好的商务关系，寻求公司产品在某个地区的代理授权业务，采用灵活的商务条件将与合作伙伴的共同利益最大化。

（2）合作开发。根据公司整体战略与发展需要，与国内大型的运营商展开合作开发业务，利用各自的优势资源打造出最符合玩家口味、最能满足市场需求的产品。

（3）产品代理。针对台湾地区的网络游戏市场，除了运营自己研发的产品，也将各地最有特点的优势产品带到台湾地区，丰富市场，让台湾地区的玩家接触到更多的优秀作品，见表2、表3。

表2 公司历史沿革的主要节点（2003年3月—2011年4月）

时间	重要节点
2000年3月	中华网络股份有限公司（本公司原名）正式成立
2000年11月	推出公司第一套线上游戏"网路三国Online"
2001年6月	因业务需要，公司更名为"中华网龙股份有限公司"
2001年6月	推出自制线上游戏"金庸群侠传Online"面市，创造销售佳绩
2002年3月	转投资海外子公司游龙在线（北京）科技有限公司
2002年4月	股票公开发行
2002年6月	推出自制线上游戏"三国演义Online"
2003年8月	推出自制线上游戏"吞食天地Online"
2003年12月	股票挂牌上市买卖
2004年2月	推出自制线上游戏"恋爱盒子Online"
2004年3月	推出自制线上游戏"东方传说Online"
2004年12月	推出自制线上游戏"金庸群侠传Online2.0"
2005年12月	推出自制线上游戏"漂流幻境Online"
2006年3月	代理韩国线上游戏"卡巴拉岛Online"
2006年4月	推出自制线上游戏"中华麻将馆Online"
2006年8月	推出自制3D武侠线上游戏"黄易群侠传Online"，再创销售佳绩
2007年1月	推出自制线上游戏"新蜀山剑侠Online"
2007年9月	推出自制线上游戏"九州英雄Online"
2007年10月	推出自制线上游戏"六圣群侠传"
2007年12月	代理韩国线上游戏"路尼亚战记Online"
2008年5月	推出自制线上游戏"三国鼎立Online"
2008年6月	推出游龙"Webgame"
2008年7月	推出自制线上游戏"武林群侠传Online"
2008年10月	推出自制线上游戏"吞食天地2 Online"

续表 2

时间	重要节点
2009 年 1 月	推出自制线上游戏"女神 Online"
2009 年 4 月	代理大陆线上游戏"秦皇天下 Online"
2009 年 6 月	推出自制线上游戏"奇幻西游 Online"
2009 年 8 月	推出自制线上游戏"中华英雄 Online"
2010 年 1 月	推出自制线上游戏"勇者之歌 Online"
2010 年 4 月	推出自制线上游戏"霸世王朝 Online"
2010 年 6 月	推出自制线上游戏"幸福五角 Online"
2010 年 7 月	推出自制线上游戏"钻石俱乐部 Online"
2010 年 8 月	推出自制线上游戏"天子传奇 Online"
2010 年 11 月	推出自制线上游戏"圣剑 Online"
2011 年 1 月	推出自制线上游戏"Q 群仙传 Online"
2011 年 4 月	推出自制线上游戏"刀剑笑 Online"

表 3 中华网龙部分品牌荣誉（截至 2011 年底）

品牌	时间	比赛名称	获奖名称
"网络三国 Online"	2001.02	2001 年台湾地区 Game Star	自制最佳在线游戏
"金庸群侠传 Online"	2001.08	2001 年中国中华杯多媒体作品大赛	最佳技术提名奖、最佳娱乐奖、特别推荐奖
	2001.11	2001 年法国第 9 届莫比斯国际多媒体大赛（国际多媒体的奥斯卡奖）	评审委员特别奖
	2002.01	2002 年台湾地区 Game Star	自制最佳在线游戏
	2003.01	2003 年台湾地区 Game Star	最受欢迎的台湾地区自制在线游戏
"三国演义 Online"	2002.01	2002 年 e 天下营销王 TOP 10	TOP 10
	2002.01	2002 年 PC HOME 第 4 届网络金手指	最佳电子邮件营销奖铜奖
"吞食天地 Online"	2004.02	2004 年台湾地区 Game Star	自制最佳在线游戏年度最佳代言人
"恋爱盒子 Online"	2005.02	2005 年中国观众票选游戏	最佳创意游戏
	2007.11	日本"第 1 届 Avatar Business 大赏"	特别奖
"卡巴拉岛 Online"	2007.02	2006 年台湾地区 Game Star 玩家票选	最佳代理之在线游戏铜奖
"漂流幻境 Online"	2007.02	2006 年台湾地区 Game Star 玩家票选	自制最佳在线游戏银奖

续表3

品牌	时间	比赛名称	获奖名称
"网络三国Online"	2001.02	2001年台湾地区Game Star	自制最佳在线游戏
"黄易群侠传Online"	2007.02	2006年台湾地区Game Star玩家票选	自制最佳在线游戏金奖
	2007.02	2006年台湾地区Game Star	自制在线游戏最佳企划奖
"武林群侠传Online"	2009.02	2008年台湾地区Game Star玩家票选	最佳在线游戏金奖
	2009.05	2009年第16届广告流行金句奖	十大广告金句奖、最佳人气金句奖
	2009.06	2009年巴哈姆特游戏大赏	人气在线游戏铜赏、人气台湾地区自制在线游戏铜赏
	2009.11	2009年营销传播杰出贡献奖	年度杰出网络营销奖第2名、年度杰出公关活动奖第3名
"中华英雄Online"	2010.02	2009年台湾地区Game Star	最佳制作人奖、最佳企划奖、最佳美术设计奖
	2010.02	2009年台湾地区Game Star玩家票选	最佳在线游戏金奖
	2010.07	2010年巴哈姆特游戏大赏	年度人气在线游戏金奖、年度人气台湾地区自制游戏银奖
	2010.09	2010年数字内容产品奖	数字游戏组——最佳数字内容产品奖
"钻石俱乐部Online"	2010.11	2010年营销传播杰出贡献奖	年度杰出整合营销奖第2名、年度杰出网络营销奖第3名
"天子传奇Online"	2011.02	2010年台湾地区Game Star	台湾地区自制游戏最佳在线游戏金奖
	2011.08	2011年亚洲网络游戏大奖	台湾地区最受欢迎网络游戏、马来西亚最受欢迎网络游戏、香港地区最受欢迎网络游戏、最佳图像奖
"GoGo Tadpole"	2011.10	2011年第2届海峡两岸互动数字内容设计大赛	移动应用大奖
"Tadpole Adventure"	2011.10	Tadpole Adventure入选为台湾地区经济部工业局所公布的百年百件APP游戏	
"WhatsFish"	2011.10	WhatsFish入选为台湾地区经济部工业局所公布的百年百件APP游戏	

二、中华网龙的品牌发展要点

借由网络无远弗届的影响力，中华网龙秉持着以科技传承文化的精神，研发全球华人熟悉的以中国文化为题材的在线游戏，目前已经吸引全世界近千万的游戏爱好者。中华网龙的在线游戏在华人地区受到极大欢迎，也渐渐受到海外市场的注意，目前正积极布局海外市场，将触角延伸至东南亚国家、日本与韩国在线游戏市场。

（一）追求产品创新及多元化

中华网龙因应市场环境竞争越来越激烈，积极研发符合不同潜在族群市场的产品，为提升品牌竞争力，不断创新品牌文化内涵，提升产品科技创新性。此外，中华网龙发挥自身优势，运用丰富经验开发适合其他媒体设备平台的游戏，积极开发潜在市场，以扩展更大的市场占有率。

（二）积极拓展大陆市场

中华网龙已经掌握了相当充分的中国大陆市场产品的发展趋势和营销模式等，又凭借多年来对大陆市场的了解，展开了拓展大陆市场的计划。公司除了在中国大陆设立了自行运营公司外，还将台湾地区开发的产品授权给大陆运营商，以达到双赢的境界。

（三）全力拓展全球市场

中华网龙将自制线上游戏产品授权给海外经销商，并根据各地语言、风俗、文化的习惯差异，将现有产品转换为各种语言版本，从而达到多语言同步发行，进而实现"文化零时差"的效果。

（四）杰出的经营团队

中华网龙股份有限公司三大巨头经验丰富，曾经在全国大专咨询方程式设计竞赛及梅竹程式设计竞赛中获得第一名佳绩，并且研发了第一套在政府使用的电脑防毒软体"天使一号"。原本是智冠科技旗下太极工作室工作伙伴的三人，离开太极工作室创立了台湾地区第一家线上游戏研发公司——中华网龙股份有限公司，见表4。

表4　中华网龙杰出的经营团队领军者

职务	姓名
董事长	王俊博（身兼智冠科技董事长）
总经理	吕学森
副总经理	刘裕敏

（五）强大的研发团队

善于研发的网络，近年来大幅扩编研发团队，以维持自身优势。目前台湾地区员工有500多人，研发人员占7成比例，今年希望增加到600多人，其中新进人员大多负责研发。至于中国大陆部分，目前中华网龙共有北京市与成都市两个研发团队，北京市的研发人数预计要从15人增加至40人，成都市则要从30人增加至50人，预期中国大陆的研发人员合计达到100人的规模。未来台湾地区的研发中心放在3D游戏上，中国大陆则是2D游戏。

三、中华网龙的品牌经验

（一）主打产品持续创新

中华网龙经典自制游戏"吞食天地"系列，于2012年3月30日推出3D续作"吞食天地3 Online"，从封测阶段玩家的热烈反应，游戏同上人数可在一个月内超过10万人，成为近年来游戏界的罕见目标，每月约可贡献营业收入6 000——8 000万元新台币。此款作品对总经理吕学森来说意义非凡。在22年前还是大三时，吕学森就与现任中华网龙副总经理刘裕敏，一同开发出"吞食天地"单机版，并参加由智冠科技举办的"金磁片奖"而闻名，后来才正式踏入游戏界成立公司。中华网龙成立后，陆续于2003年推出"吞食天地 Online"，再于2008年推出"吞食天地2 Online"，分别创造超过5万人及9万人的同时上线纪录。与之前的2D画面不同，"吞食天地3 Online"去年首度在东京电玩展亮相后，收到许多国外厂商关注，目前已有四个国家的授权正在洽谈中，其中新加坡和马来西亚是最快推出的两个海外地方。

（二）敢于从失败中学习

中华网龙初期也曾经历一段惨痛的摸索期。2000年公司推出第一套产品"网路三国"时，因为没有营运线上游戏的经营，连线品质与恶意攻击等问题都是一大挑战，更不用说服务品质，那时中华网龙甚至连客服单位都没有。然而，这套产品虽没有让中华网龙大放异彩，却带来很多宝贵的经验。中华网龙不仅大幅改善服务器的稳定度和安全性，隔年立刻扩充公司编制，加入客服、营销单位。公司一下从8人变成170多人，本来超过180平方米显得空荡荡的办公室，最后全部坐满员工，公司只好选择搬家。2001年中华网龙随即以"金庸群侠传"一鸣惊人，至今仍是许多玩家心中的经典游戏。

（三）研发实力决定品牌竞争力

表面上看，中华网龙的成功，搭上了"宅经济"爆发的顺风车，但实际上却是经年累月的研发成果。从2001年的"金庸群侠传"到2006年的"黄易群侠传"、2008年的"武林群侠传",一直到2009年的"中华英雄",中华网龙推出游戏大作的时间越来越密集,研发水准也越来越稳定。这也归功于吕学森他们设定的多品牌发展战略。

在从"金庸群侠传"到"黄易群侠传"中间的5年经销商资料空白里,公司因为只有一条生产线,研发人员不够充裕,很容易被绑在先前的游戏里(产品上市后,后续还要推出资料片,更新游戏内容,维护伺服器),导致中华网龙一直没有亮眼的游戏大作出现,公司还首度出现亏损。当2006年游戏市场研发人才较为充裕时,中华网龙便开始着手扩充公司生产线,到2008年已备足8条生产线,每年可产出4—6款游戏,研发人员达380人,占公司总员工近7成比例,数量居台湾地区线上游戏公司之冠。除大幅招募人才外,中华网龙对研发团队的编制也进行了调整。每当有一批新人进来时,公司就会用"混搭"的方式,让这些新人与旧有的研发团队搭配,组成"以老带新"的研发团队,既有效防止了团队的老化趋势,又避免让经验不足的新人独立接手新产品或既有产品。

(四)果断抢滩大陆大市场

根据玉山证券的研究报告指出,中华网龙在台湾地区线上游戏一度拥有约20%的市场占有率,其主要营收来自营运游戏的收入,以及将游戏向外授权的授权金与权利金收入,前者约占整体获利7成,后者约占3成。正当"吞食天地2"及"中华英雄"的授权金额均创出天价,对整体营收的提升贡献多多时,中华网龙品牌的决策者们却已经清醒地意识到——若游戏能在各国营运成功,尤其是在游戏市场规模庞大的中国大陆市场获得成功,其后所产生的权利金收益,才是中华网龙所依凭的营收重点。

根据资策会(MIC)的研究资料显示,2008年台湾地区线上游戏市场规模为新台币106.5亿元,2009年达到115.8亿元,成长8.72%。相较于台湾地区市场,中国大陆市场2008年市场规模已达人民币207.8亿元,约为台湾地区市场的8倍,2009年的年成长率更是高达49%,其巨大的市场利好可见一斑。

面对大陆市场这块巨大的蛋糕,中华网龙的决策者也知道投身其中时所必然面对的风险。中国大陆的线上游戏大公司往往资金雄厚,更容易吸引优秀人才加入,完全可能"后来者居上",从而对台资公司构成巨大冲击。同时,大陆市场也必定会出现一个"大者恒大、强者恒强"的局面,越是具有研发能力,能做出自己品牌的厂商,获利机会就越大。这是中华网龙敢于挺进大陆市场的最大理由。果然不出所料,随着"吞食天地2"、"女神"及"中华英雄"等授权中国大陆厂商的新游戏陆续营运,中华网龙迎来了成长动能极其充沛的美好时代。

(作者单位:厦门理工学院商学院)

【台北案例】贰拾伍▶

台湾地区艺术文化环境改造协会

李冰洁

社团法人台湾地区艺术文化环境改造协会是台湾地区非营利性的民间团体,成立于1998年,最初成立目的在于保存华山,以作为台湾艺术文化发展的一处场所,由视觉艺术、表演艺术、建筑景观、电影创作、艺术教育等资深工作者发起并组成。成功争取华山作为艺文之用后,于1999—2003年经营管理华山艺文特区,在此5年期间,共有3 000多场展演活动在这边发生,奠定华山作为实验、跨界的文化场域。近期台湾地区艺术文化环境改造协会专注于台湾地区文化议题,以追求更广泛的都市再生与创意文化的实践意涵为重点;另外,也持续关心整体文化政策的走向以及文化消费市场的趋势。

一、适时推动了文化创意园区在台湾地区的发展

(一)顺应时代需要发起文化创意园区

台湾地区艺术文化环境改造协会的诞生顺应了时代的发展,台湾地区各界为了台北市艺文界的发展拥有一席之地,拥有一个萌芽与孕育的场所,不断努力着,并且随着时代的发展,一个文化创意产业园诞生了。华山艺术文化特区促进会即艺术文化环境改造协会的前身,在早期规划中,就指出文化创意产业园区建设的两大内涵:文化创意产业的推动以及国家创新系统的升级。文化创意园区的建立是新时代产业园区的典范,需要政府的全力支持。

就两岸文化创意产业发展条件来看,中国大陆地区的优势在于巨大的产业载体,而台湾地区则是创意的有机体,若能够合理利用这一特点,文化创意园区的发展潜力将会是无穷大的。

（二）开创性地赋予文化创意园区某种时代特征

文化创意产业园区的诉求，基本上可以分为两个层面来说明：①从文化创意产业的推动层面上，试图运用人为力量创造产业空间的群聚力量，以产业链整合的方式，在短时间内追上国外文化创意产业发展的步调；②从国家创新系统（国家创新体系，NIS）的升级层面上，文化创意产业园区的建立是台湾地区积极提升国内创新与创意能量的新思维与新做法，以跨界与异业结合的方式，致力于带动台湾地区发展模式的转型，从劳动力密集与资本密集转变为知识密集与设计密集的发展模式，进而再创台湾地区经济发展的新高峰。

文化创意产业的推动以及国家创新系统的升级，这二者是文化创意产业园区的重要时代意义和内涵，将让人们了解到文化创意产业园区的成立是台湾地区产业园区升级的象征，从过去的加工出口区到科学园区，再从科学园区到文化创意产业园区。文化创意产业园区不是一般的产业园区，应跳脱只从文化创意产业狭隘的角度去规划，而是从更宏观的发展格局出发，将文化创意产业园区当作台湾地区创新的引擎，每个园区就是个创新引擎。对于近几年来发展平原期的台湾地区而言，需要的正是创新与创意的动力，重新为台湾地区注入发展的活力。

所以，台湾地区艺术文化环境改造协会制定并实施了华山文化创意特区的园区规划，并有效地掌控了园区进驻的业态布局，有效凝聚、激发了创意与创新能量。对于台湾地区文化创意产业达至今日的成效，台湾地区艺术文化环境改造协会的确居功至伟。

二、台湾地区艺术文化环境改造协会对文化创意园区的规划与考量

（一）产业层面的考量

1. 基本定位是创造文化创意的高附加值

文化产业园区不是科学园区，不仅仅是拥有硬件的基础建设及租税优惠就能够成功，如何创造特色、魅力、创意、原创性等元素，才是园区的发展的关键所在，园区的群聚效应必须要以文化创意的高附加值为发展目标。若无法创造文化创意的高附加值，台湾地区的文化产业园区将成为另一个代工厂。

2. 产业发展要具有战略思维

文化产业园区的规划需要具有高度的产业战略思维，当代文化经济之所以席卷全世界，是因为其产品带给消费者生活风格的满足以及生活品质的享受，所以文化产业园区贩售的不是产品，而是生活风格、生活品质。园区成功的关键在于塑造出的生活风格是否为人们

所接受、是否能增进人们的生活品质。所以产业园区的定位其实是在界定台湾地区的生活风格、台湾地区的生活品质。好的生活风格、优质的生活品质才能创造高附加值。

（二）消费层面的考量

从消费层面来看，园区最重要的是着重开发新消费群体，如国际观光客市场、学生市场和夜间消费市场，以扩大华山创意园区的多样性和丰富性。

（三）愿景执行层面的考量

1. 建设"国际性艺文空间"

所有的华山愿景皆需要硬件基本设施的构筑才能成形。建设之初，台湾地区艺术文化环境改造协会计划在3年内，以华山艺文特区整建更新原则，将酒厂全区旧建筑物空间的整建工程依艺术展演策划内容、未来新兴艺术文化使用需求与21世纪都市发展趋势，进行现存空间与建物的整修与更新。和现行"古迹保存"或"历史建物保存与再利用"模式与内涵不同，这是基于有机性"部分保存、部分整建、部分更新"理念的做法，逐步开发建设，整合艺术与建筑设计专业，分阶段逐年实施，渐次转化为"国际性艺文空间"。

2. 持续推动"华山艺文特区"成为当代国际都会形式，市民共创、共享的艺术工厂

闲置空间的再生使用观念不仅已在台湾地区蔓延，更是"文建会"的重要政策之一。鉴于闲置空间的更生使用在台湾地区有许多待解决及学习的课题，台湾地区艺术文化环境改造协会多方串联相关团体并借鉴国外经验，总结和推广有助于活化闲置空间的再生使用与经营管理。譬如，与台湾地区其他关注此议题的相关团体结盟、交流与分工；与国外相关团体进行互访与交流，等等。

华山艺文特区以串联艺文、建筑、古迹保存、社区营造、艺术教育各领域专业人士，共同构想开发华山艺文特区中长期行动方案；透过征求对话、勾勒塑造市民心目中艺术园区的景象，进而推动相关法令及方案的形成，引领台湾地区文化创意产业的发展。

三、在华山艺文特区营造工程中的具体作为

（一）华山艺文特区简介

台北市华山艺文特区原创于1916年，为一个日据时代民营的"芳酿株式会社"，在台湾地区光复后改称为"台湾地区烟酒公卖局的第一酒厂"，1945年改名为"台北酒厂"。1987年后在台北市地价变高、废水处理成本大大提高的情况下，公卖局因无法负担而决定

配合台北市都市计划及推展环境保护政策与更新机械设备，将工厂迁到林口工业区内，因此从1987年起整个工厂开始闲置，曾经要就地、要迁建成为"立法院"，却因金额过于庞大而作罢。

1997年起，艺术家们发现这块地区仍保有过去的空间记忆，非常适合更改为与城市生活结合的多元艺文展演空间。1999年起，台湾地区艺术文化环境改造协会正式发展特区营运管理的业务，使之与艺术及城市文化相结合，成为一个全民共享文化活动的重要基地。自此华山艺文特区成为为台湾地区艺术文化特有的实验场，受到岛内外文化创意人士的喜爱及广大市民的追捧。

华山艺文特区现在则归属台湾地区"文建会"的管辖之下。华山艺文特区硬件整建部分，则希望按照艺术展演策划内容、未来新兴艺术文化使用需求与21世纪都市发展进行现存空间与建物的整修与更新，有机性"部分保存、部分整建、部分更新"的做法，逐步开发建设，整合艺术与建筑设计，分阶段逐年实施，意图能渐次转化为"国际性艺文空间"。

华山艺文特区从荒芜到现在，完备而有形有体，越来越有光彩地存在着。从非主流表演艺术、新生艺术家露出、前卫录像音乐实验艺文活动中，不可否认，华山艺文特区俨然已成为这一代新青年与所有艺文与事者的重要场景。也因为华山艺文特区几乎只收清洁费用不收场租费（活动完后发还），使得更边缘或更具创意实验性质的艺术活动有演出的空间。

有时，周末假日的夜晚，居然也可见三台戏码，在不同的场地，各自号召属于自己族群的观众，热闹非凡，仿若身处艺术自治的理想国度。各类艺术创作者共生共荣，各搞各地，相安无事。

（二）华山艺文特区营造大事记（1997—2009）

华山艺文特区营造大事记（1997—2009），见表1。

表1　华山艺文特区营造大事记（1997—2009）

时间	事件
1997年6月3日	汤皇珍、吴正雄、魏雪娥等就"发掘华山特区有潜力成为艺文特区"议程，展开连署
1997年6月5日	发动艺术家到华山散步
1997年6月29日	《艺术上华山》小型座谈会
1997年7月6日	华山艺文特区促进协会成立（"台湾艺术文化环境改造协会"前身）
1997年7月	华山艺文特区草案完成（第一版空间规划）
1997年8月25日	立院公听会《水泥林业中的艺术生活乐团——如何打造台湾的艺文特区》
1997年8月31日	《艺术上街嘉年华游行及特区展演》——台湾地区的庞毕度不是梦
1997年9月	相关文章见报、汇集连署、拜访立委，华山艺文特区促进会第一次改组

续表 1

时间	事件
1997 年 9 月 18 日	向立法院递交陈情书
1997 年 10 月 10 日	《艺术阅兵》——请愿给我华山艺文特区
1997 年 10 月 25 日	《酒神的黄昏》——酒厂考古与展演进驻
1997 年 11 月 8 日	定于 1998 年 2 月举办《世纪末台湾当代艺术大飙展》，订定筹备委员与参展名单
1997 年 11 月 20 日	金枝演社进驻排练《古国之神——祭特洛伊》
1997 年 12 月 4 日	金枝演社《古国之神——特洛伊》演出，导演王荣誉遭警方押解拘留警局，艺文届哗然声援
1997 年 12 月 18 日	促进会邀集（省）文化处、建设厅、公卖局和艺术各界前往华山勘验
1998 年 7 月 13 日	艺术文化环境改造协会筹备会议，登报征求会员
1998 年 7 月 20 日	第二次筹备会议
1998 年 8 月 19 日	第三次筹备会议，华山艺文特区第二版空间使用规划
1998 年 8 月 29 日	GOGO 华山点灯活动，华山艺文特区活动首度成为合法
1998 年 10 月 10 日	中华民国艺术文化环境改造协会正式成立，黄海鸣出任首任理事长
1999 年 1 月	省府虚级化，文化处委托中华民国艺术文化环境改造协会代管华山
2000 年	《华山愿景》华山艺文特区第三版空间使用规划
2002 年 5 月	"行政院"通过"文建会""规划设置创意文化园区计划"
2002 年 6 月	规划设置创意文化园区计划先期规划案作业发包
2002 年 7 月	《给我们 0.01% 的精神空间》华山艺文特区第四版空间使用规划
2002 年 12 月	《CO_2 前卫文件展》以华山为主要展场之一
2002 年 12 月	"文建会""华山委托经营管理"评选
2002 年 12 月	华山由橘园国际艺术策展股份有限公司经营
2003 年 5 月	"文建会"将华山统整为"创意文化园区专区"，经"内政部"都委会通过
2004 年 2 月	"文建会"提出"五大创意文化园区"——台北华山酒厂、台中酒厂、嘉义酒厂、台南分局北门仓库、花莲酒厂
2004 年 3 月	"文建会""华山创意文化园区空间机能配置，引入产业类型暨营运模式规划"
2004 年 6 月	"文建会"召开"华山创意文化园（含中央艺文公园）整体规划案"
2004 年 12 月	华山经过为期一年的封园整修工作
2005 年 12 月 12 日	华山开园记者会
2006 年 6 月 16 日	"华山电影艺术馆工程统包案"会议，随后四次公告流标后由丁文正建筑事务所 9 月得标签约
2006 年 6 月 28 日	"华山小剧场、音乐剧场及儿童剧场设置案"招标文件审查会议

续表1

时间	事件
2006年11月25日	"华山创意文化园区正式上马"记者会
2006年12月2日	"华山文化园区(含中央艺文公园)简易绿化工程"完成验收及点交作业
2006年12月2日	华山盛大举办的"简单生活节"主舞台即设置在华山中央艺文公园
2006年12月7日	"征求民间参与华山文化园区BOT及ROT案行销暨招商总顾问案"公告上网
2006年12月22日	"华山文化园区引入文化创意产业ROT案"招商说明会
2007年5月	华山电影艺术馆OT案,由台湾地区电影文化协会得标
2007年6月	华山文化创意园区ROT案,由台湾地区文化发展公司取得改建经验权,为期15年(台湾地区文化发展公司由远流出版社、国宾饭店与仲观设计三家公司共同组成)
2006年5月	"华山文化园区引入文化创意产业整体规划案"、"民众博物馆文化消费研究调查"、"公共空间艺术再造计划案"、"创意生活产业群聚推动做法研析"、"文化产业人力资源开发与辅导计划"平台、包含"艺企结合"的"设计与企业——华硕/硫含量,园企业参访"、两场工作坊
2007年1月	刘维公续任理事长
2007年1月	持续进行"文化产业人力资源开发与辅导计划"网站;举办"2007年创意嘉年华KUSO西门町创意HIGH翻天",并于9月底至11月连续十周持续办理活动,并作为"data subject"的协办单位举办"文创午茶——创意市集高峰会";举办华山艺Monstons梦系列论坛"风华再现——华山愿景交流"、"台北市95年文化指标调查"、"台湾地区主题设计元素研究解读——当代生活风格默认风格元素研究"、"台北市文化指标变迁趋势分析"、"文化创意产业发展计划——规划设置创意文化园区"
2008年1月	台北市政府文化局"文化创意产业人才与资讯交流平台计划"、"台湾地区设计产业翱翔计划——办理台湾地区文化创意产业发展现况相关研究"
2009年3月	黄中宇当选理事长
2009年8月	"剥皮寮艺条通""行政院""文建会"委托

(三)台湾地区艺术文化环境改造协会对华山艺文特区理念设计与诠释

1. 一块园地——台湾地区文化创意产业的旗舰基地

在知识创价、文化创意领衔前行的时代,公部门对于闲置空间再利用,也有了不同的思维。台湾地区艺术文化环境改造协会将位处台北市菁华地段的"华山文化创意产业园区"定位为"台湾地区文化创意产业的旗舰基地",给了人们一个想象,描绘出经营一块土地、一个空间的愿景,而且相信这个动作可以开启一个全新的时代。

2.一份热切的理想——把台湾地区文化创意资源与力量"动"起来

每个城市每个国家都有自己写故事和说故事的方式。经营一条河,可以感动无数个人,那是韩国清溪川拆桥挖路、整治河川,为文化创意产业另辟大舞台。东京自由之丘、上海新天地、波士顿昆西市场……都是因为创造了一个氛围独特的文化园区,而有了说不完的故事。华山,正是让全世界看见台湾地区文化创意力量在跃动在悸动的最佳舞台。如果能动员全台湾地区最优秀的文化创意资源与力量,就能让原本是酒厂的华山园区,再度延续出一段更为甘醇的故事。

3.台北市的华山、台湾地区的华山、世界的华山

近15年来,台北市商业发展的中轴线改变了,商业重心逐渐从城西移往东区,尤以台北市世贸中心和台北市101大楼作为地标。现在的华山,位于台北都市发展的"L"轴心线的中心点,左有台北市门户"双子星四铁共构大楼"、中央联合办公大楼及中央公园连接华山,右邻"台北秋叶原"及"SOGO商圈"。未来的华山将是台湾地区文化创意新门户,观光客光临台北市的入口。

4.世贸中心、孵梦基地、未来橱窗、休憩胜地

基于以上认知,要让美丽的故事继续精彩、要让全新的"文化创意经济奇迹"再临宝岛,这块台湾地区文化创意产业的旗舰基地最适宜的角色性格,莫过于文化创意贸易的"世贸中心"、文化创意产业的"孵梦基地"、文化力量的"未来橱窗"和全民欢愉的"休憩胜地"。

5.百年树木、百花齐放、百年树人

国际知名的日本建筑大师安藤忠雄,亲自规划打造的"淡路梦舞台",从整地植树到开发兴建,历时8年,最后以"淡路花卉博览会"作为向世人展示成果的开场,让全世界惊艳、叹服,也完成他"从百年树木到百花齐放"的高远理想。这样的例子,在全球不只一二。他山之石,让我们更相信一个文化园区不会只有硬件建筑,或只是强调文化休闲娱乐展演等软件内容,它应该是在人与空间、与自然三者融合为一的思维上,建构一个新的未来,而且三者缺一不可。因此,目前栽植了数十种树木和花卉的华山园区,会是最佳自然生态教室。未来将在此基础上规划一个生态花园,除了再栽植上百成千棵树木,并以污水处理系统解决园区供水问题,还要邀集大众票选"华山之花",每年举办花季嘉年华等各种活动。我们要让百年树木、百花齐放到百年树人的梦想,在这里成真。

6.文化时尚、美感生活、生态空间

华山创意园区涵盖了文化创意产业从创作、制造、加值、流通到消费端等所有面向,是一个从参与到分享的过程,是生产、生活和生态"三生并存"的环境。这里是文化创意

产业共同的舞台，随处可见最有创意的生产，最"in"的"文化时尚"。这里有得看、有得吃、有得买、有得玩，是"美感生活"的最佳体验场。从种树到育才的规划和经营，使这里成为人与环境永续的"生态空间"。

7. 结富扶才、以艺领企

文化创意产业的核心价值是智慧财产。智慧财产的创价，在于有效地经营管理。为了推动台湾地区文化创意产业的发展，"结富扶才"将是重要任务。结富，是要整合社会上有雄厚财力、丰富资源以及有成功经验的个人、组织和企业，参与擘画华山的愿景，共同守护华山的未来。扶才，是要发掘或邀请有想法、有潜力、有创意的明日之星或新兴团队，提供跨界的支援性服务，协助他们成就梦想。因此，我们要提出"以艺领企"的新主张，打破过去"文化是弱势"的认知，重新标示文化创意的重要性、独特性与时代价值，并且宣告企业资源为文化创意提供服务的时代已经到来。

8. Cool Play for Fun

一般人过去对"文化"的认识，可能是严肃、艰深、有距离的；现在文化加上创意，变成雅俗共赏、老少咸宜、土洋皆爱。我们要将华山文化园区打造成一个"酷玩"（Cool Play）的场域，创造一种欢愉的消费氛围，一种全新的感官体验。"酷玩"将是华山文化园区的基调。在华山，酷玩是要有创意的玩，是要玩出创意。在华山，Cool Play for Fun——four fun——好吃、好玩、好看、好体验。

9. 六种融合

文化创意最可贵的地方，是因为可变，所以多样；因为包容，所以丰富。常与变、动与静、雅与俗、公与私、富与贫、母与子"六种融合"，将是华山创意园区的一大特色。未来华山在空间运用和展演内容的规划上，将是常态与变动、动态与静态、精致与通俗的兼有并陈。这里会有功能固定的展售空间，也有随处移动的创意花车。这里可邀请名家、名团或年轻新秀前来展演，也会有艺术家作品长留园区，作为标的与景观。这里可兼容如南管梨园乐舞的精致文化，也可见街头艺人的即兴表演。这里也是公部门、NPO、NGO与私人资源，一线品牌与文化创意新秀，还有文化创意老手与新手的融合并置。我们期待华山是文化创意资源的活水源头，而不是封闭的交流场域，所以要打开大门，结集公部门和民间的力量，整合各种非营利组织、企业和团队的资源，用之于华山，同时反馈社会。所以"结富扶才"的策略，还包括"减免优惠"方案，提供创意可期的新血，或有潜力但还未成熟的品牌长驻园区或参与活动时的各种优惠条件。

10. 新旧共构、新旧共生、新旧共荣

华山曾经以酒的香醇给众人留下美好记忆，从现在起，我们将在此经营感动、经营故事、

成就品牌，以文化创意续写华山故事下一章。华山园区有三处古迹（高塔区、乌梅酒厂和烟囱），三处历史建筑（四连栋、米酒作业场及红砖区），在"以旧领新"、"新旧共荣"的整建原则下，整个园区的空间配置及氛围的营造，站在一个高点，观照13种类文化创意产业的需求及所有参与共享的民众的期望，去思考和规划，使华山成为展现各种文化创意的最佳舞台。

目前华山创意园区的规划分为户外与室内两部分，户外有户外展演区（华山剧场、艺术大街、森林剧场）、户外服务（停车场及入口广场）与北边公园绿地，可作为大型艺术作品展示、演唱会及小型表演活动场地；休闲区（千层野台）与餐饮服务区结合，平时提供民众休憩之用，也可变身为小型表演场地；还有停车空间与园区入口艺文信息站。室内空间总面积将近4 000平方米，以展现文化创意成果、培育未来人才和提供文化创意信息及餐饮服务来规划空间功能。

规划园区东北边为表演艺术区，有乌梅酒场及再制酒作业场（以中小型艺术表演为主），包装室（提供艺术电影放映，目前在"文建会"外包厂商施工中，未来将由电影协会负责营运）。中间为展售空间，有四连栋（开放式大型展览空间，858平方米），米酒作业场（1 100平方米，可作为主题式展览或创意商品展售空间）。另有小型展览空间在果酒大楼一楼（画廊，80平方米）、果酒大楼二楼（作为排练空间）、清酒工坊二楼（80平方米，适合小型发表会、展览），还有培育明日之星的数位内容亲子馆。文化创意讲堂提供各种文化创意产业人士精进专业知识、技艺及开拓视野的课程；园区南边有营运管理中心，作为国内外文化创意咨询和资源交流及服务的平台，另有园区餐饮休憩空间。

（四）华山艺文特区运作形态——艺文活动展演及观光休憩活化经营

艺文活动展演及观光休憩活化经营拟以特区范围将酒厂旧建物空间依"艺术展演策划内容"、"未来新兴艺术文化使用需求"与"二十一世纪都市发展"进行现存空间与建物的整修与更新，与现行"古迹保存"或"历史建物保存与再利用"模式及内涵做法不同逐步开发建设，并整合艺术与建筑设计专业，分阶段逐年实施，渐次转化为"国际性艺文空间"。

"国际性艺文空间"提供戏剧、美术、舞蹈、音乐、电影等展演，并举办各项国际性大型艺文活动，同时配合整个特区腹地，提供诸如停车场、公园及艺文相关产业之所需。

华山是一处以创意、有趣为发展主轴的园区，发展内容并没有严格区分精致或大众艺术，吸引的族群也无局限，只要对创意好玩的有兴趣的都是华山创意园区想要吸引的对象。有鉴于跨界、实验的基地与创意的主轴，华山创意园区发展共有六大部门：①创意影像发展部门；②创意市集发展部门；③创意娱乐发展部门；④创意演出发展部门；⑤创意展售发展部门；⑥创意学校发展部门（创意田野学校）。

部门的存在，是因为在艺文特区时期，华山本是以跨界为特色的场所，前卫、实验、新世代就是华山的资产。所以华山针对于国际市场，也是保有竞争力的。

（五）成功关键

通过艺术家们组成的台湾地区艺术文化环境改造协会（包括其前身"华山艺文特区促进会"），积极争取这块闲置的公有地，使其艺文特区得以催生，负责实际的改建措施及营运管理，到艺术及社区民众的参与及回应，闲置空间再生使用观念的蔓延，无疑是营造台北市华山艺文特区为闲置馆舍活化再生的成功关键。

最后，经长程行动方案以串联艺文、建筑、古迹保存、社区营造、艺术教育各领域专业人士共同构想开发，借由征求对话勾勒塑造市民心目中艺术园区的景象，建立艺文特区未来发展空间及荣景，并持续推动台北市"华山艺文特区"成为当代国际都会形式，市民共创、共享艺术工厂的发展。

（作者单位：厦门理工学院文化产业学院）

【高雄案例】贰拾陆 ▶

爱河夜市

周若璘

爱河发源于高雄县仁武乡的八卦寮埤潭，流经左营、三民、鼓山、盐埕、前金、苓雅等区后注入高雄第一港。在高雄市，内河长约 11 千米，流域面积 56 平方千米，是高雄市农田灌溉的主要渠道。同时，爱河也是高雄市文明的起源，是高雄市人民赖以生存的命脉，也是高雄市走向海洋的起点。

一、高雄市文化源爱河

（一）爱河发展溯源

1. 聚落的逐步发展（1563—1894）

1563 年，大陆沿海居民开始移入高雄市垦殖，当时爱河也被称作"打狗川"，能提供水利之便，利用爱河运输农产品。从大陆垦民移入高雄市开始，到台湾地区被日本人占领，爱河为农田灌溉做出了不可磨灭的巨大贡献，同时也为周边的村民提供了生命之水。除此之外，其沿岸秀丽的风景也开始吸引众多文人志士泛舟游览，开启了爱河文化之旅。

2. 市街的初步发展（1895—1944）

日本人占据台湾地区以后，将爱河定为以运输为主要功能，划定其以西 170 万平方公尺[1]地区为市区，这使得盐埕逐渐变为日本各商会商业活动和土地开发的主要区域，市街也逐渐形成并具有规划。在这段时间，爱河两岸成为了高雄市政治文化经济的中心。

---

[1] 1 公尺 = 1 米。

3. 都市蓝图的构建（1945—至今）

台湾地区光复后，爱河两岸逐渐都市化，政府将爱河两岸辟为河畔公园，构建开放性的休闲活动空间，这成为高雄市文化旅游项目中举足轻重的景点，吸引了来自世界各地的游客。

以爱河为代表的高雄市文化旅游品牌在潺潺流动的爱河水里不断地摸索向前，走上了国际舞台。

（二）文化旅游，一眼百年

1. 高雄市文化旅游

在高雄市市民的心中，爱河是最具地方意象的代表性文化旅游景点，它贯穿高雄市区，将高楼林立的现代风貌与桨声灯影的浪漫气氛串联在了一起。对上一辈的高雄人来说，爱河承载着他们的成长记忆；而对于今天的年轻人来说，爱河是高雄市区最富有人文气息的地方，是喝酒聊天、咖啡美食、聆听乐队演唱的首选场所。400多年前，爱河沿岸的美好景色就已经被人们所熟知，但是由于时代的变迁、战争的影响和政权的交替，直到台湾地区光复以后，政府才逐步将爱河塑造成为一个文化旅游的重点。高雄市的文化旅游有着自己的特色，自古以来它就是一座集自然、历史、文化于一体的旅游胜地，有山、有水、有河、有湖，还有港湾，有都市建筑、有历史遗址和古迹，还有特色文化产业等，或为台湾地区文化休闲旅游的最佳目的地之一。

譬如，自然生态观光资源有：寿山及柴山；高雄港、西子湾、旗津；爱河、莲池潭、澄清湖等。历史文化资源有：凤山旧城、孔庙及前英国领事馆；高雄灯会、爱河布袋戏展演；历史博物馆和客家文物馆。休闲娱乐资源有：城市光廊、爱河游船、旗津海岸公园以及西子湾公园。

2. 爱河文化旅游

爱河周边所开发出来的主要景点有和平公园，爱河之心（如意湖，分为东湖生态池以及西湖回船池，由如意桥相连，形状酷似心形从而得名，同时也成为多元化的生态和游憩景点，成为高雄市的新地标），爱河之船等等。高雄市政府为了发展爱河文化旅游，推出了四种爱河游憩之旅，见表1。

表 1　爱河文化旅游的主要方式和内容

旅游方式	内容及特色	备注
溯源之旅	骑单车从出海口一路到源头，全长约 12 千米，一路欣赏爱河沿岸不同的风景，享受高雄市感受不到的田园风光。	—
生态之旅	观赏爱河沿岸不同的花草树木	一年四季不尽相同
人文历史建筑之旅	主要欣赏：仿哥特式的玫瑰圣母堂、闽南风情的三合院、帝冠式风格的历史博物馆、现代风情的高雄市地方法院、盐埕的日据时期建筑，了解和感受政权的变革、时代的变迁，见证高雄市的发展	—
爱河船之旅	乘坐 20 人的动力引擎小型观光船游览爱河风光，小船以爱神丘比特等 7 对国际知名情侣命名，船上有专人讲解，可品尝咖啡和欣赏街头艺人表演	约 20min，票价 NT$50/ 人

以爱河为首的高雄市文化旅游经过了百年的发展，如今迈入了一个更加辉煌的时代。

（三）夜市——梦回唐朝

1. 起源与发展

很多人都在想，什么最能代表台湾地区文化？不是高耸入云的 101 大楼，不是随处可见的大型百货商场，也不是让人眼花缭乱的世界名牌，而是夜市。夜市，已经深入台湾地区老百姓甚至世界各地游客们的心中，它已经成为台湾地区人民生活中一个必不可少的部分。在台湾地区，每座城市都有不只一个夜市，吃、喝、玩、乐、穿、带、用，应有尽有，而且价格相当便宜。经过多年的发展，夜市俨然已经成为最能代表台湾地区文化的产业之一，现在就让我们梦回唐朝，让我们一起去看下夜市文化是如何影响台湾地区一代又一代的人们。

在唐代王建的《江馆》一诗中写道"水面细风生，菱歌慢慢声；客亭临小市，灯火夜妆明"。其中的"小市"就是一些因交通便利行程的小市集，其中的"夜市"是最早夜市的雏形，最后一句"灯火夜妆明"则突出了"小市"夜晚的热闹，让读者仿佛能看见一个繁华夜市中风姿缭绕的一幕。另外，在王建的《夜看扬州市》中云"夜市千灯照碧云，高楼红袖客纷纷，如今不是时平日，犹自笙歌彻晓闻"。夜市灯火以千数，虽说有点夸张，但是足以看出当时扬州城内夜市热闹繁华的景象。与王建并世齐名的诗人张籍《送南客》中曰"夜店连铜柱，巢居属象州"也出现了"夜市"一词，我们不难看出，夜市在唐朝已经是一个具有一定规模的产业了。虽然时隔上千年，但回望，不难看出今日的夜市依旧保留着或多或少往日的影子。台湾地区的夜市，兴起于 20 世纪 50 年代，发展极其迅速，加上台湾地区特殊的历史背景，铸就了台湾地区饮食文化的多元化，成就了独有的牛肉面、麻辣锅、珍珠奶茶、臭豆腐；台湾地区独有的眷村菜、儒家菜，同时也包括了美、欧、日、亚热带地区的各种美食。美食对于台湾人而言是一门艺术，更是一种文化的表现，见表2。

表2　早期市场到现今夜市的演变过程

	早期 ------------------------------ 现今				
形态	摊贩	流动摊贩	固定式摊贩	摊贩集中市场	夜市
定义	随地贩卖货物以赚取微薄利润	没有固定场所、时间、路线的销售	有特定场所、时间销售商品、食物	许多固定摊贩所聚集的场所	长时间、定期且具有一定规模，在特定场所，夜间营业的商业活动
形成原因	多元饮食文化下，小吃摊聚集而逐渐形成	流动性高，但营业时间、场所不固定	当有利可图时，流动摊贩变趋于固定摊贩以获取更大的利润	居民发出对此休闲娱乐的认同和喜爱，商家逐渐增加	由于设备的发达、消费习惯的改变等，导致夜间活动时间拉长，以至于摊贩聚集为夜市

2. 特色与形态

高雄市的夜市多位于交通枢纽人潮兴旺的地方，方便、快捷、便宜又好吃是夜市吸引人的地方，汇集在此的小吃摊也经过了时间和顾客的考验，成为了经典，只有你想不到，没有你找不到。台湾地区很多人就跟着夜市的小吃摊，这样成长起来。高雄市夜市主要分为3种形态：

（1）商圈夜市。主要是商店延长营业时间，并且吸引小吃摊贩在路边开张营业。在高雄市常有商圈夜市，例如著名的瑞丰夜市，有超过1 000个摊位，并且像个大集市一样规划得很整齐，从吃、穿、用到娱乐一应俱全，而且价格也便宜。青年夜市，位于高雄市凤山区，附近的文化旅游产业可谓很发达，有凤仪书院、凤山城隍庙、凤山国父纪念馆等等，是文化旅游一条不错的风景线。由于地处学校旁，顾客多数是学生，青年夜市相较于其他夜市更显得清爽单纯。而近年来另一个后起之星就是新崛江商圈和原宿玉竹夜市，还有位于三多商圈的兴中夜市，以各种店铺起家逐步加入了种类繁多的小吃摊贩，一样也成为了时下高雄市年轻人休闲娱乐的好去处。

（2）观光夜市。商圈夜市若经当局设计规划将行人和车辆在一定时间内间隔开来，形成步行街夜市，并配合当地特色吸引游客，则冠以"观光"之名。众所周知，高雄最有名的观光夜市就是六合国际观光夜市，它位于距火车站大约10分钟路程的大港埔。已有70多年历史的六合夜市全场380公尺，有170多个摊位，不像其他夜市，它主要以小吃为主，服饰、杂货摊并不多见。除此之外，还有南华观光夜市、忠孝观光夜市等。

（3）流动夜市。躲在市区空地或市郊营业，只有特定时间才营业，商家全为摊贩形态，例如大明夜市、苓雅夜市等，商家可以根据不同的时间游走于高雄市不同的夜市，灵活度和流动性很高。

3. 经济价值与功能

夜市商贩这个职业在高雄市乃至台湾地区都是一个十分独特的职业，大多数人愿意选择并且持续进行，是因为夜市提供一个较低的进入壁垒和启动资金，并且可以拿到一份比较好的回报。它可以很好的积累经验和资金。夜市商贩不是我们所谓的摆地摊，也不是我们所认为的低收入、低学历、低社会地位的工作。相反，有很多大学生愿意去打工，因为不但与课业时间不冲突而且还可以拿到一份很好的收入，甚至有很多明星艺人也愿意加盟。

夜市促进着高雄市的制造业、零售业的发展，将他们紧密地结合在一起，设想一下如果没有了夜市，成千上万的小型企业会倒闭。同样，夜市促进了旅游文化产业的发展，在吃的同时感受到了真正属于台湾地区的文化。在夜市里，我们经常可以见到一些已经超过30多年历史的老店，很多店的老板已经到了第二代甚至第三代，他们对夜市充满了爱恨交织的情感，从小和夜市一起成长，见证了以前生活的艰辛、环境的艰难、夜市讨生活必须面对的无奈情况以及传承文化的使命感。当书面的历史转化成了真实的夜市人生，高雄市的夜市，不仅有美食、不只有服装饰品和趣味游戏，在这里，不仅仅有观光客、台湾人民和这些小摊小贩，还有或褒或贬的评价。高雄市的夜市，更像是许多人一生的家，从这开始去找寻台湾地区草根文化的坚毅精神。

二、品牌发扬于爱河

（一）旅游文化品牌

1. 高雄主要观光景点客流量

在高雄市主要的观光游憩景点中，客流量最高的是旗津风景区和佛光山，而与2011年同期相比成长最快的几个景点分别是佛光山（454.59%）、打狗英国领事馆官邸（85.3%）、高雄市文化中心（74.03%）、高雄市立美术馆（40.29%）、澄清湖（17.89%），见表3。由此可见，近年来高雄市文化旅游做得越来越好，发展越来越快，被越来越多的游客所接受和采纳，而高雄市的文化旅游品牌也逐步走上了世界的舞台，在台湾地区观光旅游项目中占有一席之地。

表3　2012年7月高雄市主要观光游憩据点游客人数统计[1]

观光游憩区	县市别	游客人数	上年同期	成长率（%）
旗津风景区	高雄	560 214	0	—
佛光山	高雄	392 782	70 837	454.59
国立科学工艺博物馆	高雄	164 337	311 130	−47.18

[1] 据台湾地区"交通部观光局"统计数据整理。

续表3

观光游憩区	县市别	游客人数	上年同期	成长率（%）
打狗英国领事馆官邸	高雄	158 991	85 801	85.3
澄清湖	高雄	122 244	103 692	17.89
驳二艺术特区	高雄	99 668	222 385	−55.18
高雄市文化中心	高雄	84 109	48 329	74.03
寿山动物园	高雄	83 401	92 440	−9.18
高雄市立美术馆	高雄	83 082	59 220	40.29
爱河	高雄	52 458	48 438	8.3
莲池潭	高雄	32 000	30 000	6.67
世运主场馆	高雄	9 189	13 076	−29.73
美浓镇客家文物馆	高雄	9 174	7 918	15.86
阳明高雄海洋探索馆	高雄	7 533	10 560	−28.66
高雄休闲农场	高雄	2 506	2 516	−0.36

在台湾地区"交通部观光局"的另一项调查中显示，国人旅游主要据点数排在第三位的便是高雄市代表性的文化旅游景点"爱河、旗津及西子湾游憩区"，以爱河、西子湾和旗津风景区为主的高雄市文化旅游品牌极具优势和竞争力，见表4。

表4 台湾旅游主要到访据点数

国内旅游景点	到访比例	国内旅游景点	到访比例
花博公园	6.44	逢甲商圈	2.36
淡水八里	4.78	义大游乐世界	2.24
爱河、旗津及西子湾游憩区	4.61	罗东夜市	2.22
日月潭	3.42	溪头森林游乐区	1.90
礁溪	3.06	安平古堡	1.82

注：到访比例＝有去过景点之样本旅次/总样本旅次

2. 文化资产维护

高雄市政府文化局对高雄市的文化旅游品牌建立格外重视，每年都会提供一笔经费（约2亿新台币）对高雄市的文化资产做维护。从统计表中可以看到，政府每年在古迹上的花费是最多的（114 960 000元），其中宣导费有10 524 000元，主要包括古迹宣传印刷册和活动展览的费用，剩下的花费主要用于每年古迹的维修工程费和维护经费；其次花费较高的是历史建筑和遗址的保养维修。由此可见，高雄市政府对本市文化旅游品牌的创建给予了很大的支持。正因为如此，高雄市的文化旅游品牌才能发展得如此之快、如此之好，见表5。

表5　高雄市政府文化局文化资产费用统计（2011年）[1]　　　　（单位：千元）

项目	总计	宣导费用	维修费用
总计	200 583	32 323	168 260
古迹	114 960	10 524	94 665
历史建筑	30 196	—	30 196
聚落	—	—	—
遗址	34 467	891	33 576
古物	150	98	52
传统艺术	14 150	14 150	—
民俗及有关文物	6 660	660	—

3. 品牌特色和竞争力

高雄市因拥有独特的山、海、河、港等丰富的环境资源，尤其是具有草根性。朴实的在地人所形塑出来的信任的氛围，更是高雄市发展观光产业早已拥有的社会资本。近年来，高雄市把这些原有资本配合观光旅游的多元化趋势，进一步结合包括文化、医疗、自然、宗教不同领域的专业，培养多方面的人才，通过异业间建立良好的合作模式，充分发挥"整合创能"的效益。同时沿着文化爱河观点建设爱河沿线，使之成为文化聚落及园区，进而成为水岸都市发展的另一主轴。

高雄市文化旅游品牌的竞争力主要表现在以下几个方面：

（1）拥有海空双运。高雄市拥有全台湾地区第一大港口——高雄港，同时也拥有全台湾地区第二大国际机场——高雄市国际机场，这为不论是访台旅客还是台湾本省旅客的出行都带来了极大的方便。

高雄市区交通也是相当便利的，游客可以乘船、搭公车、坐捷运等，都为出游提供了相当的便利。高雄市还有一种具有特色的旅游交通工具——单车，在2010年CNN评选的亚洲五大单车城市中，台湾地区唯一入选的城市就是高雄市，总长250千米的自行车道还在陆续的增加中。另外，更有全台湾地区首创的自行车陆桥和公共脚踏车无人租赁服务系统。游客和市民可以极其方便的骑单车享受高雄市的美景，别有一番风味。成带状发展的高雄市观光景点，都可透过自行车道互相串联。例如，从美术馆到高雄港我们就可顺着爱河自行车道南下；若要从梦时代到西子湾，我们沿着西临港线即可；若要到旗津，搭乘渡轮快速安全又不塞车；即使是市区年轻时尚的百货商圈、夜市，美丽岛大道的自行车道可连接新堀江中央公园和三多商圈两地；若是高铁、原生植物园区、莲池潭的生态湖岸之旅，也不必与拥塞的车辆卡位。

（2）政府的大力支持。除了高雄市政府文化局每年会提供一大笔资金用于高雄市文化旅游资产的维护外，高雄市政府大力推动"高雄经贸园区"促进高雄市经济的发展，加

---

[1] 高雄市政府文化局统计数据。

快文化创意园区的发展；政府出台了文件表明要促进高雄市文化旅游产业的发展。

（3）经济的飞速发展。近10年来高雄市经济发展快速，与其他县市甚至海外国家交流密切，先后举办了世运会、高雄动漫展等，招商引资促进了观光、影视、文化创意产业的发展。这是一种极具效益的旅游营销方式，就是直接赋予文化概念在观光活动中。以高雄市灯会为例，琳琅满目的花灯产品和元宵节庆热闹气氛，不只是带动定点的游览人次，周边景区也会被外县市国旅行程纳入旅游动线之中，延展成带状甚至环状的观光经济效益圈。曾有访台的四川省受邀单位，因居住大陆内陆省份，没有太多机会欣赏到海河山色的美景，见到西子湾和高雄港后，不走环台反而宁愿在高雄市多停留几天饱览景致。这就是高雄市不同于北部的优势。加上高雄市星级饭店的价格结构极具竞争力，未来开放大陆人士来台后，以高雄市旅游为主的观光潜力和市场将更有发挥空间。

（4）环境的保护。对于一个以自然资源做大头的旅游城市，环境的保护和建设是非常重要的。高雄市政府从21世纪初就开始对爱河进行了治理，将其活水化，这项工程也铸造了"爱河之心"这个高雄市著名文化旅游景点；同时高雄市政府还大力推动绿色能源产业，以保护环境。

（二）夜市品牌

1. 客流量

高雄市的夜市品牌在50多年的打滚中已经逐渐创立，有了自己的特色以及知名度，根据台湾地区"交通部观光局"2011年的统计数据，2011年国人旅游状况调查中显示，台湾地区民众旅游时主要从事的游憩活动以"自然赏景活动"比例（60%）最高。就细项游憩活动来看，从事"品尝当地小吃、特色小吃、夜市小吃"最多（42%），其次是"观赏地质景观、湿地生态"（39%）。此外，在随机抽访的6 009名访台旅客中（大陆旅客1 759人），他们来台观光的旅游景点前三名依次是"夜市"（每百人次有74人次）、"台北101"（每百人次有58人次）、"故宫博物院"（每百人次有52人次），其中观光客到访的夜市以台北市士林夜市最多（每百人次47人次），其次是高雄市六合夜市（每百人次25人次）。

从这个数据我们不难看出，高雄市的夜市文化品牌不仅对高雄市人民十分重要，同样已经扎根于世界各地的观光客心中，成为文化旅游的一个重要的竞争优势。从前，台湾人以"每年吃掉一条高速公路"为耻，如今"吃"继科技产业之后，成为台湾地区新的国际竞争力。台湾地区观光局局长赖瑟珍说："吃，已经是台湾吸引国外观光客的最大吸引力了。"当"看"故宫翠玉白菜被"吃"夜市小吃所取代，夜市品牌已经具备了一定的国际竞争力，见表6。

表6 2011年受访旅客主要旅游景点排名[1]　　　　　　（单位：人次/每百人次）

名次	景点	相对次数	名次	景点	相对次数
1	夜市	74.06	6	野柳	27.82
2	台北101	58.46	7	国父纪念馆	27.33
3	故宫博物院	52.39	8	太鲁阁	24.50
4	中正纪念堂	34.71	9	阿里山	22.87
5	日月潭	34.22	10	西子湾	22.60

2. 夜市品牌特色

作为国际大港，高雄市的夜市汇集了多元化的美食，从台湾地区本土小吃——麻辣锅、海产、炒螺肉、炒羊肉、鸭肉米粉、素面、肉羹、冷冻芋、肉圆、八宝冰、圆子汤、麻薯（糍粑）、烧肉饭、过鱼汤、鲁白菜、姜丝大肠、蒜头面线、鲍菇蛤蛎鸡、蚵子煎、馄饨汤、木瓜牛奶、夹心冰饼、龙针鱼蒸苦瓜、卤虱目鱼肚、黑轮、烧酒鸡、菠萝苦瓜鸡、清炖牛肉面、猪脚干拌、菠萝酱泥鳅、骨子肉、烧海鱼头等让人瞠目结舌、眼花缭乱的美食到意大利面、印度咖喱、越南河粉、日本料理再到港式鱼蛋比比皆是，由于近渔港和山产土产丰富，高雄市夜市尤以小吃和海鲜闻名，还有很多独具高雄市特色的食物。

著名的六合夜市就是以其种类丰富的小吃以及世界各地美食而出名，在六合夜市，装修得豪华精致的餐厅随处可见，还有高雄市最有名的青草茶，是饭后降火解油腻的佳选，也因为这样，它被列为高雄市特别推荐的观光夜市和颇具港都文化特色的休憩、消费新景点。而瑞丰夜市就以小吃种类取胜，它位于高雄市巨蛋附近，人气颇旺，每晚灯火通明到午夜，有著名的蚵子面线、卤肉饭、药炖排骨、大肠包小肠等等，更有一种只有高雄客家文化特有的食品——破布子块。它是用一种野生植物"破布子"的果实加工而成，不但可以作为食品，还有利尿、镇咳、祛痰、增进食欲的药效。所以这种香咸糯软的小吃，广受南台湾客家人的喜爱。近山的凤山区青年夜市，具有特色的山产和火锅。同为观光夜市的光华夜市，它虽然没有六合夜市那么响亮的名气，但是在数百里的马路上，隐藏着许多只有土生土长的高雄市人才知道的老店，便宜又大碗在这里体现得淋漓尽致，也充分体现了港都人民的热情。光华夜市被誉为老店最多的夜市，最著名的小吃有花枝面、肉圆、四神汤、八宝冰、猪心冬粉等，并且它临近三多商圈、爱河以及高雄梦时代等著名文化旅游景点，同样成为休闲旅游的好去处。在高雄市的夜市里，你还可以找到很多特色美食，在其他县市吃不到的食物，例如美浓镇的山河肉，也就是大山鼠的肉，经过加工变得可口开胃；还有高雄的阿麦，小米磨成粉，包入糖和花生或者盐和猪肉，将香蕉叶一长串地卷起包好，放入开水中煮，捞起切开就可以吃了。

高雄市，每个夜市都有自己的特色，汇集了高雄港都人民好客、淳朴和坚毅的精神。

---

[1] 台湾地区交通部观光局统计数据。

3. 夜市品牌竞争力

台湾地区虽然每个城市都有许多夜市，但在高雄市，夜市相比其他城市具有一定的品牌竞争力。

（1）高雄市夜市的美食具有浓厚的本地特色，饮食尤为多元化。高雄市曾经很长一段时间被日本占领，从各式的日本料理，到高雄山区的特有的山产，到高雄港的每天出海现打的海鲜再到高雄美浓镇客家风味的菜肴，每样都非地道并且极具竞争力。

（2）高雄市在每个区内基本都设有一个"观光夜市"，这也为游客提供了便利，"观光夜市"集聚各种特色小吃，让游客可以一次品尝完高雄美食，同时，也可以分担客流，缓解六合、瑞丰这些著名夜市的承受压力，就算你没有去六合夜市，你在其他的夜市一样可以吃到属于高雄的味道。

（3）高雄夜市的环境具有竞争力，就笔者而言，笔者吃过台湾地区几乎所有有名的夜市，发现高雄的夜市在环境上比其他夜市突出。就拿六合夜市和士林夜市做比较，六合夜市不但从整体上比士林夜市更简洁、舒适、清楚、明了，它就是一条笔直的步行街，两边的骑楼里有很多商场，中间的马路上聚集着小吃摊贩，地面非常干净。而士林夜市虽然食品、服饰、娱乐种类样式非常丰富，但是对于游客来说，地形相对复杂，小道大道的交错，路上也有一些流动的摊贩，增加寻找的难度，虽说也别有一番风味，但相较于发展旅游来说，六合夜市的布局更加适宜。

三、未来孕育于爱河

午夜时分有不熄的炉火和不散的人潮，冬天有热乎乎的药炖排骨，夏天有凉丝丝的芒果冰，烦闷时有新鲜时尚的小玩艺，需要时有便宜耐用的日用品，这个地方，就是夜市。夜市没有冷气，拒绝炫富，你花再多的钱也不能得到特殊的对待。不论你是位于社会底层的劳动人民、是刚加完班的普通上班族、是在幕前红极一时的大明星、是名媛千金又或者是亿万富豪，只要你选择了夜市，这里就平等地给予所有人俗世生活的乐趣，可以吃到童年的回忆、可以排解工作的压力、可以会三五好友、可以淘到物美价廉的宝贝……夜市是生活也是经济，它早已成为台湾地区销售链上重要的一环，也是制造业倚重的市场观察站，更是众多普通百姓跌倒后再出发的起点。高雄市各个区都有夜市，哪怕是经济不景、白天冷落的城市，到了晚上，夜市照样大放光明。20世纪六七十年代，是台湾地区加工业的鼎盛时期，夜市也随之一夜壮大，加班的工人在此聚餐，检验下来的衣服、鞋帽、玩具在此销售。20世纪70年代中期，西方因石油危机而引发了退单、退货潮，夜市承担起外销品内销的重担，从此奠定了在台湾地区百货销售链条上的位置。虽然现在劳动密集型企业外移，但中小企业的很多产品仍然依赖夜市的销售能力。设计者更是把夜市当成风向标，只要在夜市投入后受到欢迎，就意味着能够赢得市场，扩大生产后，商品可通过夜市一夜之间在全岛铺开。

高雄市西子湾浪漫夕阳映照海堤、爱河畔悠扬爵士乐混着可可香、新堀江时尚精品区逛街购物、城市光廊霓虹柔美幻化、夜市人声沸鼎的延绵不绝……从商业气息浓厚的工港特区到现在主打"无烟囱工业"入境观光的友善城市，未来高雄市不仅以"海洋首都"定位其观光资源的象征性，也成功运用水岸特色，完成许多城市美学的建置，开发出集航运、观光、休憩、生态景致、族群文化建设于一体的文化旅游推广实力。

（作者单位：厦门理工学院文化产业学院）

【高雄案例】贰拾柒▶

高雄办桌

林江珠

本文以台湾地区办桌文化是民俗餐饮活动表现为前提来阐述,以高雄市内门乡办桌业历史沿革作为研究案例,来分析探讨高雄市办桌产业化形成过程,以及办桌产业发展特征,提出高雄市办桌文化产业发展经验对大陆民俗资源利用与保护的启发与思考。

一、办桌是一种台湾地区民俗饮食活动

(一) 办 桌

办桌为台湾地区社会中最常见的饮食活动,此活动经常安排在重要的人生仪式或特殊事件场合,如婚丧喜庆、新居入厝、弥月庆生、谢师饯行、尾牙春酒、庙会庆典、地方选举等,都以办桌的形式来操办宴请活动,作为主人招待宾客的一种餐饮礼仪活动形式。办桌地点通常选择在马路边搭棚、寺庙前广场、学校或乡村民众聚会中心场地摆桌安坐,一旁架起简易的炉灶与备菜的案台,当场烹煮食材。主导筵席菜色与流程的称为"总铺师"(台湾地区南部地区称"刀煮"),协助备菜上菜的称为助手或小工(以女性居多,也称作"女工")。总铺师组织助手或小工还有碗盘出租商,全程共同合作,以外烩服务的方式,到主人指定的地点安排完整宴席上菜流程并控制所有宴席菜品质量。

(二) 台湾地区办桌民俗

民俗是指一个国家或民族中广大民众所创造、享用和承传的文化。筵席活动是中国久远的餐饮民俗文化活动。史料记载宴席活动,上至天子、贵族、王公大臣,下至黎民百姓,

都有不同方式、规模和目的的相关文献,内容颇为丰富。办桌文化起源可以追溯到北宋时期,当时就有所谓的"四司六局筵会假赁"来从事酒席的办理。

"办桌"一词,查阅《辞海》和台湾地区正式出版的文献资料,并没有"办桌"词条。在台湾地区教育主管部门国语推行委员会编纂的《重编国语辞典修订本》中对"办桌"一词的解释是:闽南方言,指外烩者到家里掌厨,准备酒菜宴客。可见"办桌"一词是闽南方言用语对"宴席"的一种称呼。台湾地区民间宴席的种类很多,"吃拜拜"是指建醮或普渡的宴席;"吃三角肉"是指丧事后的宴席;"吃办桌"则特指结婚的宴席。台湾地区民间俗语有"办一块桌,就减娶一个某"(某,闽南语指"女人")。台湾地区社会早期办桌主要是指婚宴,近年来,无论因婚丧喜庆、普渡建醮或公司庆典、头牙尾牙所办宴席统称为"办桌"。

办桌活动主要是外烩,"外烩一词"在台湾地区文献期刊《辞海》和《重编国语辞典修订本》中也不曾出现,依据台湾地区餐饮管理学科对"外烩"的界定,指由餐厅包办在外开设的宴席。根据台湾地区学者朱亭佳在2004年给出的"外烩"概念,指专门承揽宴席包办业者,包括专业餐饮业者,由民间主办办桌的总铺师、助手和餐具出租商构成。可见,"外烩"这个词可能因台湾地区社会实际餐饮需要而被创造出来,民间实际餐饮活动可能要比这个词的出现更早。所以台湾地区办桌文化,已经不需要区分闽南语还是国语,直接用"办桌"来表示它的民俗意义。

台湾地区办桌习俗早在清朝统治时期就有权贵富有家庭请厨师到家里专门料理宴请宾客的筵席菜肴。日本人统治台湾地区时期,除了有当时的酒楼业者承揽到官府民府主理筵席的业务外,农村地区早已出现概念中的办桌活动,并未专业化,是由擅长厨技的村民自行帮忙,并提供自家的锅、碗、瓢、盆、炉灶、材火和桌椅,由客人自己端菜上桌。中国古代汉人的宴席礼仪习俗由明清两代大量闽粤渡海、垦拓和居住来台移民所传入,在《重修台湾地区通志卷(三)·住民礼俗篇》里记载了台湾地区民间婚姻礼仪习俗,遵循原乡的古礼。传统的婚姻礼仪包括喜宴。日本人统治台湾地区60年时间里,形成了早期台湾地区的办桌文化。

(三)高雄市办桌最具代表性

目前在台湾地区从事办桌行业最密集的地区,为高雄市内门区,见图1,全区10 000总人口中,就有超过150多个办桌组合(团队),专门以从事总铺师为业,平均每5户家庭就有1户人家是靠帮助他人办桌作为家庭经济支撑。办桌一直是高雄地区民间风俗里最常见的饮食活动,高雄县内门乡的办桌产业在台湾地区享有极高的知名度。从2001年起,台湾地区交通部观光局将高雄内门的办桌习俗列为"台湾地区十二项大型地方节庆活动"之一,可见,台湾地区高雄办桌习俗作为珍贵的历史民俗文化资源,以旅游文化产业被开发和利用。2009年,在台北市举行国际听障奥林匹克运动会的闭幕典礼上,主办方特别邀请开平餐饮学校主厨,以台湾地区传统的办桌方式,在台北市政府运动场设席300多桌,宴请来自全世界81个国家和地区的奥运会选手，借助世界主要媒体的传播，让台湾地区办桌享誉世界。

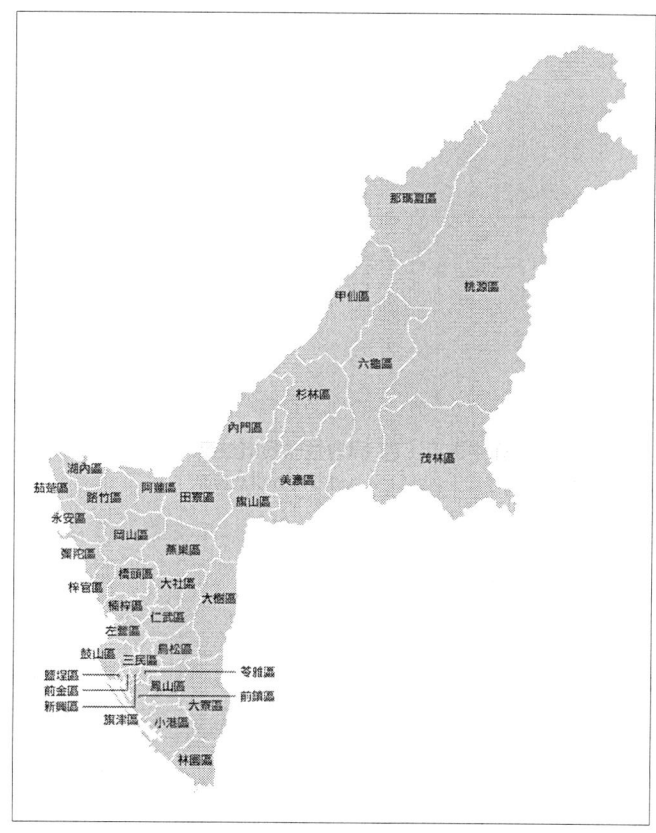

图1　高雄市行政区域图

二、高雄市办桌文化产业形成过程

（一）办桌原因

高雄县内门乡位于高雄县境内中部最偏西的狭长地形，区域内主要由砂岩和泥岩组成，泥土层薄、蓄水困难。而全年日照强烈、集中性降雨的气候特征，使得脆弱土壤层在干旱之后的暴雨冲刷下流失严重。这里早先居民明清两代来自大陆闽南和粤东地区，冒险来台湾地区开垦新土地的农业人口，因用于农业生产的土地缺乏，易于耕种的农作物有限，乡民们习惯主动寻求增加收入的机会，如养猪、养鸡和编制香蕉笼（卖给蕉农，盛装香蕉方便运输和销售）。办桌原因很多，一般是结婚办桌、生日桌、兄弟桌、姐妹桌、丧事办桌、拜猪舍脚、菩萨绕境办敬桌、"宋江阵"操练阵头时有人会订"饭汤"等等，现在有钱的人以任何原因都可以办桌。因自然条件限制，高雄县内门乡一直都保留相当丰富的民间技艺，被称为"台湾民俗技艺之乡"、"台湾食神之乡"和"总辅师（刀煮）的故乡"等称号。

（二）办桌的方式

先前养猪户年尾买猪后赚了钱就要拜"猪舍脚"，否则来年养猪不容易壮，主人一般都要办桌3—4桌，宴请亲戚朋友邻居朋友，在高雄县内门乡几乎家家户户都养猪，除此之外还有谢神酬神、订婚、生日或满月会在此期间选择好日子来办桌。传统办桌方式，各村村庙都有公用的桌椅和碗筷，总辅师带着刀俎和厨具到指定的地点操办，洗菜和端菜都是邻里乡亲自动帮忙。喜宴办桌有时会因为信得过的总辅师没有档期而改变日期。后来因生意越来越好，办桌方式越来越新，需要的厨具、餐具和桌椅规格和样式也要翻新，开始需要专门的人来负责洗菜、端菜、切菜和掌鼎（掌勺）的工作，实行计件工资，根据办桌的场次来付工钱，掌鼎最高，次之切菜，洗菜和端菜最少。洗菜和端盘工作很容易找，通常不固定，先找邻居或亲朋，有空就来帮忙，如果时间冲突，她们再找自己亲朋来协助。淡季时，办喜宴的较少，一般是办生日宴、兄弟桌、姐妹桌和办普渡。有的总辅师（刀煮）忌讳办这种桌，更担心办桌会亏钱，因为主家担心请不到很多客人，一般不会办很多桌。即便办桌数量少，总辅师也要根据办桌场次付给掌鼎、切菜、端盘和洗菜工人工钱，小本生意人想省些成本，也很正常。但也有聪明的总辅师会利用淡季，认真承接办桌邀请，亏钱也办，因为可以借着这样的机会做广告，下次人们会很容易记得总辅师的好处。而这些办桌方式也开始演变成商号，像"六合一"、"一江山"、"四合一"薄利多销，口碑相传全台湾地区各县市。当然收益较好的还是婚宴和尾牙宴的办桌。

（三）办桌禁忌

办桌的禁忌不多，如果操办的是婚宴出第一道菜一定是"鸡"，因闽南语发音"鸡"与"家"同音，寓为建一个家的意思。办桌丧事宴时，第一道菜也要出"鸡"，但是要全骨剔除，意思是肉可以吃用，但你不要啃到骨头。其他就是待人接物的常识，像办丧事用的铺桌台布不可用办婚宴时喜庆的大红色。很多规矩是需要主家专门提出来的，办桌就是要配合主家，要想方设法让主人有面子，让被他请来的客人每个人吃得饱、吃得舒服，物有所值给足主家的面子。

（四）"文厨"与"武厨"

台湾地区承担办桌业者可分为"文厨"和"武厨"两个相对概念。"文厨"是餐厅里的厨师，做菜手法非常讲究，行话讲"做细路"，他们的工作环境主要在餐厅，身着厨房各工种制服，避免风吹日晒，注重菜品厨艺。而办桌的总辅师（刀煮）被称为"武厨"，他们出菜是为了"吃粗饱"，走"做粗路"路线。在外面办桌一切所需都要自备自带，像炉灶、煤气，还要自已搭建临时厨房，找好端盘和洗菜的帮工。文厨与武厨虽然同为从事餐饮服务行业者，两者相互转换还是比较困难，文厨以往的工作环境和工作习惯很难适应外烩这样的工作内容，特别是在出菜速度上赶不上上菜时间；而武厨转文厨在菜品质量和工艺上不够细致，不容易达到餐厅就餐客人的要求，还有厨房管理和调查市场需求的能力要求比较高。餐厅是吃味道的，办桌是吃粗饱的，不能用办桌心态来经营餐厅。

（五）办桌行业祖师爷

台湾地区办桌这一行业之前没有明确的祖师，按照传统做饭的都拜"灶君王"，在屏东佳冬的九天公专门供奉"灶君王"，每年农历八月初三是"灶君王"的生辰日，高雄市的一些办桌总辅师都会到九天公烧香诚心祈拜，只有讲信用的人"灶君王"才保佑。除拜"灶君王"外，也有人拜"观音妈"，但是所有人都拜自己的祖先。2002—2003年，台湾地区开始流行将"易牙"作为"煮吃"行业祖师爷。每年农历六月廿八日全台湾地区各地总辅师在高雄市前镇区衙华街的易牙庙，齐聚举办"易牙祭"，成为特殊的民俗文化活动。

（六）办桌人员组合

1. 洗菜师傅

洗菜师傅负责菜料清洗和拣选，以及办桌结束后碗盘的清洗。由于每一场办桌所需食材种类繁多，必须有人专门负责清洗与整理，以便掌砧师傅能够做进一步的处理。1970—1980年，类似工作者被称为"端菜小姐"，但与其不同的是洗菜师傅通常跟着固定的总辅师，其成员以妇女为主。

2. 掌砧师傅

掌砧师傅是办桌组合的核心成员，专门负责切菜，以便掌鼎师傅或总辅师后续的烹煮和配料之用。他们通常由总辅师依据本人意愿来挑选，采用边做边学的方式来培养，技术成熟后可晋升为掌鼎师傅，续后有望成为总辅师，所以流动性不高。

3. 掌鼎师傅

掌鼎师傅专门负责烹制菜品和配料调理的工作，在总辅师不在的情况下可替代总辅师下达工作任务，为总辅师办桌团队的核心成员。因为工作技术性要求高，所以他们的工资收入较高，少见有跳槽现象。

4. 代工师傅

代工师傅专门处理某些细致特殊的菜肴，如名贵海鲜、日本料理，这是在较高价位下才会配置的特色菜，最近10年才出现代工师傅这个岗位。虽然办桌是传统活动，但食品材料却在不断翻新变化，菜色需要跟着变化。

5. 总辅师

总辅师就是办桌组合的总负责人，也称作"头家"。他是一个办桌团队的代表人、领导者或管理者和总务长，承担团队正常运转的任务。

近年办桌业者也了迎合主家的面子需求，不仅要吃粗饱还要吃奇巧，饭店、酒楼能吃到的主家也希望办桌能够提供。在饭店里，吃饭气氛较高档，当然价钱也贵；办桌有办桌的趣味，习惯在乡下生活的人，去饭店吃饭总感觉没有吃饱，还是在村庙前大棚子里吃办桌吃得饱又感到自在，让客人感受到在饭店能吃到的好料，在办桌上也能够品尝到。这是令主家感到很有面子的事。

6. 其他相关业者

（1）端菜小姐。年龄在30—45岁的已婚妇女，办桌时负责将菜端上客人餐桌的服务人员，传统方式是邻里间互助协作，后演变成由总辅师找亲戚或邻居来兼差。现在成立专门召集有意兼差妇女组织，建立人力资源库，当地人称作端菜班长，妇女以流动性为主，班长负责与总辅师联络，组织派出端菜小姐。

（2）菜贩。主要指市场中的批发商或者代理商，分为猪肉类、牛羊肉类、海鲜类、家禽类、蔬菜类和水果类及杂货类，如罐头、干料、酱油、糖、盐等。

（3）相关器材出租。专门出租桌椅、碗碟和搭建棚子的经营者。台湾地区1970年前后因为办桌产业兴盛才出现的经营业者。

（4）相关厨具生产者。生产办桌所需要的工具厂商，包括各种菜刀、炉灶、各种锅具、桌椅、桌布、碗筷瓢盆等，主动派出业务员联络总辅师，推销产品。

7. 桌声钱

高雄县内门乡办桌业者迅速增加后，一些资历浅的办桌业者为了能够吸引人们介绍办桌订单，会采取成功介绍一桌，按每桌200—300元提供回佣给介绍人，这个佣金就成为桌声钱。办桌业者借此打知名度和赚口碑，这种专门替别人介绍的做法就叫做赚桌声。资深办桌总辅师们不需要这个环节。

三、高雄市办桌产业化发展特征

台湾地区办桌现象发端于以农业为主的台湾地区农村民众为了生计或生活便利，通过举行办桌的方式与邻里乡亲互依互动，以联络感情建立人际关系圈为目的。办桌产业化大致在1973年，台湾地区当局开始推进第六期经济建设四年规划方案，即台湾地区经济走向工商转型期，工商业分工与发展促使台湾地区农村农业耕作方式和生产分配结构急剧改变，办桌现象从原本民俗活动发展成为团队协作、互助互利的经济活动。1987年政治民主化，台湾地区在经济与产业政策方面环境相对宽松，特别是与饮食相关的产业活动非常活跃，出现大量速食店，西方快餐文化观念开始为民众和饮食经营者所接受，加之弥漫全球的城市化进程，农村空间被占用和挤压，导致办桌逐渐转变成带有明显传统文化特征的办桌文化产业。现以高雄县内门乡办桌产业化过程，分析办桌产业发展的特征。

（一）恰逢办桌发展好时期

早期高雄县内门乡妇女在农闲之余，以编制竹篓为副业。竹篓供临近的旗山乡蕉农装盛香蕉外销之用。后来旗山乡蕉农改用纸箱与塑料篓装香蕉销售，内门乡许多家庭失去了重要的收入来源，于是开始扩大养猪、养鸡规模。这时高雄县内门乡办桌活动开始进入请人包办的时代，繁多食材的清洗、准备制作工序亟需有烹饪经验的妇女来协助，因此原从事竹篓编制业的农村妇女，在此机缘下纷纷转向投入办桌业，至此开启高雄县内门乡办桌文化产业发展之门。

（二）先期对餐饮厨具资金的投入，逐次低成本，提升竞争力

高雄县内门乡最初从事办桌行业门户业者需要自己准备办桌用的厨具案桌器具，还要有存储仓库。由于当时还没有人专门做办桌器具的承租生意，因此从事办桌业者的先决条件是有一定的资金力量，甚至比厨艺技术更为根本。前期对餐饮厨具的投入，助于往后每场次外出办桌成本的降低。由此高雄县内门乡办桌产业相较于台湾地区其他地区更具竞争力。

（三）繁荣发展后，就业机会逐渐维系在少数人身上

高雄县内门乡办桌产业经过对需求量快速满足的高度发展，由于承接办桌的业者忽略在宴会菜品和菜色上开发与研究创新，再加上从业人员对客人需求研究学习与进修等方面不积极，承接外出机会少、利润微薄，只有少数客人口碑和厨技水平较高的总辅师受邀不断。至此大多数靠销售劳务而非服务或创意的人，依靠少数人办桌业者提供的就业机会现象十分普遍。

（四）拆除民俗禁忌，全年办桌不停休

高雄县办桌产业在内门乡历经了40多年的发展后，在宴席餐品菜肴设计安排上已经非常讲究严苛，办桌产业生产者的工作形态与互动方式已经形成组织结构和网络。2012年3月3日，高雄县内门乡"宋江阵日"首创掷筊由观音佛祖决定掌鼎总辅师。作为一项服务行业，办桌产业经济结构深受社会文化的影响，台湾地区汉人在安排重要典礼时有根深蒂固的择日观念，按传统习俗，忌讳农历七月出游、避讳接触丧事场合中的人等；高雄县内门乡因本地做办桌生意的从业人员多，而出现特殊的人际互动方式，当地居民如遇婚丧喜庆或重要典礼需要办桌宴请宾客时，主动采用轮流或拼场的方式来解决民俗禁忌的问题。

四、高雄市办桌文化发展对大陆民俗保护的启示

重视对农村女性劳动者生产能力的激发,高雄县内门乡乡村妇女是办桌产业的生力军。如前所述,由于台湾地区经济和商业的转型,许多妇女主动寻找为家庭创造收入的来源,她们除了在工厂当女工(或曾经)做主业,利用擅长家务的特点,农村总类繁多的办桌原因,办桌产业快速发展,借助邻居或亲朋的人际关系,互助或兼职或专职做洗菜、捡菜和端菜洗盘的工作。因为是计件工资付工钱,她们只要勤快、肯干,收入比在工厂做女工还要高。她们如能跟着固定总辅师(刀煮)积累经验,并能晋升到掌砧或掌鼎,收入更加稳定。办桌团队除总辅师为专职外,其他人员身份是家庭妇女或是农民。值得借鉴的经验是农村妇女自愿将家庭生活能力转化成增加家庭经济收入的能力,重视办桌产业者的乡民身份特点,淳朴、肯干、重诚信又极爱面子,来建立在实践中学习的办桌产业运营模式。

办桌符合中国人喜爱"豪迈"、"大气"的好面子性格,深知策略联盟的道理。诚心诚意办理主家招待宾客事务,表面上办桌只是将料理菜肴送上宾客桌前的服务,但是其中包含了许多禁忌与礼节,不同的宴请主题有不同的菜式、不同的礼仪,包括碗筷、桌椅的陈设,都有一定的规矩,甚至从菜色上就可看出主人宴客的目的。由于办桌不需另外承租场地,往往颇能让主人支付的费用如实地反应在菜肴上,加上宾客食用后会品评菜色的好坏,如果没有达到料好、价实、味美的境界,可是端不出台面的。将外烩、采购、运输、租赁桌椅及餐具等相关行业结合的办桌产业,也就应运而生,造就地方特色的办桌文化。

台湾地区高调制造本土化社会舆论,"行政院""文建会"提出一系列产业政策,强调台湾地区本土常住人口生活文化要被重视,将发源于闽南民间传统的餐饮习俗,兴盛于闽南人聚集地高雄县的办桌活动,政府因地制宜直接把办桌民俗转化成文化观光产业中的传统,除了宣扬民俗文化外,烹调行业祖师爷也被厘清楚了。台湾地区政府部门观光产业政策的推进,使得高雄县内门乡的办桌文化产业资本迅速提升,为内门乡及其周边乡镇带来可观观光收入,请高雄县内门乡总辅师办桌的主家范围越来越广,所属社会阶层越来越高,大至政府部门、大规模的企业单位,小到中小企业或个人,承揽规模越来越大。传统民俗文化活动在政治、经济和社会环境的影响下,已经发生变化。

2012年3月3日,高雄市政府举办为期9天的"宋江阵高雄邀请看阵头、吃办桌"活动,内门区集中全台湾地区密度最高的民俗阵头及最丰富的总辅师文化,其中,全区文武阵头达50多队,尤以"宋江阵"享誉国际。每年一次的高雄县内门乡"宋江阵"活动,被台湾地区政府部门交通部观光局列为台湾地区十二大节庆活动之一,民俗艺阵及总辅师文化成为台湾地区最有文化内涵的民俗祭典活动之一,确定为台湾地区第一品牌。

(作者单位:厦门理工学院观光与酒店管理学院)

【高雄案例】贰拾捌▶

城市光廊

叶艳青

城市光廊位于高雄市中山路和中华路之间的五福路，英文名为"Urban Spotlight"的城市光廊全长约150公尺[1]，由林熹俊、苏志彻、林丽华、陈明辉、黄文勇、潘大谦、刘素幸、王国益、陈建明9位高雄市在地艺术家合作规划，以"光"为主题，创作出一系列的作品。城市光廊于2001年7月底开工，9月完成，2001年10月1日正式点灯启用。城市光廊，是高雄市另类的公共艺术与娱乐休闲一条街。如果说酒吧一条街是愈夜愈美丽的喧嚣，那么夜晚在隔绝喧嚣的城市光廊里就是最惬意的邀约，见图1。

图1 城市光廊

城市光廊是黑夜奇迹的发光体，以烂漫的灯光、悠扬的爵士乐和露天咖啡座间的烛光笑语，激起了无限的想象，开启了内心的悸动，吸引了来自四面八方的人士。

---

[1] 1公尺＝1米。

一、城市光廊：用黑夜读懂白天

城市光廊位于高雄市五福路，是高雄市区最重要的道路之一，大致呈东西向，东起中正二路及凯旋二路口，西抵鼓山一路。由于五福路是往来高雄市区和盐埕区、寿山及哈玛星的必经道路，交通便利，紧邻中华圆环，周边商家密布，林立着大立、新崛江等大型购物广场，再加上其开发历史十分早（1895），因此很早就成为了高雄市著名的商业街道。

1. 捷运行走在城市光廊的街上

城市光廊周边的文化设施及其文化氛围浓郁，北接捷运美丽岛站，被美国旅游网站"BootsnAll"于2012年初评选为全世界最美丽的15座地铁站之一，美丽岛站排名第二；东通捷运中央公园站，台湾地区最雄伟的地铁站之一；右上方有高雄市体育馆和高雄市立图书馆，是高雄市的文化中心；左边是时尚与女性的购物天堂，大立精品百货。

城市光廊附近有诸多景点（如中央公园、美丽岛、新堀江商圈、文化中心等）。处于高雄市重要的观光道路上的城市光廊，是一条由林熹俊、苏志彻、陈明辉、黄文勇、潘大谦、刘素幸、王国益、陈建明等9位高雄市在地艺术家合作规划，以"光"为主题，创作出一系列的作品。走在城市光廊的街上，迷炫的灯光、悦耳的爵士乐与水声绿影的休闲吧，无远弗届地为城市光廊积淀了浓郁的异国文化气息。五彩灯光的玻璃平台、"SMILE—2001"希望之墙、人行道上的丛林花树与最DIY的柴烧窑烤披萨串出古老的记忆和现代的风味。而无论是整体的大架构，还是具体的小细节，都不会忘记在内容、设计上给人留下精致的印象。在艺术家的巧思装扮下，就连公车亭、红绿灯、电器箱、垃圾桶，甚至人、狗、梯、门、窗，都在夜晚灯光的照射下，平添了几分神秘幻想的气氛，名副其实是一条集"人文、广场、美学、观看、聆听、驻足"于一体的特色街道。白天的辛苦工作，用夜晚来犒劳，在城市光廊的黑夜读懂白天，因为她有看穿黑夜的眼睛。

随着高雄市的日益繁华，高雄市政府观光局规划2012底要用新台币4 000万元改造城市光廊并延伸到捷运美丽岛站，重塑捷运美丽岛大道的意象并重振城市光廊声名。城市光廊正在迈向一个更好的都市开放空间，在休闲吧坊、美食餐饮、音乐美术、工艺设计、购物娱乐等特色服务方面逐步开发，正在从一个点辐射到一个面。从公共设施到让人耳熟能详的"SMILE—2001"希望之墙、玻璃平台、露天咖啡座OUTDOOR，城市光廊以得天独厚的位置和优秀的工艺设计获得了远近慕名而来的旅客的喜欢。城市光廊除了给露天咖啡吧老板带来丰厚的利润，带动了再就业、财税等相关工作的开展，高雄市大师们的艺术设计也得到认可。当然，精致的演出正好排解了一天的疲惫。

2. 我幸福的笑"SMILE—2001"希望之墙

9位艺术家的原创作品加上千位市民的"SMILE—2001"希望之墙，让这条在中华路与中山路之间的五福路，从一个安静的不起眼的公园角落，变成为艺文、音乐汇集之地。

令人印象深刻的"SMILE — 2001"希望之墙，上面共有2 001位市民的笑脸，老老少少，从新生儿到80岁的阿公、阿妈。这是由前任高雄市长谢长廷亲自与2 001位市民精心打造的"Smile—2001"希望之墙，由七彩灯泡堆砌成"Smile"一字，墙上面是市民们的照片拼贴，他们可能来自不同阶层，然而他们的笑脸却同样灿烂。以此，期许所有的高雄市民，能够以微笑来面对每一个崭新的一天，让整个高雄市呈现欢乐、和谐、美丽的风貌（因年久脏污，目前已贴上新图案）。

"SMILE—2001"希望之墙不远的地方是栋三层犁舍，这是一间英式酒吧风情，犁舍酒吧共有三层，第一层是怀旧的英式酒吧装潢，吧台上吊着一排排的领带，它们都是到这里光顾的客人送给酒吧的礼物，以示他们在这里享受了一个无拘无束的晚上。如果你喜欢跳舞，酒吧第二层有Disco，这里每晚都有不同的主题，并有驻场DJ专为客人打碟播放音乐。而若你想享受更高格调的美酒佳肴，不妨移步到酒吧三楼，台湾地区南部纸醉金迷的夜色由窗外一直蔓延至舞池。

3. 市长体验过的柴烧窑烤披萨

在2010年7月31日由陈菊市长主持的"启窑仪式"中，披萨DIY制作起来很容易，也很方便，非常适合全家老小一起来体验。来城市光廊的人，自然不能错过市长体验过的柴烧窑烤披萨，就像去北京不能不去吃北京烤鸭一样。

柴烧窑烤披萨2010年由建颐文化创意公司接手经营，该公司原本已有义式柴烧窑烤披萨品牌比萨瑞·易的美味，该品牌以地中海饮食为料理精神，以新鲜蔬果、海鲜、橄榄油、香料及五谷杂粮为食材，同时采取平实的价格定位，让游客与市民能够非常容易的享受到在一般高级餐厅订价动辄数百元以上的义式披萨。而利用真正的柴烧窑烤，更使披萨能够自然地散发出淡淡的柴烧香味，不油腻的风格更是女性朋友们的最爱。建颐文化创意公司在高雄市政府养工处突破传统思维，以创新积极的态度，同意城市光廊能够让柴烧窑烤披萨进驻城市光廊，乃希望能够为城市光廊建立起永续经营的基础，更丰富城市光廊的体验内涵。事实上建颐文化创意公司已经决定突破传统将结合披萨及周边驻村艺术家的教学，规划成多元的DIY游程，让您合家来到城市光廊体验多元丰富的文化内涵。

二、都市休闲：音乐与艺术的灵魂栖息所

在城市光廊的人都悠闲地享受着，不急不躁，听着优雅的爵士乐、喝着香飘丝滑的咖啡，再自己动手来一份特色的披萨。自在、舒服、恬静地窝在露天咖啡座上，一坐就是两三个小时，三三两两、相邀来此，而后，逛逛周围的精品小店，挑挑手工设计的小玩物。要是喜欢购物，穿过两条马路，大立精品就在眼前。城市光廊俨然高雄市的一个城市小客厅，云集四处游玩的宾客，成为大家不解的谜题，在这个谜题之后，我们发现，这样的一个休

闲之所,以自己独到的特色让人们的灵魂快乐、舒适地栖息。

城市光廊艺术走廊于 2001 年 7 月底开工,9 月完成。城市光廊是由市长及高雄市政府建设局支持推动,艺术家林熹俊策划。在城市光廊里有一座会发光的玻璃平台,由主持规划城市光廊的艺术家林熹俊所设计,在搭配各式彩色灯光的变化下,更添绚丽;因而,这个平台成了街头表演者的最爱,使得他们的演出更显耀眼。"人、狗、梯、门、窗"的创作,是由苏志彻设计的,夜晚透过灯光照射,增添了不少神秘幻想的气氛。

城市光廊的中段,玻璃平台上,设有露天咖啡座(罗多伦),旁边有着一朵朵遮阳的白色帆布伞,让路过的人、特地前来的人,可以悠闲地在这露天咖啡座里栖息,一边聊天,一边欣赏城市光廊所透露出来的光与影的浪漫。非常值得一提的是,在你踏入城市光廊的同时,就被流泻一地的背景音乐深深吸引,无论是 Hit PoP,或是爵士蓝调,都能让人像忽然掉进时间静止的空间一般,不由得步调缓慢、心情轻松了下来。另外,我们也不难发现原本黯淡无光的公车候车亭、电话亭、贩卖机、垃圾桶、公布栏、路灯都因为经过艺术家的巧手,而变得焕然一新、别有风味。还有,艺术家巧妙地利用灯光的投射映照,使得城市光廊的水景区、徒步区、地面时钟、墙壁,显得格外有艺术气息,见图 2。

图 2 城市光廊一隅

城市光廊"实光虚影,美丽重现",经由亮丽的光芒衬托夜幕的多彩,哇!愈夜愈美丽,弥漫艺术的气息、五彩的灯光、别致的咖啡座、悠扬的音乐,巨资兴建的城市光廊,将浩瀚的星际宇宙一点通,无远弗届地串联起远古的记忆与现代的奇迹;蜕变后成为众所瞩目的焦点,城市光廊俨然已成为高雄市的新地标,象征高雄市迈向艺术城市的新纪元,不同于辟临而立的商店街,取代的是丛林花树,将不起眼的人行道刹时变成一颗光辉夺目的夜明珠;城市光廊在艺术家的巧思装扮下,公车亭、红绿灯、电器箱、垃圾桶,平添了五彩的灯光,在此露天下的咖啡座里,浅啜一杯咖啡,香味特别浓郁。

三、城市光廊的运营策略

走入城市光廊，伴随着悠扬的爵士乐，漫步在绚丽、浪漫的灯光中，仿佛与尘世的繁杂喧嚣隔绝，感受着微风徐来和露天咖啡座里的烛光笑语，享受偷得浮生半日闲的惬意。在这方光影扶疏的城市里，眩目缤纷激起无限的想象空间，启发人们心灵的悸动，这就是城市光廊！

（一）打造特色文化创意一条街，达到品牌效应

城市光廊依据当地特有的文化资源、地理优势，全力协助发展成具有创意产业能量和文化观光效果的文化创意街区，办理成集文化与创意集市为一体的另类公共场所，其中引进了台湾地区当地艺术设计专家，亲自操刀设计，协助城市光廊及其周边建立相关品牌，行销各地，为城市光廊建设塑造良好的经营与创意空间。结合当地热爱和支持艺术文化的艺术家、企业家，共同打造特色的文化消费环境，以独到的当地艺术创作为平台，带动当地艺文、表演创作、咖啡座、艺术品等的活跃，同时吸引来国内外演出团体，纷纷来此表演创作。

城市光廊以文化的形式来定位，集中突出了文化与科技、与旅游相结合的特色。在设计方面要通过发展文化科技，突出自我创新，增强带动力和影响力，并使街区所有公共场所成为一个新的休闲观光点。它也集聚高雄市当地优秀文化创意企业、可行性项目和专业人才，体现"台湾原创（生活创意）"和"高端设计"的品牌理念。它在突出创意设计特色、设计与时尚、创意与艺术方面，体现文化创意与先进制造、高端服务、都市生活相互渗透和融合。

大众对城市光廊的口碑传播中最集中的就是：灯光效果好、音乐悦耳、表演精彩、环境别致、体验非凡。城市光廊之所以能够得到如此好的口碑，很大程度在于其创意的特色。来高雄市的人都不会错过城市光廊，来台湾地区的游客也好奇地想过来体验，这种争先前来体验的效果是城市光廊的品牌效应，来自于城市光廊深刻的文化内涵和文化熏陶。

（二）通过多层面的幸福感受，强化大众的过程体验

感受城市光廊，在于聆听每一章悠扬的乐曲，细心品味每一幕情景，感受每一块独一无二的披萨，感受灯光的绚烂。人们流转在这样的特色街道上，充分感受高雄市和当地的文化和生活，虽然不大，却也是集观光、文化、商业、购物、体验于一身的街道。尤其是2010年7月31日起，在市长陈菊做出第一片柴烧窑烤披萨后，开始重新营运，新的城市光廊以"品味生活·城市新空间"作为经营理念，结合当地食材、地中海饮食理念与义式披萨的厨艺，首创于城市光廊内提供美味的义式柴烧窑烤披萨，以及各式义式料理与咖啡

饮料等，提供市民及游客美味、营养与品味的餐饮服务。

经营团队在空间的营造上采取穿透、永续利用与原生素材的精神，把原来封闭阴暗的建筑打开，利用大片玻璃，借景后方中央公园优美的景致，用来装饰的龙眼木除了装饰作用外，更是平时作为柴烧窑炉的燃料的供应，而所使用的钢筋、龙眼木与红砖在改变用途时，均可随时再生利用。而舒适的环境与多元的家具运用，让游客可以根据自己的喜好，享受着不同的空间氛围。同时，新的经营团队将进一步搜集城市光廊周边景点的故事，同时结合披萨DIY，周边驻村艺术家的行程，让游客来到城市光廊不仅仅是欣赏表演，更能够结合导览、DIY与创意，让游客来城市光廊可以品味不同的城市生活风貌，让群众真正参与其中，真正体验其中的休闲、情趣和幸福。

（三）创意设计创造能量，着眼于效果的享受

150公尺[1]的光廊，188公尺的"希望之墙"，加上周遭的建筑和商家，小小的城市光廊，却受到了大众的喜爱和追捧。这些巨大的能量来源，首先是高雄市优秀的文化环境，在引领和带动下，艺术家得到了真正的用武之地，这是当地开明的文化政策以及文化事业扶持带来的文化艺术创造的生机。其次，开发成本较低。城市光廊是在公共设施的开发基础上进行建设，得到政府的资金扶持和政策优惠，在规模上也比较小，比较适合文化创意产业的开发利用。

别致的灯光舞台，置身于这样的月夜之下，享受着这样一个艺术家的生态社区，同时体验到众多有较强参与性、体验性、观赏性的文化项目。创意商家利用工业设计与创意产业相结合，建立了众多个性化商铺，出售的多是设计师的最新原创作品，也可以是顾客自己动手设计的DIY，营造了一种拥有浓厚文化、艺术，注重个性化表达的环境。

四、城市光廊的品牌优势：艺术+人文+生活

（一）城市光廊独特的文化资源

西子湾位于高雄市西侧，寿山西南端山麓下，北濒万寿山、南临旗津半岛，为一黄澄沙滩、碧蓝海水的浴场，以夕阳美景及天然礁石闻名。西子湾的夕阳是高雄市八景之一，海天一色的美景，美不胜收。黄昏时分，人们常可见一对对情侣在此互道情愫，更有诗情画意的情境。中山大学就坐落于西子湾风景区内，倚着寿山、傍着西子湾，校园内草木蓊郁、花团锦簇，校舍美轮美奂，是一座美丽的大学。

西子湾风景区内除中山大学外，尚包括西子湾海水浴场、海滨公园和蒋公纪念馆，由

---

[1] 1公尺=1米。

中山大学左方的旅客服务中心即可进入西子湾海水浴场,夏日总是有成群结队的游客到此戏潮、游泳,热闹非凡。

蒋公纪念馆位于中山大学校园内,是一栋二层楼的西式建筑,日据时代由高雄市名医彭清约先生于1937年斥资所建;蒋公纪念馆共有二层,"西湾艺廊"是一楼原文物展览室,连同厨房、随从住处及浴室,整个空间可作为静态展品展出,壁面可供展出画作。一楼尚有一间50平米左右的大厅,摆设原有家具,还设有两间展览室,供民众参观。

史迹文物陈列馆原为旧英国领事馆遗址,号称全台湾第一栋洋楼;1860年,《北京条约》开放了台湾地区包括打狗、安平、淡水、鸡笼4个港口,英国率先在台湾地区设立领事馆,至1864年英国领事馆自淡水迁至打狗,次年英商天利洋行建竣此馆,1867年,英国向天利祥行承租设立领事馆。史迹文物陈列馆于1874年修建后即开放参观,陈列馆依山坡而建,是国内二级古迹,陈列有人文及地理历史背景及其他台湾地区文物史料、古今景观照片、建筑模型、打狗抗日的炮战图。

(二)浓郁的艺术气息

高雄市城市光廊,经由亮丽的光芒衬托夜幕的多彩,实光虚影、美丽重现,弥漫艺术的气息、五彩的灯光、别致的咖啡座、悠扬的音乐,巨资兴建的城市光廊,将浩瀚的星际宇宙一点通,无远弗届地串起远古的记忆与现代的奇迹;蜕变后成为众所瞩目的焦点,城市光廊俨然已成为高雄市新地标,象征高雄迈向艺术城市的新纪元,不同于辟临而立的商店街,取代的是丛林花树,将不起眼的人行道刹时变为一颗光灿夺目的夜明珠。

城市光廊的艺术团队的原创作品再加上"SMILE—2001"希望之墙,让大家行走在城市光廊中,充分感受到艺术与生活的完美融合。城市光廊里有光影装置艺术、露天咖啡座,还有慵懒的爵士乐流转,营造出一股浪漫都会的美感情调。从水景区到艺术平台、地面时钟,以及各个以"光"为主题的装置艺术作品,蓝绿色系的灯光使整个光廊散发迷人的微晕。加上现在树上还布满圣诞节挂的无数灯串,漫步其间,恍若有置身异国的梦幻感受。

(三)一场艺术与环境空间的演出

整体环境艺术的规划,城市光廊呈现了另类的公共艺术街景;城市光廊主题区为露天咖啡座,别具浪漫风格,露天广场常有乐团表演。这里还有一座会发光的玻璃平台,是由主持规划光廊的艺术家林熹俊所设计的,在搭配各式彩色灯光的变化下,更添绚丽;"人、狗、梯、门、窗"的创作则由苏志彻所设计,夜晚透过灯光照射,增添了不少神秘幻想的气氛。入夜之后,灯光拈亮一地风采,水声绿影引人在咖啡香氛中驻足,艺术家的作品是夜色里聚焦的发光体,以开放的思维与南方城市的悠哉心绪交会。在这方光影扶疏的城市里,眩目缤纷激起无限的想象空间,启发人们心灵的悸动,这就是城市光廊!

（四）都市公共空间的新造

"大大的城市＋小小的人行道×不同的方式＝无限的想象空间。"这就是城市光廊。长久以来，高雄市一直是台湾地区人口中的文化沙漠。外地人对于高雄市的印象也不外乎是工业大城、台湾地区第一大港等。文化对于高雄市似乎是个扯不上关系的名词。但是，2001年10月1日，在高雄市政府建设局的支持推动下，城市光廊终于呈现在高雄市民的眼前。"一场艺术与环境空间的演出"，说的一点都没错，原本不起眼的人行道经过艺术家的一番巧思后，包括公车亭、红绿灯、电器箱、垃圾桶等街道家具都增添了一股艺术气息，呈现出环境艺术的整体规划。这十件艺术创作都各有特色，如其中一座会发光的玻璃平台，是由主持规划光廊的艺术家林熹俊所设计，在搭配各式彩色灯光的变化下，更添绚丽，因此成为街头表演者的最爱。又如林丽华创作的《太阳之颂》，将最能表现高雄市特色的金、土、铁结合起来，展现南台湾的阳光、活力，与万物共生的包容，以及高雄市人硬颈、粗狂的气度。在《城市光廊》刚完成的前几个月，当然会出现没公德心的人，乱丢垃圾、乱吐槟榔汁等，搞得脏脏乱乱像夜市一样；初期还有人在这停放机车，甚至艺术作品也遭人破坏。

而相较于新置的公共空间，保存旧的共同记忆有着更大的难度。一方面由于保存旧的共同记忆常常会与民众发展商机的利益相冲突，所以像之前台南著名的"台湾第一街"就相当可惜地被民众自雇怪手拆除改建了，成为永远的遗憾！也正因为如此，除了少数很早就开始推动"社区总体营造"的地区如新竹湖口老街之外，台湾地区大多数能够完整保存的古迹与共同记忆，多半属于公家机构、政府机关、学校、火车站等。其中学校和火车站因为主事者的不同，过去仍不时传出拆除旧楼、改建新大楼而造成古迹或市民共同记忆消失的遗憾。近来，因为保存古迹意识加强，许多即使尚未被指定为古迹的建物、公共空间、市民共同记忆，也被刻意地保存下来，目的就是希望让世世代代的子孙能够了解到每一个时代在这块土地上刻下的痕迹。

（作者单位：厦门理工学院文化产业学院）

【高雄案例】贰拾玖▶

美 浓 镇

胡 丹

美浓镇集山明水润与客家文化为一体，是一个几乎免于现代化大潮冲击的小镇，其住房、饮食，以农耕为主的经济形态，都让人仿佛置身于20世纪70年代的凝固时光中。美浓镇，这个如今以客家原乡文化闻名于世的小镇，因文化而活，因乡土文化留存而成为了人们观光旅游向往的圣地。

一、美浓镇，美到令人生疑

美浓镇不大，是台湾地区南部的一个小镇。它位于高雄县东北角的一个丘陵地上，全镇南北长15千米、东西宽9千米，面积约有120平方千米。美浓镇很美，以浓厚的客家文化闻名，有人形容它"美到浓得化不开"，"南台湾文化气氛最浓厚的好山好水之地"。1736年，客家垦民在此建立"弥浓庄"，自此展开了这个小镇的历史。美浓镇最早的移垦地点在灵山、双峰山、月光山脚下，当地有美浓庄开基伯公所立纪念碑文的"弥浓"二字，这是美浓镇初垦时的名称。据说，因开垦时当地烟水弥漫，故得名"弥浓"，而在日据时代，又因客家语"弥浓"与日语中的"美浓"同音，故改名为"美浓"。

人们不禁要问——她如何可能幸免于无孔不入的现代商业和工业？她如何成功转型为台湾地区文化产业的品牌重镇？美浓镇人如何靠过去的生活方式存续？美浓镇地方文化产业模式又是否具有普遍意义？

美浓镇之所以美，不在于面积广袤，而美在幽静明媚的自然环境；不在于人群汇聚，而美在质朴感人的文化氛围。国人多说"大国崛起"，其实小国也可以伟大，也可以崛起。美浓小镇，让人很容易想起那个欧洲悬崖上的世界上最小但最古老的共和国——圣马力诺；

美浓小镇，为我们同样开启这样一个"小而美"的地点品牌管理故事。圣马力诺的荣誉市民林肯如此赞扬道：你虽小，却是有史以来最受人尊敬的国家；美浓小镇的游客这样赞誉：南台湾文化气氛最浓厚的好山好水之地。

二、美浓镇，美在何处

美景、美食、特色工艺、文化要素是迄今大量媒体报道文章对美浓镇着墨最多的地方，这也是客家文化品牌重镇美浓镇的根据和起点。

（一）悦目的自然与人文美景

美浓镇的水圳多，水利设施完善，空气朗润、阳光充足，低矮的民族风老建筑，营造出田园牧歌式的静美画面。一篇报道这样描绘："我站在狮子头圳第七号桥上，两边是很美的景色：蓝蓝的天空，阳光普照，远处是青山，两边是高低错落的民居，间或载有绿树，一切都非常宁静、安详……我被眼前的景色陶醉了！"美浓镇人有自发的爱美情怀，善于用花草装饰自己的居处。无论在住宅前面，还是在老房子后面，都会看见花草：三角梅、海棠、月季、太阳花等，这些鲜花点缀着美浓镇的每个角落，透出主人对生活的热爱。

除了自然风光，美浓镇具有历史感的建筑让人印象深刻。《人民日报》2007年8月2日的《风情别具话美浓》中，提到美浓镇独有的"伙房"。这种红瓦的三合院不是厨房，而是"一伙人"聚族共住的房子，也是家族"敬祖追远"的中心。伙房是美浓镇客家家族的基本单位，建筑形态源自广东嘉应州的"围龙屋"，由堂屋（即供奉祖先牌位的祖堂）和左右对称的横屋（又称"护龙"或"伸手"）组成，再依家族规模大小，朝祖堂后方增加一围或二围的围龙屋，即拥有三合院处理农作物的空间，又保有四合院的私密后堂。当年为了防御平埔族与闽南人入侵，这种外闭内敞的围龙屋是最安全的建筑格局。

（二）可口的客家美食

美浓镇的农业生产规模大，农副产品丰富。一进入美浓镇，就看见成片的槟榔树、绿油油的菜畦、波光粼粼的鱼塘，还有一望无际的果树。据当地学者介绍，美浓镇的酱菜、萝卜干等非常出名。客家菜令人称道，作为客家文化的集大成者美浓镇，当然少不了美食。客家料理特点在于咸、香、肥，尤以卤猪脚、冬瓜封、梅干扣肉、姜丝大肠、美浓镇板条最为有名，而野莲、尖瓣花等美浓镇野蔬特产也风味独特。

（三）令人惊叹的手工艺品

美浓镇让人印象深刻的还有工艺品。极富人文特色的油纸伞工艺精品，是抗战后才从广东潮州传入的，具有材质轻巧、坚固实用的特点，从制作到作画，都是纯手工的，已成为美浓镇的象征之一。油纸伞是客家人送给女儿的必备嫁妆。一来有早生贵子的涵义，二来"伞"字里有4个"人"，代表多子多孙。而纸伞张开后呈圆形，所以又有"圆满"的吉祥寓意。根据文献记载，民国初年，林阿贵、吴振兴从广东请来老师傅传授制作方法，美浓镇纸伞从此打开知名度，也是游客到美浓镇必买的特产之一。

陶艺堪称美浓镇产业的后起之秀。陶艺人士经过长期的摸索学习，将自行制作的各种釉药，试用在各种不同性质的陶土上，烧出许多极具特色的陶瓷艺品，其中以美浓镇、东门、石桥、美陶坊等作品最为有名，并赢得了"陶艺之乡"的美誉。

（四）赏心的客家原乡文化

美浓镇有一个"美浓客家文物馆"，文物馆设计很精巧：小桥流水、亭台水榭，馆内展出客家先民来台的历史、先民用过的生活用品等，为教育客家后裔，提供学习祖先精神的场所。据当地学者介绍，台湾地区有"高雄出富商，美浓出博士"的说法，可见美浓镇客家子弟保存了祖先尊师重教、刻苦读书的传统美德。

美浓全镇目前有4处"敬字亭"，专门用来"烧纸"。这是因为客家人特别敬重文字、重视教育。在日常生活中，美浓镇人对纸、字敬重有加，不敢随便毁弃。东门楼是美浓镇最具历史价值的古迹之一，也是台湾地区无城墙聚落中最大的城门楼，楼高三丈五，门楣上嵌有"大启文明"匾额。崇尚知识、注重教育的客家人，希望自己的子孙后代能"文人辈出"，于是，就在四座栅门中的东栅门兴建内楼，与台湾地区屏东县南大武山的"文笔峰"相望，期望子孙能够"金榜题名"。

美浓镇有400多座伯公坛，也就是土地公坛。客家人相信土地为孕育万物之母，因此特别崇敬土地公，并亲昵地唤他一声"伯公"。原始的伯公坛造型多半是大树下躺着一块石头，正面刻有"福德正神"字样，上方披着红巾，模样相当朴拙可爱。近年来，受闽南信仰文化影响，部分伯公坛也搭起了屋顶或棚舍以遮风避雨，在美浓镇，到处可见伯公坛的身影。

美浓镇的祠堂特别多。一位大陆记者曾写道："我们走家串户，看见很多保存完好的祠堂，张姓的、李姓的、林姓的等，每个祠堂都保留有堂号、堂联。祠堂内均供奉着祖先的牌位，有些祠堂的墙上还写着原乡是蕉岭或者平远等，我们看了非常惊讶。"

三、美浓镇，无逃乡土产业发展的现代困局

风光、美食、建筑、手工艺、水利设施、历史遗存等这些都构成了美浓镇的特点。特点属于历史，是地域特点的根据，我们从地域的历史中寻找与众不同的东西，也是与地域

历史对话的结果。如果说这些是地域文化构建中人们心目中的情感记忆和外在的物质要素的话，是地域品牌的"脸"，那么一个地域的产业选择则是地域品牌的"手"，是地域品牌的行为要素。换句话说，地点品牌要素的建构，需要深入到城市或地区的最基本人群中，尊重和保护人们的产业习惯。美浓小镇的客家先民和继承者们把"祖祖辈辈的产业坚持"在环境变化中不断地调试和坚持，并转化成独具特色的美浓镇特点。

（一）烟草：曾经的经济支柱

1939年，由日本人引进的烟叶栽种在美浓镇落地生根，以烟叶为主要经济来源的年代正式展开。每逢熏烤季节，分散全镇各角落的千余栋烟楼夜夜点燃熊熊炉火，连续一个多礼拜不间断，蔚为奇观。早先的烟楼是一座悬挂阴干式的竹棚架，后来逐渐演变为土窑砖造的大阪式烟楼。走在美浓乡间，不时可看到一栋栋烟楼伫立于烟田中，红砖墙衬着翠绿烟叶，格外醒目，形成美浓镇独一无二的景观。自烟农从日本进口计算机化烤烟机之后，昔日"三步一烟楼，五步飘炊烟"的景观，如今已不复见。

（二）水稻：从求量到求质转变

为配合烟草种植水稻必须种满二个期作，所以美浓镇生产稻粮量始终高居高雄县第一，素有"高雄县谷仓"的响誉，然而整体发展亦面临农业大环境及政府政策不支持的困境，近年来又面临进口米的竞争，价格波动更为明显。有鉴于此，美浓镇农会近年积极推动小包装良质米"美农米"。过去美浓镇生产的稻谷因种作烟叶而缩短成熟期，米质不如台东县池上米、嘉南大甲米等。但近年来烟叶种植面积骤减，原本烟叶与水稻三期的轮作，现仅种作二期水稻，且2001年禁养猪只解决水质污染问题后，美浓镇稻谷质量可望提升，因此，农会积极推广促销良质米，目前种植面积达100多公顷。

（三）经济作物：精致化发展

美浓镇零星的蔬果与食用作物的种作有香蕉、木瓜、毛豆、香菇、花卉、槟榔、椰子等。蔬果方面，美浓镇自20世纪80年代末相继成立各种农业共同经营运销班，以企业化经营理念及现代农业技术辅导协助农家增加收益、降低成本，目前种植较多者为木瓜、泰国番石榴等。花卉方面，在国际市场竞争中缺乏特殊的优势，以内销为主，近年来亦逐步朝向精致农业发展，如花农转种园艺型作物，并已成立花卉共同经营运销班。

（四）养殖业：辉煌一时

从日据时代开始，猪只的畜养就是美浓镇最盛行的副业，"美浓猪"为台湾地区有名猪种，20世纪90年代生产产值达5亿元台币，是美浓镇第一大产业，超越稻作及烟作的产值，但因为猪只大量排泄物对河川造成严重污染。而美浓镇的荖浓溪乃高屏溪上游的重要支流，由于高屏溪为大高雄地区的主要水源，因此，荖浓溪沿岸流域被划入高屏溪水质水量保护区范围中，自2000年初起限制养猪，风光一时的美浓镇养猪事业便告全面结束。

（五）工商业：传统手工艺留存

美浓镇整体的工商环境、商业活动并不发达，由于比邻旗美地区的中心城市旗山镇，因此商业活动或居民大宗的消费活动多前往旗山或高雄市。且美浓镇全境多为农业平原，灌溉设施佳，地理条件限制农工企业的设立，使得美浓镇的商业活动相对萎缩，以提供当地人日常型消费或假日观光客纪念品消费及餐饮消费为主。虽有小型工业区的设立，但可提供给地方的就业机会有限，一般工业经营多为独立经营的小企业或商铺，平均每单位员工数仅达2—3人，乃属于乡镇型、家族式、规模小的单位。前面所述，来自潮州地区的客家先民们，把油纸伞、陶艺的手工艺带到这里，并融合到区域产业发展中，如今也成为这个小镇保存下来的"传统"和"特点"。

（六）地方文化产业：化解经济困境

作为一个为保护在地文化而勇敢抗拒现代工业而闻名的乡镇，美浓镇的经济无可避免地面临某种困境。在台湾地区以农业为主的年代，美浓镇曾经负担稻米、烟草等农业资源输出角色；在台湾地区着重工业发展时期提供了外销制造业充分的粮食，以及充沛的农村外流劳力作为工业劳动力输出角色。但这一时期农业人口的减少并未导致美浓镇农业生产一蹶不振，因台湾地区当局对于农业生产技术的投入，使美浓镇的稻作及烟作产业得以维持一定产值。再到台湾地区农业衰退、自由贸易化下，有台湾地区学者指出，美浓镇"扮演经济成长下之牺牲者，以及供应都会区居民观光的角色"，尤其2000年台湾地区加入世界贸易组织后，美浓镇农业的收入在稻米方面初估约减少2亿台币收入、烟作产业约减少5亿台币收入。

总体而言，美浓镇无可逃避必须面对台湾地区农村普遍被工业化及都市化掠夺大部分资源而无力解决其凋敝的困境，也面临烟作产业风雨飘摇、存亡绝续的关头，且为配合高屏溪水质保护禁养猪只政策而全面结束美浓镇养猪事业，这些困境及现实因素导致近年来全镇收入骤减；且长久以来美浓镇整体商业活动并不发达，无法填补、带动美浓镇生计转型的需求。时值美浓镇生计发展的重大转型期，若无整体、妥善的规划与引导，恐处境日益艰困而引发极严重的生计问题。据此，台湾地区学者提出探讨"以地方文化产业之发展作为振兴美浓镇之策略，以务实的响应镇民之生计问题"。

四、美浓镇,选择坚守与建构客家原乡文化

地点品牌经营涉及对地域历史的评价,关系到对现实的取舍,关系到未来的态度,关系到整个地域的命运。无论长短,每个区域都有历史,历史上的辉煌可能缔造独一无二的区域地位。不过,在品牌地点选择和建构过程中,只能依靠品牌力的长期效应才可"安身立命"。品牌建设的实质是创建"强势品牌",在于提高公众的品牌忠诚度,不断地累积"品牌资产"。正如菲利普·科特指出,强势的品牌必然是深意品牌,而深意品牌代表着品牌的个性、用户和文化。其实,在品牌沟通的要素中,唯有文化才能直抵人心,才能创造认同,产生忠诚。换句话说:文化才是品牌的魂和根,是品牌的"心"。

美浓镇是台湾地区最后一个客家原乡,保存了台湾地区现今最完整的客家文化。客家原乡文化抵御了资本主义进入的大脚,保全了美浓镇,美浓镇人也努力地保全着他们的文化。历史沧桑,河畔洗衣的蓝衫村妇已不见踪影,一座座"客家庄"挡不住都市文化的冲击,或是凋敝没落,或是成为新的都市,唯独美浓镇人,始终坚守着乡愿。可以说,如果没有客家文化的坚守,没有客家文化的共有价值观,今天的美浓镇跟地球上的任何地方是没有差别的,充其量不过是一个名字和符号。就好比如果不是独立、自由、共和的价值观,圣马力诺的神奇就不复存在,缺乏对这些共有价值观的坚持和奋战,早美国百年之久的自由女神对于圣马力诺毫无意义,神奇对于世界最古老的共和国也是不可能的。

(一)岁月沉淀的认同

美浓镇位于高雄县东北角,北接杉林乡、西邻旗山、东向六龟;北向月光山系和东向茶顶山系相隔,南向里港高树以荖浓溪为邻,为一形象坐蛙的封闭地形。全镇水文系统丰富,荖浓溪与其支流美浓溪贯穿全境。封闭式的地理环境形成美浓镇人保守传统的性格,同时也孕育出美浓镇精彩独特的客家文化。美浓镇之所以会是今天的模样,与其90%居民为客家人,而对客家文化有着非同一般的认同甚至执着有着密不可分的关系。若无这个背景,则美浓镇早已被现代工业和商业文化所吞噬。历史上,美浓镇与邻近其他族群一直有着冲突关系,地理上则有两座山脉包夹、荖浓溪围成与外界区隔的封闭环境,构成封闭且独立的社会。此外,美浓镇得以持续这一封闭的环境的重要支柱是在烟叶种作大量而密集的劳动力需求下,所必须强力维持的大家族组织,以及互惠互助的劳动力交换组织,再加以烟作收益提供经济独立性等因素使然,使美浓镇孕育出对自身历史的深刻认同和对地域的强烈归属感,使得客家文化得以滋长。

(二)"山歌对抗立法院"的坚守

20世纪90年代,台湾地区制造业迅速崛起,造成南部供水紧张,台湾地区当局便计

划在美浓镇兴建水库，借以为经济发展提供廉价用水。水库选址在美浓镇的双溪山谷，初夏花开时节，山间林木会吸引大量蝴蝶在此交配繁衍，形成独一无二的"黄蝶翠谷"奇景。水库若成，不但"黄蝶翠谷"将不复存在，美浓镇人的生活也会面目全非。为了家园的安宁，美浓镇人迅速集结成立了一支反水库的行动队伍，他们召开建设水库案听证会，向政府请愿和集体签名抗议。当他们来到台北市"立法院"门口准备抗议，面对严阵以待的军警，智慧淳朴的美浓镇人没有游行、没有示威，而是大声唱起了客家山歌，歌声一波传一波，越唱越有力量。最终，"立法院"取消了水库预算。

长达八九年之久的反水库运动带着强烈的文化信仰的印记。比如，居民会借着神明的见证，与所有参与人士在精神上结盟；还针对所抗议对象做成纸俑，并写上姓名，然后在抗议现场焚毁以诅咒这些人，这些行为往往引发激昂的群众情绪，让群众运动达到高潮。

这一反水库活动，也催生出一批具有文化、生态意识的地方人士，积极联系举办公听会，就水库工程设计、水库本身对环境生态产生的各种危害，以及规划过程中漠视地方意见、不愿与地方对话的作风等，提出强烈的质疑与批判，形成美浓镇反水库运动以及日后小区营造的社会意识滥觞。

1984年，地方农民、士绅、艺术家、教师、返乡青年等正式成立"美浓爱乡协进会"，透过专题演讲、小区说明会及文字论述的方式，将进步的水资源经营理念，传送给地方民众，除提出生命财产受到威胁的坝址安全理由，也提出族群文化保存与生态环境维护的价值与愿景。

美浓镇反水库运动，积极的就客家文化脉络找寻意义与定位，连带发展出文化省思，以族群文化的存续，也回过头来积极发掘美浓镇的独特性，此一过程中直接或间接地建构出地方文化认同意识。地方人士有感于美浓镇兴建水库将对地方族群结构及客家文化造成大冲击，这种文化宣示提供了地方居民、甚至台湾地区的客家族群无限的想象与期望，反水库议题于是延伸为"从美浓水库兴建对美浓客家文化之威胁来看当前台湾客家文化面临的危机"。

（三）全民参与的建构

在客家文化被水库危机激发觉醒的基础上，美浓镇的一些非营利组织开始有意识地进行乡土文化的推广、经营和教育工作。其他非营利组织致力于小区营造工作，目的在于召唤地方居民的集体记忆、凝聚地方居民共通命运感受，并引发居民对于自身生活空间、历史文化与地方发展再思考的教育目标。

以美浓镇爱乡协进会从事小区营造工作为例，1995年从道路拓宽危机中抢救龙肚庄里社真官伯公与敬字亭开始，引起地方居民对生活中的历史古迹以及美浓镇客家文化资产的关注。其后陆续举办"寻找老弥浓、来去卖大眼"永安老街导览活动，"南方的美浓、乡愁的尽头"老照片展，阐释美浓镇近百年来面貌的改变，以及在道路拓宽危机中举办"抢救林春雨伙房门楼"联署活动，成功保留林春雨伙房门楼，激发聚落居民对历史的省思及凝聚认同情感。

此外，开设"美浓学堂"，提供八音班、蓝衫服装班、陶艺纸伞班、生态教室班、识字班、戏剧班等课程，透过讲解及实地操作的过程激发地方居民对传统技艺及现代美学的创造力与想象力，让更多地方居民参与并认识地方文化。1997年，承接"文建会"的《高雄县美浓镇永安路聚落历史空间与生活环境美化营造规划案》，透过居民访谈、小区座谈会、小区读书会、学童老街导览、提灯笼游街、伙房摇滚演唱会等小区居民参与人文活动的方式，期望居民重新正视自己的生活环境及文化资产、搜寻居民的历史记忆、激发居民对美化空间及未来可能发展的想象、凝聚居民对聚落的认同情感，并筹设永安聚落解说系统，具体完成永安聚落解说导览手册以及17处聚落历史景点的景观解说牌。

那个年代还派生出美浓镇独一无二的历史再书写，运动激起的文化认同与内聚力，不断借由地方历史再书写的过程而强化，其中以《美浓镇志》及《大家来写龙肚庄志》耗时最久且地方参与规模最广。《美浓镇志》除由乡贤学者数十人撰写文章外，实际参与编纂过程所动员的范围之广、人数之多，历时2年余完成，于1997年正式出版。《美浓镇志》不仅是一个镇的历史书写，在编纂的过程中还发酵出许多文化再生产的小区营造动力。美浓镇人对地方的感情、认同与凝聚不是停留在口号层次上，真正以具体内容展示了地方的力量。这些内容让身为一个美浓镇人而骄傲，也同时能让美浓镇以外的人有对话学习之处。

1998年，美浓镇八色鸟协会承接台湾地区政府文化处《大家来写村史：民众参与式小区史种子村建立计划》，在美浓镇爱乡协进会与美浓镇后生会等非营利组织及当地文史工作者同心协力下，历时1年编纂完成。《大家来写龙肚庄志》除了承继《美浓镇志》由地方人民自我历史书写的精神外，发动地方居民与龙肚庄在地青年，以更多的篇幅进行田野调查，以及和庄民进行访谈，在此过程中，持续地方居民情感的交流、互动与凝聚，并激发更多地方居民陆续自发性地参与撰写过程。

另一美浓镇人引以为傲的共识是自然生态保育。以自然生态保育面向来建构地方文化认同，这其实是地方居民与土地之间情感联结的表现。美浓镇黄蝶祭的举办，体现了这种意涵。1995年，八色鸟工作室与美浓镇爱乡协进会及其他非营利组织共同在美浓镇水库坝址预定地双溪黄蝶翠谷举办了第1届美浓镇黄蝶祭，以祭蝶仪式向黄蝶幽魂致歉，展现人类复育自然生态的决心，此后连年举办，逐渐从祭典发展成为台湾地区象征生态保育的庆典活动。

在美浓镇的例子中，地方居民对于地方的认同，通过对土地元素的召唤，以及社会协商的过程，再经由分享同一套文化与价值体系，而建构出地方文化认同。换言之，地方文化认同乃是建筑在地方居民居住的土地及其所共同分享的文化与价值体系所形塑出来。据此，美浓镇地方文化价值体系的根源可溯及自开庄260多年来的历史发展脉络，再由绵密的社会网络，以及在复杂而多元的交互作用中建构出地方文化认同的基础。

五、美浓镇的品牌创新基点

品牌建设中，如果说外在要素、产业规划、沉淀的文化、固化的优势、美妙的资源禀赋等都是地域特点的根据，是历史对话的结果，其原则在于"只有是历史的，有可能成为现代的；只有是沉淀的，才有可能成为久远的"。那么，时代变迁、环境演变、竞争格局的变化、品牌调性的调适、风格的创新则在所难免。如何找到地域特点与时代的焦点相交汇，则是历史和现代交织辉映；如何按照投资者和消费者的爱好，选择一个地域的独特卖点——USP，是每个品牌管理者必须面对的重大历史课题。对于已经创造强势品牌的美浓小镇，也面临同样的选择。

如前所述，在传统的烟叶及养猪业胜景不再，劳动人口大量外流的背景下，美浓镇唯一的出路，是借由自身的环境和人文优势来发展旅游观光业。如今，观光业已成为美浓镇最重要的产业，提升地方文化产业的附加值，并适时将观光优势融入地方文化产业发展中，成为美浓镇地方文化产业发展的目标之一。

美浓镇反水库运动过程中，地方非营利组织致力于保存与创发地方原有的自然生态、人文等资产，一方面形成地方文化再生的力量；另一方面又更加丰富美浓镇作为一个文化观光阵地的资产，再配合台湾地区整体观光风气及经济发展的刺激，带动出美浓镇活络的观光人潮。

20世纪80年代，观光业在美浓镇蔚然成形，中正湖、双溪热带母树林等自然景观吸引都市人前来探访。1983年，台湾地区当局"中正湖风景特定区"的颁行，即呼应美浓镇向都会区招揽观光资源的规划远景。在观光业蓬勃发展的20世纪80年代末，美浓镇已成为高雄市都会区居民假日休闲的热门地点。

近年来，无论高雄县县长或美浓镇镇长均加强推广与倡导美浓镇的观光，并成政绩重点。高雄县政府方面辟建月光山隧道、兴建美浓镇客家文物馆等；镇公所也均将《如何透过观光带动地方发展》列为重要政见之一。

美浓镇的观光资源，包括经整治后的美浓溪及支流溪涧景观，毛火焰花、铁刀木林、柚木林、琉球松林等植物景观，鸟类及黄蝶等动物景观，老建筑、庙宇亭阁、烟楼、美浓窑、纸伞等传统艺术，树木园中的森林剧场等人文景观，还有水库水面等湖泊景观……此外，还有热带植物园区、黄蝶谷区、露营中心区、客家庄度假区、戏水活动区、原野游乐区等，这些计划陆续实施后，美浓地区将成为独特的文化资源区兼具景观游憩及科学教育功能。

美浓镇的人文生态是美浓镇发展的利基，持续营造原有的人文生态环境，即足以吸引外地人前来欣赏、体会，通过延续并提升这种既有的观光发展角色，积极的提出以文化、生态导入观光的发展计划，且质疑是否有必要在原有的人文景观及自然环境下，以大型公共建设创造出另一景观。

而生发于既有环境基础上的愿景，也强化了生态保育人士对于地方环境生态永续发展的坚持，进而重建地方居民与环境的关系，在不损及地方生态环境下发展，如双溪地区具有珍贵且丰富的自然生态资源，以及地理完整性及封闭性规划适合规划为自然生态公园。

另一方面，这种基于对地方环境生态永续发展的诉求，更在美浓镇为数众多的农民身上产生作用，除对农村经济再发展与地方产业振兴的期待外，通过地方文化与生态观光发展的诉求，无异也宣告了对于地方产业持续发展的关注。唯有透过地方上百年来的农作形态，才能建构美浓镇现今地方的独特性，成为观光发展的重要元素。

在美浓镇烟作产业文化的支撑、美浓镇反水库运动的激发与强化，以及既有观光优势的导引下，建构出地方文化认同，确立了地方文化产业发展愿景。今天，美浓镇人普遍具有不破坏既有自然生态与人文地景，结合当地产业特色发展地方文化产业的共识，这些都形成了美浓镇之所以能够成为这一风光独特的文化旅游圣地的基础所在。

（作者单位：厦门理工学院文化产业学院）

后　　记

　　在统稿的过程中，笔者一直念叨着还要在后记中讲一讲台湾地区的"社区总体营造"和福建省的"区域品牌系"。这其实是两个概念，前者已经成为本书的重点关注对象。

　　"社区总体营造"是台湾地区衰败社区绝地突围的重要理念和实践，也是台湾地区社会各阵营、各界别近20年来最大的共识。在改稿和撰写总报告的时候，笔者已经对此说了很多话，之所以直到写后记时还要拿出来讲，是因为受了最近一则关于传统村落的新闻的刺激。住房城乡建设部、文化部、财政部日前联合公布了第二批列入中国传统村落名录的915个村落的名单，加上2012年公布的第一批列入中国传统村落名录的646个村落，两批一共有1 561个村落入列。这个传统村落保护名录的出台，昭示了一个基本事实：在几十年工业化、城镇化的过程中，传统村落大量消失，现存数量仅占全国行政村总数的1.9%。传统村落的衰败和消失，原因很多。最根本的原因是传统村落业态的崩溃，农民已经无法在传统业态各产业链上谋求有尊严的生活，于是纷纷迁徙到城市谋生。如果不能设法在更高层级上重建村落业态，而是简单地将那些保存相对完好的村落划出来发展旅游业，我们这些仅有的村落将更加迅速、彻底地被消灭！

　　怎么办呢？笔者首先想到了台湾地区的经验。笔者在各种场合呼吁，希望各种专业背景的有志人士学习台湾地区"社区总体营造"的经验，到农村去做一名新乡绅。近两年来，笔者和同仁所致力推动的"古村维新计划"，其理想的微光，便是来自村落如此现实与台湾地区如此经验的挤压。

　　"区域品牌系"，迄今为止，还是一个"生造"的概念。笔者想拿它来描述一种品牌现象。如惠安石雕、德化陶瓷、莆田木雕、安溪铁观音、沙县小吃，作为区域品牌早已名满天下，并且有很大的市场占有率和较好的盈利能力。但是，在这些区域的同业企业和同类产品中，却往往缺少品牌影响力堪当领军的大品牌。这个问题，同样存在于浏阳花炮、景德镇陶瓷、普洱茶等区域品牌中。这让研究者困惑了很久。最近笔者突然有一个猜想——这或许是一种正常的品牌现象，只是由于我们过去的文化品牌理论存在某些缺陷，没能很好地解释这种特殊的品牌现象罢了。若果真如此，我们套用"品牌系"的概念，权且称为"区域品牌系"现象。

目前，我们的一个研究团队正在与惠安县崇武镇的一家雕刻企业合作，旨在帮助这家企业创建自有品牌，同时在更大范围内探讨惠安县石雕产业的转型升级。在此之前，这个研究团队曾经主持过浏阳花炮的转型升级和品牌打造。在多次讨论后，我们认为，要较好地解释这个"有区域无企业，有品类无产品"的"区域品牌系"现象，进而更好利用区域品牌，推动县域文化产业的发展，台湾地区"地方（小区）型文化创意产业"模式具有借鉴意义。

由于附生于"社区总体营造"，台湾地区的地方型文化创意产业强调地方特色，以"一乡、一文化、一特色"为基础，利用文化创意的理念，由当地居民发掘原有的地方资源，结合地方地理环境、历史沿革、民俗节庆、民俗文物、名胜古迹、休闲景点等，并运用创意的思维与自发性的由下而上推动小区营造，找出属于在地的生命力，同时也激发产业创意思考的可能性，启动双向接轨的机制，使地方产业与文化结合，成为文化消费和文化产品加工的基地；同时配合地方行销的策略，活化地方经济的繁荣发展，发展经济的同时也维持当地的生态环境和人文传统，也避免工业化带来的环境破坏等问题。

这两个概念最后还是汇合一处了。台湾地区提出并实施"社区总体营造"、文化行销等概念近20年，在塑造地区形象、促进地区发展上成就卓著，并仍然具有强劲的潜力。中国大陆和台湾地区同根同源，共享博大精深的中华传统文化，也共同面临着地区发展的任务，承担着中华传统文化复兴的责任。大陆各地区在厘清地方优势、以地区特有文化为基础谋求地区文化发展的过程中，积极主动地参考和借鉴台湾地区文化发展的宝贵经验，乃至牵手台湾地区，共同行销中华文化。就此议程，福建省理当先行。

在闽台文化发展研究领域，无论对台还是对闽的研究，我们都是后来者，见识不可谓不浅薄。但我们已经深切地体会到，福建省是一幅画，台湾地区的朋友可以多多进入画里，流连风雅、寄情山水；台湾地区是一本书，大陆的朋友应当快快进入书里，静心阅读、虚心学习。

是为记。

柏定国

2013年10月19日